CLÍNICA E CARTOGRAFIA
TRANSVERSAL ESPAÇO, INFÂNCIA E AUTISMO

Editora Appris Ltda.
1.ª Edição - Copyright© 2025 do autor
Direitos de Edição Reservados à Editora Appris Ltda.

Nenhuma parte desta obra poderá ser utilizada indevidamente, sem estar de acordo com a Lei nº 9.610/98. Se incorreções forem encontradas, serão de exclusiva responsabilidade de seus organizadores. Foi realizado o Depósito Legal na Fundação Biblioteca Nacional, de acordo com as Leis nos 10.994, de 14/12/2004, e 12.192, de 14/01/2010.

Catalogação na Fonte
Elaborado por: Dayanne Leal Souza
Bibliotecária CRB 9/2162

A447c 2025	Almeida, Pedro Clínica e cartografia: transversal espaço, infância e autismo / Pedro Almeida. – 1. ed. – Curitiba: Appris, 2025. 429 p. ; 23 cm. – (Coleção Saúde Mental). Inclui referências. ISBN 978-65-250-7627-0 1. Psicologia clínica. 2. Saúde mental. 3. desinstitucionalização. 4. Infância. 5. Autismo. 6. Cartografia. 7. Fernand Deligny. I. Almeida, Pedro. II. Título. III. Série. CDD – 616.89

Livro de acordo com a normalização técnica da ABNT

Editora e Livraria Appris Ltda.
Av. Manoel Ribas, 2265 – Mercês
Curitiba/PR – CEP: 80810-002
Tel. (41) 3156 - 4731
www.editoraappris.com.br

Printed in Brazil
Impresso no Brasil

Pedro Almeida

CLÍNICA E CARTOGRAFIA
TRANSVERSAL ESPAÇO, INFÂNCIA E AUTISMO

Appris editora

Curitiba, PR
2025

FICHA TÉCNICA

EDITORIAL
Augusto Coelho
Sara C. de Andrade Coelho

COMITÊ EDITORIAL
Ana El Achkar (Universo/RJ)
Andréa Barbosa Gouveia (UFPR)
Antonio Evangelista de Souza Netto (PUC-SP)
Belinda Cunha (UFPB)
Délton Winter de Carvalho (FMP)
Edson da Silva (UFVJM)
Eliete Correia dos Santos (UEPB)
Erineu Foerste (Ufes)
Fabiano Santos (UERJ-IESP)
Francinete Fernandes de Sousa (UEPB)
Francisco Carlos Duarte (PUCPR)
Francisco de Assis (Fiam-Faam-SP-Brasil)
Gláucia Figueiredo (UNIPAMPA/ UDELAR)
Jacques de Lima Ferreira (UNOESC)
Jean Carlos Gonçalves (UFPR)
José Wálter Nunes (UnB)
Junia de Vilhena (PUC-RIO)
Lucas Mesquita (UNILA)
Márcia Gonçalves (Unitau)
Maria Aparecida Barbosa (USP)
Maria Margarida de Andrade (Umack)
Marilda A. Behrens (PUCPR)
Marília Andrade Torales Campos (UFPR)
Marli Caetano
Patrícia L. Torres (PUCPR)
Paula Costa Mosca Macedo (UNIFESP)
Ramon Blanco (UNILA)
Roberta Ecleide Kelly (NEPE)
Roque Ismael da Costa Güllich (UFFS)
Sergio Gomes (UFRJ)
Tiago Gagliano Pinto Alberto (PUCPR)
Toni Reis (UP)
Valdomiro de Oliveira (UFPR)

SUPERVISORA EDITORIAL Renata C. Lopes

PRODUÇÃO EDITORIAL Maria Eduarda Pereira Paiz

REVISÃO Ana Carolina de Carvalho Lacerda

DIAGRAMAÇÃO Daniela Nazario

CAPA Mateus Porfírio

REVISÃO DE PROVA William Rodrigues

COMITÊ CIENTÍFICO DA COLEÇÃO SAÚDE MENTAL

DIREÇÃO CIENTÍFICA Roberta Ecleide Kelly (NEPE)

CONSULTORES
Alessandra Moreno Maestrelli (Território Lacaniano Riopretense)
Ana Luiza Gonçalves dos Santos (UNIRIO)
Antônio Cesar Frasseto (UNESP, São José do Rio Preto)
Felipe Lessa (LASAMEC - FSP/USP)
Gustavo Henrique Dionísio (UNESP, Assis - SP)
Heloísa Marcon (APPOA, RS)
Leandro de Lajonquière (USP, SP/ Université Paris Ouest, FR)
Marcelo Amorim Checchia (IIEPAE)
Maria Luiza Andreozzi (PUC-SP)
Michele Kamers (Hospital Santa Catarina, Blumenau)
Norida Teotônio de Castro (Unifenas, Minas Gerais)
Márcio Fernandes (Unicentro-PR-Brasil)
Maria Aparecida Baccega (ESPM-SP-Brasil)
Fauston Negreiros (UFPI)

Se você deixasse, pequena lanterna, o fio de ferro que te carrega e te sustenta, você seria luz presa a nada, você seria estrela.

(Fernand Deligny)

A gente os percebe, às vezes, à noite, vagando em torno das plataformas, enlouquecidos por uma proximidade que lhes cola à retina, sem saber o que fazer com isso; a gente os percebe, silhuetas longínquas, se aproximando e se afastando da beira escura do abismo, o pescoço estendido em direção a essa distância que, sem o equipamento, eles não podem enxergar. A gente os percebe, às vezes. Ninguém lhes presta atenção, mas eu os tenho visto, e cuido bem da minha luneta.

(Pierrette Fleutiaux)

AGRADECIMENTOS

Ao orientador Eduardo Passos, pela coragem e generosidade, aos professores membros da banca examinadora, Danichi Mizoguchi, Tânia Rivera e Noelle Resende, aos membros da banca de qualificação, Maria Cristina Vicentin, Marlon Miguel, Silvana Mendes e Iacã Macerata. Às professoras Lilia Lobo, Cecília Coimbra e Maria Lívia do Nascimento, por serem pioneiras no debate sobre a infância e adolescência e a Universidade Federal Fluminense pela sua importância social e política.

Aos pesquisadores do Grupo de Orientação Coletiva Desandados, em especial, Flávia Fernando, Elizabeth Pacheco, Sandra Cabral, Fábio Araújo, Fabrício Martins, André Rossi, Williana Louzada, Sady Marchesi, Paula Klier, Ana Damásio, Juliane Araújo, Fabiano Pinto, Everson Brussel e tantos outros.

Agradeço a confiança das pessoas que acompanhei na clínica ao longo destes anos e aos moradores e trabalhadores da *caSa lua*, em especial, Suzy Santos, Ronie Guimarães, Mario Morel, Carol Hypolito, Felipe Andrade, Amanda Santos, Vinicius do Vale, Raquel Correia, Victor Lemos, Pedro Afonso, Castanheira, Gustavão, Davi, Deco, Babau, Fabiana e outros.

Aos membros do grupo de estudos *Tópos*, pela parceria na pesquisa sobre o tema infância e subjetividade: Clau Daher, Juliana Silveira, Amanda Gripa, Amanda Nascimento, Felipe Silva, Milena Braga, Pedro Ferreira, Helton Garcia, Sofia Kvacek, Gabriel Leite, Nicholas Peralez, Otávio Brisson, Hyara Stutz, Raquel Oliveira e Ana Thomé, representando a *Casa Mar*.

À Bruna Pina, César Miglorin e ao pessoal da *Casa Jangada* e do *Laboratório Kumã*. Ao pessoal da casa Hans Staden e da Anthropos, Izadora Schettert, Pedro Honório e Vitória Bonaldi.

À Marthiene Pina, pela parceria no cuidado com crianças e jovens autistas.

Aos meus amigos e minha família, em especial minha mãe e meu pai, Elizabete e Álvaro, pelos seus gestos de amor. Minha irmã Stephany e meus sobrinhos Manoel e Antonela.

Ao amigo e professor Carlos Pereira Corrêa, pela fina compreensão do tempo-espaço.

À Débora Müller, testemunha amorosa dessa deriva de tantos anos na escrita.

Este livro não seria possível sem o apoio de vocês. Obrigado!

À minha mãe, presença amorosa.
Aos professores que pela minha vida passaram.

PREFÁCIO

Espectro e contraespectro: modulações da disputa subjetiva

Em fevereiro de 1848, na esteira de conjunto de levantes multitudinários da Primavera dos povos, Karl Marx e Friedrich Engels publicaram o célebre *Manifesto do Partido Comunista*. Dentre outras, a primeira frase do pequeno texto programático é emblemática: "Um espectro ronda a Europa – o espectro do comunismo". Animados pelas lutas urbanas insurrecionais e pelas críticas à divisão capitalística do trabalho, os autores saudavam o fato de que o comunismo já era reconhecido "como uma potência por todas as potências europeias". Era, obviamente, a certificação de uma posição de esquerda – que há pouco mais de 50 anos, no processo da Revolução Francesa, havia emergido como jacobina, e se estabilizava, então, como proletária.

Desde essa posição, a tarefa do espectro estava posta: unir-se e tomar o poder de Estado, como ocorreu na paradigmática Revolução Russa e, posteriormente, ao longo do século XX, em diversos outros países. Lutas molares, interessadas pelo centro da máquina e pelo governo dos outros apaixonaram gerações – mas, também, e não há contradição alguma nisso, diminuíram a taxa de desejabilidade da revolução, como disse certa vez Michel Foucault. Fazer a especificidade de lutas específicas – menores, localizadas, sem vetor de união global – talvez tenha sido a tarefa da esquerda de uma outra geração, aquela que, em meados dos anos 1960 e 1970, fez e viu eclodirem causas aquém e além dos limites da luta de classes e das chaves militantes da macropolítica.

Haveria, portanto, outros motores da história – e, obviamente, outros espectros a rondarem diversos continentes subjetivos. É um tanto nesse movimento que questões do âmbito da saúde mental – da experiência concentracionária do hospício ao poder psiquiátrico, da violência diagnóstica à medicalização da vida – entraram em cena. De modo amplo, uma trilha de trabalhos teóricos – histórico-epistemológicos, em suma – e de experiências institucionais, em revezamento e composição, estranharam e desviaram o nó triplo da camada moderna da loucura. Cada qual a seu modo, *A história da loucura*, a Psicoterapia Institucional, a Antipsiquiatria, a Psiquiatria democrática, a Esquizoanálise, dentre outras, interrogaram a junção inequívoca entre doença mental, psiquiatria e hospício. Lembraram, enfim, que a saúde sempre terá um sentido político – o que não é nem trivial nem banal.

Clínica e cartografia: transversal espaço, infância e autismo, livro de estreia de Pedro Rodrigues Almeida, efeito de sua tese de doutorado, orientada por Eduardo Passos e defendida no Programa de Pós-graduação em Psicologia da Universidade Federal Fluminense, coloca-se apaixonadamente nesta seara. Com uma trajetória de mais de dez anos entre clínica e pesquisa, o autor consegue, com delicadeza e tônus, apresentar discussões com louvável didática e fazer proposições conceituais corajosas. Mais do que tudo, porém, ele consegue forjar questões precisas e verdadeiras como, por exemplo, aquela que talvez seja a mais cara neste trabalho: do espaço da clínica a clínica do espaço, quais transformações estão em jogo?

É na posição paradoxal e complexa de uma solidão povoada que as boas questões emergem – e Pedro sabe disso. Assim, seu infinito particular se faz acompanhado de uma série de companhias – uma espécie de *phyllum* que não hesita em dizer seu nome. François Truffaut, Gilbert Simondon, Felix Guattari, Gilles Deleuze, Sigmund Freud e Michel Foucault certamente são intercessores importantes, mas nenhum alcança o grau de intensidade de Fernand Deligny.

É com a paixão por este trabalho fora da curva e de catálogo que o autor chega à via para pensar o humano fora da linguagem – e, desta via, um degrau acima, abaixo ou ao lado, o autismo. Em Deligny, o autista não é um doente e o autismo não é uma doença. Para além do bem e do mal, trata-se de um modo de existência refratário à linguagem – o que implica direta e necessariamente em modos outros de subjetivação e existência. Essa chave de compreensão, logicamente, desvia de todo ímpeto nosológico maior, que, mais do que tudo, intenta fazer dessas vidas a nebulosa de um espectro.

Neste livro, Pedro Almeida nos mostra que o espectro, institucionalizado em manuais nosográficos conservadores, indica o adensamento metodológico e a expansão operatória do poder psiquiátrico. Nos termos do autor, trata-se de uma "difração negativa que visa ao domínio não apenas individual, mas amplo e genérico, para os ditos anormais, mas sobretudo para os normais". Diante dessa analítica assombrosa do presente, resta a insistência da questão: como, em nossos tempos, resistir à expansão insidiosas e capilarizada do poder psiquiátrico? Em outros termos, como inverter o sentido do espectro em direção, mais uma vez, da resistência que Marx e Engels detectaram em meados do século XIX? Ou, ainda: como afirmar o sentido menor e o revolucionário desse espectro – retirando-o, ao fim e ao cabo, das tramas do saber e do poder?

Acompanhado por Michel Foucault e Fernand Deligny, Pedro lembra que o espaço está na base dos processos de subjetivação modernos. Assim, é fundamental desenvolver usos do espaço que facultem o exercício libertador da singularidade autista – e é a isso que ele chama de clínica do espaço. Mais detidamente, na clínica do espaço não há casuística que não a da própria clínica: dos casos clínicos ao caso da clínica faz-se uma ética – aquela que, interrogando e desviando dos pressupostos normativos, se permite ser guiada pela criança autista e, nos rastros de suas linhas de errância e de fuga, buscar pistas para que se forjem processos inventivos de produção de saúde.

Cartografias, portanto – como Deleuze e Guattari souberam ver que o trabalho de Deligny demonstrou com precisão. Ali, onde se busca a delimitação de um indivíduo doente diante do saber – ou seja, de um regime de visibilidade e dizibilidade –, o que surge é a movimentação impessoal: traços, estranhos hábitos, expressões assignifignantes, silêncios, ruídos, muros brancos, buracos negros, rostos, mapas – a imanência de uma vida, enfim.

Diante do espectro medicamentoso, normativo, excludente e hospitalocêntrico, um contraespectro ronda a clínica: o devir-revolucionário de existências que demonstram, por si mesmas e radicalmente, que mundos outros são possíveis – e é só por acreditar nisso que ainda trabalhamos, pesquisamos e escrevemos. Assim, só cabe saudar com alegria a publicação deste livro, que doravante povoará solidões imprevisíveis, comunidades excêntricas e fios etéreos de um contraespectro de intensidades que cada vez mais ousarão desejar a difícílima tarefa de uma sociedade absolutamente sem manicômios.

Danichi Hausen Mizoguchi

Professor do Departamento e do Programa de Pós-Graduação em Psicologia da Universidade Federal Fluminense (UFF).

APRESENTAÇÃO

O livro *Clínica e Cartografia: transversal espaço, infância e autismo* se situa na área dos estudos da subjetividade e deriva de anos de experimentação teórica e prática clínica em torno do problema da medicalização e da psiquiatrização da sociedade. Ao longo dos últimos anos, tive encontros que me permitiram pensar este problema de maneira crítica e clínica, na habitação intensiva deste contemporâneo intempestivo e nas transformações que isto implica.

Este livro contribui para o estudo da subjetividade e pode vir a interessar clínicos, educadores, artistas, filósofos e outros. Sublinho, para começar esta apresentação, a evidente paixão que moveu esta pesquisa, além da reflexão teórica que implica em consequências clínicas relevantes para o campo da clínica com a infância e os autistas. O livro tem substanciais articulações teóricas e o brilho desta montagem está na transversalidade entre arte, clínica e política.

O leitor que se aventura pelas páginas que seguem entrará numa nebulosa nuvem de conceitos cuja apresentação é criativa. Para seguir a trilha da *clínica do espaço*, o leitor precisará colocar suas impressões sensíveis, de modo que possa se servir de alguns conceitos e pegar o que lhe serve, criando assim o seu próprio aparato teórico-prático. Os conceitos são ferramentas clínicas e poéticas entre as quais a cartografia é como uma luneta que permite ver novos mundos desconhecidos.

Aqui está um trabalho motivado pela minha prática clínica e pela aproximação com colegas que preciso destacar prontamente. Começo, assim, apresentando o percurso de formação: graduado em Psicologia e seguindo a formação complementar nos estudos psicanalíticos, trabalhei em ambulatórios de saúde mental públicos me dedicando aos atendimentos individuais. Em dado momento, fui surpreendido por um acontecimento que me abalou: certa vez, ao sair do consultório do ambulatório, uma criança me pediu um barbante. Digo que vou tentar conseguir, mas volto sem e pergunto qual é o interesse dele no barbante que, por sua vez, me responde dizendo *"queria inventar uma coisa porque está demorando muito"*. Entro novamente na minha sala deixando a porta aberta e ele vem até mim ficando em silêncio. Pergunto novamente o que ele faz ali e, prontamente, me responde dizendo que está sendo levado ao médico porque *"sabe ir para o colégio, mas não sabe voltar para a casa"*.

Aquilo foi para mim um acontecimento marcante que me inquietou e motivou, me levando ao mestrado realizado na Universidade Federal Fluminense (UFF) sob orientação da professora Lilia Ferreira Lobo, em 2015[1]. Entendi o problema como sendo a demanda para a neurologia infantil que, naquele local, enchia os corredores dos ambulatórios e gerava desconforto nos usuários e nos trabalhadores. Lilia me apresentou o trabalho teórico-prático de Fernand Deligny – autor que apresento em detalhes neste livro – e sugeriu que seria preciso alterar o espaço da clínica para acolher aquela demanda. A estratégia nada convencional de sentar-se no corredor e permanecer ouvindo e transcrevendo os assuntos e acontecimentos naquele espaço. Entre a fala dos usuários, das mães e dos familiares, e as linhas de errância traçadas pelas crianças no corredor, pude intuir a importância da articulação entre a clínica e a cartografia. Foi neste momento que iniciei minha formação em Esquizoanálise.

No ano seguinte, em 2016, às vésperas do *I Encontro Internacional Fernand Deligny, com, em torno e a partir das tentativas*. Eduardo Passos, então professor da UFF, conduziu a leitura do texto *O Aracniano*[2], que havia sido recentemente publicado em português. A leitura criteriosa e criativa, somada às contribuições de diversos pesquisadores, me levaram a aprofundar o interesse na criação de estratégias espaciais para o cuidado em saúde mental. Ao tomar Fernand Deligny como interlocutor, fui aprovado no doutorado sob orientação de Eduardo Passos e pude realizar a pesquisa na companhia dessa ampla rede de pesquisadores.

Fernand Deligny foi um educador francês que viveu entre 1913 e 1996. Seu trabalho foi marcado pela sua posição acirrada ao lado de crianças ditas anormais, inadaptadas, delinquentes, psicóticas e autistas. Embora seja chamado de "educador", sua trajetória é marcada por textos de caráter ensaístico e poético, por mapas, fotografias e filmes produzidos na companhia dessas mesmas crianças. Ao recusar a alcunha de professor e educador, Deligny optou por se autointitular "poeta e etólogo" e fez dessa posição uma estratégia importante para criação de espaços de vida.

---

[1] ALMEIDA, P. **A pró-cura do "médico de cabeça":** análise da demanda para neurologia infantil. Dissertação (Mestrado em Psicologia) – Universidade Federal Fluminense. Instituto de Psicologia, 2017

[2] DELIGNY, F. **O aracniano e outros textos**. São Paulo: Ed. N-1, 2015a.

Em sua obra – e ao longo de toda sua vida – o espaço foi tema importante. Seu período mais institucional se deu entre 1939 e 1956, quando atuou no quadro ligado ao Estado, na escola, no asilo e nos centros de detenção. A partir de 1956, iniciou a sua aproximação com crianças ditas autistas, quando passa a criar estratégias de acolhimento para evitar internações. Entre a década de 1950 e 1960, Deligny viveu a sua transição rumo ao fora das instituições, gesto que se consolida em 1968 com a chegada em Cévennes, espaço onde ele fez rede e realizou o que ele designava como "tentativa" – estratégias permanentes de criação e remodelação dos espaços, evitando assim cair num método ou na reinstitucionalização. Cévennes é a tentativa derradeira de acolher essas crianças em sua radical singularidade e sua instalação espacial não se conclui na cartografia, mas avança por meio da escrita permanente, do uso da câmera e da produção de filmes. Para Deligny, o autista não é um sujeito doente e o autismo não é uma patologia, mas sim um modo de existência em vacância de linguagem, sendo o autista refratário ao "homem-que-somos". Por isso, a trajetória de Deligny consiste numa das experiências mais importantes quando o assunto é o combate à manicomialização de crianças. Os escritos que datam então entre 1968 e 1996 consistem numa singular contribuição para diversas áreas do conhecimento – Clínica, Educação, Antropologia, Cinema, entre outras – e permitem pensar a articulação infância, autismo e cartografia.

A cartografia é, por sua vez, uma semiótica que dá visibilidade à atividade espacial da criança e do autista. As linhas traçadas no mapa são cartografia das linhas de intensidade afetivas e pulsionais. Assim, em vez de considerar que no silêncio e na ausência de palavras falte algo àquelas crianças, a cartografia mostra um universo fora da linguagem que está a todo momento em movimento. A articulação entre clínica e cartografia, inspirada na cartografia, consiste no dispositivo clínico-político designado "Clínica do espaço" – estratégia na qual o primado do espaço e do acompanhamento destas linhas constituem o caminho para pensar novos modos de subjetivação e criação de si. Essa clínica pensa o espaço fora do sujeito como contribuição para os processos de produção de saúde e localiza o humano longe da semelhança pressuposta pelo "tudo é linguagem".

Nesse novo percurso de clínica e pesquisa, dois espaços físicos no Rio de Janeiro foram fundamentais para inspiração metodológica: o primeiro foi a Casa Jangada, espaço clínico transdisciplinar com forte inspiração deligniana, que funciona em Botafogo, espaço de arte e saúde que, na espiral caótica do centro urbano carioca, oferece espaço de acolhimento e convivência aos jovens em estado de sofrimento psíquico[3]. O segundo espaço foi a residência terapêutica "caSa lua", dirigida por Fábio Araújo e Suzy Santos, processo de longa data que agora pode ser lido no livro *Clínica do habitar: residência terapêutica caSa*[4]. Esses dois espaços acolheram a pesquisa e, tornaram possível avançar na construção dessas estratégias criativas capazes de articular clínica e cartografia.

Em específico, destaco o acompanhamento dos moradores da residência terapêutica e as estratégias cartográficas de produção de saúde por meio de processos artísticos realizados coletivamente entre moradores e terapeutas, processos que resultam até hoje em filmes, músicas e fotografias. Espaços como esse não param de crescer e ganham pouco a pouco lugar na paisagem clínica e libertária do cenário carioca. Espaços de longa data, como Casa Hans Staden e a Casa Anthropos, e novos espaços, como Casa Mar, compõem essa ampla rede de clínicas em que o espaço é de suma importância para o exercício da luta antimanicomial.

Postas essas experiências eminentemente clínicas – o ambulatório, a ampliação da clínica e a criação de espaços de convivência –, posso afirmar que o exercício clínico, assim como a escrita deste livro, não é um gesto solitário. E se ouço terapeutas e analistas dizerem que se sentem solitários, posso dizer que aí há um problema relacionado ao espaço e às normas individualistas da clínica. Quando é possível se aventurar no espaço amplo, fora do consultório, se é levado a acreditar que o rigor clínico se perde e, a partir disso, muitos terapeutas afirmam se sentirem inseguros nesse novo espaço, preferindo a reserva do consultório. Quanto ao rigor, afirmo que este livro, assim como as publicações de Araujo[5], dão consistência a esse plano aberto da clínica, assim como o premiado ensaio de Passos e Mizoguchi[6]. O vigor, a paixão e a coletividade são marcas destes trabalhos e dão consistência teórica e prática para a inovação no uso do espaço da clínica.

Quanto ao medo que, doravante, assombra quando se está fora do consultório, é preciso um trabalho de cuidado sobre a presença dos terapeutas. O que designo então como clínica e cartografia é um traba-

---

[3] A experiência da Casa Jangada é apresentada por Bruna Pinna em sua Dissertação em Psicologia, intitulada "E entre esbarrões: experiências clínico-políticas e a Casa Jangada" (Pinna, 2023).

[4] ARAÚJO, F. **Clínica do habitar**: residência terapêutica caSa. Curitiba: Ed. Appris, 2025.

[5] Araújo, 2025.

[6] PASSOS, E; MIZOGUCHI, D. H. **Transversais da Subjetividade, arte, clínica e política**. Rio de Janeiro: Ed. UFRJ, 2021.

lho de coragem, pois o espaço é um oceano, é mar aberto e a clínica é apenas uma jangada, tentativa de criar circunstâncias para viver nessa imensidão sem se afogar. Nesse vasto oceano, a prática da jangada nada mais é do que uma amarração precária entre pedacinhos de madeira que sustenta, paradoxalmente, o coletivo no vasto mar a céu aberto e sem-terra à vista. A potência da jangada está justamente nessa amarração suficientemente frouxa que permite a clínica sobreviver às marés altas e aos tempos sombrios. O medo deve então ser superado pelo desejo e pela criatividade de estar sempre rearranjando esses pedaços de madeira, pois, como afirma Deligny[7]

> Nossa liberdade relativa vem dessa estrutura rudimentar, e os que a conceberam assim – quero dizer, a jangada – fizeram o melhor que puderam, mesmo que não estivessem em condições de construir uma embarcação. [...] Vocês veem a importância primordial dos liames e dos modos de amarração, e da distância mesma que os troncos podem ter entre eles. É preciso que o liame seja suficientemente frouxo e que ele não se solte.[8]

Articulação transversal entre espaço, infância e autismo, Deligny convida o leitor a explorar o *nonsense*, o medo e a angústia de estar em mar aberto diante do fora do sentido. O espaço será então esse elemento desterritorializante que precipita outras articulações com a Arte, a Cosmologia e a Filosofia. E, diante desse medo do *nonsense,* deixamo-nos guiar pela criança, pelas linhas de errância e pelas linhas de fuga.

A obra evocada para dar contorno ao *nonsense* é o desenho de Pablo Picasso[9], de 1934, que serviu de rascunho para a obra *Minotauro cego guiado pela menina*. Deixar-se guiar pela criança e pelo autista, de modo que eles coloquem as pistas para o processo de produção de saúde. Essa é a ética clínica do espaço. A saúde, por sua vez, vale não somente para aqueles que são acompanhados, mas também para a clínica que, pouco a pouco, vai se liberando dos encargos da interioridade e da representação, vai pouco a pouco alterando os regimes institucionais e as formas de habitar o espaço.

---

[7] Deligny, 2015a.
[8] DELIGNY, F. Jangada (1978). **Cadernos de Subjetividade** (PUC-SP), São Paulo, v. i, n. 15, 2013b, 2013b, p. 90.
[9] PICASSO, P. **Minotauro cego é dirigido pela garota**. 1934. Pintura. Museu Nacional Centro de Arte Reina Sofía, Madrid.

A título de apresentação dos capítulos, organizei o livro de modo que o leitor possa arriscar a começar a leitura por onde lhe interessar. Separado em seis capítulos, este livro se organiza da seguinte maneira:

O Capítulo 1 opera como uma introdução geral aos temas que são desenvolvidos pontual ou extensivamente, apresentando gradativamente a dimensão subjetiva, filosófica, artística e cartográfica do espaço. O Capítulo 2 é fundamental para a articulação que dá título a este livro – *Clínica e Cartografia* – e apresenta a história, os conceitos e a prática de Fernand Deligny, localizando o autor como intercessor da prática clínica e antimanicomial. Já no Capítulo 3 – "Espaço e poder" –, é localizada a posição de Foucault ao lado de Deligny: ao mostrar que a disciplina médico-arquitetônica do fim do século XVIII criou e intensificou o poder sobre o espaço e sobre os corpos, tornado possível chegar à compreensão de que a resistência está também no espaço e ela se manifesta por gestos e devires nômades.

Foi rompendo com a concepção de espaço que no fim de 1968 as práticas terapêuticas começaram a explorar o exterior e o espaço aberto como plano do cuidado e da resistência. A partir disso, é possível pensar o que no Capítulo 4 ganha o nome de "O espaço e as subjetivações", tema que toma o espaço não mais como físico, arquitetônico e institucional, preferindo pensar o espaço da clínica como sendo esse elemento estranho, inquietante e provocador de novas subjetivações. A clínica aqui propõe diferenciar noções como espaço, meio, local, território, propondo assim formular o conceito de "espaço fora da linguagem", instância esta que é invisível e indizível, porém experimentável na relação com as crianças e com os autistas não verbais e, especialmente, na relação com os sonhos e as formações do inconsciente.

No capítulo 5, "A clínica com crianças e autistas", há a tentativa de extrair deste campo problemático algumas estratégias e direções para o trabalho de acompanhamento de crianças e autistas não verbais. O termo não verbal é insuficiente para designar a experiência a qual me refiro, pois ele pressupõe a distinção entre verbal e não verbal, reduzindo o verbo à sentença de frases preenchidas. Para desviar dessa hipótese, recorro à ideia de que o mais vívido da vida está ligado aos verbos infinitivos e não à linguagem falada. Além disso, esse capítulo localiza o problema do diagnóstico de autismo na atualidade, demonstrando como a clínica do autismo parte da pressuposição de um fechamento que não espelha a realidade dessas pessoas, mas reflete a marca manicomial nos saberes da clínica.

Já no Capítulo 6, o deslocamento "Do espectro ao fantasma" propõe nova direção clínico-política que considero fundamental para a alteração e a modificação do acompanhamento de crianças e autistas no contemporâneo. Não se trata mais de interpretar somente, nem mesmo de buscar na interioridade uma verdade que sustenta os modos de existência – seja ela biológica, genética ou psicológica. Igualmente, não se trata de reduzir o sujeito ao seu diagnóstico e à realidade de seu corpo. A partir da abordagem esquizoanalítica sobre o fantasma e a subjetivação, é possível pensar uma saúde que é produzida por modos de espacialização da subjetividade, assegurando o cuidado com ética e liberdade.

O leitor observará que cada capítulo retoma o tema do espaço em diferentes articulações. A interseção dos temas clínica, espaço e cartografia atravessa todo o texto e pode ser lido na aliança com diferentes autores: na relação entre a clínica e a cartografia de Fernand Deligny; na crítica à psiquiatrização realizadas por Michel Foucault; na construção teórica sobre o espaço e a subjetivação nas leituras de Gilles Deleuze, Félix Guattari, George Canguilhem e Gilbert Simondon.

Quisera eu ter tido tempo para apresentar, neste livro, relatos de casos clínicos. Devido à urgência do contemporâneo, mais do que apresentar casos, foi necessário tomar a clínica como caso. As pessoas que frequentam as respectivas casas aqui mencionadas poderão ter notícias dessa prática clínica, assistir aos filmes e aos relatos de casos, sobretudo aqueles que frequentam o grupo de estudos Tópos, podem ter acesso a esses relatos. Contudo, como ainda não tive tempo de publicar as tentativas clínicas e os relatos de experiência, visto que esses casos ainda estão em andamento e sob contrato de sigilo, sugiro aos leitores interessados entrarem em contato. Tenho certeza de que essa aproximação será testemunho do que considero ser uma das grandes experiências contemporâneas de clínica transinstitucional no Brasil e no Rio de Janeiro.

Desejo que este livro prolifere, povoe e contagie os mais diversos campos de trabalho interessados na liberdade para agir e pensar diferentemente. Que essa leitura sirva de incentivo àqueles que sonham, desejam e trabalham por uma sociedade sem manicômios.

Um abraço,

Pedro Almeida.

SUMÁRIO

1
INTRODUÇÃO 25
   1.1 O ESPAÇO DA CLÍNICA 26
   1.2 ESPAÇO, ARTE E COSMOLOGIA 29
   1.3 ESPAÇO E SUBJETIVAÇÃO 33
   1.4 TRANSVERSAIS: O ESPAÇO, A ARTE E A CLÍNICA 37
   1.5 INFÂNCIA, AUTISMO E CARTOGRAFIA 42
   1.6 DA CLÍNICA DA CRIANÇA À PRÁTICA CARTOGRÁFICA 49

2
CLÍNICA E CARTOGRAFIA 57
   2.1 A ESPACIALIDADE NA CLÍNICA 59
   2.2 A PSICOTERAPIA DOS ESPAÇOS INSTITUCIONAIS 65
   2.3 A INSTITUIÇÃO DA INFÂNCIA INADAPTADA 78
   2.4 LINHAS DA VIDA, LINHAS DE ERRÂNCIA 95
   2.5 A CONSTITUIÇÃO DAS ÁREAS DE ESTAR 125
   2.6 A CARTOGRAFIA E A FUNÇÃO DOS MAPAS 132
   2.7 CARTOGRAFIA: ETOLOGIA E NORMATIVIDADE 138
   2.8 PONTO DE VER, REFERENCIAR 157
   2.9 PERCEPÇÃO E ESPAÇO FORA DA LINGUAGEM 177
   2.10 O ASILO, O SILÊNCIO E A MORTE 189

3
ESPAÇO E PODER 205
   3.1 O PINTOR E O POETA 206
   3.2 A EXPANSÃO DO PODER PSIQUIÁTRICO 212
   3.3 PSIQUIATRIZAÇÃO DA SOCIEDADE: O BIOPODER E A BIOPOLÍTICA 223
   3.4 A EXPANSÃO DO PODER PSIQUIÁTRICO POR MEIO DO TRANSTORNO DO ESPECTRO AUTISTA 228
   3.5 O ESPECTRO NA ARTE E NA CLÍNICA 236
   3.6 O ESPECTRO AUTISTA SEGUNDO O DSM 241
   3.7 RESISTÊNCIA À EXPANSÃO DO PODER PSIQUIÁTRICO 247
   3.8 INFÂNCIA, ESPAÇO E RESISTÊNCIA 252

3.9 GESTOS DE RESISTÊNCIA 262

4
O ESPAÇO E AS SUBJETIVAÇÕES 267
4.1 O SONHO *SE MANDAR* 268
4.2 A NEBULOSA ONÍRICA 275
4.3 O SE DO DEVIR 277
4.4 O ESPAÇO NÃO INDIVIDUADO E O PRÉ-INDIVIDUAL 280
4.5 A TOPOLOGIA DINÂMICA E A ONTOGÊNESE 286
4.6 O PRIMADO DO ESPAÇO 288
4.7 O HUMANO, O MEIO E O PSÍQUICO 297
4.8 A ESPACIALIDADE DA SUBJETIVIDADE 301
4.9 OS FANTASMAS E AS APARIÇÕES 310

5
A CLÍNICA COM CRIANÇAS E AUTISTAS 315
5.1 O ESPAÇO-TEMPO DA INFÂNCIA 316
5.2 TRANSDISCIPLINARIDADE, INFÂNCIA E AUTISMO 322
5.3 DA METÁFORA AO USO DO ESPAÇO 325
5.4 O ESPAÇO FECHADO E O AUTISMO 328
5.5 DO TERMO AO QUADRO CLÍNICO AUTISMO 330
5.6 DAS REPRESENTAÇÕES ESPACIAIS SOBRE O AUTISMO 337
5.7 O BURACO NEGRO 343
5.8 O FORA DA LINGUAGEM 347
5.9 ESPAÇO, AUTISMO E SUBJETIVIDADE 351

6
DO ESPECTRO AO FANTASMA 365
6.1 O FANTASMA E A FANTASIA NA PSICANÁLISE 368
6.2 O FANTASMA NA ESQUIZOANÁLISE 372
6.3 O AGIR E A SUBJETIVIDADE FORA DO SUJEITO 378
6.4 O FANTASMA PARA A CARTOGRAFIA 383
6.5 EMARANHADO: JANELAS PARA O FORA 393
6.6 JANGADA: LIBERDADE SEM NOME 402

REFERÊNCIAS 415
DISCOGRAFIA 428
FILMOGRAFIA 428
OBRAS DE ARTE 428

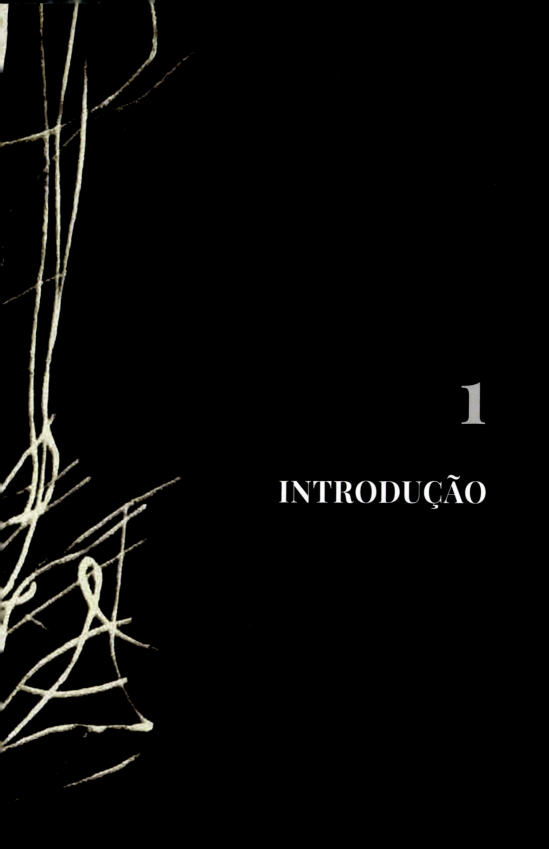

1
INTRODUÇÃO

1.1 O ESPAÇO DA CLÍNICA

O espaço da clínica foi durante muito tempo o hospital psiquiátrico e apenas muito recentemente a clínica pôde ser experimentada em espaços abertos e coletivos que ampliam a margem do trabalho. Em Psicologia e Psicanálise, o espaço foi evocado para dar contornos didáticos à experiência subjetiva: é comum ouvir dizer que a subjetividade – a memória, a verdade pessoal e individual – está no interior do indivíduo, sendo a Psicologia uma grande "fábrica de interiores" favorecedora do individualismo[10].

Na clínica do autismo, o espaço aparece como metáfora que representa o mal-estar dos autistas não verbais: Bettelheim[11] discute no livro *A fortaleza vazia* o isolamento social e emocional da criança autista por meio da figura do espaço e Tustin[12], em *Les états autistiques chez l'enfant*, considera que a criança autista está fechada numa capsula protetora designada como buraco negro. Em ambas as hipóteses, a criança autista é concebida como vivendo no interior, no qual se concentra em sensações autogeradas. Contudo, esse fechamento pressuposto pelas teorias psicanalíticas resulta não apenas da observação, mas são espelho do fechamento da clínica e sua origem nos hospitais, asilos e manicômios. Dessa forma, pensar o espaço da clínica implica assumir decididamente que a liberdade é condição fundamental para saúde.

O leitor observará que espaço é tema mais ou menos vago utilizado de maneira pouco precisa. Muitas vezes foi evocado como metáfora para explicar a condição e o sofrimento da criança autista, evocado, portanto, como representação. Historicamente, o espaço é usado como forma para o poder médico-arquitetônico, usado para isolar a loucura e os transtornos da sociedade. O que este livro apresenta é uma terceira abordagem do espaço: nem metáfora e nem forma arquitetônica do poder. O espaço da clínica é o espaço fora da subjetividade, fora da representação.

Nesse debate, a clínica do espaço é retraçada nas tramas da luta antimanicomial, na qual se pode ver diversos usos do espaço: restritivo, em que a arquitetura do hospital, do asilo e do manicômio são prisão do corpo e obliteração do espaço-tempo subjetivo; o uso metafórico, em que a grade é o discurso e a própria linguagem; por fim, a abordagem transdisciplinar, que mostra o espaço como libertário e fora da linguagem.

---

[10] Este tema foi discutido por Luiz Antônio Baptista (2000).
[11] BETTELHEIM, B. **A fortaleza vazia (1967)**. São Paulo: Ed. Martins Fontes, 1987.
[12] TUSTIN, F. **Les états autistiques chez l'enfant**, (1977). França: Éditions du Seuil, 1982.

Para provocar transformações, incentivar a criação de práticas, conceitos e lugares de vida, é preciso desnaturalizar o uso do espaço institucional da clínica – seja ele o hospital psiquiátrico, os ambulatórios de saúde mental ou mesmo os consultórios particulares. Todos esses espaços foram se constituindo como parte do processo de assujeitamento do louco e da criança sob valores negativos como doença mental e anormalidade, como lugar das práticas de correção, disciplina e medicalização.

O espaço aberto e não institucional é contraponto a esse cenário manicomial da clínica. O espaço da clínica é aquele que permanece aberto, é a superfície que convida os trajetos e os deslocamentos como meio de proliferar os gestos de resistência. A saúde é, portanto, um valor político, está ligada aos processos de desassujeitamento. A exploração territorial do espaço exterior – o território, o meio, o espaço aberto – é condição de possibilidade para essa saúde indissociável da liberdade. Ao longo deste livro, pretendo mostrar como as forças da vida e a resistência política tomam o espaço como ponto de subjetivação e não de assujeitamento. Ao contrário do que faz o hospício, que usa o espaço para reduzir a potência do corpo, a criança toma o espaço como trincheira da resistência e sua saúde não está encerrada dentro da instituição, mas opera pelas bordas, franjas, passagens, limiares e brechas que permitem a vida escapar e desviar desses valores negativos que regulam seu corpo.

Ao pensar o caráter libertário da clínica com crianças, este livro toma como inspiração as formulações teóricas e práticas apresentadas por Fernand Deligny, assim como se inspira nas experimentações ocorridas após maio de 1968, no Brasil e na França, movimentos clínico-políticos marcados pela crítica às instituições e pela invenção de novos regimes de sensibilidade. Inspirar-se nesses movimentos dá ao livro seu caráter divergente e polifônico.

Divergente porque visa acolher as demandas relacionadas ao sofrimento de inadaptação e falta de pertencimento, sentimento que se manifesta nos jovens como expressão de mal-estar e sofrimento psíquico. Essa expressão tem sido fortemente medicalizada e psiquiatrizada sob a categoria de Transtornos do Neurodesenvolvimento que inclui Transtorno do Espectro Autista (TEA) e Transtorno de Déficit de Atenção e Hiperatividade (TDAH). Nesse sentido, a divergência psicossocial é interpretada como neurodivergência, o que mostra os diagnósticos DSM como instrumento de colonização da subjetividade e dos impulsos insubordinados da infância e da juventude.

Polifônico porque busca não a voz uníssona, mas acordes e acordos dissonantes que obrigam a clínica e a educação a se posicionarem de maneira crítica no contemporâneo. Em vista da ruína colonial, do neocolonialismo e do neofascismo que atravessa os corpos e as instituições, é preciso então rearranjar o coro e retraçar o mapa. Entre criações e desvios, são os devires minoritários de crianças e autistas que motiva a sustentar a ética da polifonia. As páginas que seguem são como "acordes dissonantes", como escreve Caetano Veloso, em 1968, no disco Tropicália.

Com Deligny se trata mais de traçar o comum que transforma a expectativa do acordo em acorde. Em *A arte, as bordas... e o fora* (1978), o autor escreve:

> Tratar-se-ia mais de 'accorder' [afinar, acordar], palavra que deriva, talvez, não se sabe muito bem, de 'coeur' [coração] ou de 'corde' [corda]. Mas então acordar teria de significar criar um acorde; não um consentimento, uma conformidade, mas antes uma discordância da qual vibrarão as relações de frequência.[13]

Para o autor, a composição entre os diferentes e os divergentes é algo similar à música. Atuando com adolescentes infratores e crianças ditas inadaptadas, seu manejo é tal como um compositor que capta no ambiente as linhas melódicas e sob ela compõe uma harmonia:

> Quando era responsável por um Centro ou um pavilhão, aconteceu-me de sentir um compositor. Aconteceu-me de confundir coletividade infantil com tocar órgão. Nascia uma música de revolta ornamentada de humor que formava em torno de mim uma bolha, um universo no qual eu vivia confortavelmente. Fraude para as vidas confinadas.[14]

Fazendo de Fernand Deligny um personagem central neste livro, a tentativa parte da análise crítica do uso do espaço na clínica com intuito de demonstrar que a clínica do espaço é dispositivo clínico-político voltado para o cuidado das instituições e das relações de poder que nela se estabelecem, em especial, a relação da clínica com as crianças e com as pessoas autistas.

---

[13] Deligny, 2015a, p. 150.
[14] DELIGNY, F. **Semente de crápula**. Conselhos aos educadores que gostaria de cultivá-la. São Paulo: Ed N-1, 2020, p. 126.

Por efeito, essa crítica leva à compreensão estética e experimental do espaço, a transformações no âmbito da clínica e da política e ao reposicionamento das práticas de resistência e luta na saúde mental.

1.2 ESPAÇO, ARTE E COSMOLOGIA

Na Filosofia, o espaço é tema discutido desde os pré-socráticos e possui entrada por meio de autores como Aristóteles, Kant, Descartes, Blanchot e Bachelard. Na clínica psicanalítica de Freud e Lacan há também entradas para o tema. Na pragmática esquizoanalítica de Deleuze e Guattari, o espaço é estudado não apenas por meio do conceito de território, como também de territorialização e desterritorialização, por meio dos quais montam os platôs de sua geofilosofia. É possível pensar o espaço numa aproximação com a infância e o autismo, por meio da cartografia elaborada por Fernand Deligny e, diante da amplitude do tema, optei por entrar pela via esquizoanalítica.

No campo da ciência, os avanços sobre o estudo do espaço são impressionantes: os estudos da Astrofísica, Astronomia e Cosmologia ganharam um contorno especial nas últimas décadas. Novello[15] mostra que as descobertas sobre o espaço não param de emergir, leis que antes eram universais são agora problematizadas diante de um Universo em expansão. Hoje se conhece o espaço de maneira tão extensa que telescópios como Hubble e James Webb comprovam cientificamente que as categorias de tempo e de espaço são relativas, contrariando toda estabilidade que alguns conservadores gostariam que houvesse. O Universo está em expansão, ele é um *Universo Inacabado*, afirma o autor. Se há um senso de continuidade para o espaço-tempo, esse senso é o movimento contínuo, a expansão, a alteração das formas e os processos de informação.

Espaço e tempo então são categorias relativas:

> Imaginar que as leis da física são eternas e imutáveis, dadas por um decálogo cósmico, é ter uma visão a-histórica dos processos no universo. [...] A cosmologia enfraqueceu essa paz racional aceita, até então, como natural e definitiva.[16]

O Universo depende da interação local, nada plana sozinho no cosmo e não há nada que não se transforme na relação com outros corpos celestes.

---

[15] NOVELLO, M. **O universo inacabado**: a nova face da ciência. São Paulo: N-1 edições, 2018.
[16] *Ibidem*, p. 179.

A partir disso, o espaço deixa de ser uma representação, lugar fixo, e passa a ser matéria relacional em expansão, conjunto de partes e elementos inacabados. O processo de constituição do cosmo está em aberto. Nesse sentido, o espaço é tema sensível e inquietante também na arte.

Na obra de Lygia Clark se encontram reflexões importantes acerca do espaço: em *O dentro e o fora* cuja materialidade da obra é uma fita de Möbius feita em lata, tem-se a estranha sensação de percorrer o espaço fluido e contínuo, sem interior e sem exterior. Diante desta obra, "[...] *o sujeito atuante reencontra sua própria precariedade.* [...] *ele descobre o efêmero por oposição a toda espécie de cristalização*"[17]. A obra explora a variabilidade do espaço, a existência de formas espaciais que não se constituem por dicotomia entre dentro e fora, mas apresenta novas formas cujas fronteiras se esboçam de maneira nebulosa. Dentro e fora são passagens inapreensíveis onde o espaço pertence ao tempo metamorfoseado pela ação daquele que nele habita. Nele, o sujeito experimenta a sensação de trajeto irracional, sensível e sensorial, rompendo com o esquema perceptivo consciente, fazendo com que a razão seja deslocada do centro da percepção e fazendo o espaço escapar do domínio da razão.

Em *Caminhando*, outra obra em que a artista explora o objeto topológico da fita da Möbius. Nela o sujeito encontra-se mais uma vez diante da experiência de passagem fluida entre dentro-fora, passagem sem ruptura. Contudo, a ruptura se dá para o sistema consciente do sujeito que, ao olhar a obra, tem a sensação de que o espaço não é mais regulado pelo seu pensamento, sua existência não é mais a origem das coordenadas dentro e fora, de baixo e acima. Sua existência é somente mais um ponto dentre outros e seu privilégio de se sentir como centro do mundo é perdido em prol dessa ruptura.

O sujeito observador se dissolve *caminhando* sobre o espaço da obra, deslocando-se pelo movimento que o objeto topológico promove: "*o ato artístico lygiano sustenta no tempo a oscilação entre dentro e fora tornando-a virtualmente sem fim*"[18]. Para Rivera, se o ato-obra da artista produz o espaço-tempo virtual continuamente metamorfoseado, é porque seu ato não se define como coisa acabada de uma vez por todas, "[...] *mas é o próprio desenrolar temporal de sua tentativa, nunca alcançada e, paradoxalmente,*

---

[17] CLARK, L. apud, RIVERA, T. Ensaio sobre o Espaço e o sujeito. Lygia Clark e a psicanálise. **Revista Ágora**, Rio de Janeiro, v. XI, n. 2, jul./dez. 2008, p. 228.

[18] *Ibidem.*

desde o início presente"[19]. A obra não é mais que um gesto que o sujeito experimenta ludicamente na relação com os movimentos do seu corpo em um espaço-tempo indeterminado, pela deflexão de sua consciência nesse espaço virtual de "Caminhando".

O espaço, na obra de Lygia Clark, propõe a experiência de habitar uma virtualidade em que não há nem princípio e nem fim, em que dentro e fora não se localizam e estão em movimento. Com isso é possível pensar uma concepção de espaço que não se captura em ato, que não se constitui por formas e que está sempre escapando. Trata-se da concepção de espaço que está relacionado ao gesto. Esse espaço não está na consciência, mas no lapso, instante em que o ponto de vista do observador se dissolve na poética e na sensação, no susto e na suspensão. A percepção desse espaço é experimentada no tempo, enquanto o espaço resta indecifrável fora do sujeito e da linguagem.

Lygia Clark propõe que o ato de se fazer diante da obra, de se fazer sujeito diante do espaço sem fronteira, é ato contínuo e insistente, tal como o ponteiro do relógio. Trata-se de agir sobre esse espaço-tempo que não se captura pela consciência, de se constituir na dissolução de si e não na conservação das formas instituídas. Posicionar-se dessa forma é uma aposta: *"Quero viver como o ponteiro do relógio / mil vezes segue o mesmo roteiro / momento vivo, ele é num ponto / A referência do real"*[20].

O espaço é, para o sujeito humano, lugar de sua dissolução, de sua metamorfose e transformação da percepção de mundo. Infinitamente incompreensível, o espaço é para o humano um ponto de disjunção da linguagem e da razão. Ao desconectar os sentidos que estavam fixos, o espaço nos permite criar conexões. O humano não está sozinho no espaço, porém não é certo que o que ele vá encontrar fora seja seu "semelhante" – outro humanoide narcisicamente ou paranoicamente igual a ele:

> O mistério dos discos voadores começou por ser bem terrestre: supunha-se que os discos vinham do desconhecido soviético, desse mundo tão privado de intenções claras quanto qualquer outro planeta. Esta forma do mito continha já, em germe, o seu desenvolvimento planetário; se o disco transformou tão facilmente, de engenho soviético em engenho marciano, foi porque, de fato, a mitologia

---

[19] *Ibidem*.
[20] CLARK, L. *apud*, RIVERA, T. Ensaio sobre o Espaço e o sujeito. Lygia Clark e a psicanálise. **Revista Ágora**, Rio de Janeiro, v. XI, n. 2, jul./dez. 2008, p. 228.

ocidental atribui ao mundo comunista a própria alteridade de um planeta: a URSS é um mundo intermediário entre a Terra e Marte.[21]

Em sua exploração do Universo, o homem gostaria de encontrar (ao menos em mitologia) um outro ser humano, sendo levado a crer pelas próprias paixões e apegos que os outros mundos e civilizações passaram pelo mesmo processo que ele:

> O fato de Marte ser implicitamente dotado de determinismo histórico calcado sobre o da Terra é o que há de mais significativo. Se os discos voadores são veículos de geógrafos marcianos que vêm observar a configuração da Terra [...] é que a história de Marte se desenvolveu ao mesmo ritmo da história do nosso mundo, e produziu geógrafos no mesmo século em que descobrimos a geografia e a fotografia aérea. O único avanço sobre nós é o próprio veículo, de forma que Marte é assim apenas uma Terra sonhada, dotada de asas perfeitas como em todos os sonhos de idealização.[22]

Nada está livre e independente no cosmo. Tudo compõe um vasto e aberto trânsito de elementos e partículas de modo caótico e cósmico, por isso o espaço é plano de deslocamento dos saberes das ciências humanas e da linguagem. Nem mesmo a luz está livre desse deslocamento e se há notícias de outros espaços, outras galáxias, é porque a luz reflete em suas superfícies. Entre explosões e explorações, seus feixes seguem puramente alteráveis, variáveis conforme os meios que ela travessa, dos caminhos que ela faz, os desvios com as quais se ocupa, com as nebulosas nas quais atravessa, com as estrelas, os planetas, os cometas e os buracos negros que as desviam em seu curso impessoal. Do ponto de vista do espaço, o humano nada mais é que uma fração do espaço-tempo.

A conversa entre a arte, a clínica e a cosmologia mostram como o espaço é o lugar da dissolução do humano, enquanto o tempo é o lugar de sua afirmação. Na perspectiva humana espaço-tempo não se separam, o humano vive continuamente processos de subjetivação e dessubjetivação, experiências de consistência e virtualidade.

---

[21] BARTHES, R. **Mitologias**. 11. ed. Rio de Janeiro: Bertrand Brasil, 2001. p. 32.
[22] *Ibidem*, p. 32.

1.3 ESPAÇO E SUBJETIVAÇÃO

Desprender-se das categorias universais e diluir a centralidade da linguagem são atitudes fundamentais para pensar o processo de subjetivação onde o espaço tem primado. Desmontando o primado do tempo em relação à subjetividade, percebe-se que o homem é certamente histórico, mas a linguagem não recobre toda sua experiência, restando o espaço fora da subjetividade. O humano, tal como o universo, é inacabado, sempre em processo de subjetivação e o espaço é seu ponto de abertura e devir.

A exploração do espaço é fonte de sensações que lançam o sujeito nesse processo de subjetivação aberto e permanente, de modo que a subjetivação se torne ato contínuo e lançar-se ao espaço seja atitude libertária, desprender-se de si como estratégia de exploração do mundo e da diferença em nós. Deligny escreve, em *Les enfants ont des oreilles* (1949): "*se você deixasse, pequena lanterna, o fio de ferro que te carrega e te sustenta, você seria luz presa a nada, você seria estrela*"[23].

Contudo, a tendência é encontrar na cultura a ideia de uma subjetivação estável apoiada em definições sólidas e estruturais, formulações que definem o sujeito pela sua forma ou substância invariável e indivisível. Nessa perspectiva, o processo de subjetivação se daria na relação com o próprio humano, tirando-o da relação com outros elementos, como a política, a história, as moléculas e o próprio espaço. A arte e a cosmologia mostram, por outro lado, que a relação do humano com o espaço é permanentemente, variável e aberta, o indivíduo humano não é indivisível, mas sim é sujeito de forças maiores que ele próprio. Como pensar a vida humana aberta à transformação, nem normal e nem anormal, nem instável e nem estável? Como entender a subjetivação humana não como natural, pessoal e individual? Como pensar o processo de humanização como sendo histórico e circunstancial?

Simondon[24] é crítico dessa perspectiva que pensa dar privilégio ontológico ao indivíduo constituído – como se o humano partisse de si mesmo. Para o autor, os processos de individuação não pressupõem um princípio anterior e orientador, o que daria privilégio ontológico ao indivíduo constituído. Tal via naturaliza as noções como "homem" e "humano" e determinariam toda experiência subjetiva em um único princípio fixo

---

[23] DELIGNY, F. **Fernand Deligny œvers**. Paris: L'Arachnéen, 2007, p. 282-283.
[24] SIMONDON, G. **A individuação à luz das noções de forma e informação**. Rio de Janeiro: Ed. 34, 2020.

e essencial. Para o autor, as condições de existência – os processos de individuação – não são individuais, a maneira como o ser encontra meios e modos para se instituir é sempre coletiva, por defasagem e devir em relação a si, ao outro e ao espaço.

O devir é a "dimensão do ser" que corresponde à capacidade do ser em *"se defasar relativamente a si mesmo, de se resolver enquanto se defasa [...] o devir não é um quadro no qual o ser existe; ele é dimensão do ser, modo de resolução de uma incompatibilidade inicial, rica em potenciais"*[25]. Devir é a capacidade de mediação de forças que atravessam ao ser, transformando-o. A depender do modo como o indivíduo medeia essas forças, ele perde a oportunidade ou mantém-se aberto ao devir. Por outro lado, há modos de existência que se privam do devir, considerando-se como unidade estável e indivisível – a linguagem, o poder, o Estado são formas pelas quais os indivíduos se apegam e se privam de experimentar outros modos de existência.

Apegar-se a noções estáveis empobrecem e esvaziam o processo de individuação de seu potencial ontogenético. Para combater a individualização da existência, Simondon[26] propõe o conceito de devir. Diferentemente da forma individualista, o devir conserva o caráter variável do ser, mantendo-o aberto a novos processos de informação. No devir o ser devém não em direção à forma preexistente, mas à forma que devem ser criadas. Para pensar essa ontogênese, é preciso pensar o ser sem princípio nem fim:

> Para pensar a individuação, é necessário considerar o ser não como substância, ou matéria, ou forma, mas como sistema tenso, supersaturado, acima do nível da unidade, que não consiste unicamente em si mesmo e não pode ser adequadamente pensado mediante o princípio do terceiro excluído; o ser concreto, ou ser completo, isto é, o ser pré-individual, é um ser que é mais que uma unidade.[27]

O "pré-individual" é o estado do ser em que não há fases. Ele não é nem evoluído nem involuído, mas é antes um sistema onde há forças metaestáveis que alimentam o processo de evolução e involução. Tais forças o autor classifica como "energia potencial metaestável" que alimenta o processo de informação – criação de formas do ser. São forças primordiais que alimentam o processo de tornar-se indivíduo, processo que o autor chamou "individuação". O pré-individual não é ser individuado, mas

---

[25] *Ibidem*, p. 17.
[26] *Ibidem*.
[27] *Ibidem*, p. 17.

o estado de puro devir, ponto em que o ser está sempre aberto a novas formas e processos de informação.

A individuação é a resolução desse sistema tenso de forças, é a correlação dessas forças de grandeza maior que não se mediam completamente, pois são metaestáveis em comparação ao "equilíbrio estável" pressuposto[28]. A realidade pré-individual apresenta-nos o caráter de devir do ser. O ser devém indivíduo à medida que ele se "defasa" desse sistema tenso metaestável. A ontogênese amplia-se para além da gênese do indivíduo e passa a designar *"o caráter de devir do ser, aquilo por que o ser devém enquanto é, como ser"*[29].

A defasagem, operação pela qual o ser devém, é a diferenciação em relação ao próprio ser ou em relação ao próprio pré-individual. O ser defasa quando as forças que ele busca conservar se saturam, excedem. Esse é o momento em que o ser pode se diferenciar em relação a si mesmo. A individuação, nesse sentido, é também diferenciação por descompasso em relação ao seu interior (no caso dos indivíduos humanos). Essa dimensão ontogenética da individuação, esse descompasso do humano em relação às suas próprias necessidades internas, leva ao entendimento de que o que efetivamente produz o "humano" não é aquilo que está dentro dele (o ser em essência), nem mesmo o elemento externo que o rodeia (os meios e territórios). O ser não se resolve nem dentro nem fora, mas está em permanentemente topologia dinâmica.

Deligny[30] faz uma importante distinção entre o "homem-que-somos" e o humano: o primeiro é regido pela linguagem, é o "ser consciente de ser" regulado pelo querer e pelos "projetos pensados". Tudo o que é da ordem e do poder pertence ao homem. Já o humano, ele identifica como "aracniano" que resiste fora da linguagem, no espaço, em redes e desviando de toda *semelhantização* que a linguagem opera. Deligny vê nas crianças autistas a presença de outro modo de existência distinto do homem e da linguagem:

> Existe sempre, em algum lugar não se sabe onde, uma Corte Suprema que zela pelos direitos; por aí se vê, de certa forma,

---

[28] "Enquanto o equilíbrio – que é o mais baixo nível de energia potencial – exclui o devir, a metaestabilidade indica uma dinâmica de devir que só se resolve em contínua transformação. Essa noção de metaestabilidade ganha um sentido especial quando tratamos de sistemas vivos nos quais o processo de individuação não culmina, mantendo o devir em constante processualidade" (Passos; Barros, 2015, p. 23).

[29] Simondon, 2020, p. 16.

[30] Deligny, 2015a.

> o acesso do direito; ao alegar que elas [as crianças autistas] realmente têm o direito de querer [falar], por mais autistas que sejam, e por menos que tenham a prática adquirida do projeto pensado, eu as oprimo e condeno, com esse direito, a uma semelhantidade – uma identidade ainda mais pesada por ser fictícia. Elas têm direito ao nível superior, de certo; mas o que podem fazer com esse direito senão viver a desorientação de extravagar, que literalmente quer dizer: sair da via. De que via se trata? A do projeto pensado.[31]

O termo "semelhantizar" (*semblabliser*) é criado para propor essa crítica ao processo de subjetivação do humano submetido única e exclusivamente à linguagem. Para o autor, existem outros modos de existência que são diferentes do homem, o humano está soterrado e eclipsado pelo grande meteoro que é a linguagem. Para pensar o processo de subjetivação pelo espaço, sua complexa imbricação entre os modos de espacialização e a espacialidade da subjetividade, é preciso se lançar nessa fresta em que a face humana se dissolve na falta de princípio universal, ponto em que nem a linguagem e nem o tempo são razões suficientes para explicar o humano.

Deleuze e Guattari também chamaram esse processo de devir. Para os autores, o devir não é imitação ou assimilação de modelo, nem mesmo se trata de redução a um ponto de partida (princípio) ou um de chegada (finalidade):

> O devir não é uma correspondência de relações. Mas tão pouco é ele uma semelhança, uma imitação e, em última instância, uma identificação. [...] Devir não é progredir nem regredir segundo uma série. E sobretudo devir não se faz na imaginação, mesmo quando a imaginação atinge o nível cósmico ou dinâmico mais elevado [...]. Eles são perfeitamente reais. Mas de que realidade se trata? [...] o homem não devém 'realmente' animal, como tampouco o animal devém 'realmente' outra coisa. O devir não produz outra coisa senão ele próprio. É uma falsa alternativa dizer: ou imitamos ou somos. O que é real é o próprio devir, o bloco de devir.[32]

O espaço é então ponto de diferenciação do humano, é a superfície do seu devir. Quero mostrar ao leitor que, diferentemente da psicologia ambientalista, o espaço do devir é fora do humano, fora da linguagem,

---

[31] *Ibidem*, p. 35.
[32] DELEUZE, G.; GUATTARI, F. **O Anti-Édipo**: Capitalismo e Esquizofrenia. 1. ed. São Paulo: Editora 34, 2011, p. 18-19.

fora da subjetividade e isso exigirá um longo percurso de argumentação cujo guia é sempre a dos trajetos das crianças e dos autistas na clínica.

Kant[33], em *Estética Transcendental,* designa o espaço como "forma do sentido externo", é o espaço interno a essência que localiza o ser humano. Por contraste, é possível pensar com Deligny[34] um outro espaço que está fora do sentido interno da subjetividade. Para o autor, o espaço exterior é condição de possibilidade para o humano, sendo esse processo de subjetivação ligado à exterioridade, mais do que propriamente a interioridade, a intimidade e a individualidade. Enquanto para Kant é o tempo o sentido interno da subjetividade; para Deligny, o espaço é a superfície da subjetivação.

O leitor pode perceber que a evidente extensão do tema não permite esgotar o assunto, este capítulo vai pouco a pouco introduzindo nessa densa discussão e aproximando o leitor dessa dimensão intensiva do espaço e desta implexa dimensão espacial da subjetividade.

1.4 TRANSVERSAIS: O ESPAÇO, A ARTE E A CLÍNICA

Partindo do conceito de transversalidade criado por Félix Guattari[35], em 1964, é possível definir a clínica como exercício de perturbação entre as disciplinas e a estratégia de aproximação entre o clínico e o não clínico. Propor uma transversal entre clínica, Arte, Filosofia e política é mais do que articular intelectualmente tais disciplinas, trata-se antes de fazer com que essas fronteiras se borrem, criando zona de influência mútua entre elas e alterando o limiar das intervenções clínicas para além das questões puramente técnicas dos saberes.

O conceito de transversalidade proposto por Guattari[36] problematiza os limites das disciplinas e do *setting* clínico, alterando o espaço terapêutico onde se dão os processos de produção de saúde, os modos de escuta analítica para além da fórmula edipiana. Transversalidade coloca a escuta e o acolhimento clínico em ressonância com elementos impessoais do mundo, por exemplo, a política, o capitalismo, o urbanismo, o racismo estrutural etc. Não apenas a história pessoal interessa aos ouvidos, mas todos os atravessamentos que comparecem no trajeto narrado. Tal con-

---

[33] KANT, I. **Crítica da razão pura.** Coleção Os pensadores. São Paulo: Ed. Nova cultura, 1987.
[34] Deligny, 2015a.
[35] GUATTARI, F. **Revolução Molecular**: pulsações políticas do desejo. São Paulo: Ed. Brasileirense, 1985.
[36] *Ibidem.*

ceito é proposto quando Guattari reconhece que a transferência proposta pela clínica freudiana[37] é insuficiente para compreender os processos de saúde e os sintomas institucionais.

Ao propor o conceito de transversalidade, o autor quer favorecer o *"aumento dos quanta comunicacionais intra e intergrupos em uma instituição"*[38], pois para tratar dos problemas de grupos subalternizados e a institucionalização, é preciso colocar a vida em relação com seu exterior, estendê-la para além de seu íntimo e explorar zonas desconhecidas. Se o *setting* clínico não se resume apenas à poltrona e ao divã dentro de uma sala isolada acusticamente; se o acolhimento e a escuta não se resumem apenas às histórias individuais e familiares, que novas estratégias clínicas se esboçam? Trata-se de acolher um sujeito com sua história, memória, desejos e acolher *"um processo de subjetivação em curso que vai se realizando pelas frestas das formas, lá onde o intempestivo se apresenta, impulsionando à criação"*[39]. Em outras palavras, trata-se de colher o sujeito e os trajetos que o acompanham, os lugares pelos quais ele passa, os vetores histórico-sociais que o atravessam, acolher – no limite – essa inseparabilidade entre espaço e subjetividade[40].

Passos e Mizoguchi[41] propõem a arte como operadora da transversalidade entre crítica e clínica no contemporâneo. Alterando as formalidades das disciplinas e suas formas instituídas, combatendo a dominação dos saberes, e dos modos de subjetivação pelas tecnologias biopolíticas, a arte é convite a traçar direções inovadoras. Tomando como analisador o movimento Tropicalista, guiado por Caetano Veloso e Gilberto Gil, em 1968, os autores reconhecem conexões entre a rebeldia dos compositores brasileiros e a crítica ao sentido de desejo e instituição feitas pelos filósofos Deleuze e Guattari, em *O Anti-Édipo Capitalismo e Esquizofrenia*. O livro, assim como o disco, foi escrito no calor da efervescência cultural de maio de 1968.

---

[37] A passagem da transferência para a transversalidade faz com que o conceito de transferência dê lugar ao de transversalidade "apostando-se em dinâmicas libidinais, em jogos fantasmáticos, em regimes de afetabilidade que se dão no plano coletivo e, consequentemente, ganham um sentido que é também político" (Rossi; Passos, 2014, p. 65).

[38] Passos; Barros, 2015, p. 26

[39] *Ibidem*, p. 26

[40] *Ibidem*, p. 27

[41] PASSOS, E.; MIZOGUCHI, D. **Transversais da Subjetividade, arte, clínica e política**. Rio de Janeiro: Editora UFRJ, 2021.

Passos e Mizoguchi defendem que entre a Tropicália e o Anti-Édipo há uma conexão que aproxima a crítica filosófica francesa ao *"modo subversivo não antagonista de enfrentamento ao fascismo"*, no Brasil. A Tropicália desagregou valores tradicionais, destituiu a estabilidade da sociedade conservadora durante o período da ditadura militar brasileira, regime que permaneceu no poder entre 1964 e 1985 e traçou gestos de resistência não bélicos ao tomar a arte em seu sentido criativo e revolucionário[42].

Aposta transversal dá à clínica do espaço esse mesmo aspecto revolucionário: não se trata de ver a clínica como apaziguadora do caos, mas antes de tornar o caos positivo. Ao transversalizar espaço, infância e autismo, abrem-se as práticas de cuidado para ouvir os ruídos e ver as faíscas que emergem dos jogos de poder e resistência entre a criação e as instituições. Quanto ao espaço, se ele não é apenas a forma arquitetônica, que outros espaços revolucionários são possíveis de serem criados? Para responder a essa pergunta, encontro inspiração no modo como a infância perturba os saberes, as tradições e as instituições.

Guattari[43] ressalta que para compreender a operação de transversalização é preciso aproximar-se do medo do *nonsense*. Nessa zona de perturbação entre as disciplinas, nesse limiar em que as formas se alteram e os novos regimes de visibilidade colocando luz sobre o desconhecido, a sensação proeminente é o medo:

> As questões-chave são colocadas antes da cristalização das constelações, das rejeições e atrações, ao nível donde pode brotar uma criatividade do grupo, se bem que esta geralmente se estrangula por si mesmo com o tênue fio de nonsense que ela se recusa a assumir, preferindo o grupo se consagrar ao balbuciamento das 'palavras de ordem', obturando qualquer acesso a uma fala verdadeira, isto é, articulável às outras cadeias do discurso histórico, científico, estético etc.[44]

Para pensar a clínica do espaço, optou-se pela exploração do *nonsense*, o medo e a angústia de estar frente ao fora do sentido fazem parte desse processo. O espaço é esse elemento estranho que desestabiliza noções

---

[42] "Há certo rebatimento de época, uma coetaneidade entre os enfrentamentos franceses e brasileiros, que se fizeram sob uma afinação curiosa a partir da qual o desejo e o Brasil podem se colocar sob a inversão de uma fórmula ético-estético-política" (Passos; Mizoguchi, 2019, p. 6).

[43] Guattari, 1985.

[44] *Ibidem*, p. 94.

caras à clínica e à política, aquilo que precipita a arte e a transformação. A transversalidade é uma intervenção sobre a clínica, sobre o modo como se habita esse espaço, alterando os liames institucionais e os tipos de habitação, é possível alterar o modo de acolhida desse *nonsense*:

> O objeto da terapêutica institucional não é justamente o de se propor a lograr um remanejamento dos dados de 'acolhida' do superego, transformando-os numa espécie de nova acolhida 'iniciática', esvaziando de seu sentido a exigência social cega de um certo procedimento castrativo exclusivo?[45]

A alteração dos "dados de acolhida do superego" é um trabalho sobre si, sobre como se acolhe os trajetos e as falas das crianças. Se o ponto de partida é a transversalidade entre infância, autismo e cartografia, trata-se de elaborar um acolhimento do medo do *nonsense* e desprender-se do sentido instituído. Convido o leitor a experimentar o problema tendo os pés sobre um chão que se abre, desterritorializa-se e, igualmente, tendo sobre as cabeças um céu que se abre ao infinito, sem fundo, sem estrela guia, mas com uma dispersão infinita de constelações e coordenadas.

A alteração no modo de acolhimento dos trajetos das crianças e dos autistas na clínica deve ser feito como desvio da interpretação e da linguagem como única forma de manejo clínico. Ao tomar como guia o trajeto das crianças, Deligny[46] demonstra que o gesto, assim como o trajeto, não significa e que, por isso mesmo, não deve ser interpretado. O que orienta o trabalho de acolhimento é a proliferação de trajetos no espaço, ao passo que essa liberação do agir da criança e do autista é acompanhada da liberação da clínica e da "instituição linguagem". Alterar os dados da acolhida do superego é, no limite, deixar-se guiar pela criança, de modo que ela coloque as pistas para o processo de saúde. É a criança que cuida da clínica e não a clínica que cura a criança. Acolher crianças ou adultos autistas é então borrar as fronteiras disciplinares da clínica e dar lugar ao devir.

Para acolher o silêncio e a atividade espacial da criança sob um novo ponto de vista, é preciso tratar desse ímpeto da clínica em tudo interpretar; é preciso dar ao clínico o lugar de cartógrafo que explora o espaço a partir das sensações que o atravessam – em especial o medo em lidar com o fora do sentido, com a loucura, com a obscuridade e falta de

---

[45] *Ibidem*, p. 9.
[46] Deligny, 2015a.

respostas. Acolher a criança implica acolher as dificuldades dos clínicos, os limites da clínica. A transversalidade entre clínica, espaço e infância é, nesse caso, acolhida do medo do *nonsense*, de estar diante da ausência de sentido, medo da abertura ao instituinte, ao espaço fora da linguagem.

Na obra de Deligny[47], o tema do espaço percorre toda sua trajetória, desde as classes especiais para crianças ditas inadaptadas, passando pelo uso do espaço aberto e a exploração de velhas construções para instalação de grupos de crianças em conflito com a lei, pela dispersão territorial no encaminhamento de crianças para diferentes projetos de educação informais e, por fim, com a chegada em Cévennes, quando ele definitivamente vê o espaço para além das instituições e da arquitetura, o espaço fora da linguagem que ele define como *topos*.

Topos é o espaço que comparece diante da "fissura" e da "falha talhada" que a linguagem *"não descansa enquanto não nos faz crer que ela foi preenchida"*:

> [...] talvez porque a linguagem esteja a serviço de uma causa que não faz tanta questão de ser notada. É possível que essa causa esteja mancomunada com todo poder. Assim se compreenderia que ela nos satisfaça a fim de apagar aquilo que, na qualidade de sujeito/súdito [*sujet*], nos entrega a todo poder.[48]

A linguagem recobre o espaço impedindo de ver o que realmente importa – a criação permanente de brechas. O fora do sentido é convite ao devir criança, devir do espaço, alteração do regime sensível e alteração do regime de representação: como é possível acolher tais linhas? Como é possível sentir o espaço fora da linguagem? Como o espaço aparece nos sonhos? Infância e autismo são nome do quê?

Por fim, trata-se de um duplo acolhimento: da criança em suas linhas de errância, da clínica e sua obrigação de representar. O devir do espaço na clínica permite pensar o cuidado nesse ponto dinâmico – nem dentro e nem fora, nem eu e nem outro. Esvaziar-se de linguagem e de normas institucionais é condição de possibilidade para essa saúde. O novo uso do espaço na clínica tem como primado o plano de deslocamento dos afetos e livre deslocamento. A crítica da clínica incide justamente nesse ponto, no modo como o poder instituiu o espaço fechado como sendo o espaço da clínica. Nesse espaço fechado, o trabalho incorre nos perigos da classifica-

---

[47] *Ibidem*.
[48] *Ibidem*, p. 224.

ção dos comportamentos e na pressuposição do binarismo lógico (normal/anormal, louco/são, homem/mulher, adulto/criança). Tal racionalidade torna-se então destituída de *topos*, esvaziada de espaço e lugar de vida. É preciso alterar o valor do espaço na clínica e restabelecer seu uso libertário.

Investigar o espaço em devir é ser atravessado por ele, é operar a transversalidade e o *nonsense*. O espaço fora da linguagem é a experiência do fora sensível que arrasta a clínica num devir que problematiza as grandes instituições – Homem, História, Linguagem. O espaço faz do humano um processo permanente de subjetivação, mais do que apenas uma natureza historicamente estabelecida, um rosto universal.

1.5 INFÂNCIA, AUTISMO E CARTOGRAFIA

O termo contemporâneo é uma entre tantas concepções de tempo-espaço e se define pelo recorrente estado de crise e instabilidade situados histórica e geograficamente. Segundo Passos e Benevides[49], clínica e contemporâneo partilham desse mesmo sentido: o permanente estado crítico e a permanente crise nas instituições. A clínica do espaço se situa nesse intempestivo contemporâneo, propondo-se como dispositivo clínico-político voltado para a transformação do uso do espaço na clínica, desviando dos vetores reacionários do contemporâneo e partindo na direção do estudo cartográfico, pensando, sentindo e agindo no espaço para além do maniqueísmo dentro-fora, interior-exterior.

A ética da clínica encontra no desvio a estratégia de habitação e de passagem pelas crises no contemporâneo: trata-se de desviar das formas hegemônicas para dar lugar à dimensão minoritária do sofrimento psicossocial. Tal concepção vem do próprio sentido da palavra *klinikos*, que no grego indica o que concerne ao leito – *klíne*, "leito, repouso" e de *klíno* "inclinar, dobrar".

> Entendemos por contemporâneo essa experiência sempre desestabilizadora que convoca a nos deslocar de onde estamos, a pôr em questão o que somos e a nos livrar das cadeias causais que nos tornam figuras da história. O contemporâneo, portanto, nos põe sempre numa situação crítica,

---

[49] PASSOS, E; BENEVIDES, R. Clínica e biopolítica na experiência do contemporâneo. **Revista Psicologia Clínica Pós- graduação e Pesquisa**, PUC-RJ, v. 13, n. 1, p. 89-99, 2001.

tomada aqui, em sua dupla acepção: exercício crítico do instituído e experiência de crise.⁵⁰

Recorrendo ao conceito de *"clinamen"*, Passos e Benevides pensam o exercício clínico como gesto de inclinação ao leito do doente e avançam ao mostrar que esse exercício não se faz sem deslocamento, sem debate crítico e criação. Entendem o acolhimento numa relação de crítica ao contemporâneo, sendo a clínica o exercício permanente de desvio das formas universais: *"entendemos o ato clínico como a produção de um desvio (clinamen)"*⁵¹.

Epicuro⁵², estudando os átomos e a criação da matéria, vê no desvio a condição de possibilidade da emergência do mundo. O movimento de criação encontra sentido no desvio e é na relação com o acaso, é rompendo com a tradição e o destino que a criação é possível. No prefácio do livro *Cartas & máximas principais*⁵³, Maria Cecília G. dos Reis pontua que, para o filósofo, o mundo é concebido do seguinte modo: *"o universo (e tudo o que contém) é formado de* átomos *em movimento no vazio do espaço infinito (sem nenhum poder criador)"*⁵⁴, porém os átomos que compõem este mundo se movem, a matéria está em movimento e esse movimento é o desvio. Assim, o desvio é o exercício de criação, de nascimento do sujeito e do mundo. Por meio do desvio que os átomos se colocam em relação com sua exterioridade e o mundo pode se fazer. É, portanto, *"um desvio aleatório para o lado de uma mínima espacial, que nos salva da fatalidade do destino"*⁵⁵.

> O átomo na sua múltipla constituição do mundo "postulou um desvio, ou melhor, uma mínima declinação imprevisível na trajetória das partículas microscópicas — o *clinamen* ou *paregklisis*. Assim, ele inova ao acolher um fator indeterminado em uma visão materialista do mundo e de um só golpe escapa do mecanicismo e dá lugar à liberdade de ação.⁵⁶

O *clinamen* enquanto desvio dos átomos em queda leva Passos e Benevides a afirmar que o desvio na clínica é esse gesto que *"atribui a esses*

---

⁵⁰ *Ibidem*, p. 91.
⁵¹ *Ibidem*, p. 3.
⁵² EPICURO. **Cartas & máximas principais**: como um deus entre os homens. Rio de Janeiro: Ed. Companhia das Letras, 2009.
⁵³ *Ibidem*.
⁵⁴ *Ibidem*, p. 8.
⁵⁵ *Ibidem*, p. 44.
⁵⁶ *Ibidem*, p. 8.

pequenos movimentos de desvio a potência de geração do mundo"[57]. Por desvios, a clínica se coloca em relação com a sua exterioridade, com o mundo fora de seus limites disciplinares; com o espaço. É nesse sentido que a relação com o não clínico faz com que a clínica crie, interrompa o destino por meio da apuração crítica de novas possibilidades, novos arranjos entre arte, clínica, política, Filosofia e o extenso mundo sem fronteiras.

A clínica como desvio implica a aliança com a resistência e os movimentos insurrecionais, evitando assim se situar nas formas instituídas. O esforço contínuo de desviar dos vetores adaptacionista e de normalização leva à desconfiança permanente dessas ferramentas diagnósticas e da linguagem psiquiátrica como forma de conceber os processos psicossociais e restituir a aliança da clínica com a "mínima espacial". O espaço seria então a trincheira dessa resistência que se manifesta por desvios em relação à regulação dos diferentes e divergentes modos de existência.

Em se tratando do acolhimento da infância e do autismo, a clínica do espaço se afasta da onda reacionária que atravessa as práticas de cuidado e a política pública no Brasil[58] e da onda reacionária que parte da iniciativa privada e busca a homogeneização das práticas de cuidado e os processos de subjetivação de crianças autistas. Refiro-me aqui aos métodos *Treatment and Education of Autistic and related Communication Handicapped Children* (TEACCH) e *Applied Behavior Analysis* (ABA) recomendados para crianças autistas. Tais métodos se aliam aos planos de saúde como única forma de cuidado possível e, embora Cruveiller[59] aponte os riscos futuros dessa intervenção precoce, a modelação e adaptação comportamental oferecem alívio aos pais e adultos implicados no cuidado.

Além dessas questões éticas e clínicas, a modelação do comportamento aponta para a aliança desses métodos ao sistema político capitalista que tenta deslegitimar o trabalho dos Centros de Atenção Psicossocial Infantil (CAPSI) com pretenso argumento de se tratar de práticas não comprovadas cientificamente. Mais do que investir em tecnologias importadas, o Brasil precisa efetivamente ouvir as crianças, combater as

---

[57] Passos; Benevides, 2001, p. 91.
[58] Refiro-me aqui ao Decreto n. 11/2019, que impõe a volta dos hospitais psiquiátricos, do serviço ambulatorial e institui as comunidades terapêuticas. Este decreto é retrocesso aos avanços da Lei n. 10.216/2010 – Lei da Reforma Psiquiátrica Brasileira.
[59] CRUVEILLER, V. Efeitos, a longo prazo, dos tratamentos comportamentais intensivos e precoces dos Transtornos do Espectro Autísticos: revisão de literatura. *In*: WANDERLEY, D.; CATÃO, I.; PARLATO-OLIVEIRA, E. (org.). **Autismo**: Perspectivas atuais de detecção e intervenção clínica. São Paulo: Instituto Langage. 2018. p. 39-58.

formas sutis de violência e afirmar suas ferramentas públicas de atenção à saúde mental.

Atualmente o conceito de "transtorno mental" (*mental disorder*) domina o campo de representação sobre o mal-estar, as crises e o sofrimento psicossocial. Produzidos pela *American Psychiatric Association* (Associação de Psiquiatria Americana (APA)) e pelo Manual Estatístico dos Transtornos Mentais, o DSM, o conceito de transtorno mental interfere na escola, nas famílias, no futebol, no ponto de ônibus, nas instituições educacionais, prisionais e outras. Recusando compreender o caráter político do sofrimento psicossocial, o DSM foi construído baseado em observações estatísticas do sofrimento, como se ele pudesse ser isolado e categorizado estatisticamente e fosse individualmente separado dos meios que o circundam. Tal premissa só é possível mediante a exclusão de todos os componentes subjetivos do processo de psicossociais[60]. Consiste, portanto, numa trama discursiva por meio da qual não se vê mais a criança, apenas seu possível diagnóstico. O conceito de "transtorno mental" tem consequências sobre a clínica e cabe à clínica desviar-se dessa forma de poder-saber e situar-se ao lado da resistência. É preciso restituir o protagonismo da infância na criação de novos enunciados e na transformação das práticas clínicas.

Desviar é então recusar fazer uma clínica normativa que opera os vetores de normalização. No entanto, como afirma Canguilhem[61], não há clínica sem avaliação do que vai bem e o que vai mal, do que é normal e o que é patológico. Como avaliar e cuidar sem normalizar? Como avaliar sem determinar normas para o paciente adequar-se? Como livrar a clínica do seu vetor de adaptação? Toda avaliação clínica se baseia na experiência consciente e na capacidade de o paciente descrever e narrar sua experiência subjetiva: toda clínica está fundamentada na experiência da fala, só se pode tratar daquilo que o paciente é capaz de se queixar. Porém, como proceder quando ele não fala? Como proceder quando a criança só demonstra sua condição por gestos inconscientes, por comportamentos irracionais que estão fora do limite da compreensão? É nesse ponto que o autismo é um ponto de problematização da clínica em sua relação com os processos de normalização. A depender do modo como se constrói a avaliação clínica, é possível invisibilizar a dimensão espacial da experiência

---

[60] Almeida, 2017.
[61] Canguilhem, 1982.

autista, dimensão fora da linguagem que aqui chamo de "espacialidade" ou "dimensão espacial da subjetividade".

Em suas publicações, Binger Selin – primeiro autista a publicar um livro – diz como se sentia mal compreendido por seus médicos e seus terapeutas. Ele afirma, em 1993, no livro *Une* âme *prisonniére*:

> [...] é uma babaquice transformar os problemas importantes de raciocínio do jeito que Gisela[62] faz ela trabalha exclusivamente com a base dessa teoria segundo a qual a angústia seria uma falta de raciocínio mas a angústia é uma disfunção de um peso tão extraordinário que eu não posso descrevê-la tão facilmente meus comportamentos autistas dão uma ideia como por exemplo o fato de urras de morder e todas as outras insanidades[63].

Quando os autistas começaram a poder narrar sua experiência, os saberes da clínica tiveram que recuar e se reposicionar. No entanto, a busca por uma etiologia do autismo que comprove a existência da "causa" biológica segue pelas mesmas trincheiras da eugenia e higienismo, do darwinismo social, reproduzindo práticas de "erradicação do autismo" por meio de terapias genéticas e químicas em vez de restituir as narrativas à sua dimensão psicossocial.

Narrar é certamente importante, pois a palavra dos autistas é fundamental para nova compreensão acerca da posição desses sujeitos no mundo. No entanto, é igualmente importante alertar para o modo de produção e construção do que está sendo considerado autismo hoje. É provável que as narrativas contemporâneas sobre o autismo estejam sendo modeladas e que as experiências subjetivas e sociais estejam sofrendo interferência do DSM; esse livro demonstra como o conceito de "espectro autista" promove a expansão do saber-poder da Psiquiatria sobre a experiência psicossocial.

Como o DSM aplica práticas de regulamentação fazendo com que autistas e não autistas passem a representar seu estado subjetivo segundo os termos do manual? O DSM, mais do que revelar uma experiência singular do autismo, codifica o sofrimento psíquico esvaziando sua dimensão política e social. Não se trata de incluir os autistas na "nossa" sociedade,

---

[62] *Gisela é psicóloga e professora berlinense da psicologia do desenvolvimento.*
[63] Selin, 1994, p. 124-125 *apud* Maleval, 2017, p. 21.

mas de desviar desse controle de regulamentação da vida e instaurar um novo regime sensível na sociedade.

Diante desse panorama, a clínica do espaço propõe acolher esse silêncio e a recusa à adaptação, optando por acompanhar os gestos e os trajetos da criança e dos autistas como forma de desviar dessa universalização da experiência. É preciso livrar a clínica da obrigação de tudo significar, dizer, representar. Ao tomar a criança como aliada, a clínica acolhe esse ponto em que ela é *infans* – aquele que não fala.

> Etimologicamente, *infans* refere-se a alguém que não fala (do latim *fari*: dizer, falar). Sua raiz evoca também outra palavra latina: *fatum*, que significa o dito, destino, fatalidade, um estado predeterminado. [...] o uso do termo infância, que se refere a alguém que não fala, parece definir os humanos precisamente excluindo o que é sua característica diferencial.[64]

Esse silêncio não é indicativo de patologia ou atraso no desenvolvimento, ele indica essa dimensão espacial da subjetividade – experiência anterior à aquisição da linguagem verbal, dimensão intensiva da subjetivação em que o infantil é antes virtualidade e devir. Acolhe-se, portanto, esse silêncio das palavras como instância primordial, potência ontogenética e heterogenética. *Infans* está para além de toda criança, é essa dimensão infantil impessoal que atravessa toda experiência psíquica e social ao longo da vida.

Em vez de analisar o espectro autista como forma fundamental da experiência autista, opto por analisar os fantasmas da subjetivação. O fantasma é tema importante para a clínica e se contrapõe à concepção comportamental e geneticista do conceito espectro do autismo, pensando a subjetivação não como uma natureza genética, comportamental e neurológica, mas como processo permanente de subjetivação. O fantasma diz respeito à criação de superfícies de contato com o mundo, processo que não começa com as palavras, mas na dimensão sensorial e espacial da subjetividade.

Em clínica, quando a fala não comparece como elemento primeiro do processo de subjetivação, quando se trata de autistas não verbais, o que está em jogo é alteração dos dados de acolhida, alteração do *setting* e estabelecimento da prática cujo primado do processo de saúde é a presença no espaço. Não se trata de direcioná-la, corrigi-la ou modelá-la, mas de

---

[64] GHEROVICI, P. A infância não é coisa de crianças. **Estilos da Clínica**, [S. l.], v. 4, n. 6. 1999. p. 20.

colher com ela as pistas para a habitação desse silêncio originário que é *infans* e a inauguração de processos que tomam como base os acontecimentos constituintes e suas singularidades.

A questão que permanece é: o que fazer com os autistas que não falam? De que maneira é possível ouvi-los e acompanhá-los? Quão angustiante é pensar a existência de um modo de ser estrangeiro à linguagem? Quanto essa angústia atrapalha a ouvi-los? A pergunta que melhor situa a posição do terapeuta em relação ao estrangeiro é: "*Como existir aos olhos daqueles que não nos olham?*". Essa pergunta é como tentativa de implicar desvios e propor alteração da pretensa imagem universal do humano.

Para acompanhar e cuidar de crianças que não falam, proponho o modelo cartográfico. Quando *infans* comparece como vacância de linguagem, há um universo topológico a ser explorado de modo que o espaço e a sensorialidade estão posicionados como base criativa para o processo de subjetivação. A topologia distinguiria duas superfícies diametralmente opostas – o espaço da linguagem, temporalizado, sendo o espaço fora da linguagem e os modos de espacialização da subjetividade pontos estratégicos para o devir do espaço da clínica.

Deligny[65] mostra como a concepção verbal da linguagem carrega consigo processos de *semelhantização* nos quais a semelhança é identidade pressuposta. Ao propor a distinção entre "humano" e "homem-que-somos", o autor mostra a homogeneização da experiência humana e a dimensão espacial da subjetividade. Sugiro guardar a expressão "homem-que-somos" para designar os seres falantes e os termos "infância" e "humano" para designar estes que não falam: para o autor existe o "homem-que-somos", ser que tem sua existência garantida na linguagem, no tempo e na história e existe esses outros modos de existência que não têm sua existência garantida nem no tempo e nem no espaço.

Durante quase cem anos os saberes da clínica delegaram às crianças e aos autistas o asilo, o hospital e os manicômios. Hoje a linguagem especializada se coloca como a nova prisão, sendo os discursos e as práticas as grades desse manicômio mental[66]. Sendo o autista modo de existência em vacância de linguagem, ele está mais ligado ao espaço do que propriamente à linguagem. É no espaço e não na palavra falada que as subjetivações são

---

[65] Deligny, 2015a.
[66] PELBART, P. Manicômio mental – a outra face da clausura. *In:* **Saúde e Loucura**, n. 2. 3. ed. São Paulo: HUCITEC, 1990.

acesso à saúde. É preciso, portanto, desenvolver usos criativos do espaço que permitam esse exercício libertador da singularidade autista.

1.6 DA CLÍNICA DA CRIANÇA À PRÁTICA CARTOGRÁFICA

Ao pensar a clínica como desvio, acolhe-se a infância em seu sentido intensivo – *infans*, aquele que não fala. Ao fazer isso, o espaço da clínica deixa de ser a simbólica elaboração no divã e passa a ser um passeio cartográfico – mapear a superfície. A atenção do terapeuta está voltada para compreender como a criança utiliza o espaço para manifestar conteúdos conscientes e inconscientes relacionados às suas experiências atuais, para a atividade espacial e cartográfica da criança. Segundo Deleuze[67], as crianças não param de dizer, fora da linguagem, por gestos e trajetos, isso que move e não se limita à palavra.

O caso Hans[68] popularizou-se por ser o primeiro escrito psicanalítico sobre a clínica com crianças e é resultado do esforço de Freud em compreender os complexos da vida psíquica. A análise de Hans aconteceu por meio das cartas trocadas com o pai de Hans; Freud encontrou o menino apenas em duas ocasiões, o que foi suficiente para ele se transferir com o "professor Freud". Deleuze[69] traz outro ponto de vista sobre o caso ao ser crítico das interpretações excessivas de Freud e apontar para o fato de que as interpretações conduziram a criança ao bloqueio dos trajetos intensivos. O autor mostra como a atividade cartográfica da criança não se reduz à importância das palavras expressas, mas é atividade espacial manifesta.

A atividade cartográfica, ao ser interpretada, leva o menino à angústia e ao desenvolvimento da fobia de cavalos. Freud[70] interpretou que essa fobia de cavalos é efeito da angústia de castração e que o bigode do cavalo era o bigode do pai. Antes disso, por meio das cartas, Freud e o pai do menino interpretaram que os impulsos fantasiosos em explorar a casa da vizinha consistiam no desejo de dormir com a vizinha que, nesse caso, era equivalente à própria mãe de Hans. Assim, a análise propõe que a trajetória pulsional inconsciente de Hans acontece na sua expressão simbólica,

---

[67] DELEUZE, G. **Crítica e Clínica**. São Paulo: Editora 34, 2013.
[68] FREUD, S. **Análise da fobia de um garoto de cinco anos e outros textos** (1906-1909). Obras Completas. São Paulo: Companhia das Letras, 2015. v. 8.
[69] Deleuze, 2013.
[70] Freud, 2015.

mas segundo Deleuze[71] esses "trajetos dinâmicos" foram bloqueados pela interpretação. Sair do apartamento, explorar o imóvel, ir até a vizinhança, passar uma noite com a vizinha, dormir fora de casa consistiam, segundo a interpretação psicanalítica, em dimensões de Édipo. Diferentemente, a compreensão cartográfica entende que esses trajetos constituem coordenadas espaçotemporais e são sinais da atividade cartográfica manifestada corporal e psiquicamente.

A Psicanálise, diz Deleuze, *"conforme seu hábito, reconduz tudo ao pai-mãe: estranhamente, a exigência de explorar o imóvel parece-lhe um desejo de dormir com a mãe. É como se os pais tivessem lugares ou funções primeiras, independentes dos meios"*[72]. Sua crítica propõe abertura para pensar um tipo de atividade inconsciente que não é representacional e sim ligada ao espaço. O desejo não é representação, mas intensidade que transborda à representação.

> Os desejos edipianos não são de maneira alguma recalcados, nem têm de sê-lo. Porém, estão numa relação íntima com o recalcamento, mas de outro modo. Eles são o engodo ou a imagem desfigurada com que o recalcamento arma uma cilada ao desejo. Se o desejo é recalcado, não é por ser desejo da mãe e da morte do pai; ao contrário, ele só devém isso porque é recalcado e só aparece com essa máscara sob o recalcamento que a modela e nele a coloca. [...] Se o desejo é recalcado é porque toda posição de desejo, por menor que seja, pode pôr em questão a ordem estabelecida de uma sociedade: não que o seja desejo a-social, ao contrário. Mas ele é perturbador; não há posição de máquina desejante que não leve setores sociais inteiros a explodir[73].

A cartografia entende que nem tudo é linguagem e que grande parte dos trajetos da criança não adquirem sentido expresso, mas são manifestações dessa dimensão espacial da subjetividade. A clínica do espaço acompanha essa atividade espacial restituindo ao gesto e ao trajeto um poder de cura – ou a capacidade de cuidar e apaziguar a angústia – para depois, num segundo tempo, perceber que é no espaço que se dão as referências, as dobras e as subjetivações.

---

[71] Deleuze, 2013.
[72] *Ibidem*, p. 83.
[73] Deleuze; Guattari, 2011, p. 158.

Deligny[74] defende que a prática cartográfica não é clínica, ela desvia nesse ponto em que a clínica restringe seu ofício à avaliação entre normal ou patológico. No entanto, o cuidado operado pela cartografia se exerce como desvio, levando a clínica à criação de espaços e lugares de vida. Se a criança não fala, trata-se de criar um espaço em que a experiência de subjetivação possa ser regida não pela linguagem, mas por outros modos de subjetivação. Se é preciso cuidar, a terapêutica deve seguir na direção de auxiliar a criança a criar normas singulares e modos de expressão de seu sofrimento.

No exercício clínico da cartografia, trata-se de explorar o espaço e situá-lo como plano de deslocamento dos afetos e da livre circulação, das linhas e dos mapas correspondentes. A ética cartográfica afirma que a atividade espacial é da ordem da arte. Assim como a arte não busca representar, a cartografia é uma maneira de estar e acompanhar, ser presença e habitar sem necessariamente representar os comportamentos por meio de avaliações entre normal e anormal. Enquanto prática de cuidado, a cartografia é um modo de aliar-se às crianças, de construir com elas um espaço descarregado de sentido e linguagem que se mostra como plano livre ao deslocamento, ao traço, ao trajeto e aos afetos.

E por existir pessoas autistas que nunca virão a falar, é preciso insistir na legitimidade desse modo de ser fora da linguagem, na importância da criação de dispositivos clínico-políticos implicados no cuidado dessa singularidade e na importância da construção teórico-prática que demonstra a realidade dessas fissuras da linguagem que denomino aqui como sendo "em vacância" ou "fora da linguagem". A ética que orienta a prática clínica e cartográfica faz dessa fissura uma maneira de desaprender o instituído e fazer como afirma Manoel de Barros[75], usar a palavra para compor silêncios e escapar da fadiga de informar.

A ideia de que "tudo é linguagem" leva à criação de ávidos defensores da soberania da linguagem. Nas aulas que pude dar sobre esse tema, tive a impressão de que apontar a vacância desperta nas pessoas horror e incredulidade. A linguagem "nos faz como somos", mas conceber uma linguagem fissurada é compreender também o fato de que, naquilo que "somos", há também brechas. Assim, em vez de ter grandes convicções sobre a natureza da linguagem, é preciso adotar a posição de pesquisador

---

[74] Deligny, 2015a.
[75] BARROS, M. **Memórias Inventadas**: A infância. São Paulo: Planeta, 2003.

sem convicções, explorador de superfícies, cartógrafo. Como é a clínica do ponto de vista da criança que não fala? Como é a linguagem na perspectiva da criança autista? Como se dão essas brechas, furos e fissuras instauradas no plano da linguagem? Trata-se então de "*considerar a linguagem a partir da 'posição' de uma criança muda, como se pode 'ver' a justiça – do que ela se trata – 'da janela' de um garoto delinquente*"[76].

A cartografia não é mero maniqueísmo, inversão ou oposição de perspectivas. É antes uma via de problematização da violência imposta pela linguagem, pela obrigatoriedade da fala e pela universalização do ser humano. A crítica operada por ela implica a criação de brechas no contemporâneo e no acolhimento da infância em seu silêncio originário. Do ponto de vista ontológico, os achados da cartografia – os gestos e os trajetos – instauram furos na linguagem, criando nela espaços vacantes onde se esvai seu poder.

No caso de Deligny, trata-se de criar brechas dentro das instituições, criar espaços de cuidado fora delas e das tramas de medicalização; inaugurar janelas para retirar a criança do lugar de desvalor, para construir com elas um novo lugar de enunciação, de visibilidade e de dizibilidade; criação de espaços em que *infans* tenha poder de contratação, protagonismo e valor positivo na construção da clínica. Essa posição pode ser entendida, segundo Tikanori[77], como "reabilitação psicossocial" – o processo de reinserir na sociedade aqueles que foram internados em manicômios, que tiveram o corpo fortemente marcado pela experiência de loucura. Essa reabilitação, contudo, implica a criação de espaços na sociedade sem ceder à normalização ou à adaptação ao modelo social como valores dominantes; na suspensão dos valores negativos como "doença mental" ou "transtorno mental". Trata-se então de inseri-los num processo de troca de valores no qual eles tenham poder contratual, condição de possibilidade de ser ouvido como uma voz singular e não como uma voz marcada pelo diagnóstico. A reabilitação psicossocial pensada à luz da cartografia, mais do que reinserir indivíduos na sociedade, insere a sociedade em outro regime de sociabilidade, na qual a loucura não é vista como negativa, mas como sensibilidade criativa.

Para Tikanori, fazer reabilitação psicossocial é

---

[76] Deligny, 2007, p. 691.
[77] TIKANORI, R. Contratualidade e Reabilitação psicossocial. *In:* **Reabilitação psicossocial no Brasil** (org. Ana Pitta). São Paulo: HUCITEC, 1996.

> [...] produzir dispositivos em que, desde uma situação de desvalor quase absoluto (pressuposto), possa-se passar por experimentações, mediações, que busquem adjudicar valores aptos de intercâmbio. Ou seja, modificar o pressuposto de desvalor natural para um pressuposto de valor possível, proposto (explícito)[78].

A clínica do espaço, em sua inspiração cartográfica, pensa o lugar do terapeuta nessa transversalidade com a infância, fazendo dela guia para o processo de inserir outros regimes sensíveis na clínica e na sociedade. A infância guia a transformação da clínica e aponta as brechas que poderão subverter noções caras à clínica, tal como linguagem, desejo e espaço. São as crianças que, no ponto cego das instituições, apontam as linhas de fuga necessárias aos problemas contemporâneos. Ao lugar dos terapeutas, trata-se de esvaziá-los desse poder de nomear, dando à essa função uma dimensão espacial: dissolver as instituições para dar lugar à criação.

A experiência cartográfica tem início com a migração de Fernand Deligny saindo de Paris para a região montanhosa de Cévennes. Lá o cuidado se materializou em espaços abertos e sem muros, longe das instituições pedagógicas e psiquiátricas, tendo somente relação com alguns psicanalistas, artistas e intelectuais que o procuravam para saber mais sobre sua iniciativa. Em Cévennes ocorreu a tentativa designada áreas de estar (*aire de séjour*), que consiste na criação de instalações espaciais como plano de acolhimento, cuidado e convivência com crianças ditas autistas. Espaço amplo, aberto e livre ao deslocamento, margeado apenas por presenças próximas (*presence proche*), pedras, montanhas e riachos. Nesse lugar, inventou-se uma estratégia – que Deligny preferia denominar tentativa – de mapear as linhas dos trajetos das crianças. A cartografia consiste numa semiótica que mostra essas linhas por meio do mapa, das linhas intensivas (de afetos e intensidades) e das extensivas (de territorialidade e materialidade). Isso permitiu que a experiência durasse e que o cuidado fosse operado pelas crianças, na medida em que estas linhas davam visibilidade ao modo de ser delas e, consequentemente, levaram à descoberta do que era importante para a formação desse espaço comum entre as presenças próximas e as crianças.

O que impediu a tentativa, a Deligny e seus companheiros, de não perderem o fio de meada senão as próprias crianças autistas e as pistas

---

[78] *Ibidem*, p. 56.

indicadas pelos gestos e trajetos no espaço? Por não se tratar nem de clínica nem de educação, por se tratar de crítica à linguagem e à noção de inadaptação, a cartografia propõe novas balizas para o enfrentamento da desvalorização da infância e do autismo. Dentre inúmeras dessas balizas, os mapas, a fotografia, os filmes e a escrita auxiliavam a tentativa de não perder o fio da meada. O jovem Janmari – criança autista que Deligny recebe em 1968 e convive com ela até sua morte, em 1996 – é uma dessas crianças que contribui para a proliferação de pistas para um modo de ser fora da linguagem. Diz o autor: *"Eu aí me arrisco: a presença de Janmari me impede de perder o fio da meada"*[79].

A clínica do espaço, inspirada na cartografia, entende que ao colher as linhas intensivas, é possível constituir dispositivos clínico-políticos. Assim, ressoando as proposições de Deleuze[80] acerca das linhas intensivas e extensivas e do dispositivo, entende que um dispositivo é: *"Um conjunto multilinear. Ele é composto de linhas de natureza diferente. [...] Cada linha é rompida, submetida a variações de direções, bifurcações e forquilhada, submetida a derivações"*[81]. Tal como a jangada, o dispositivo deve ser flexível, fazendo com que a amarração das linhas possa sempre ser refeita. É essa possibilidade de alteração que garante que o fio da meada não se perca, pois o fora da linguagem é aquilo que restitui à mudança de direção.

> Em todo dispositivo, é preciso distinguir o que somos (o que já nem somos mais) e o que estamos em via de devir: a parte da história e a parte do atual. A história é o arquivo, o desenho do que somos e deixamos de ser, ao passo que o atual é o esboço do devimos. De modo que a história ou o arquivo é o que ainda nos separa de nós próprios, ao passo que o atual é este Outro com o qual já coincidimos.[82]

Essas transformações consistem na possibilidade de ser outro, na criação de novos modos de subjetivação que não a linguagem. Tomar a infância como guia desestabilizador da clínica, acompanhá-las em vez de questioná-la, impeli-la ou argui-la em busca da verdade interior da própria infância. A infância é criação e se expressa não apenas pela vida interior, mas também pelo movimento exteriorizado no espaço.

---

[79] Deligny, 2015a, p. 224.
[80] DELEUZE, G. **Dois Regimes de loucos**: textos e entrevistas. São Paulo: Editora 34, 2016.
[81] *Ibidem*, p. 359.
[82] *Ibidem*, p. 366.

É preciso estar atento quando algo ou alguém impele mais sobre os problemas da infância do que propriamente a infância como problemática. É preciso desconfiar daqueles que pensam que existe ou existirá uma infância que não chora, se emociona, protesta ou questiona. O desvio operado, a transformação desejada, é tomar o espaço e a infância como movimento, instâncias imediatamente crianceiras. A clínica é testemunha ao considerar a infância como fonte de inquietação, como convite ao movimento.

Por entre riscos e desvios, cabe lembrar aqui um pequeno desenho de Pablo Picasso, de 1934, no qual ele apresenta um rascunho da obra "Minotauro cego guiado pela menina", reeditado diversas vezes naquele ano. Em específico, gostaria de lembrar a versão feita em água forte exposta no Centro Cultura Banco do Brasil, em 2016[83]. Na ocasião em que visitei a exposição, entre muitas obras, essa especialmente me chamou atenção. Pequena ao lado de tantos outros quadros maiores, sua fragilidade, seu aspecto minoritário e quase imperceptível me inquietou. Ao aproximar-me, senti-me fitado pelos olhos da menina, pois nessa obra, diferente das outras séries com o mesmo título, a menina é pintada de frente. Seus olhos translúcidos me atravessam e ali mesmo entendi o propósito dessa reversão – trata-se de elevar à última potência a disponibilidade de se deixar guiar pela infância. Esse desenho é uma bela ilustração das tramas dessa reversão, em que a criança guia a clínica na direção da alteração dos valores e das relações de poder-saber. Foi afetada pelo olhar da criança sobre a clínica que a articulação entre clínica e cartografia foi feita, é por meio disso que a reversão pode ser suscitada no interior das instituições e é por meio da aliança com a infância que a transversal ética, estética e política orienta esta prática.

Sendo assim, como não perder o fio da meada no exercício complexo da clínica? Como fazer dessa aliança uma linha de desinstitucionalização efetiva da clínica e do espaço? Romper com os decretos manicomiais, com os sentidos instituídos, sem perder a potência da infância e aceitar que a infância não é algo que se diz na linguagem.

---

[83] Picasso, p. 1934.

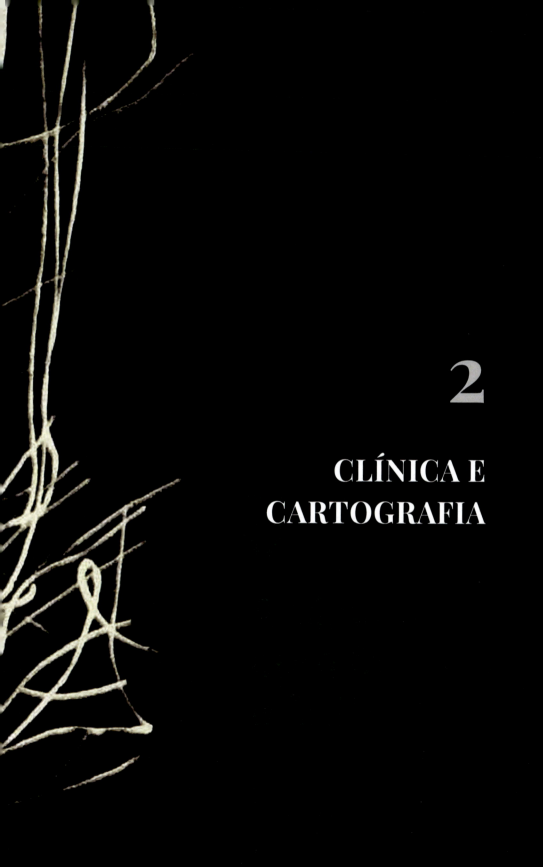

2
CLÍNICA E CARTOGRAFIA

Este capítulo conta a história de Fernand Deligny; mostra sua crítica institucional e investiga os efeitos desta sobre o tema do espaço e da infância. A princípio, investiga-se as transformações no espaço promovidas pelo autor – como ele percorreu as instituições de dentro do quadro institucional do Estado ao fora do Estado e da linguagem; como gradativamente o espaço deixa de ser os muros do estabelecimento para se tornar espaço aberto fora da linguagem.

De fato, esta é uma história difícil de contar: um pensador da margem que esteve toda a vida num campo de guerrilha e resistência junto a infâncias igualmente marginais; história de migrações, de derivas, na tessitura de redes capturam e criam momentos, lugares de vida propícios, lugar comum com crianças que não falam. Sua trajetória mostra a vida em resistência, impelida pela guerra que não era apenas de bombardeiro, mas também discursiva e pragmática. Deligny percorreu as trincheiras ao lado da infância e, pelas brechas das instituições por onde passou sua história, escreveu sua história sobre um terreno acidentado, uma história cheia de desvios e esquecimentos. Contar sua história é perceber a existência de uma vida para qual o espaço fora da linguagem se tornou um lugar de refúgio, asilo, proliferação de outros mundos inacabados e outros modos de existência sempre por fazer.

Só muito recentemente os textos de Deligny foram traduzidos para a língua portuguesa. Duas teses recentes correspondem a essa tarefa de trazer Deligny para o Brasil: *Do Asilo ao Asilo as existências de Fernand Deligny: trajetos de esquiva à Instituição, à Lei e ao Sujeito*[84] e *À la Marge et Hors-champ. L'humain dans la pensée de Fernand Deligny*[85], trabalhos que reúnem e organizam textos, fotos, filmes e mapas no arquivo de Deligny junto ao Instituto Memórias da Edição Contemporânea (Imec), na França.

No Brasil, em 2016, foi realizado o I Encontro Internacional Fernand Deligny e em 2019 aconteceu o II Encontro Internacional Fernand Deligny: gestos poéticos e práticas políticas transversais, resultando em duas edições do Caderno Deligny, revista que reúne os trabalhos apresentados nesse evento. Em 2023, na Argentina, ocorreu o III Encontro Internacional Fernand Deligny: asilar lo humano, forjar lo común, e em cada um desses eventos pesquisadores da área da Filosofia, Direito, Clínica, Antropologia,

---

[84] RESENDE, N. C. **Do Asilo ao Asilo, as existências de Fernand Deligny**: trajetos de esquiva à instituição, à Lei e ao Sujeito. PUC-RJ, Dep. Direito, 2016.

[85] MIGUEL, M. **À la Marge et Hors-champ. L'humain dans la pensée de Fernand Deligny**. Programme d'Études Supérieures en Arts Plastiques et de Philosophie. Université Paris 8, Paris, 2016.

Educação, Arte e Cinema se reuniram para pensar a obra do autor. Essa multiplicidade de saberes mostra como a obra do autor é ampla, possui várias entradas, como ele se esforçou para não se adequar, optando por ser um questionador das linhas que instituem os modos de ver e dizer sobre a criança, mais do que criar uma teoria sólida sobre a infância e o autismo. Deligny viveu sua vida em prol da criação e transversalização dos saberes pela alteração do espaço e da instituição.

Aos autores e autoras implicados na divulgação deste pensamento, agradeço o apoio e companhia nesse debate[86].

2.1 A ESPACIALIDADE NA CLÍNICA

O espaço na cartografia é o plano para livre deslocamento de afetos, gestos e trajetos. É nesse estado que o espaço permite à criança manifestar em linhas aquilo que ela sente e apreende na experiência fora do simbólico. Em clínica, pesquisar esse tema é como investigar com luz negra as linhas e emaranhados tecidos entre o corpo, o espaço e a subjetividade. Enquanto tentativa, a cartografia é um desvio dessa clínica mais formal: clínica como instituição; clínica como espaço de aplicação de normas, de distinção entre o normal e o anormal, entre dentro e fora. Embora muitos termos tenham sido aplicados no âmbito da clínica (meio, entorno, exterior, território), não são esses os conceitos mais determinantes aqui. Antes de apresentar a trajetória do uso do espaço na clínica, considero importante apresentar e desenvolver três conceitos fundamentais para investigação do espaço, são eles o conceito de "espacialização", de "espaçamento" e de "espacialidade".

Para Solis e Fuão[87], há duas concepções diferentes acerca do espaço: a primeira denominada labiríntica – relativa à Arquitetura – e a segunda denominada piramidal – relativa à Filosofia. A dimensão labiríntica pensa o espaço como forma arquitetônica, concepção constituída social e politicamente, nesta o espaço é sempre forma estável pertencente aos domínios da métrica: casa, hospital, asilo, escola, tribunal, exército, são todas construções sociopolíticas. A dimensão piramidal consiste na abordagem

---

[86] Em especial, agradeço ao professor Eduardo Passos pela orientação e à Noelle Resende pela tradução de diversos trechos da obra em francês que são utilizados neste livro. Além disso, agradeço as contribuições e a companhia do grupo de estudos Tópos, presenças próximas habituadas na leitura espontânea e criativa da obra de Fernand Deligny.

[87] SOLIS, D. E; FUÃO, F. F. (org.). **Derrida e a arquitetura**. Rio de janeiro: EdUERJ, 2014.

filosófica, em que o espaço possui forma fluida, experimental e constituído subjetivamente, tal concepção remete ao campo da experiência espacial sem medida, isto é, sem métrica cientificamente determinada.

Tal diferenciação permite pensar camadas para o espaço, visto que entre a dimensão labiríntica e piramidal, entre a forma e a experiência, há diferenças substanciais: o espaço não é sempre o mesmo, não é só formal e nem somente experimental, entre essas duas definições restam sempre um mínimo espaço a ser tateado tanto pela ciência como pela subjetividade.

> O que se pensaria de um arquiteto que, em suas plantas, reservasse certos ângulos, daquilo que virá a ser a armação, para que as aranhas pudessem ali fazer sua teia? Ele seria no mínimo um pouco suspeito, e, com toda certeza, é em seu próprio sótão, em sua caixa craniana que o diz-que-diz diria que ele tem um parafuso a menos. Pense no calor, na luz, no isolamento sonoro, no custo, mas não nas aranhas.[88]

A aranha, por sua vez, referência ético-poética para Deligny pensar a infância, os autistas e o humano, não pode manifestar sua atividade criativa e vital sem que haja no espaço uma brecha, um recanto da parede ou um intervalo entre os galhos das árvores. Assim como o arquiteto não pode pensar nas aranhas, as aranhas não podem esperar que um espaço seja pensado para elas; entre a dimensão métrica e a dimensão experimental, há um intervalo indecidível.

> [...] Crie uma aranha numa placa de vidro: talvez lhe venham esboços do tecer, mas no vazio, pois a placa de vidro é o vazio, simplesmente porque não há suporte possível, e os gestos da aranha, obstinadamente reiterados, exatamente os mesmos gestos que permitiriam tecer, tornam-se os tantos espasmos a preludiar a agonia do aracniano.[89]

Há uma dimensão do espaço que possui seu próprio devir, modifica-se com a experiência daqueles que nele habitam e há espaços duros que resistem à mudança e privam os seus habitantes de experiências de livre deslocamento. Contudo, cabe ressaltar que no espaço, por mais flexível que ele possa ser, há um limite e um resto. No urbanismo, por exemplo, o planejamento de calçadas e travessias inclusivas para os cegos e cadeirantes incorpora a experiência singular e modela o espaço

---

[88] Deligny, 2015a, p. 39/40.
[89] *Ibidem*, p. 40.

segundo a variação dos corpos que nele habitam, porém a experiência do cego não pode ser totalmente incorporada na arquitetura, pois daria ao espaço uma característica que ele não suporta: a ausência de imagem visual. Ao tatear o espaço, a dimensão háptica da percepção entra em ação ao produzir imagens não representacionais do espaço, porém traça uma imagem perceptiva e não representativa. Ainda que esse tateio não gere uma representação imagética, ele produz uma imagem perceptiva tátil do espaço, sendo, portanto, experiência e fragmentos de espaço.

Frente ao limite da representação do espaço, o que é possível afirmar é a inseparabilidade entre espaço e devir. Nesse ponto, em que o espaço deixa de ser experimentado pela consciência e passível de representação, encontra-se o ponto em que o devir é sempre relativo a um meio e aos seus habitantes e, nesse ponto, o espaço e o indivíduo não são em si mesmos indivisíveis, mas suscetíveis um ao outro. Nesse ponto há sempre um resto, uma porção não representável do espaço que incidiria no estudo filosófico, clínico e poético: como é possível experimentar esse espaço fora da representação? Que uso sensível é possível fazer? É por meio da via sensorial que é possível fazer a experiência com espaço sem imagem e sem representação. A cartografia opta pela via filosófica e experimental, traçando mapas dos diferentes usos e acontecimentos que se desenrolam na superfície do espaço. Quando o espaço incorpora o modo de habitação da criança, a pergunta que ocorre é: como a clínica, ao mapear a experiência da criança e do autista, pode modificar seu espaço?

O confronto entre a concepção labiríntica – a dimensão métrica – e a concepção piramidal – a dimensão experimental – leva à formulação do conceito de "espacialização" e "espaçamento". Para Solis e Fuão[90], a espacialização é o nome dado ao modo como a arquitetura encontra um local para construção e aplica sobre o espaço técnicas de modelação do terreno. No entanto, essa ciência da arquitetura só é possível quando uma brecha no espaço aparece, ponto em que o espaço indica a possibilidade de construção. Essa brecha é sempre da ordem da percepção, do aparecimento de imagens perceptivas nas quais a arquitetura vê na superfície uma possibilidade. A arquitetura só é possível se um outro tipo de espaço se manifesta, assim como a pintura só é possível se a tela em branco está diante do pintor.

---

[90] Solis; Fuão, 2014.

Esse outro tipo de espaço é denominado espaçamento, termo que indica tal manifestação – a brecha precipitada em que a arquitetura apresenta a possibilidade construção. Essa brecha é a dimensão não métrica, o ponto em que o espaço aparece como superfície móvel. Esse espaço em movimento não se confunde com o movimento dos corpos ou da natureza no espaço, nem mesmo se confunde com as profundas camadas geológicas sob o solo, as placas tectônicas. O espaçamento é o devir do espaço, linhas imperceptíveis que a razão e a linguagem não dão conta de representar e que só são apreensíveis sensível e sensorialmente. Passível de experiência na arte, nos sonhos, na loucura, o espaçamento é um conceito indicado para pesquisa do uso do espaço na clínica.

Segundo Solis e Fuão, o espaçamento

> [...] não marca propriamente um lugar. Designa mais a possibilidade de inscrição, onde há o aparecimento de uma brecha ou fenda que possibilita o apagamento do texto de superfície, ficando gravado, entretanto, como num bloco de cera, tal como o exemplo dado em Nota sobre o bloco mágico de Freud.[91]

Nesse sentido, a obra do arquiteto não vem do projeto pensado por ele, mas dessa brecha precipitada pelo espaço como condição de possibilidade de criação. A brecha é então a ausência de representação que permite criar. Para a Psicanálise é ao contrário, é preciso que haja o apagamento de algo na superfície para que depois algo seja inscrito nessa mesma superfície como marca. A inscrição de um signo, por exemplo, requer o apagamento de algo na superfície.

Em *Nota Sobre o "Bloco Mágico"*, Freud[92] pensa a constituição do aparelho perceptivo se servindo do brinquedo: capaz de receber inscrições e depois apagá-las sem ocupar espaço, o bloco mágico (*Wunderblock*) é diferente do cubo mágico e no Brasil é conhecido como lousa mágica, na qual se pode escrever e depois apagar e escrever novamente. Esse brinquedo tem duas superfícies: uma superior, que recebe o traço, e outra inferior, que é marcada com tintas e indica os traços feitos na superfície superior. Para ele, esse brinquedo é como o aparelho psíquico capaz de receber marcas infinitamente, diferente do caderno de anotações que esgota sua

---

[91] *Ibidem*, p. 27.

[92] FREUD, S. Nota sobre o "bloco mágico" (1925). In: **O Eu e o ID, "Autobiografia" e Outros Textos** (1923-1925). São Paulo: Companhia das Letras, 2011. Obras Completas. v. 16.

superfície. Para que um traço na superfície perceptiva marque a camada inferior inconsciente, é preciso que algo se apague na superfície perceptiva e consciente, portanto, para a criação da memória no aparelho psíquico é preciso que algo se apague na superfície consciente.

> Fiz a suposição de que inervações de investimento são enviadas e novamente recolhidas, em breves empuxos periódicos, do interior para o totalmente permeável *Pcp-Cs*. Enquanto o sistema se acha investido dessa forma, recebe as percepções acompanhadas de consciência e transmite a excitação para os sistemas mnemônicos inconscientes; assim que o investimento é recolhido, apaga-se a consciência e cessa a operação do sistema. É como se o inconsciente, através do sistema *Pcp-Cs*, estendesse para o mundo exterior antenas que fossem rapidamente recolhidas, após lhe haverem experimentado as excitações.[93]

Embora o autor aponte para percepção inconsciente, em Psicanálise os estímulos externos não possuem profundidade, os acontecimentos só ganham profundidade na interioridade da memória. Em cartografia, mais do que pensar a profundidade do aparelho psíquico, opta-se por pesquisar a exterioridade não como superfície empobrecida, mas como dimensão subjetiva do espaço. Essa dimensão exterior não tem propriamente uma profundidade, mas sim uma intensidade que lhe confere variações e devir. Em Psicanálise, para haver a inscrição simbólica é preciso haver o apagamento de algum signo; o argumento que proponho é um desvio em relação a essa constatação.

Considero importante pensar nas superfícies de inscrição da linguagem e da percepção: para haver percepção, linguagem e memória, é preciso haver antes uma experiência espacial. Isso faz do espaço instância anterior à linguagem, sendo ele a superfície vaga que recebe os acontecimentos. Embora os receba, o espaço não é tabula rasa, mas superfície que não para de se modificar ao receber acontecimentos de todo tipo – da ordem simbólica, pulsional, histórica, social, política, biológica – e emitir forças e intensidades de todo tipo. Nesse sentido o espaço tem primado em relação à linguagem e ao processo de subjetivação, pois ele inaugura as condições de possibilidade da vida e da experiência.

O conceito de espaçamento é interessante nesse sentido, pois por meio desse gesto indica a operação de abertura dele próprio, inclinan-

---
[93] *Ibidem*, p. 274.

do-se em direção ao humano, promovendo um devir contemporâneo: devir humano do espaço e devir espaço do humano. O espaçamento está relacionado a esse ponto indiscernível entre a percepção e o espaço, entre o aparelho psíquico e as dimensões espaciais (labirínticas e piramidais), de modo que há um limiar em que ambos são uma mistura indiscernível – corpo aberto ao espaço, espaço aberto ao corpo.

A partir desse conceito, é possível propor uma terceira concepção de espaço: a espacialidade é o conceito que formulo com intuito de pensar o gesto da criança e do autista, gesto este que é diferente daquele atribuído à arquitetura. A espacialidade é a capacidade do gesto (não premeditado e não intencional) de abrir o espaço e a linguagem de modo que o acaso surja e, se perceptível, instale brechas no espaço-tempo inaugurando um antes e um depois.

Para compreender a espacialidade é preciso entender o espaçamento: Araújo[94] afirma que "*aquilo que fissura o próprio espaço, faz com que ele perca a sua métrica, os seus contornos, que a sua matéria se desmaterialize, permitindo que a desconstrução geste outros modos de espacialização*". Se a espacialização é a operação sobre o espaço, alteração da superfície de maneira técnica, expressiva e intencional, a espacialidade é a manifestação silenciosa do gesto que cria brechas e produz acontecimentos que marcam o espaço. Contudo, em vista de suas qualidades sutis (e infantis), esse gesto é criação de circunstância. É como afirma Deligny: "*Um desenho infantil não é uma obra de arte: é um chamado para novas circunstâncias*"[95].

Sendo assim, enquanto a espacialização é a ação intencional de criação de espaço e o espaçamento é gesto não intencional que tem efeito de abertura, a espacialidade é a linha intensiva que abre o espaço para o devir. Ela é operada por aquilo que se desloca entre o corpo e o espaço, um impulso que pode ser grafado, fotografado, cartografado, mas que quando posto na linguagem é sobrecarregado e se perde nas interpretações. Contudo, é importante notar que a natureza da espacialidade vai além do traçado, é a intensidade, correspondendo ao plano de forças que compõe o coletivo – corpo, espaço e devir. A espacialidade é a dimensão estética, sensível e experiencial do corpo e do aparelho psíquico no espaço.

---

[94] ARAÚJO, F. 2025, p. 133.
[95] DELIGNY, F. **Vagabundos Eficazes**. São Paulo: Ed. N-1, 2018, p. 125.

Quando uma criança autista traça uma linha de errância, quando ela surpreende com o inesperado, é de espacialidade que se trata. Ela dá a ver esse outro universo não representacional. Seguir essa pista é fundamental para a clínica, para formulação e constituição de novos espaços. A clínica do espaço tem como ética não representar essas brechas, mas experimentá-las e ser transformado por elas; trata-se de seguir a espacialidade do gesto e do trajeto para encontrar novos modos de espacialização da clínica.

A cartografia pontua esses espaçamentos operados pelo gesto e segue as pistas deixadas pelas crianças, fazendo delas inspirações poéticas-estratégicas para instalação de espaços absolutamente singulares: criar espaços para o acolhimento das crianças, fora do Estado, fora das instituições que o compõem, fora da linguagem que nomeia. Como é pensar o espaço fora da linguagem? Como é o espaço sem métrica e sem representação?

Solis e Fuão[96] afirmam que a espacialização está enraizada na cultura moderna, com Deligny[97] posso afirmar que a espacialidade tem suas raízes mergulhadas no mais primitivo do humano, na sua relação com o espaço, o meio e o entorno. A espacialização corresponde então não apenas ao domínio social, político e artístico da arquitetura, enquanto a espacialidade ao primitivo do humano – sua relação com o espaço, o corpo e a natureza.

O que está em jogo na articulação entre clínica, espaço e cartografia é essa multiplicidade de espaços e atividades possíveis de serem manifestadas, para sustentar essa articulação é preciso novos conceitos que ultrapassem a forma arquitetônica, a compreensão psicanalítica e alcançam o uso poético-cartográfico. O espaço da clínica será, portanto, mais do que o estabelecimento, o hospital, a sala, a rua, é o espaço em sua dimensão intensiva.

2.2 A PSICOTERAPIA DOS ESPAÇOS INSTITUCIONAIS

Entre os anos de 1940 e 1980, é possível observar na Itália e na França a problematização e a transformação do hospital psiquiátrico segundo o princípio de que todo tratamento deve ocorrer em liberdade. São iniciativas que se construíram na relação entre cuidado e liberdade:

---

[96] Solis; Fuão, 2014.
[97] Deligny, 2015a.

na França, especificamente, a *psiquiatria de setor,* de Lucien Bonnafé, e a *psicoterapia institucional,* de Françoise Tosquelles; na Itália, a *psiquiatria democrática*, criada por Franco Basaglia e continuada por Franco Rotelli. Em cada uma dessas vias encontra-se a relação entre espaço e clínica, a problematização do dentro e o fora do espaço institucional.

A transformação gradativa dos hospitais psiquiátricos de Gorizia e de Trieste, na Itália, é resultado das intervenções de Franco Basaglia entre os anos de 1960 e 1970 e é analisador inicial do uso do espaço na clínica. Confrontando-se com as condições desumanas na qual viviam os internos e operando intervenções no espaço da instituição e da cidade, Basaglia chega a desinstitucionalização dos internos e dá início às práticas antimanicomiais em território italiano. Por meio da intervenção no espaço, da operação de um dentro-fora da instituição, da diluição das fronteiras entre o hospital e a cidade e da criação de abrigos e residências terapêuticas que prestam assistência em liberdade, chega-se à transformação dupla que atinge tanto o espaço institucional como também a própria clínica, seu discurso e sua prática.

A Psiquiatria Democrática interveio no grande hospital de Trieste com o objetivo de fechá-lo, retirando os pacientes e transformando a assistência psiquiátrica e sanitária por dentro do Estado. Segundo Guattari, a corrente italiana não se dedicou a fazer *"considerações teóricas sobre a gênese da esquizofrenia ou sobre as técnicas de tratamento"*, mas tiveram como principal atividade concentrar-se *"no campo social global, aliando-se aos partidos e aos sindicatos de esquerda com o objetivo de conseguir pura e simplesmente que os hospitais psiquiátricos italianos fossem fechados"*[98].

Em 1980, os italianos pactuaram legalmente tal objetivo a partir da Lei n. 180, que determinou a erradicação dos hospícios e hospitais psiquiátricos locais, porém, posteriormente, famílias italianas reuniram-se em associações pedindo a reabertura dos antigos asilos em razão de não conseguirem lidar com os loucos. A partir disso, Basaglia buscou constituir *"bases sociais cada vez mais amplas para a viabilização da reforma psiquiátrica em todo o território italiano"*[99], uma reforma que parte do fechamento do hospital, redução do número de leitos e proibição da construção de hospitais psiquiátricos baseados no modelo antigo, da reforma sanitária

---

[98] GUATTARI, F. **Caosmose**. Um novo paradigma estético (1992). São Paulo: Ed. 34, 2012b. p. 169.

[99] AMARANTE, P; ROTTELI, F. Reformas psiquiátricas na Itália e no Brasil: aspectos históricos e metodológicos. *In:* BEZERRA JR., B; AMARANTE, P. (org.). **Psiquiatria sem hospício**: contribuições ao Estudo da Reforma Psiquiátrica. Rio de Janeiro: Relume-Dumará, 1992, p. 41-55.

e assistência social apoiando a família e as cidades na construção desse novo modo de lidar com a loucura em liberdade.

Na França, as práticas de desinstitucionalização francesas promoveram transformações dentro dos hospitais e asilos franceses durante a Segunda Guerra Mundial. Tal linha de desinstitucionalização reverbera os interesses pela transformação das bases dos saberes da Psiquiatria clínica, suas instituições e o modo de acolhimento da loucura. O termo "psicoterapia institucional" é ligado a Tosquelles, psiquiatra catalão que chegou à França fugido do franquismo, em 1940. Trabalhando no Hospital Psiquiátrico de Saint-Alban, na França[100], Tosquelles propôs a transformação do hospital não pelo seu fechamento, mas pelo processo de criação e transformação do hospital por dentro da instituição[101]. Propõe essa transformação a partir do acolhimento de pacientes psicóticos e esquizofrênicos, com aquelas pessoas que chegavam até o hospital por intermédio da Guerra. A reforma que acontece se dá por intermédio dessa abertura, inaugurando um processo de transformação no interior do hospital que segue em direção ao fora do hospital e na direção da transformação das práticas, das mentalidades e das formulações teóricas. O psiquiatra catalão acreditava que destruir o prédio e eliminar aquele espaço prejudicaria os pacientes e que, em determinadas ocasiões, o espaço poderia ser um lugar de proteção contra o choque da loucura com a sociedade. Sendo assim, reformando desde dentro, a instituição asilar poderia prestar assistência em liberdade, transformação que passa pela alteração dos limites e contratos do espaço institucional.

A linha de desinstitucionalização que Françoise Tosquelles percorre pode ser vista como prática de abertura do campo, uma espacialização do trabalho terapêutico dentro da instituição, mirando o que seria uma terapêutica institucional. Nesse sentido, a prática terapêutica não se debruça somente sobre o paciente, mas sobre os processos institucionais que envolvem terapeuta, paciente e os próprios saberes e discursos

---

[100] O nome "psicoterapia institucional" viria mais tarde, quando Daumezon e Koechlin num artigo publicado nos Anais Portugueses de Psiquiatria, chamaram assim o que era feito em St. Alban.

[101] "Na clínica de Saint-Alban, na região francesa de Lozère, se encontraram durante a liberação, três importantes psiquiatras: Lucien Bonnafé, Georges Daumezon e François Tosquelles. Na época, o diretor do hospital, Paul Balvet, apesar de politicamente conservador, ofereceu uma abertura para que, considerando a guerra em curso, fossem recebidos no hospital todos aqueles que chegassem por consequência desta. A presença de refugiados ressuscitou a rotina asilar e tornou a loucura menos o centro das atenções e mais um fator outro que compunha esse novo espaço permeado pelo horror da guerra. Foi isso que permitiu uma reconfiguração significativa na forma de funcionamento hospitalar" (Resende, 2016, p. 116).

que atravessam o campo da clínica. A transformação implica também os saberes e as práticas, tendo primado a intervenção na instituição. Essa estratégia faz com que os processos de saúde sejam inseparáveis de sua dimensão política, espacial, geográfica, arquitetônica e histórica. Se no processo de desinstitucionalização, a dimensão espacial da clínica se torna importante, a forma espacial que melhor opera essa transformação é o câmbio dentro-fora, a alteração das passagens e limiares, e não propriamente a nítida definição entre o dentro e o fora como figuras opostas. Está em jogo pensar as passagens intercambiáveis e transversais.

De que maneira Tosquelles manejou o espaço dentro-fora da instituição? Quando o psiquiatra chega ao hospital de Saint Alban, em 1940, teve que se haver com a necessidade de sobrevivência de 600 a 700 internos. Uma das primeiras necessidades foi intervir abrindo o hospital, mas preservando um dentro que fosse minimamente seguro, permitindo que os pacientes saíssem para conseguir comida fora do hospital e permitindo que eles voltassem para se proteger e se alimentar durante a Guerra. Além disso, Tosquelles propõe que o hospital fosse aberto para recepção dos refugiados e sobreviventes, fato que fez Sant Alban se tornar um berço da reforma institucional francesa, recebendo nomes como George Canguilhem, assim como de artistas surrealistas e outros artistas e militantes da época. Fica evidente que o manejo do espaço está inseparável da questão política em vigência – a Guerra, a fome, a violência, a morte. Mais que isso, é evidente como a arquitetura era ainda útil caso fosse repensada e manejada circunstancialmente.

Esse manejo do espaço pode ser visto também na prática de Fernand Deligny, outra figura importante que garantiu a sobrevivência de muitos internos ao asilo de Armentières, ao norte da França, onde atuou como professor em classe para crianças especiais. Ele havia sido contratado em 1939 para trabalhar como educador de crianças "ineducáveis", "profundamente retardadas" ou mesmo "encefalopatas irrecuperáveis"[102]. O asilo de Armentières era uma das mais importantes instituições psiquiátricas francesas da época, uma construção herdada do século XIX com alguns hectares que o separava da cidade. Havia um grande muro que cercava o prédio central, dividindo e distribuindo diversos pavilhões que eram cercados por grades e fossos. Havia também prédios administrativos, uma capela, um necrotério, uma cervejaria e uma fazenda. Comportava cerca de 2500 internos e 500 cuidadores.

[102] SÉGUIN, A. Donner lieu à « ce qui ne se voit pas ». *In:* **Cadernos de Deligny**. Direito. PUC RJ, 2018.

Em 1966 é publicado na revista *Recherches nº. 1*, o texto *Journal d'un éducateur* a exposição de algumas experiências vividas no ano de 1941, no asilo de Armentières, durante a Guerra:

> Tenho uma classe de crianças retardadas em um imenso hospital psiquiátrico em Armentières, na região do norte. São quinze em uma sala de paredes claras, com bonitas mesas novas, e eu sou o professor. Quinze idiotas[103] de avental azul e eu, o professor, no rumor desse casarão de seis pisos que contém seiscentas ou setecentas crianças retardadas. No rumor desse casarão cheio de gritos estranhos, agora encobertos pelo ruído quase universal da guerra[104].

Os relatos de Deligny demonstram como na época o espaço da clínica se apresentava como circunstância menor frente ao problema da Guerra. A arquitetura hospitalar foi, de maneira crítica, um lugar importante para a sobrevivência dos internos e revelou que a arquitetura asilar não era o inimigo central das lutas libertárias, mas uma matéria a ser manejada. A luta era contra a morte, pois do ponto de vista de todos aqueles internos ao hospício (louco ou não louco), a guerra favorece apenas a morte:

> As guerras de hoje em dia não respeitam os idiotas. Não os respeitam de forma nenhuma. Não respeitam nada, nem aos idiotas, nem aos loucos. Seis deles acabam de morrer sob os escombros do pavilhão 9, no imenso manicômio em que trabalho. [...] Bombas caíram durante a noite. Caíram aqui e não alhures, isso é tudo. É a estação das bombas. O pavilhão 9 se partiu em dois. Morreram seis loucos. É o cúmulo. Pois, se de um lado estão aqueles que se dedicavam a não fazer nada além de aguardar por seu pacote de tabaco a cada final de semana, talvez por dez anos, ou mais; em contrapartida emerge, entre outros, um comandante do esquadrão de tanques de guerra, que está ativo, histórico, que fala na rádio para francesas e franceses e lhes diz que vale a pena morrer. Ele, não obstante, segue vivo, e viverá por muito tempo, enquanto esses débeis profundos morreram pela guerra, eles que não a provocaram.[105]

---

[103] O termo idiota se refere a pessoas diagnosticadas com idiotia – deficiência intelectual que compõe um quadro da tríade oligofrênica (debilidade, imbecilidade e idiotia). O termo foi alterado em 2004 após a Declaração de Montreal sobre Deficiência Intelectual, aprovada pela Organização Mundial de Saúde junto à Organização Pan-Americana da Saúde, sendo substituído por deficiência intelectual.

[104] DELIGNY, F. Diário de um educador (1966). **Mnemosine**, v.11, 2015b. p. 312.

[105] Deligny, 2015b, p. 312.

O autor descreve a ocasião em que o imenso hospital de Armentières foi atingido. Sua posição foi a de trabalhador que cuidou e buscou garantir a sobrevivência dos internos, incluindo a sua própria. Essa talvez tenha sido a função clínica mais determinante em sua passagem pelo asilo, a alteração do uso do asilo. Longe da adesão à Psiquiatria e à Psicopedagogia, Deligny assistia crianças e adultos serem expostos ao sobrevoo de aviões que bombardearam o território: *"Escuto o ruído dos aviões para saber se regressam até nós. Não tenho religião, nem crença, nem razão pessoal para estar ali, à margem do Loire, sob esses aviões que lançam bombas. Minha morte será como meu nascimento, totalmente involuntária"*[106].

Sua passagem pelo asilo não se caracteriza como um projeto de reforma institucional, a essa altura o autor tinha cerca de 30 anos e apenas esboçava ali uma aliança com a vida, modo de resistir e lutar ao lado dessas pessoas invisíveis ao Estado. A posição institucional de Fernand Deligny é controversa e se estende por longos anos até sua chegada à Cévennes, em 1968. Enquanto prática instituinte, sua trajetória é lida de diversas maneiras: sua prática ressoe os princípios da psicoterapia institucional, quando ele opera essa chave dentro-fora das instituições – às vezes pelo elogio ao asilo como lugar de refúgio do humano, noutras alterando a forma de organização da instituição, seus funcionários, suas funções.

Ao chegar nessa instituição, poucos anos antes da eclosão da Segunda Guerra Mundial, num período em que o cuidado com a criança se dava por meio do asilamento e do recolhimento de crianças ditas anormais, sua passagem pelo Asilo de Armentières foi marcada pela luta e insistência em substituir técnicos e especialistas por operários e moradores da região. Tal estratégia apostava na construção de uma linguagem menos formal e no interesse mais genuíno do que científico por parte dos trabalhadores. Isso assegurava às crianças uma flexibilidade importante para a produção da vida cotidiana. Essa posição deu ao espaço uma flutuação mais orgânica, pois os termos utilizados pelos especialistas em educação especial afastam as crianças da relação espontânea.

Lendo a trajetória de Deligny não apenas pelo que ele fez no Asilo, mas tendo em vista a extensão de outras experiências vividas pelo autor, Séguin[107] afirma que a posição dele pode ser definida da seguinte maneira:

> Trata-se de abrir para um fora, para um outro espaço, capaz de acolher o humano e permitir um comum ancorado ao

---

[106] *Ibidem*, p. 311.
[107] Séguin, 2018.

inapropriável do território. Deligny trabalha para criar espaços de recepção da alteridade em ruptura e em contraste com a imposição de processos de inclusão ou segregação para aqueles que não se enquadram nas modalidades usuais de compartilhamento da razão.[108]

A trajetória do autor não se situa nem dentro nem fora da instituição, mas está entre, sempre se propondo a uma abertura a outros espaços, outras experiências. Ao longo de sua vida e de sua prática institucional, o autor visou à transformação dos espaços – transformar o espaço institucional na relação com o fora da instituição, sair das instituições rumo a um fora que lhe permita criar espaços outros:

> Deligny mantém um vínculo paradoxal com a questão institucional. A Instituição se corporifica, a seu ver, nos dispositivos onde prevalece o instituído, segundo uma ordem ideológica normativa que ordena a adaptação e conformação a uma ordem pré-estabelecida. No entanto, a posição de Deligny não pode, na realidade, ser equiparada à dos antipsiquiatras e sua abordagem não pode ser apontada como em antinomia com a questão institucional. Não, ele, em vez disso, baseia suas tentativas em uma zona ambígua que escapa da instituição, se apenas alguns fizerem dela o desvio.[109]

Segundo Passos[110], Deligny olhava à frente de seu tempo, antecipando o que viria ser a grande problematização das instituições no ano 1960 e 1970. Já em 1940 problematiza o sentido da prática institucional e disciplinar com as crianças institucionalizadas. Para o autor, a questão institucional em Deligny passa por uma inquietação em relação ao espaço:

> Dispersar é a estratégia de escape das formas insidiosas de captura. Sua luta se fez por um modo de se deslocar no espaço, errante. Uma errância revoltosa que fez Deligny se deslocar incessantemente, escapando das instituições para acionar outros processos de institucionalização. Eis o paradoxo de seu trajeto: estar no movimento instituinte conjurando a forma instituída; escrever incessantemente para dizer o inefável; repetir, repetir para ficar diferente; apostar no costumeiro, no imutável para garantir a alterização.[111]

---

[108] *Ibidem*, p. 239.
[109] *Ibidem*, p. 240.
[110] PASSOS, E. Inadaptação e Normatividade. **Cadernos de Deligny**. Direito. PUC RJ, 2018.
[111] *Ibidem*, p. 146.

Essa dispersão não é uma fuga triste, mas criativa e transformadora que leva à frente os princípios instituintes – isto que o autor chama "tentativa" pode ser entendido como a parte instituinte da instituição[112], pois está em questão aqui levar adiante os princípios criativos e libertários, a parte tensa e inovadora da instituição. A posição dispersiva pode levar a entender que a recusa de Deligny ao título de clínico ou educador seja recusa à clínica e à terapêutica, o que não é verdade, visto que ele opera a clínica por meio de desvios, da transformação e das tentativas permanentes de criação de espaços.

Séguin[113] defende que Deligny traça um caminho sem projeto definido *a priori*, seu caminho pela "tentativa" é estratégia de permanecer instituinte, evitando a institucionalização. As "tentativas" não são mera sustentação de uma posição contra as instituições, ele não é um opositor, sua crítica não se resume à crítica aos poderes (da maneira foucaultiana ou pela via marxista), sua posição instituinte vai na direção de *"encontrar novas formas, operar transformações a partir de situações locais e possíveis invenções"*[114].

Se há uma aproximação do trabalho de Deligny em 1940 no asilo de Armentières com o trabalho da psicoterapia institucional, diferenças devem ser resguardadas. Segundo Resende, a psicoterapia institucional (e mesmo a Psiquiatria de setor, proposta por Lucien Bonnafé) se preocupava em pensar o câmbio interior-exterior e o lugar da loucura na cidade, aproximando-se dos pacientes no processo de saúde e criação de cidadania, cuidando da entrada e da saída dos pacientes da instituição. A psicoterapia institucional funcionava como uma "geopsiquiatria" propondo um trabalho no local, no entorno do hospital, com os familiares e os habitantes da região. É explícita a operação sobre o entorno e o dentro e fora do hospital. Para Deligny, a situação era diferente, ele não anunciava uma nova terapêutica, não propunha reformas, mas agia diferente da perspectiva das reformas institucionais:

> Enquanto estas se referiam à adequação da instituição àquilo que, em um determinado período, as correntes críticas aos

---

[112] O conceito de instituição pode ser dividido em três tempos: a dimensão instituinte, parte criativa e propositiva; a instituição, espécie de cristalização destas proposições; a institucionalização, parte conservadora dessas criações que buscam mantê-las como moldes ou modelos de funcionamento de um estabelecimento ou uma sociedade. A análise institucional comentada por Lourau (1993) constitui um importante conhecimento produzido sobre o tema. O que se entende hoje como desinstitucionalização é um efeito dessas análises e compõe uma profunda discussão que pode ser lida em Lourau (1993), Jean Oury (2009) e Guattari (2012b).

[113] Séguin, 2018.

[114] *Ibidem*, p. 244.

seus pressupostos e à sua forma de funcionamento consideravam como adequado, o trabalho de Deligny se direcionou às práticas materiais através das quais os internos se encontravam sujeitos à tutela psiquiátrica. Tratava-se mais de refletir sobre todo um meio e um funcionamento que assujeita, do que de pensar criticamente um determinado funcionamento institucional adequado para sujeitos determinados.[115]

A crítica de Deligny às instituições soa mais como crítica do que como clínica. Se há uma clínica em sua prática, ela não se manifesta pela operação sobre os indivíduos – no sentido de tratá-los e curá-los –, mas se manifesta como uma crítica que incide sobre a prática e como cuidado com aqueles que estão presos na instituição e suas tramas discursivas. Sobretudo, o viés clínico esboçado na sua prática aparece no esforço de criação de novos "meios" por meio dos quais a vida das pessoas institucionalizadas possa resistir e criar a partir de sua singularidade. Os meios são, assim, passagens para fora da instituição, lugares onde se possa efetivamente permitir a vida traçar seus próprios caminhos, surpreendendo o que seriam os saberes e os poderes instituídos. A ideia de meio não é definida no início de seus escritos, ao contrário: o autor nunca se dedicou a uma grande conceituação do termo, usava-o junto a outros companheiros e intelectuais da época no sentido relativo a lugar, espaço, localização em torno da instituição e da criança. Adiante que essa opção pela criação de "meios" aparece em outra de suas tentativas, na Grande Cordée e em Cévennes, sendo assim, é um uso do "meio" que o levará em direção ao fora das instituições, explorando cada vez mais o entorno e o exterior, o território e a dispersão geográfica como estratégia.

O que leva o autor a sair do asilo de Armentières são, segundo Resende[116], três fatores: *"evasão do asilo que teria acarretado uma responsabilização administrativa e a perda de seu posto de educador"*; *"a vontade do diretor do Instituto Médico Psiquiátrico de transformar todo o asilo em um IMP modelo"*; *"o convite, em 1943, pelo Comissariado da Família de Lille, para a direção da elaboração de um plano regional de prevenção à delinquência juvenil"*[117].

Seu trabalho não se dedicava às demandas da instituição, mas à crítica e criação de novas estratégias a partir dos problemas institucionais.

---

[115] Resende, 2016. p. 117.
[116] *Ibidem.*
[117] *Ibidem*, p. 118.

Sua estratégia se beneficiou da companhia de crianças institucionalizadas, ele olhava para elas como força propulsora para o desvio. Contudo, uma força que não é apenas individual, essencial à personalidade das crianças, mas força coletiva de desvio e transformação que perpassa a criança e os educadores, permitindo a estes últimos não aderir às normas institucionais – quando o risco da institucionalização se aproximava, Deligny rumava em direção às novas tentativas.

Se Deligny se afasta das instituições, se seu trabalho se aproxima parcialmente das psicoterapias institucionais e das práticas de desinstitucionalização, se ele recusa o título de clínico ou educador, é em prol dessa criação de espaços. Ele atuou na margem, nos limiares, nas brechas das instituições. Seu trabalho é sobre uma multiplicidade de "meios": geográficos (território, localização), de enunciação (prontuários e diagnósticos), de visibilidade (vigilância e punição) e institucionais (combate do instituintes contra à institucionalização). Tratava-se sempre de criar "meios" propícios à criação das tentativas e aos modos de existência das crianças, espaços livres das práticas de punições e normalização. Os textos dessa época são uma crítica poética das instituições, entendendo-as de maneira ampla: instituição é tudo aquilo que gira em torno da preservação da família como único núcleo da criação das crianças; da moral católica como forma de moralizar e punir o mau comportamento delas; da política de Estado e da guerra como forma de conquistar novos territórios e populações a partir da morte de inimigos e inocentes; da Psiquiatria como forma de controle da criança, da família e da sociedade e, posteriormente, da Psicanálise como modo de universalização do humano em torno da linguagem.

Sua crítica produziu instabilidade institucional e brechas para a transformação. Sua prática não era propriamente cuidar das crianças, mas produzir o cuidado de maneira ampla. A respeito do espaço, sua abordagem não problematiza a arquitetura em si, mas a gestão desses espaços; os avanços se davam no instituinte, no limiar libertário por onde poderiam sair da institucionalização. Entre tantas tentativas, Deligny é levado mais adiante, em 1968, a sair das instituições e criar a derradeira tentativa em que acolherá em Cévennes crianças autistas. Lá a questão do espaço se radicaliza, sendo seu interesse não mais o espaço institucional – as paredes e os prédios, as normas médico-arquitetônicas e as punições –, mas o espaço fora do Estado, fora da linguagem.

Há na trajetória do autor um devir do espaço, uma transformação na qual este se desprende pouco a pouco de definições clássicas deixando de ser sinônimo de Geografia, Arquitetura, Física e passando a ser *topos*, espaço que emerge na vacância da linguagem e que pode ser percebido na companhia de crianças autistas e no exercício estético da cartografia: "*aí aparece uma entidade tão discreta que não figura no panteão das entidades maiúsculas como Eros e Tânatos; quero dizer topos, que evoca o espaço, o aí-agora*"[118].

Deligny percebeu (ou ao menos agiu intuitivamente) frente ao problema do dentro-fora. De fato, ele nunca encerrou completamente sua prática dentro ou fora das instituições, mas sempre esteve à margem – nem totalmente dentro, nem totalmente fora do campo institucional. Miguel defende que Deligny não é uma figura do pensamento do fora, mas um pensador da margem: "[...] *um marginal sem sê-lo. Em seu isolamento geográfico, mantém uma conexão importante ao mundo cultural. Ele invoca uma posição à margem, mas isso não significa que se trate, no entanto, de um puro fora, ou ainda de uma posição anti ou contra*"[119].

A aproximação de Deligny com a psicoterapia institucional mostra que existe uma clínica do espaço, uma experimentação do espaço como estratégia de cuidado. Ao mesmo tempo, sua crítica coloca o espaço como problema inquietante e problematizador das relações hierárquicas e das relações de poder. A aproximação de Deligny[120] da clínica da desinstitucionalização faz saltar a importância da criação de espaços, dessa dobradura que o autor opera entre as categorias de dentro-fora, criando outras figuras espaciais que são a borda, a margem e *topos*, o espaço fora da linguagem.

A psicoterapia institucional e a proposição de Fernand Deligny são posições clínico-políticas frente ao problema da espacialização da clínica. O autor traz relatos importantes sobre os efeitos dessa abertura e das evasões que aconteceram no asilo de Armentières, efeitos que escapam ao poder de cura do clínico e da instituição.

Relatando acontecimentos que são contemporâneos à Guerra, Deligny[121] informa:

---

[118] Deligny, 2015a, p. 225.
[119] Miguel, 2018a, p. 9.
[120] Deligny, 2015a.
[121] *Ibidem*.

> Me contaram, eu não estava lá. Era a retirada ante o avanço das tropas alemãs... Os loucos do hospital psiquiátrico de Armentières foram postos na estrada, em direção ao mar. [...] Depois tiveram que dar meia volta, regressar até Armentières. Não batiam as contas. Inclusive faltavam muitos. Descontando a pilha de mortos, havia desaparecidos, muitos desaparecidos. Fugitivos? Não tinham certeza. Alguns haviam fugido, loucos de terror; aqueles que não encontraram a tropa, umas centenas, não mais. Há aqueles que regressaram nas semanas seguintes, conduzidos por alguém, e aqueles que continuaram lá fora; entre estes, dezenas que nunca poderiam ter saído vivos do manicômio. Perigosos. Imbecis. Loucos perdidos. E então, um mês após outro, um ano após outro, fomos sabendo. Trabalhavam aqui e ali como todo mundo, ninguém tinha nada o que dizer deles, só coisas boas. E entre eles, os piores, os perversos. A guerra não respeita nada. Dos que regressaram ao manicômio, metade morreu de fome.[122]

Dessa maneira, não é possível definir Deligny como um terapeuta institucional, pois não é a consolidação ou a reforma da instituição que o motivou em suas tentativas, mas sim a criação de "meios propícios" para a instauração de novos modos de existência à margem que não cabem nas instituições do Estado e nas formas enunciativas propostas pela clínica e seus conceitos. Mais adiante, quando o trabalho de Deligny se encontra em La Borde, é justamente o falatório, a constituição de coletividade em torno da semelhança os elementos que o aborreciam e acabaram levando-o a migrar. La Borde consiste em um ambiente em que a psicoterapia institucional ressoava valores positivos em relação ao tratamento da loucura em liberdade e era referência no manejo dentro-fora da instituição. Mesmo lá, Deligny insiste em tentar fazer os pacientes saírem encerrando os prontuários e demonstrando que sua crítica somente se intensificava. Assim sua posição crítica é o que o faz se aproximar do campo da clínica institucional, porém, paradoxalmente, essa posição o afasta da consolidação da instituição. Seu trabalho se realiza, portanto, em três linhas: a da criação de meios propícios; da produção de novos modos enunciativos que combatam o valor negativo imposto sobre a criança e pela busca das margens e da proximidade com o fora da instituição, fora do Estado e fora da linguagem.

---

[122] Deligny, 2015b, p. 313.

Se há uma clínica que possa se extrair de Deligny, trata-se de pensar táticas e estratégias de esquivas e desvios das tecnologias de poder. Para Aragon[123], Deligny é clínico uma vez que age "*como aquele que se revolta contra as violências sociais, os preconceitos, as torturas e busca caminhos para que cada indivíduo, com suas singularidades e idiossincrasias, possam co(n) viver em espaços muito concretos e costumeiros*"[124].

Trata-se de pensá-lo como um "clínico às avessas" que se confronta com o problema da institucionalização pelas grades do hospício e pelas grades da linguagem, da semelhança e dos enunciados que colocam como etiquetas sobre as crianças e os corpos, desconfiando das boas intenções que no fim determinam e justificam torturas e humilhações.

> E "apenas" isto já era muito mais do que se poderia imaginar e querer para um agir clínico. Encontrar uma alternativa aos encarceramentos; brincar; produzir circunstâncias e oferecer uma outra perspectiva de vida que não a morte ou a adaptação a um modo de ser "normal", que encontra nas guerras, no perorar e na crueldade seu sentido; oferecer espaços abertos onde, talvez, um *topos* do existir possa vir a ser; tratar-se em seus preconceitos para poder criar comum e assim encontrar o caminho do menos sofrer, sem medicamentos, disciplinarizações ou adestramentos.[125]

Para Passos[126], por décadas Deligny desenvolveu seu exercício clínico-político como "crítica institucional" sensível às "formas de assujeitamento". Trazê-lo para o debate da clínica e da Reforma Psiquiátrica Brasileira implica colocar luz sobre essas diferentes formas de trabalho de cuidado com as instituições.

Acontece que a obra de Deligny e sua abordagem do espaço mostram como as definições dentro-fora não são estáveis; não são fórmulas prontas a serem produzidas e administradas sobre um lugar. A partir da problematização do espaço e dos limites da representação, compreende-se que mesmo fora dos hospitais acontecem institucionalizações: prisões a céu aberto, prisões conceituais e discursivas (por diagnósticos e exa-

---

[123] ARAGON, L. E. P. Deligny Clínico. **Cadernos de Deligny**. Direito. PUC RJ, 2018, p. 175-182.
[124] *Ibidem*, p. 175.
[125] *Ibidem*, p. 182.
[126] "*Essa é realmente uma diferença importante entre o pensamento clínico-político no Brasil e na França. Enquanto na França temos experiências importantes de reinvenção em asilos como Saint Alban, La Borde & Armentières, no Brasil a direção foi a da desinstitucionalização passando necessariamente pela desospitalização. Mas apesar dessas diferenças, há um comum na crítica às instituições feitas por Deligny e por nós na reforma psiquiátrica brasileira*" (Passos, 2018, p. 150).

mes), que articulam práticas e tecnologias de normalização (internação em comunidades terapêuticas e uso abusivo ou indevido de medicações psiquiátricas). Essas prisões se estabelecem pelo uso da linguagem e por certa localização da subjetividade no interior do corpo (mente e cérebro); estabelecem a contenção química como recurso para aprisionar a loucura e o sofrimento no interior do corpo e da subjetividade. Com isso se desarticula o sofrimento das questões sociais e políticas, determinando as causas apenas como questões biológicas e psicológicas.

O objetivo em aproximar Deligny da clínica da Reforma Psiquiátrica Brasileira está em evidenciar o espaço fora da linguagem como um problema clínico-político que põe em movimento os processos instituintes no contemporâneo. A reforma não acabou, ela é luta incessante por novas táticas e estratégias de intervenção e compreensão do espaço como virtualidade que opera transversalidades entre o dentro e o fora, tal como fita de Möbius, cuja interioridade e exterioridade não podem ser determinadas pontualmente, mas por um contínuo "caminhando". É preciso fazer essa aproximação sem deixar de notar a importância que há em multiplicar essas passagens e a transversalidade entre o dentro-fora.

O espaço fora da linguagem é como um oceano e a clínica não é mais que uma tentativa de criar circunstâncias para viver nessa imensidão sem se afogar. Trata-se da busca por um viver em liberdade, longe do horror da guerra, da violência psiquiátrica e jurídica, da morte física e da morte simbólica. A clínica nesse vasto oceano nada mais é do que uma amarração entre pedacinhos de madeira que nos sustentam sobre o mar num vasto céu aberto sem Terra à vista.

2.3 A INSTITUIÇÃO DA INFÂNCIA INADAPTADA

Aproximar Deligny da Luta Antimanicomial implica compreender esses novos fenômenos sociais, como a medicalização e a psiquiatrização, como efeitos da atualização do poder e do saber psiquiátrico que prescinde do hospício e se aplica em espaços abertos. Mudam-se os conceitos e perpetuam-se as práticas de correção. Além da discussão sobre a relação entre espaço e cuidado, há também uma segunda crítica fundamental na trajetória do autor, trata-se da problematização do conceito de "infância inadaptada".

Antes da eclosão da Guerra, em 1939, a França vivia num regime político no qual o governo da infância se dava por meio de práticas de recolhimento, fato conjugado à cultura do abandono dessas crianças no interior das instituições. Sem reintegração ou reinserção social, as instituições destinadas a cuidar da infância eram manicomiais. Sem processo de desinstitucionalização, sem prática de restabelecimento de vínculos da criança com a família, a instituição de um novo conceito viria a dar cabo dessa problemática, substituindo a política de recolhimento pela política de inclusão.

A denúncia de Deligny[127] aponta para a sofisticação desse conceito dentro dessas instituições, tanto para o asilo quanto para a escola. Mesmo após a Guerra, em 1945, após a implementação do programa de inclusão que substitui a prática de recolhimento, o autor permaneceu crítico a essa concepção da infância como matéria modulável, como sujeitos que precisam ser corrigidos e readaptados. Como crítico, apontou o meio como fator determinante na causalidade das violações cometidas pelas crianças. Em vez de modelar a criança para inseri-la num meio problemático, ele optou por produzir um meio, aberturas institucionais que ampliaram as possibilidades e circunstâncias.

Nesse momento de sua obra, a questão do espaço, da fronteira fluida entre o dentro-fora estava implícita, mas não ganhava destaque em seus textos. A maior parte das publicações desse período, entre o início e o fim da Guerra, resultam em livros combatentes e críticos desses discursos e práticas que nomearam a infância inadaptada. A questão do espaço estava submetida à instituição, uma vez que as normas institucionais estabeleciam aqueles que deveriam ficar dentro e que deveriam permanecer fora. A prática de Deligny operava sobre esse campo problemático, partia em busca de brechas que permitiram alterar as regras e explorar passagens do interior ao exterior e assim atravessar as grades que enclausuram o terapeuta-paciente, professor-aluno.

Sua prática operava a superação da forma maniqueísta entre o dentro-fora, o normal-anormal; sua crítica vai na direção libertária, de inaugurar processos para essas crianças e a instituição, alterando a forma como a criança é vista e tratada pelos educadores, psicólogos e psiquiatras; seus textos apontam para a violência das normas institucionais, a violência instituída contra a infância, a privação de sua liberdade. Seu objetivo é alterar as práticas e os discursos que legitimam prisões e punições:

---

[127] Deligny, 2018.

> Prisão, procedimento selvagem. Pedra angular da sociedade
> atual. Eu te coloco na prisão. Você me coloca na prisão.
> 'basta metê-los na cadeia'. Colocar adultos na prisão já
> fere o bom senso daqueles que não estão preocupados
> apenas em proteger seus telhados contra uma coletivização
> prematura. Colocar garotos é provocar inúmeros abordos
> sociais bem mais nefastos do que o aborto dito criminoso.
> Aqueles que não participam mais desse derramamento de
> sangue social – que põe seu coração em festa, que lhe dá
> vontade de agir, de rir e de falar, antes de morrer exaurido,
> alienado – se debatem. É a gangue, é o roubo, é o crime.[128]

Transitando pela instituição escolar, psiquiátrica e sociojurídica, sua entrada no campo institucional coincide com o momento em que a França construía a noção de "infância inadaptada", em 1945, ao fim da Segunda Guerra Mundial; tal período determinou a transição da *"lógica do descarte através da internação vitalícia das crianças anormais, para as políticas de readaptação através da reeducação"* [129].

Atuando em asilos e "classes de aperfeiçoamento" com crianças "deficientes intelectuais", tal período foi marcado pela publicação de dois livros: *Graine de Crapule*, em 1945, e *Les Vagabons Efficaces*, em 1947, já traduzidos para o português.

Sua primeira experiência institucional foi em 1938, quando assumiu o posto de professor substituto na escola primária na Rua das Brechas do Lobo (*Rue de la Brèche-aux-Loups*) e atuou durante quatro meses, completando o ano letivo em Nogent-sur-Marne. Na ocasião, seu "método" educacional recusava o uso de livros e cadernos e incluía passeios no Bosque de Vincennes, além de jogos e mímica. Em 1939, Deligny teve sua primeira passagem pelo Asilo de Armentières, onde permaneceu até 1943, quando foi convocado para a Segunda Guerra Mundial como educador em uma classe de aperfeiçoamento para depois retornar ao asilo, atuando como educador em um pavilhão para jovens ditos perversos e irrecuperáveis. Essa experiência culminou no texto *Pavillon 3*, de 1944.

No cenário francês de constituição do conceito de "infância inadaptada", Deligny se torna um analisador importante[130], ele incide de

---
[128] *Ibidem*, p. 31/32.
[129] Resende, 2016, p. 35.
[130] "As nuances de seu trabalho em classes especiais e de seu trabalho no asilo, especificamente no pavilhão 3, marcaram um momento da França no qual se iniciava a construção da noção de infância inadaptada, que determinou a transição entre a lógica do descarte através da internação vitalícia das crianças anormais para as políticas de readaptação através da reeducação" (Resende, 2016, p. 31).

modo crítico à substituição da internação pela política de reeducação e reconheceu que havia nisso os mesmos vetores de punição e enclausuramento com o qual estava familiarizado. Acontece que esse novo enclausuramento não se dava apenas pelos muros de prisões, os hospícios foram substituídos por novos centros que, com nova roupagem, reproduziam a mesma intenção de recolher essas crianças da sociedade. Sua crítica e contribuições são produtoras de desvios nesse modo de acolher e pensar o problema da "infância inadaptada". Seu trabalho buscava dar visibilidade para essas crianças, tornando-as analisadoras do pensamento sobre a infância. Embora estivesse dentro do quadro institucional, estava lá para alargar as margens e alterar as práticas de cuidado da infância. Sua obra é inovadora nesse campo da atenção e do cuidado com a infância dita inadaptada, e por isso mesmo enfrenta diversos desafios e entraves.

Em 1945, ao ser nomeado diretor do primeiro Centro de Observação e Triagem (COT), o autor encontra sua primeira oportunidade de instituir a forma de trabalho de uma instituição, fato que coincide com o período da instituição do conceito de infância inadaptada. Ao sair do Asilo de Armentières, assume a função de conselheiro técnico na elaboração de planos de prevenção à delinquência na região do norte da França. O COT era um centro destinado a reunir adolescentes infratores enquanto esperam pelo julgamento e compunham uma estratégia ampla de remodelação das instituições destinadas à infância, na França.

O COT tinha como objetivo acolher jovens sob tutela durante seis ou oito semanas antes de seus julgamentos. Seu trabalho no COT não ressoava os objetivos institucionais de corrigir ou vigiar essas crianças até seu julgamento. Ao contrário, Deligny instalou o COT de tal modo que constituiu ali um lugar de resistência no campo da proteção institucional à infância em perigo, um refúgio e um asilo para as crianças que estavam sujeitas aos poderes jurídicos e psiquiátricos. Com isso, os jovens não ficavam detidos, podiam sair, pois o centro era aberto para que os adolescentes pudessem ir à casa de sua família ou na casa dos operários guardiães. O centro reunia cerca de 80 adolescentes em um lugar aberto, característica que o diferenciava do sistema prisional. Os adolescentes ficavam, como bem influenciou Deligny, sob a monitoria de pessoas não especializadas, mas trabalhadores do meio sindical, operários e desempregados. Muitas das crianças chegavam lá fugindo de outras instituições e casas de correção. O COT funcionava da seguinte maneira:

> Trata-se de observar, durante três meses, os "menores" da região que roubaram, agrediram, vagabundearam, fraudaram, aqueles cujos pais perderam sua guarda, aqueles de quem o bairro inteiro se queixa, que reincidem, que ameaçam, que desaparecem, que arrombam os caixas, que batem punheta aos olhos de todos, os inadaptados sociais de menos de dezoito anos. Aqueles, ao menos, cuja inadaptação social é notável, flagrante, descrita no assombroso estilo policial de cintura: 'está portanto convencido de ter roubado na calada da noite oito coelhos, três dos quais de pelagem cinza...' [sic]. Pois quem pagaria por aqueles que a justiça ainda desconhece?[131]

A instituição da infância adaptada consistiu numa ampla estratégia de desenvolvimento de novas instituições e práticas, uma nova forma da educação nacional e da justiça para menores. O programa comportava dois eixos: a criação de Associações regionais de proteção da infância e da adolescência (Arsea), eixo da administração pública; e o segundo eixo da produção de doutrina, de formas de pensar e representar a infância, produzida pela elite da Psiquiatria francesa. A Arsea é a sigla que designa *Association régionale de sauvegarde de l'enfance et de l'adolescence*, ao serem criadas dezenas de Arseas locais formando fóruns por todo país, tal instituição teve papel importante e foi influente na materialização de novas instituições, conceitos e estabelecimentos para a infância. Esses fóruns foram criados na articulação entre o público e o privado, constituindo o campo da reeducação e da readaptação no pós-guerra.

O COT compunha esse quadro institucional, no entanto, a gestão de Fernand Deligny era radicalmente diferente e muitas de suas ideias tensionam o campo de debate. Enquanto alguns propunham a especialização, criando conceitos específicos e discursos moralizantes que conjugavam a herança cultural com as novas práticas institucionais, o autor optou por trabalhar com operários, substituindo os educadores por proletários da região no entorno do Centro e no entorno das crianças. Em geral, a linguagem da rua e das comunidades às quais as crianças pertenciam facilita a comunicação com as crianças, substituindo a linguagem técnica e científica instituída pela doutrina implantada pela articulação público-privada.

---

[131] Deligny, 2018, p. 28-29.

No COT, Deligny opta por um lugar aberto, desconstruindo a lógica prisional que regia o funcionamento desses espaços, demonstrando o que viria a ser sua crítica e sua prática de combate: agir sobre o espaço e transformá-lo em prol da valorização positiva da criança. Ao recrutar monitores vindos no meio sindical, substituindo educadores por operários e desempregados da região em que os meninos haviam praticados os crimes, Deligny construía um centro aberto e transmutável:

> Se o Centro de Observação for uma caserna, veremos as possibilidades de adaptação dos meninos à vida de soldado. Se for um campo de escoteiros, veremos suas aptidões para a leitura de rastros do caminho, sua receptividade atuante em relação ao código de honra, seu gosto pela vida em equipe. Se for uma prisão, veremos prisioneiros. Se for um laboratório, veremos cobaias. Se for algo como uma praça na periferia (com os pais por perto e as voltas para casa com maior frequência possível), veremo-nos mais ou menos como são normalmente.[132]

Deligny considera que as crianças não são inadaptáveis, como se inadaptado fosse uma forma estável da subjetividade. Ao contrário, entendia que a criança, na relação com seu meio próximo, modulava segundo as circunstâncias em jogo – seja esse meio a família, o bairro da periferia, uma circunstância social mais ampla, como a Guerra etc. Portanto, o COT sob sua gestão é centro aberto que incorpora a forma cambiante dentro-fora, adaptação-inadaptação.

Para o autor, a adaptação não é uma condição de normalidade por si só, como se estar adaptado fosse sinônimo de coisa boa. É antes uma singularidade que se produz numa articulação entre a infância e o espaço, em que a criança se molda conforme os diferentes meios em que habita. Nesse ponto ele é estratégico: recusa aceitar a noção de inadaptação pura e simplesmente, esforça-se em debater o problema com seus pares e cria instituições a partir dessa visão singular sobre a articulação espaço e infância. Não são as crianças que são inadaptadas, são os meios que são problemáticos:

> Se digo: 'As crianças são como os pais as fizeram e as educaram...', eu me deparo com o consentimento universal. Se prossigo: 'Os pais são como a atual sociedade os força a ser. Seria preciso ver como mudar realmente as condições de vida...', fecham-me a boca e o Centro que dirijo, sob pretexto

[132] *Ibidem*, p. 43.

de que alguns de seus operários não têm o aspecto, que coisa!, de verdadeiros educadores.[133]

O autor confia mais na hipótese de que a criança é um ser flexível e variável conforme o meio, assim como o meio é uma matéria fluida e capaz de se transformar conforme mudanças acontecem. Deligny[134] confia mais na capacidade de variação do que na adaptação; desta última, ele tem certa desconfiança, desmontando a ideia de uma essência natural no interior da infância, optando por conceber uma subjetividade que se expressa pelo trânsito e envolvimento com os diferentes meios e espaços aos quais ele ocupa. Entende-se que se há uma definição de inadaptação vinda de sua obra, ela levaria a compreender que não se trata de uma natureza interior fundada na personalidade e no caráter da criança. A inadaptação é resultado de circunstâncias desfavoráveis vividas nos meios sociais e familiares[135].

Tal concepção de inadaptação intensifica a construção de outros modos de acolhimento. Ele entende que essas crianças precisavam de espaços disponíveis à sua singularidade. Ao optar por trabalhar com operários, ele valorizava o caráter espacial da linguagem, o meio como a forma fluida por onde a linguagem e a vida deslizam. Falava-se no COT uma língua marginal, a letra de uns vagabundos eficazes, operários, artistas e revolucionários. Toda a linguagem técnica que se fabricava nos Conselhos da Arsea era deixada de lado. Com esse posicionamento, Deligny[136] referia-se aos educadores como pessoas que vinham de famílias abastadas e formados na educação pequeno burguesa:

> Vi esses jovens adultos responsáveis, mal apoiados em portas mal fechadas, sem as cadernetas de punição na mão desenvolver diante da garotada todo tipo de atitude lamentável para manter o que chamam de sua 'autoridade' [...] Para que isso mude, eu rejeitei os subprodutos dos modos de educação burguesa e convidei educadores que não tinham saído de escolas ou de estágios. Quiseram me convencer, em seguida, que alguns deles tinham antecedentes criminais.[137]

---

[133] *Ibidem*, p. 118.
[134] *Ibidem*.
[135] "Longe de naturalizar a inadaptação, Deligny aponta para a necessidade de sua correlação intrínseca com problemas de natureza social. Os inadaptados o são, na esmagadora maioria dos casos, por conta das circunstâncias desfavoráveis nas quais evoluíram" (Miguel, 2018b, p. 11).
[136] Deligny, 2018.
[137] *Ibidem*, p. 38.

A construção do conceito de "infância inadaptada" no seio das instituições médico pedagógicas e sociojurídica na França se deu por dois vieses: em primeiro lugar, pela criação de Associações regionais de proteção da infância e da adolescência (Arsea), que foram implantadas no Regime Vichy, período em que a França foi, durante a Segunda Guerra Mundial, entre 1940 e 1944, governada por Marechal Philippe Pétain[138]. Em segundo lugar, a instituição do conceito de "infância inadaptada" se deu por meio da produção de doutrinas técnicas, de divulgação de conceitos e práticas de reeducação produzidas pelo "Conselho técnico sobre a infância deficiente e em perigo moral"[139].

Nesse período, criaram-se várias leis e instituições para determinar e regulamentar, rigorosamente, o que viria a ser uma infância em perigo moral, e uma infância em atraso intelectual, por conseguinte, quais seriam os tratamentos e os processos de reeducação recomendados. Tratava-se de uma investida política e econômica sobre a infância, com viés individualista e financiada por iniciativas privadas.

A experiência no COT aproxima a fundação do campo institucional da infância inadaptada e a prática espacial e libertária de Fernand Deligny. Na época, o autor já era reconhecido por intelectuais e militantes que igualmente se confrontavam com a fundação desse campo. Sua crítica ensejou processos de transformação dos espaços institucionais; sua prática permitiu a experimentação de novos meios, diferentes espaços para o cuidado, além de oferecer às crianças condições diferentes às quais estavam habituadas.

Deligny[140] enfrenta o problema sócio jurídico e médico pedagógico a partir do acolhimento de jovens e crianças ditas inadaptadas. O autor trava uma longa luta para se desviar e desviar essas crianças do que está sendo instituído nacionalmente – a construção de práticas, saberes e instituições sobre o conceito de infância inadaptada; a institucionalização de crianças em estabelecimentos de portas fechadas com finalidade de reeducação; a institucionalização de crianças por meio dos modos de ver e dizer sobre a adaptação e a inadaptação:

---

[138] O Regime de Vichy consiste no período em que a França foi ocupada e governada pelas forças armadas do Terceiro Reich e pelo Marechal Phillippe Pétain, de 1940 a 1944.

[139] O termo "Infância Inadaptada" inclui as crianças difíceis, delinquentes, abandonadas, doentes, deficientes e outros. Na França, esse ambicioso projeto foi criado durante a ocupação nazista e sustentado pela elite da Psiquiatria infanto-juvenil que se aproveitava do decaimento ideológico da Educação nacional que estava sob ataque durante o Regime de Vichy. Além disso, a iniciativa foi sustentada pela iniciativa privada e seus interesses em enfraquecer o Estado.

[140] Deligny, 2018.

> Empregam de bom grado um termo magnífico, de uma tolice suntuosa, pérola que cresce com as secreções dos milhares de comitês grudadas nas mesas das reuniões administrativas como ostras no rochedo: a correção moral. Como se as crianças tivessem em algum lugar um pedaço de não-sei-quê, direito em uma, torto em outras, e que poderia ser modela vergando-lhes as costas a golpes de exemplos ou dando-lhe bolachas amanteigadas nos dias de visita ou de grande festa.[141]

Compreendendo que não poderia lutar contra essa institucionalização, já que o novo campo se formava por meio das forças do Estado e do financiamento privado, Deligny traça as novas estratégias de manejo do espaço para favorecer as crianças e alterar as normas institucionais impostas a elas. Opera estratégias de resistência contra as violências e faz um duplo movimento estratégico: altera a forma de tratamento e a representação negativa imposta sobre as crianças; altera as práticas de visibilidade e as práticas de dizibilidade criando conceitos poéticos. Dessa forma, Deligny combate as normalizações, os castigos, as ofensas e as punições e altera a forma conceitual da noção de inadaptação, deslocando a questão do âmbito clínico, psicológico e psiquiátrico, para situar o debate sobre o espaço.

Nesse momento, sua crítica se voltava contra a linguagem psiquiátrica e as práticas jurídicas em torno das crianças inadaptadas, fato que cronologicamente antecedeu as críticas de Foucault nos cursos *O poder psiquiátrico* (1973-1974) e *Os anormais* (1974-1975), nos quais o filósofo apresenta como a Psiquiatria constituiu a infância como alvo de suas práticas e institucionalizou o lugar social da criança burguesa e o lugar institucional da criança dita anormal. Deligny[142] se torna muito cedo um escritor emergente, comentado e lido por diversas pessoas, no entanto, diferentemente de Foucault, não tinha ambição acadêmica, sua escrita era militante e poética.

Seus textos e suas estratégias pulverizam a desconfiança dessa pretensa "eficácia" dos educadores franceses. A ideia da linguagem à lá "vagabundos eficazes" incorporada pelo autor carrega certa ironia e põe a eficácia do lado das crianças, destituindo os educadores dessa pretensiosa pressuposição de eficácia. Seus textos irônicos são marcados por um estilo,

---

[141] *Ibidem*, p. 16.
[142] *Ibidem*.

quando não pelas linhas da própria infância, incorporando desenhos e a linguagem própria das crianças e os meios onde vivem. As publicações e ideias, assim como a expectativa em relação ao seu trabalho, alcança não apenas os educadores como também as próprias crianças:

> Dois policiais me trazem mais um, firmemente preso. Eles visivelmente sentiam calor nas axilas. Um que grita comigo de cara. - Ora, ora... O senhor é o famoso Deligny. Pois bem, vai se foder. Já ouvi falar do senhor, sabe? Pois bem, vai se foder, vou quebrar sua cara. Da parte de todos aqueles que você enrolou. Mundos e fundos que ele promete, e a liberdade, esse diabo, mas, aí, ficamos trancafiados, até vinte e um anos. Tu não tá mais tão orgulhoso, hein, filho da puta. Tô me lixando, posso falar tudo, fugi três vezes de Armentières e vou voltar para lá, então... Ele não fala nada, hein, essa fuça comendo nossos biscoitos...[143]

A intensa experiência com a qual Deligny se confronta o põe na posição de ver-se de frente com inúmeras forças: a das crianças e dos proletários, dos poderes institucionais dos policiais, dos psiquiatras, do judiciário. Sua aliança com as crianças verter-se num desvio contra os muros e a rigidez das fronteiras espaciais da instituição; das palavras e dos conceitos que são como armas da instituição.

Esses desvios são a verdadeira positivação da inadaptação: em vez de corrigir e normalizar os garotos, opta-se por acompanhá-los de modo a inspirar-se neles para produzir a prática de cuidado. Esse cuidado tinha uma dupla acepção: cuidado como crítica à instituição e seus conceitos e, ao mesmo tempo, prática de acolhimento e produção de espaços específicos para esse mesmo acolhimento:

> Para nós, acolher um moleque não é livrar a sociedade dele, eliminá-lo, reabsorvê-lo, docilizá-lo. É em primeiro lugar revelá-lo (como se diz na fotografia). E, por ora, azar das carteiras descuidadas, dos ouvidos acostumados com as amenidades mundanas, dos azulejos frágeis e caros. Azar do bairro que nos olha do alto, cujas casas espaçosas acham que isso tudo deveria ficar em outro lugar e cujos proprietários estão prontos para denunciar um atentado ao pudor quando veem um dos nossos delinquentes mijando em uma árvore. Azar das frutas que a proprietária guardava para suas geleias e das flores cultivadas para os seus túmulos,

[143] *Ibidem*, p. 61-62.

> azar daqueles que querem que infância rime com inocência. Azar do bando de solteironas que, periodicamente, faz em grupo o passeio da reeducação (com vista para o atentado aos bons costumes em dia ensolarado.[144]

Fato é que, diante do menino que o xinga e o afronta, Deligny faz silêncio, pede aos policiais que o soltem e os libera de sua vigilância. Sozinho diante daquele que havia prometido quebrar-lhe a cara, Deligny diz:

> Então? Você queria quebrar a minha cara?... Ele se aproxima da minha mesa, na ponta dos pés, se inclina e com uma voz profunda e série de confissão vinda do estômago: - Senhor, senhor. Gostaria de um dia de licença. Eu fiz um filho com uma menina, em uma fazenda, perto de Erquinghem. Preciso mesmo ir me casar. – Então você não só lhe deu um filho como quer também lhe dar um marido do seu tipo? Logo você, que é meio cafajeste com as mulheres... Ele ri, contente com o elogio. Conduzo-o ao quarto para dormir.[145]

Com esse pequeno trecho do "Diário de bordo", publicado em *Vagabundos Eficazes*, pode-se ver que o autor não estava na defensiva. Ele joga com as crianças, com os poderes, que passam pelo COT. Não impõe a elas uma moral, um bom costume instituído pela normalidade burguesa e capitalista, não se alia às instituições do Estado, mas ensaia com as crianças um manejo entre a linguagem de vagabundos, operários, artistas, revolucionários e, talvez, de educadores comprometidos com a infância em sua dinâmica adaptação e inadaptação.

Para Deligny[146], a educação não serve de instrumento de correção, ferramenta que coloca as crianças em seu "lugar de criança" que, naquele momento do pós-guerra estava em processo de instituição por meio do conceito de "infância inadaptada". A educação serve também para os educadores aprenderem com as crianças a desenvolver um estilo, um manejo, uma linguagem própria da rua, dos lugares onde as crianças habitam. Nesse sentido, sua prática opera uma dupla estratégia de cuidado – com as crianças e os educadores, ajudando estes últimos a livrar-se da boa-fé e das boas intenções, costumes instituídos por uma sociedade católica e por uma moral religiosa:

---

[144] *Ibidem*, p. 40.
[145] *Ibidem*, p. 63.
[146] *Ibidem*.

> A criança "anormal", cuja vida eu conto, se debate, como boa parte de seus semelhantes, com a obra de caridade-castelo-lar para crianças, com o escotismo de extensão e com a psiquiatria abusiva. De todas as maneiras que uma sociedade pode usar para camuflar sua perversidade com as crianças que não estão no bom caminho, a obra de caridade, o escotismo e a psiquiatria abusiva são as mais corriqueiras. Essas três infelizes madrinhas da criança difícil fazem com que a família, os professores e a brava gente abdiquem de boa-fé de sua parte de responsabilidade. Creem abandonar uma tarefa difícil para confiá-la a pessoas mais qualificadas do que eles. E começa assim o triste circo que quero descrever, circo onde não faltam palhaços de boa fé e de boa vontade[147].

Tratava-se de fazer com que os educadores reconheçam o quão "fantoches" eles são dessa instituição da infância inadaptada, desta ideologia que rege os fios com as quais as práticas são tecidas. No limite, as transformações propostas no COT revelam um cuidado dessa dimensão inconsciente da instituição, esses fios invisíveis que guiam o trabalho e suas representações cotidianas. Tratar dessa questão é revelar como alguns fios guiam o pensamento e as ações dos educadores diante desse "objeto" construído denominado infância inadaptada:

> Digo 'fantoches' e vou explicar por quê. Todas essas pessoas (no exercício de suas funções) são ligadas por fios a um tipo qualquer de abstração que rege seus movimentos. Mostram-se gentis, severos, ameaçadores, encorajadores, dedicados, distantes, tempestuosos, benevolentes, no contratempo, no contrapé, na contravida.[148]

Essa ideia de fios que guiam as ações, os pensamentos e os sentimentos poderia ser entendida também como as linhas que compõem um dispositivo, tal como Deleuze descreveu em *O que é um dispositivo?*[149]. No entanto, nem dispositivo nem instituição são conceitos operados por Deligny, ele não apresenta nenhuma definição do que entende por instituição, embora esteja demonstrado em sua crítica alguns traços dessa mesma questão.

---

[147] Deligny, 2007, s/p, *apud* Copfermann, 2018, p. 144-145.
[148] Deligny, 2020, p. 60.
[149] DELEUZE, G. O que é um dispositivo? *In*: **Dois Regimes de loucos**: textos e entrevistas. São Paulo: Editora 34, 2016.

Para definir o que posso definir por "instituição" proponho: tudo aquilo que vem da sociedade e materializa o Estado (público ou privado), seja na forma de estabelecimentos ou em práticas conceituais; tudo aquilo que determina o nome, o rosto e a vida do outro, a despeito de sua posição, é instituição; todas as práticas e os discursos que operam na gestão dos corpos e populações dentro de estabelecimentos e fora dos estabelecimentos são instituições. A instituição tudo aquilo que é feito pelos homens, feito com os seus saberes e poderes estabelecidos historicamente. Instituição é aquilo que faz o Estado operar em "nós". Essa definição está em certa ressonância com o autor, mas também se inspira na análise feita por Resende em seu trabalho com os arquivos no Imec (Instituto de Memórias das Edições Contemporâneas), onde trabalhou na estruturação do arquivo Deligny.

> Ele chamou de instituição e de instituído tudo aquilo que é da ordem da sociedade. E a sociedade é aquilo que se expressa pela criação dos limites intransponíveis, dos limiares fixados pelas regras da semelhantização, regras definidas por essa entidade abstrata e ao mesmo tempo concreta que é a gente. A não adaptação a tais regras, a possibilidade de operar tal aproximação através do assemelhar-se, de atravessar o limiar, tem o custo de estar do lado de fora, estadia que implica uma pena muito alta, em geral materializada por um permanente estar do lado de dentro – dos diferentes muros e grades.[150]

O termo "semelhantização" (*semblabliser*), usado pelo autor, designa o processo de tornar o outro semelhante, adequá-lo às formas instituídas, determinar sua normalidade. Semelhantizar é a operação fundamental das instituições e do Estado; o estabelecimento da operação de recolhimento de crianças e adultos em instituições fechadas, ou mesmo à prática de readaptação imposta no pós-guerra, são fundadas nessa operatória. Nesse sentido, instituição é a conjunção entre práticas de saber-poder que procedem por correção, normalização e homogeneização da diferença. *Semblabliser* é um termo que não possui tradução e é uma palavra que não existe na língua francesa. Nas publicações relacionadas ao autor, é possível identificar a opção pela tradução de *semblabliser* por semelhantizar ou semelhantização.

---

[150] Resende, 2016, p. 35.

Com esse termo, Deligny[151] desvia-se da ideia de inadaptação, essa é sua estratégia discursiva para modificar o enunciado e a prática, permitindo manejar a aproximação com as crianças não por meio da semelhantização, mas sim da criação de novos espaços e novos enunciados que desviam os vetores punitivistas e excludentes implícitos no campo da proteção à infância.

No processo de assemelhamento está implícito um lado de dentro e um lado de fora, uma espacialização do poder na palavra que localiza os normais e os anormais. Deligny[152] utiliza o termo para denunciar o discurso que opera tais normalizações. Estar inadaptado à norma implica o risco de ser pego por essa trama de correção e reeducação; implica pagar com a liberdade o preço de estar do lado de fora da sociedade; implica estar do lado de dentro dos muros e das grades.

No terceiro número da série *Cahiers de l'immuable*, o autor indica o que entende por instituição e por sociedade. Em *Nous et l'Innocent*, publicado em 1975, denuncia que essa forma de organização da sociedade e das instituições influenciam fortemente os modos de se relacionar com a infância, ainda que muitos desses "nós" não tenham relação direta com elas. "Nós" é, nesse caso, esses profissionais que atuam nas instituições que estão implicados como instrumentos da institucionalização, colocados e se colocando como componente dessa instituição maior e mais invisível chamada em francês de "*On*", em português "SE" ou "A GENTE", pronomes de indeterminação dos sujeitos:

> E aí está que 'o fundo' do indivíduo humano não é nada daquilo que A GENTE poderia imaginar. É preciso o ver para nele crer. Mas não o vê quem quer ou quem quereria. A palavra é mestre e nos dita o que se deve ver para que não seja rompida em nenhum ponto a coerência de um certo mundo: esse mundo em relação ao qual A GENTE nada pode.[153]

"*On*" é pronome indeterminado, sua função é indeterminar o sujeito diante do verbo, operação que permite aos seres falantes se eximir de responsabilidade sobre suas ações e participações, por exemplo, nas instituições e nas violências institucionais e políticas. Essa indeterminação é o

---

[151] Deligny, 2015a.
[152] *Ibidem*.
[153] Deligny, 2007, p. 708.

que faz da linguagem ato e prática no mundo: faz-se, costuma-se... nesse caso, internar ou punir crianças. O termo "*On*" é uma peça importante da crítica institucional e da crítica à linguagem elaborada por Deligny. Segundo Scherer, "*On*" é índice da impessoalidade, uma vida "pré-subjetiva" e "pré-individual" que não depende da vontade e do querer: *"o 'on' é o operador do acontecimento, o ponto em que se juntam, sem se confundirem, seu aspecto privado e seu aspecto coletivo, sua faceta ideal e sua faceta encarnada"*[154]. Com isso, o impessoal de "*On*" ou "A GENTE" designa o ponto em que a linguagem é pré-subjetiva, sua impessoalidade e sua complexidade exterior. Ela não diz respeito a um indivíduo apenas, mas se estende a toda coletividade.

Esse é um ponto importante para o pensamento de Deligny, o momento em que sua crítica deixa de se inclinar apenas sobre as instituições do Estado e passa a se inclinar sobre a linguagem. Desenvolvendo esse problema ao longo de sua entrada no campo institucional, a experiência no COT permite a Deligny partir da premissa de que é preciso criar e inovar por dentro das instituições, por dentro de si. É por essa razão que ele combate assiduamente a naturalização da clínica e da educação como instrumentos ortopédicos, pois tanto uma quanto outra são fios que guiam os fantoches. Toda crítica institucional é, em alguma medida, uma crítica de si mesmo ou das formas duras instituídas dentro de "nós" pela linguagem.

O COT foi a proposição de um modelo institucional de portas abertas, sem a lógica prisional dos asilos ou hospícios, uma resistência a esse movimento de nacionalização do conceito de infância inadaptada. Ao mesmo tempo, o COT é o campo onde se esboçam as primeiras críticas mais radicais e contundentes elaboradas ao longo dos anos seguintes. Para Deligny, essa foi a primeira oportunidade de criar dentro da instituição outros espaços, alterando as normas e as dobradiças institucionais, instituindo um dentro-fora transversal que permitia às crianças desviar-se dessa trama que se armava sobre elas, interrompendo a linguagem ali onde ela semelhantiza e homogeneíza os processos de cuidado:

> O serviço administrativo decide que cerveja em um centro para jovens delinquentes é um luxo inútil e muito caro. Ora, beber água é, para as crianças, um dos sinais sensíveis de miséria social, e um lanche com pão seco, sinônimo

---

[154] *Idem*, 2009, p. 24.

de prisão. O que faz o educador que encontra jarros de água na mesa? Leva todas as crianças ao boteco e envia a conta à administração. Não há absolutamente nenhuma outra solução.[155]

Contra prisão espacial da cela, contra prisão da linguagem e das práticas restritivas de poder. Deligny maneja o espaço e os saberes optando por escolher instalações sem muros, práticas que permitiam às crianças irem e virem; supressão das grades, prisões e punições. Suas intervenções buscavam transformar o espaço e a instituição, criar meios para que fosse possível ir e vir, desestruturando o centro da referência punitiva e prisional, assim também desarticulando princípios morais da educação burguesa em processo de instituição. Ele rebate a linguagem sobre o espaço. Tal manejo se faz na radicalidade, em apostas concretas e materiais, mas também subjetivamente, sobre os fios que moldam as subjetividades das crianças, dos educadores e colocam em movimento estratégias de mobilização de si.

Ao longo do percurso no COT, Deligny não se afirmou nem como clínico e nem educador, pessoas próximas e até as crianças se referiam a ele como educador, porém ele era uma figura difícil de precisar em uma única disciplina. Conquistou alguns diplomas e certificados na área de educação especializada, iniciou cursos universitários, mas não concluiu nenhum deles.

Após o COT, Deligny se junta a Henri Wallon e Huguette Dumolin, em 1948, onde criam um ambulatório de acolhimento territorial chamado Grande Cordée. A nova tentativa funcionava não como uma clínica de tratamento, mas como uma rede de atendimento para adolescentes, com suporte e ajuda de militantes da educação popular e oferece também estadias em albergues da juventude. A princípio, a nova tentativa teve como base um velho teatro abandonado em Paris, onde acolhiam e conversavam com os jovens para identificar seus interesses e, em seguida, encaminhá-los para outras localidades e realizar tais experiências.

Operando não mais pela instituição como centro aberto, a estratégia agora opta pela dispersão territorial – encaminha-se crianças para diversas regiões da França, de modo que as crianças sempre voltavam para o território da sede em Paris. Se alguma criança demonstrasse interesse em aviões, enviavam-na para frequentar uma oficina. Se após algum

---
[155] *Idem*, 2018, p. 72-73.

tempo a criança retornasse demonstrando desinteresse naquele projeto, uma nova conversa era feita e a palavra da criança era considerada. Se agora o interesse tivesse se voltado para gados e fazendas, encontrava-se algum local disponível e se encaminhava a criança novamente. O período em que esteve em Paris, com a Grande Cordée Deligny, escreveu muito pouco e muitos dos comentários dele, e de outros integrantes sobre essa experiência, poderão ser conferidos na próxima sessão.

Com a nova tentativa da Grande Cordee surge uma nova estratégia de espacialização do cuidado com a infância. No período do COT, sua crítica incidiu sobre o espaço e a forma de gestão do dentro-fora da instituição. Ainda fixada na ideia de centro, o COT funcionou como um espaço aberto que incorpora o meio comum da criança sem retê-las ou detê-las, tal como rege a prerrogativa médico-jurídica. Alterando o espaço e o funcionamento do COT, permitindo-o funcionar não como um centro de detenção, mas como um centro aberto – ou como ponto de referência para as crianças –, inaugurou-se um trabalho de desinstitucionalização do conceito de infância inadaptada. Toda pressuposição de que essas crianças são violentas, irrecuperáveis, é deslocada para dar lugar a esse processo de modificação das representações sobre a infância. Por meio dessa modificação no espaço e na linguagem, problematizou-se os saberes que instituíram o "lugar" da infância inadaptada, sendo este sempre lugar de correção e normalização.

É evidente que há em Deligny uma estratégia de espacialização do cuidado da infância, fato que não era exclusivo dele, visto que Wallon também discutia a importância do meio para os processos de subjetivação da infância. Contudo, a trajetória de Fernand Deligny contribui para a sofisticação das estratégias espaciais do cuidado, passando por diferentes modos de espacialização e acolhendo diferentes espacialidades da infância.

Trata-se, no limite, de apostar no espaço como ponto de duplo manejo: crítica aos modos de institucionalização e prática de cuidado com a infância em liberdade. Não se trata de fazer consenso entre essa bifurcação que se esboça ao final – é clínica ou é crítica? É normal ou anormal? É instituição ou não é instituição? Trata-se antes de sustentar o contraditório e o *nonsense*, fazendo de modo que o sentido não se cristalize como regra, norma ou método. Trata-se de sustentar um caráter infinitivo da tentativa – tentar, estar, frouxar para suportar a intempestividade do contemporâneo, desviar em vez de ir contra. Nessa aposta, o espaço é suporte para a tentativa e seus processos de criação de novas formas de ver e conviver com a infância em seu lugar de resistência.

Na próxima seção, apresenta-se a trajetória e o que ele designou como "tentativas", tece a linha cronológica mais profunda e fidedigna ao pensamento do autor. Aparecem aí diversas espacialidades da subjetividade: migrações, desvios, referências e fugas, vários modos de espacialização do cuidado: pontuar, localizar, produzir, margear e asilar. Deligny viveu uma longa jornada rumo ao fora da linguagem e ao fora das instituições. O fio histórico buscará fazer entender o conceito de "fora da linguagem" e como o fora se confunde e mimetiza com uma rica multiplicidade de outros espaços.

2.4 LINHAS DA VIDA, LINHAS DE ERRÂNCIA

Deligny nasceu em 1913, em Bergues, no norte da França. Era filho de Louise Laqueux e de Camille Deligny. Sua família teve relação com o anarquismo por meio de sua mãe, Louise, que vinha de uma condição social mais modesta. Seu pai, Camille, vinha de uma família de origem pequeno-burguesa, lutou e morreu em Verdun, em 1919, uma das mais sangrentas batalhas da Primeira Guerra Mundial. Em *O aracniano*, brinca com o fato dessa morte e destaca que as crianças tiravam proveito dessa condição de *Pupile de la nation*. Diz ele, se o etologista Karl von Frisch tivesse visto os "bons filhos de Verdun" e outras crianças órfãs de guerra, iria vê-los tirar proveito disso ao vê-los correr risco em explorações de espaços perigosos:

> [...] os pequenos vagonetes sobre trilhos se carregavam de alguns passageiros, enquanto outros empurravam; era carrossel e era mina, e era também um brotar surpreendente de abrigos variados, onde corríamos o risco de que uma batida desastrada fizesse um deles desabar sobre nós[156].

Após a morte do seu pai, sua família se mudou para Lille, onde ele cresceu ao lado de sua mãe e avós maternos:

> Ele não era uma criança das multidões e não se tornou um homem do confrontamento. Sua resistência se construiu a partir de uma percepção sensível aos acasos como forma de produzir novas ocasiões para crianças e adolescentes

---
[156] *Idem*, 2015a, p. 19.

definidos pelo Estado, por seu estado, como não vivíveis, irrecuperáveis, destinados ao disciplinamento ou à exclusão. Sua posição foi sempre uma produção de desvios em relação aos modelos instituídos.[157]

Talvez seja difícil contar sua história pelo fato de Deligny ter sido refratário à determinação das crianças e dos adolescentes a partir do seu passado e sua história pessoal. Exceto por alguns acontecimentos que marcam sua trajetória íntima, alguns causos de infância, sua memória se faz pelas instituições por onde passou e os acasos que o levaram a romper com ela.

Quando jovem, Deligny recusou seguir a carreira militar e optou por cursar Filosofia e Psicologia na Universidade de Lille, passando grande parte do tempo indo aos cinemas e cafés, jogando 421 com os amigos, jogo em que o acaso tem muita importância. O jogo funciona com três dados feitos de ossos:

> [...] três dados marcados assim, da mesma maneira; trinta e seis pequenas faces que aguardando os jogadores – que podem ser dois ou mais. [...] Os verdadeiros jogadores nunca recorrem ao copo de dados, que, entretanto, deveriam usar, a fim de evitar a trapaça latente. [...] No entanto, como veremos, o uso desse copo, obrigatório, privaria os jogadores daquilo porque eles jogam, sem saber. [...] no manejo alternado desses dados que rola, está em jogo outra coisa, na qual existe o humano, ao passo que isso falta ao cassino em que um crupiê qualquer gira uma roleta onde uma bolinha apavorada, se sobressalta. [...] pareceu-me captar por que o 421 se revestia para mim de muito mais atratividade que o professor na cátedra, com seus ossos invisíveis.
>
> O que acontece no caso dessas trinta e seis pequenas máscaras que rodopiam com um golpe de mão? O reparar pode aí exercer-se; e com relação ao gesto da mão que lança os dados, os larga, os faz saltitar, há um agir sobre o qual eu digo que ele intervém como um reflexo, ou quase.[158]

O texto acima já explora conceitos que o autor desenvolveria na companhia de crianças autistas: os gestos da mão e o agir são conceitos aprimorados posteriormente, após 1968. Nesse momento, em sua entrada

---

[157] Resende, 2016, p. 24-25.
[158] Deligny, 2015a, p. 234-235.

no campo institucional, cabe destacar que quando ainda jovem havia uma certa atração pelo acaso que determinava suas escolhas e opções. Deligny elaborou sobre o gesto humano ao longo de toda sua vida.

Entre 1933-1935, torna-se redator-chefe da revista *Lille Université*, na qual faz suas primeiras publicações, crônicas e críticas de filmes. Nessa época começa a frequentar o Asilo de Armentières a convite de um amigo médico residente, lá conhece outro mundo longe dos dogmatismos da academia.

Em 1935, presta serviço militar obrigatório e vive um período em Paris, com sua primeira companheira, até receber o convite para vaga de professor substituto em um centro especializado na educação de crianças especiais. Em *Les Enfants ont des oreilles* ele conta que teve seu diploma de especialista conquistado somente anos depois, em 1941-42:

> Minha primeira substituição aconteceu em Paris, em uma classe especial, na rua de la Brèche-aux-Loups (Brecha-dos-Lobos). O nome me caía muito bem. Eu tinha, então, relação com crianças anormais, especialistas em atitudes e maneiras de ser que surpreendiam o garoto que eu era, provido desse emprego que chegou a mim sem que eu estivesse lá muito interessado. Tratava-se de ganhar minha vida. Eu tinha vinte e quatro anos. Eu tinha na minha frente uma massa de presenças na qual o assustador se misturava à indolência. Eu não sabia muito onde me meter. Acontecia das horas serem muito longas, muito longas.[159]

Em 1938, tem uma pequena passagem como professor substituto na escola primária em Paris, mudando-se e dando continuidade em *Nogent-sur-Marne*. Essas escolas eram classes de aperfeiçoamento destinadas a crianças com algum tipo de dificuldade de aprendizagem ou alguma necessidade especial em relação ao padrão normal de escolarização.

Nessa época seus "métodos" educacionais recusavam o uso de cadernos e incluíam passeios no bosque com os alunos, além de usar o quadro negro para jogos e atividades coletivas. Houve uma ocasião em que, frente à turma, chama um aluno ao quadro e lhe entrega um giz, pedindo-lhe para desenhar algo. Surpreendida, a criança faz um traçado parecido com um retângulo desajeitado. Ao demandar da criança, Deligny desvia-se dessa lógica estabelecida que colocava aquelas crianças no lugar de anormal e com isso faz aparecer um conflito de posições entre a criança

---
[159] *Idem*, 2007, p. 351.

e o professor. Corrigir as linhas do desenho levaria a um julgamento e uma normalização e ele buscava outro caminho: em vez de responder negativamente, corrigindo o desenho e levantando disputa entre os alunos da turma (quem é mais inteligente ou quem foi avaliado negativamente pelo professor), Deligny responde da seguinte maneira:

> E a partir daí, eu deixava ir um certo controle, não tenhamos medo das palavras. Eu deixava ir: 'Era uma vez um banco que havia perdido seus pés'. Acontecia que o garoto olhasse aquilo que ele havia traçado, estupefato. Entre os 'alunos' alguns, imediatamente, pensavam: 'Um banco? ELE é capaz de desenhar um banco? Não é um banco'. Mas eu disse: se tratava de um controle e eu não colocava minha afirmação na voz. Eu não dizia: 'O que você vê nesse desenho?' Eu contava: 'Era uma vez um banco que havia perdido suas quatro patas'. O quadro, eu disse, era de uma madeira que se diria sombria, escamada. De tudo aquilo que havia podido ter sido ali escrito ressurgiam os traços, traçar de letras, de números, restos de datas, de barras de fração, de + e de -. Como de um osso pode-se remontar o esqueleto de um monstro desaparecido para sempre, eu entrevia os pedaços de exercícios escolares impregnados nessas tábuas. E eu dizia: 'Ele tinha perdido suas quatro patas'. Em torno desses destroços, havia a multidão desses restos de traços que de terem perdido seu sentido, voltavam a ser traçar, reminiscências verdadeiramente estupefatas da intrusão em seu domínio desse corpo estrangeiro, caído de onde?[160]

Nesse momento da sua trajetória já se esboçava certo interesse pelo traçado da criança, tema que explora anos depois na companhia de crianças autistas. Ainda no ambiente escolar, Deligny percebeu que o traçado em um espaço aberto do quadro-negro já estava lá como um germe de possibilidade para inaugurar novas formas de subjetivação. Gradativamente, o uso do quadro lhe serviu como espaço propício ao traçado da criança, posteriormente o traçado é explorado em passeios nos bosques. Na época, Deligny realizou passeios que substituíram a sala de aula por caminhadas com sua turma de alunos, esse alargamento dos limites dos locais das práticas e das margens da instituição tomava o espaço como prioridade, do espaço como plano de deslocamento em trânsito aberto e livre, não o escotismo com normas de conduta. Tratava-se de explorar circunstâncias.

---

[160] *Ibidem*, p. 353.

Em 1939, ingressa no asilo de Armentières como educador em uma classe especial para crianças com "atraso intelectual", crianças consideradas "ineducáveis". Em 1940, propõe renovações e transformações das práticas institucionais suspendendo os castigos, organizando espaços de criação, jogos e passeios com os guardiões, deslocando em um só tempo as práticas de poder (correção, punição, castigos) e as práticas de saber (os saberes especializados sobre a criança que legitimava os maus tratos e as restrições como forma de punição e educação).

Uma das intervenções propostas por ele foi sustentar que o acompanhamento dessas crianças fosse feito não por profissionais especializados em "atraso intelectual", mas, sim, pessoas comuns moradores da região, trabalhadores desempregados e até mesmo ex-detentos, implicando suas esposas e o meio externo, na construção do trabalho de cuidado das crianças asiladas. A passagem pelo asilo é sucedida pela publicação de *Pavillon 3*, em 1944[161]. Essa foi uma das primeiras publicações a respeito do tema do internamento de crianças francesas naquela época:

> Sentado sozinho na grande mesa, André pensa que ele vai fugir. Ele é um vagabundo: acabou-se de lhe fazer a caridade de uma tigela de leite e uma torta. A cozinha tem um cheiro que ele reconhecerá quando ele regressar, mais tarde. Mas todos os caminhos, lá fora, levam à sala do hospício onde os pupilos da Assistência Pública rejeitados por outro lugar de acolhimento vêm esperar. Os rejeitados são sempre os mesmos: aquele que tem o quadril doente e um rosto pálido, azedo de se olhar; aquele, bem pequeno, que tem o rosto inchado e que as mãos se tornam azuis uma vez que ele mexe mais os braços; aquele que teve os pés congelados e caminha como os palhaços de circo que tem grandes pés moles de cartolina. Eles estão na sala ladrilhada de branco, habituados aos seus exílios. Os velhos, que moram do outro lado do muro, tossem e escarram e espirram e batem nos tijolos com suas bengalas quando os gritos dos garotos se tornam muito agudos. As horas nesse asilo tem um mau odor.[162]

---

[161] "Em Pavillon 3, as histórias seguem um personagem adotando seu ponto de vista e não o de um narrador que reproduz o ponto de vista médico do caso e do diagnóstico. A narrativa é desenvolvida a partir de gestos infantis cotidianos, apenas um pouco deslocados, mas suficientemente estranhos ao modelo de criança considerada boa e aceitável, com nuances diferentes dos gestos considerados normais, para que possam ser interpretados como signo do anormal" (Resende, 2016, p. 101).

[162] Deligny, 2007, p. 82.

Em 1943, após o bombardeio do asilo e do pavilhão 3, Deligny deixa Armentières e retorna a Lille, a convite do governo que lhe propõe a direção do centro de prevenção à delinquência juvenil, onde ocupa o cargo de conselheiro técnico. Em seguida, em 1945, torna-se diretor do Centro de Observação e Triagem (COT) de Lille. Nesse período de três anos, Deligny confrontou-se com o problema da abertura de novas instituições do Estado voltadas para crianças e com a construção da política nacional em torno do que viria a ser chamado "infância inadaptada".

No ano de 1945 e 1947 é escrito e publicado o livro *Semente de Crápula* – escrito durante o COT, mas conversando com as experiências anteriores. O pequeno livro se constitui por fórmulas e conselhos dados aos educadores:

> Se for professor, foda-se. Você acredita na eficácia da moral dos salmos e, para você, a instrução é algo primordial. Se vier trabalhar comigo, lhe darei os diplomados e ficarei com os iletrados. E conversaremos de novo no momento da colheita. A instrução é uma ferramenta, maravilhosa, concordo, indispensável, se quiser. Para nós, o que interessa é quem se servirá dela[163].

Este trecho foi retirado da primeira reedição do pequeno livro, em 1960. Em 1998 ela retorna na publicação da editora Dunod. A edição brasileira decidiu manter a ressalva que Deligny fez na sua última edição. Em 1960, Deligny relata ter se indignado com o que escreveu e preparava uma dura crítica das pequenas fórmulas para educadores em um novo prefácio. Percebendo que sua crítica seria dura demais, 16 anos depois propõe um subtítulo para o livro, "amador de pipas":

> Uma pipa, sobretudo se for pequena, é fácil de segurar. Centro e trinta e seis já é outro assunto: elas arrastam você, ainda que tenha pouco vento, levantariam você, não podemos dizer que acima de você mesmo e, contudo, acabei sendo educador de renome, levado, pela força e pela graça dessas centro e trinta e seis pequenas pipas, a um congresso internacional aqui, a uma comissão ali, e por mais que eu puxasse as cordas, como fazem os mergulhadores quando querem voltar a subir, minhas pipas frequentemente me deixaram mofando ali, de onde eu teria querido escapar.[164]

---

[163] *Idem*, 2020, p. 27.

[164] *Ibidem*, p. 10.

Mais adiante ele faz a crítica a essas fórmulas que poderiam ser ditas pretensiosas e determinantes. Ter sido arrastado, transformado na relação com as crianças, fez o autor compreender que fórmulas podem cegar. Em vez de modelos, propõe experiências materiais com os corpos e o espaço: "*Há dois mundos. Aquele das fórmulas, formulinhas, charadas e parábolas e aquele do que acontece a todo momento aqui embaixo com quem quer ajudar os outros*"[165].

Já em *Vagabundos eficazes,* encontra-se um livro combatente e militante que denuncia os abusos institucionais enfrentados pelas crianças e pelo próprio Deligny na relação com policiais e juízes. As histórias do *diário de bordo* possuem pequenos relatos de vivências no COT com as crianças encaminhadas para unidade sociojurídica. Ambas as publicações são fruto da crítica e criação que Deligny operou dentro das instituições para infância. Nas primeiras páginas da seção de *Os Vagabundos eficazes,* Deligny escreve:

> Privado 'deles' no momento, as muralhas me ensinam. Maciços tijolos vermelhos com ângulos retos, elas são mordicadas pelos bisnetos daqueles que as construíram. Verdes e vermelhas, elas se parecem com enormes soldados mutilados. [...] No horizonte, na borda da cidade, hospícios, caserna, abatedouros, e a bagunça imunda dos bairros inverossímeis. Na entrada dos cortiços, ficam sentadas estranhas crianças, crianças vomitadas. Para falar de sua cor e de sua forma, não há outra palavra.[166]

Segundo Resende[167], o período entre 1939 e 1946 marca o momento mais institucional do autor, quando ele passa pelo campo médico pedagógico e sociojurídico, divididos entre a experiência em Armentières e a experiência no COT, já discutidas na sessão anterior.

Com o fim da guerra, em 1944, Lille é liberada da ocupação nazista. Tensões internas à França começaram a proliferar e intelectuais e artistas iniciam uma ruptura com o viés conservador e autoritário imposto pelo Regime Vichy. Problematizou-se essas instituições de recolhimento que operaram segundo o modo de pensar dos conceitos e práticas instituídas pela noção de "infância inadaptada". Nesse momento, tematiza-se a abertura dos espaços de acolhimento e a liberação de algumas dessas crianças pegas nessa trama institucional. Deligny ocupa aí um lugar determinante

---

[165] *Ibidem*, p, 11.
[166] *Idem*, 2018, p. 117.
[167] Resende, 2016.

ao propor uma via alternativa para essa transformação: o recrutamento de monitores do meio sindical, a articulação de pessoas comuns em vez de especialistas, a realização do acolhimento e acompanhamento numa relação com o meio aberto, são algumas das marcas que o autor contribui para transformar as práticas e os discursos em questão.

A saída do COT aconteceu como uma reação da administração em relação ao trabalho empreendido por Deligny – a recusa a especialistas, a vaga metodologia de trabalho e a insistência em manter o centro de portas abertas, somada a *"denúncia por maus tratos feita por ele em relação a um poderoso padre, jurista e diretor de um centro de acolhimento da região"*[168], resultaram no fechamento da unidade em 1946. Depois disso, Deligny passou a abrigar em sua casa quatro jovens, enquanto outros foram liberados ou passaram a viver com outros ex-educadores do antigo COT; outros ainda buscaram trabalho ou foram presos.

Após essa saída, aceita tornar-se Delegado de Trabalho e Cultura na região do Nord-Pas-de Calais, em 1946, cargo em que ficou poucos meses. Em 1947, ajuda na organização de peças teatrais encenadas e compostas por operárias da indústria têxtil. Estavam nessa organização Hugette Dummoulin, criadora da União de Jovens Mulheres do Norte da França, André Bazin, crítico de cinema e fundador da revista *Cahiers du Cinéma*, e Chris Marker, filósofo, roteirista, diretor e produtor de cinema francês.

Enquanto esteve como Delegado de Trabalho e Cultura, Deligny ajudou André Bazin a libertar François Truffaut, cineasta francês que, nessa época, era jovem e esteve preso em um centro de detenção para menores, em Savigny-sur-Orge. Posteriormente, Truffaut e Deligny colaboram novamente a pedido do cineasta. Chama o autor para fazer a cena final do filme *Os incompreendidos*, em 1958 (*Les quatre cents coups*). Depois disso, a correspondência e a colaboração entre os dois durou até o início dos anos 1970, tendo a equipe de Truffaut ido até Deligny para filmar as crianças e colaborar em suas filmagens. Ambos viam no cinema uma forma de visibilizar o ponto de vista dessas crianças, seus meios, seus gestos e seus trajetos e mostrar como a "infância inadaptada" não é uma entidade que existe por si mesmo, não tem explicações somente na personalidade do indivíduo. As cartas e a prática cinematográfica pensam o cinema como ferramenta de fazer ver esse equívoco da sociedade, os processos educacionais e clínicos da infância.

---

[168] *Ibidem*, p. 30.

Em uma entrevista, Truffaut[169] fala de estar no lugar de "espectador subversivo". Fala de sua relação entre o cinema e sua própria infância, quando explorava as ocasiões de entrar no cinema sem pagar, driblar as catracas e obter tickets:

> Eu acho que o fato de eu ver os filmes escondidos, de viver matando aula e de durante a guerra todo mundo fazer um monte de besteiras levava-me a me identificar com que quer que aparecesse contrariado na tela, com todos os personagens vivendo em situação irregular [...]. Eu vibrava com isso, detestava tudo que era normal. [...] era a favor do ridículo, da audácia, da ousadia... Pelo lirismo, sempre, sempre pelo lirismo.[170]

Em *Os incompreendidos,* o cineasta diz que o filme tem como origem o projeto de rodar um curta sobre a fuga de Antoine: "*a história de um garoto que, tendo mentido na escola para justificar sua ausência num dia em que matara aula, não teve coragem de voltar para casa e passou uma noite na rua, em Paris*"[171]. Afirma que se tivesse feito tudo sozinho, sem ajuda de Deligny e outros, tornaria o filme uma "sátira violenta". Na parceria ele conseguiu explorar o lirismo da cena final, a efetiva fuga de Antoine do reformatório. A cena final termina com uma longa corrida e um close no rosto atento e sério do protagonista, onde ao fundo há uma praia deserta e o mar escuro. O olhar de Antoine faz dos espectadores verdadeiros cúmplices da sua fuga e testemunhas da injustiça do reformatório:

> Nunca se pode esquecer que a criança é um personagem em si mesmo comovente, ao qual o público é muito sensível. Portanto, é preciso muita atenção para não se cair na afetação ou complacência... um close de sorriso de criança na tela e a partida está ganha. Mas o que impressiona, quando conhecemos as crianças é sua serenidade em relação as futilidades dos adultos.[172]

Em 1947, começam a acontecer as primeiras reuniões que resultaram na criação da Grande Cordée, primeira tentativa que Deligny conduz mais à margem, tendo ela seu estatuto próprio. As reuniões aconteciam

---

[169] TRUFFAUT, F. **O cinema segundo Françoise Truffaut.** Org.: GILLAIN, A. Rio de Janeiro, Editora Nova Fronteira, 1990.
[170] *Ibidem*, p. 19.
[171] *Ibidem*, p. 89.
[172] *Ibidem*, p. 93.

no Laboratório de psicobiologia da infância, dirigido por Henri Wallon, psicólogo e médico, professor do Collège de France, Presidente do Grupo Francês da Educação Nova e membro do Partido Comunista. O autor foi um dos poucos citados por Deligny diretamente, demonstrando admiração pelo seu trabalho e ideias a respeito da infância. A menção ao "Doutor Wallon" em *Vagabundos eficazes* é acompanhada de transcrições de trechos da obra "Origens do caráter na criança".

Para Wallon, a infância não é uma essência cronológica ou biologicamente definida, mas é uma determinação do meio, pelas circunstâncias vividas, a condição social, histórica, política e familiar da criança; os acontecimentos que marcaram sua história, seu corpo e sua posição social-geográfica. Dessa maneira, a ligação de Deligny a Wallon se associa a essa preocupação com o espaço entorno da criança, a articulação das singularidades e a regularidade como esses fatores determinantes se somam, se repetem, formando o caráter da criança:

> O caráter resultaria da soma desses elementos, ou antes, de sua repetição. Dir-se-ia a impressão deles na pessoa. Nele vem atingir e a se fixarem maneiras de reagir cuja explicação repousa no complexo indissociável formado pelas situações determinadas e pelas disposições do sujeito...[173].

Segundo Miguel[174], são três os eixos do pensamento que se relacionam com o teor das tentativas de Deligny: o estudo e a distinção entre os tipos de inteligência, em que, dentre tantas, Wallon descreve a "inteligência espacial"; a teorização de uma psicologia materialista que trabalha sobre a exterioridade, sem focalizar o sujeito e sua interioridade, mas as circunstâncias no entorno; crítica à essencialização do caráter, o pensamento a partir de categorias históricas e sociais, bem como a valorização do meio.

A proximidade entre Wallon e Deligny permitiu criar, naquele momento e local, uma teorização materialista que revertesse o quadro institucional da infância inadaptada. Sua crítica mira a essencialização do caráter e detona toda hipótese que justifica a inadaptação por meio de aspectos puramente psicológicos; sua parceria leva a pensar a psicologia a partir de categorias históricas e sociais, relacionando as dificuldades das crianças com o meio próximo e as circunstâncias vividas no entorno.

---

[173] A citação corresponde à leitura de Deligny do texto de Wallon. Trata-se de uma citação modificada pelo autor e por isso opto por atribuir a autoria desse texto à Deligny como citação indireta de Wallon, tal como consta em Vagabundos Eficazes (Deligny, 2018, p. 42).

[174] Miguel, M. 2016, p. 77-78.

Deligny apostou na exterioridade como fator determinante para a elaboração das tentativas, apostou na criação de meios como forma de ampliar as possibilidades da existência. Em todas as suas experiências com a infância, buscou o meio, a exterioridade e não a interioridade ou a essência psicológica que justifique a origem dos comportamentos inadequados. Sua busca pela exterioridade se constituía pela invenção de novos meios: na escola essa construção aconteceu por meio dos desenhos que permitiam criar *outro lugar*, uma forma de dar visibilidade e voz àquelas crianças dentro do sistema de ensino que as silenciava. Já no Asilo de Armentières, o convite para que operários ocupassem a função de guardiões, a proibição de sanções e punições, os passeios e o dentro e fora do asilo. No COT, a ocupação de construções inabitadas onde se constituía outros espaços de acolhimento nos bairros pobres de Lille, a organização do centro aberto que possibilita a saída dos jovens para suas famílias; estes são alguns dos exemplos possíveis de serem encontrados até aqui.

Criar meios, quer dizer criar lugares, que – como brechas criativas – lhes sirvam de apoio para desenvolver seus próprios modos de existência. É a criação dessas brechas para o fora das instituições, de abertura que possibilitem acesso a outros mundos, que este livro toma como inspiração para pensar a articulação entre clínica e espaço. Essa operação é a espacialização do cuidado, a aposta no meio como via para o processo de subjetivação. Nas tentativas criadas por Deligny não havia modelo institucional ou prática a ser seguida, investia-se na criação de meios conversando com as crianças, colhendo as pistas junto a elas, descobrindo e criando seus interesses junto a elas. Mesmo no COT, instituição em que havia muita rigidez, acolhia-se qualquer ideia vinda das crianças, por mais perigosa que ela pudesse parecer:

> Tive a ocasião de ver nascer uma rede, um pouco como se vê, com as trucagens do cinema, uma planta crescer em dez minutos [...] O fato é que essa rede revigorada se devia a um projeto passível da seguinte formulação: ir matar uma boa senhora, em cuja casa um dos cinco havia trabalhado alguns anos antes. Eis uma rede que era preciso decapitar [...] matá-la não era, aliás, o projeto em si, que consistia de fato em usar o dinheiro para ir a Dunquerque, ou a Calais, procurar um lugar num navio; foi esse projeto que eu retomei, alguns anos depois, estando eu provido de caixa que

permitia tornar possíveis tais projetos que, a bem-dizer, pululam; assim se prescindia de um latrocínio.[175]

Esse projeto de ir matar uma velha senhora é fruto do tédio asilar, das más condições sociais, marcas que produzem esse tipo de projeto. Não se pode entender, a partir desse relato, que há um caráter naturalmente assassino nesses jovens. Ao contrário, o mau comportamento é resultado da conjunção de fatores cujo meio é determinante. Não são as crianças que são inadaptadas, mas o mundo que é de alguma forma inadaptado a elas. A confusão e a tragédia podem advir desse confronto desastroso entre o ócio criativo e a institucionalização de crianças em um lugar marginal. Portanto, Wallon e Deligny tomam a posição ao lado da infância inadaptada.

A saída de Deligny do COT em 1946 foi um marco na sua trajetória. Até então a passagem pela escola especial em Paris e Nogent-sur-Marne, a passagem pelo asilo de Armentières e a experiência no COT em Lille, constituíram-se como *tentativas* por meio das quais o autor produziu uma crítica institucional por dentro das instituições. Sustentando essas transformações, Deligny desestabilizava não apenas a instituição por dentro, em suas práticas e discursos, mas afetava inclusive o seu lugar como diretor. Disposto a correr esse risco, as tentativas assumiram o caráter permanente de criação, um permanente estado instituinte. Suas criações institucionais não foram pensadas para se tornar modelo, mas para ser exatamente uma "tentativa" permanente de criação de meios e de circunstâncias. A tentativa está mais próxima da obra de arte onde sua organização é questionadora e sua função pode ser vista como inútil em relação ao projeto de entrada no Estado, pois ela guarda um caráter de ruptura com o poder, com a identificação e com a semelhança: "*É notório, porém, que uma tentativa tem sempre a tendência de se meter na voga, mas de través*"[176].

As tentativas consistem no uso rigoroso do acaso como fonte de experiência sensível, via pela qual escapa da ideia de que é a instituição, o método, o rigor e os motores das experimentações. Ao contrário, o autor entende que o acaso é o fator determinante. Tal gesto de pensamento o fará posteriormente construir uma rede, sendo que uma das dimensões dessa rede são as áreas de estar (*aire de séjour*), contudo, para além de simplesmente uma rede de pessoas e locais, essa rede captura acasos e produz a existência por meio da articulação de territórios fora da instituição do Estado:

---

[175] Deligny, 2015a, p. 32-33.

[176] *Ibidem*, p. 156.

> Aí desaparece a arquitetura, e, se a palavra parece abusiva, falemos da rede de pesca dos nossos trajetos. Se uma rede era assim tramada, tratava-se de capturar o quê? Tratava-se de usar as ocasiões e, além disso, o acaso – isto é, as ocasiões que ainda não existiam, mas que em ocasiões se transformariam pelo uso que faríamos da 'coisa encontrada.'".[177]

Antes de constituir a rede em Cévennes, Deligny passou pela Grande Cordée e isso teve um papel determinante na sua história. Era preciso que ele passasse por diversas migrações para poder ter sua primeira tentativa coletiva autônoma. A partir da saída do COT, a tentativa seguinte indicou uma transição cada vez mais forte rumo ao fora das instituições, em um trabalho que se dava disperso geograficamente no território francês[178].

Em 1947 é dado o início à Grande Cordée, fundada em Paris, em 1948, estruturada com base em discussões realizadas no Laboratório de Psicobiologia da Infância, onde Wallon era diretor, tornando-se posteriormente presidente da Grande Cordée. Essa nova tentativa reunia jovens que haviam passado por diferentes instituições e não se adaptaram a nenhuma delas, estando em permanente exclusão nos estabelecimentos regulados pelo conceito de "infância inadaptada". Fora das instituições de readaptação, as crianças apareciam na Grande Cordée como inadaptados aos mecanismos de funcionamento da sociedade, inadaptados às instituições de correção e readaptação, pequenos marginais políticos que o sistema não conseguia acolher.

Designada como "organismo institucional de cura livre", termo registrado em seu próprio estatuto, a Grande Cordée não possuía uma sede fixa de acolhimento e o trabalho consistia em receber jovens para estadia em albergues de juventude por toda a França. Inicialmente, Deligny os recebia em um teatro abandonado em Paris, traçando diálogos para conhecer o interesse desses jovens e criar algum caminho para que os trabalhos pudessem ser realizados a fim de modificar as circunstâncias que determinaram a condição social de cada criança.

---

[177] Ibidem, p. 20.

[178] "A dispersão geográfica pareceu se constituir como uma forma de luta contra o que ocorreu na experiência do COT: uma tentativa ancorada em apenas um lugar pode ser facilmente apreendida, seja para se tornar modelo – como já queria o diretor médico do IMP de Armentières – seja para ser encerrada. A dispersão poderia garantir a formação de diferentes redes, a pulverização, a tirada de controle e talvez a abertura da tentativa para outros encaminhamentos que tornassem mais difícil sua captura institucional. É importante afirmar, e como se revelou na experiência no asilo e no COT, que o perigo do término de uma iniciativa para Deligny é menos importante do que a adesão às normas e exigências aos padrões impostos" (Resende, 2016, p. 138).

As primeiras entrevistas das crianças com Deligny se realizavam no teatro, eles chegavam às vezes acompanhados ou sozinhos, com seus pais ou com a assistência social. As entrevistas buscavam acolher e se limitavam a perguntar os desejos e interesses, não se preocupando com questões relacionadas ao seu histórico de sintomas ou encaminhamento a instituições como hospitais psiquiátricos, centros de readaptação ou reeducação. As anamneses não eram feitas e os arquivos buscavam ser documentos que protegiam os jovens e não os expor por meio de registros históricos, médico ou escolar. A preocupação maior era com os desdobramentos, a inserção desses jovens em circuitos e circunstâncias que os valorizassem:

> Após esse primeiro encontro junto a Deligny, e de acordo com as vontades expressas pelo jovem, os educadores ligados à Grande Cordée se responsabilizavam por encontrar uma opção de estadia experimental. O jovem poderia ser encaminhado para um albergue de juventude, para alguma pessoa ou família disposta a recebê-lo para a estadia, para a casa de algum artesão, com o objetivo de realizar algum projeto ou trabalho, para realizar uma viagem, ou, ainda, se implicar em qualquer atividade, formação, ofício que despertasse seu interesse.[179]

Tratava-se, portanto, de criar circunstâncias. As atividades oferecidas aos jovens podiam ser um trabalho ou qualquer outra coisa que produzisse engajamento. Tratava-se de encontrar uma ferramenta que permitisse novas ocasiões, novas circunstâncias que favorecessem a transição nas rotinas vivenciadas pelos jovens, uma abertura para outras realidades e modulação nas questões enfrentadas por eles. Em outras palavras, funcionava como ambulatório de cura livre disperso territorialmente, onde o procedimento não se dava sobre o sujeito-criança, mas sobre a articulação territorial, a espacialidade da vida da criança – seus meios, seus entornos, suas relações geográficas e afetivas.

Nesse ponto, parece que a Grande Cordée permitia a Deligny acionar contatos por todo o território francês, com objetivo de encontrar lugar para que esses jovens pudessem ser recebidos e iniciados em atividade de seu interesse. Financiada pelos filiados e pelas famílias dos jovens adolescentes, o projeto foi também ligado à Seguridade Social francesa e ao Estado, sendo que a demanda por acolhimento vinha do Gabinete Público de Higiene Social. Como em outras de suas tentativas, o espaço comparece agora como trabalho territorial por onde se cria meios – a

---

[179] *Ibidem*, p. 156.

partir das entrevistas com os jovens se encontram locais que pudessem apresentar ofícios para os jovens. Se se tratasse de pães, um padeiro. Se vacas, trata-se de encontrar uma fazenda.

    Se antes, na experiência do Asilo e do COT, crítica e espaço se articulavam na busca por alterar as normas das instituições, explorar a exterioridade dos muros e salas e até mesmo criar espaços dentro desses estabelecimentos. Na Grande Cordée a dispersão territorial cumpre a função de operar a dobradiça dentro-fora da instituição. Em vez de um maniqueísmo, a multiplicação e o alargamento dos espaços exteriores levavam à criação de territórios. Com isso, substitui-se a exigência de um interior e passava-se a pensar o cuidado na criação de territórios marcados pelo interesse dos jovens. Na Grande Cordée, eles se serviam dessa dispersão territorial, habitavam a cidade e o país de modo a produzir sua existência. Com isso, a tentativa se constituía nem dentro e nem fora, mas como margem ou borda que delimita um contorno e permite aos jovens explorar a cidade e o país na criação de seus interesses. Essa borda margeia os territórios e permite a eles um novo arranjo subjetivo com o novo meio circundante.

    A dispersão territorial tornou-se então uma marca dessa nova tentativa. A opção por um espaço geográfico que não fosse fixo ampliava as possibilidades de intervenção. Uma sede fixa, um espaço delimitado, não poderia produzir tantos meios e circunstâncias para as crianças. Além disso, tal estratégia fez com que a tentativa não fosse vistoriada, pega pela burocracia e pelas normas das instituições do Estado que contrariavam as invenções feitas pelo grupo. Dessa maneira criava-se "referências" para os jovens e ao mesmo tempo para as pessoas que articulavam a nova tentativa[180].

    A ausência de contorno institucional nítido, a falta de clareza com a finalidade e eficácia do método empreendido; a dispersão territorial e a falta de localização fixa formavam estratégias para evitar capturas, operar por meios de desvios e formular convites aos jovens para que eles aderissem e se engajassem tanto nos projetos, como na luta territorial. A Grande Cordée se constituiu guerrilha, *"forma de organização cuja principal*

---

[180] "Esses pontos de referência se constituíram como espaços de apoio para o desenvolvimento das atividades e possibilitaram o trabalho conjunto daqueles que compuseram a Grande Cordée. Assim, o espaço comum dos membros não era um espaço físico partilhado enquanto local definido como sede da mesma. Mas uma rede plural dispersa pelo território da França. Durante esta tentativa, portanto, as referências partilhadas deixaram de ser um lugar enquanto instituição, para se tornarem práticas compartilhadas a partir de uma atividade de permanente estabelecimento de redes" (Resende, 2016, p. 155).

estratégia é o permanente deslocamento de um grupo como meio de luta e de proteção" e consistiu uma efetiva e importante estratégia de *"resistência e luta política"*[181].

Esse período corresponde à fase em que Deligny menos escreve. Era o momento de sua primeira tentativa autônoma e coletiva, não ficando submetido às instituições do Estado, nem às instituições privadas. Nesse período sua posição crítica à instituição do conceito de infância inadaptada é bastante nítida, atuando em um viés desviante daquilo que era instituído pelas políticas conservadoras de proteção à infância. Tratava-se da primeira experiência na qual Deligny dá nome e esse nome tem um sentido bastante particular, podendo ser traduzida como "Grande Cordada". Evocando certa relação com o alpinismo, Resende[182] propõe o termo cordada, que se trata da técnica do alpinismo que indica a ligação entre os membros de trilheiros que estão ligados por uma única corda na escalada de uma montanha. Para trilhar o paredão rochoso é preciso que:

> A cada momento, um ou outro desses membros pode se tornar o garantidor da dinâmica conjunta e, simultaneamente, durante todo o tempo, é o conjunto de todos os membros da cordada que fornece tal equilíbrio sutil e determinante. De tal forma, uma cordada só existe se todos que a integram participam na medida certa que a tentativa comum exige. Em uma escalada, por exemplo, aquele que vai à frente, equipando a via, não pode ir mais rápido do que o tempo que o segundo necessita para liberar a corda. O segundo, por sua vez, não pode travar a corda no momento no qual aquele que está protegendo a via tem necessidade dela para passar a proteção. [...] Assim, quando na escalada nos colocamos em uma *cordada* com alguém, é a medida precisa da contribuição de todos que garante que a cordada exista. Não a participação de cada um, pois não existe uma função pré-definida para cada participante, mas o engajamento de todos, uma vez que a definição da participação de cada membro só existe em uma relação dinâmica e mutante formada pela situação enfrentada, pelas condições da via, pelas dificuldades encontradas, pelas características da

---

[181] "Pode-se compreender que quando Deligny afirmou que essa tentativa se constituiu como guerrilha, forma de organização cuja principal estratégia é o permanente deslocamento de um grupo como meio de luta e de proteção, ele se referiu tanto diretamente às diferentes formas e locais adotados pela tentativa a partir de 1955, quanto a uma posição de resistência e luta política que a Grande Cordée ocupou no cenário político institucional da França" (Resende, 2016, p. 154).

[182] *Ibidem.*

> montanha. É o lugar, o agregado das especificidades do clima, da umidade, do vento, do tamanho da corda, da quantidade de equipamento, das condições de cada membro naquele dia de escalada, portanto, que formam a cordada. Assim é que a participação de cada um enquanto sujeito que possui tais ou quais características próprias, determinadas habilidades fixas, é substituída pelo engajamento de todos na manutenção de um tênue e delicado equilíbrio que possibilita que a escalada tenha lugar.[183]

O espaço, o lugar e o meio deixam de ser categorias isoladas e passam a ser confluentes, materiais maleáveis e heterogêneos. O meio, assim como o lugar, é repleto de multiplicidades, sons, climas, velocidade e lentidão. Embora o espaço não figure como tema central do trabalho, acontecia ali o desenvolvimento de uma definição sofisticada de espaço.

Confrontando-se com problemas econômicos desde 1953, Deligny sai de Paris em 1955 e vai para a região de Les Petits-Bois, localizada na região de Allier. Com ele seguem alguns dos membros da Grande Cordée e juntos passam um período difícil: sob efeito do desligamento da filiação com a Segurança Social, com problemas administrativos e sem o apoio do Partido Comunista Francês (PCF), a situação financeira e política se tornar insustentável. O grupo migra para Salzuit, onde alugam as ruínas de um castelo, adquirem cabras e algumas ovelhas para a produção de leite e queijo. Os jovens integrantes da tentativa passam a trabalhar em atividades de jardinagem e criação de aves, trabalhando também em reformas de casas nessa mesma região. Posteriormente se mudaram diversas vezes, mantendo esses meios de sustentabilidade e agregando novos membros.

Entre 1956 e 1959, Deligny recebe Yves, jovem de 16 anos que não conseguia ler, escrever, comunicar-se "adequadamente", sendo apontado nele alguns traços autistas. Esse encontro inaugura o ponto decisivo na trajetória do autor, sua aproximação com crianças autistas. A criança se torna personagem central do filme *Le Moindre Geste,* filmado entre 1962-64 e lançado em 1971. A partir desse encontro, Deligny desenvolve o trabalho com desenhos e traços das crianças, prática que já o acompanhava desde sua primeira atividade como professor na década de 1930, mas é sobretudo num trabalho sobre as imagens que seu pensamento se desloca da representação. O filme é marcado pelo território e todas as pessoas que participam dele são integrantes da tentativa ou moravam na localidade.

---

[183] *Ibidem*, p. 145-146.

No início do filme aparece a legenda que informa os nomes daqueles que compõem a obra, as pessoas interpretam a si mesmas e esse roteiro é adotado como forma de construir uma provocação a respeito da linguagem.

O som é determinante, assim como o silêncio e os ruídos que invadem a imagem. O personagem central do roteiro é Yves, que interpreta um menino que havia fugido do asilo junto com um outro garoto. Ambos se deslocam pela paisagem de Cévennes e em determinado momento, o outro garoto cai em um buraco enquanto Yves tenta resgatá-lo sem "eficácia". Ao se distrair, continua a vagar pela localidade até encontrar uma jovem da região, que no filme é interpretada por Gisele Durand, que aos poucos vai encaminhando-o de volta para o asilo.

O filme é gravado separadamente – imagem e som. A câmera utilizada nas filmagens não possuía microfone, sendo os áudios captados separadamente em outro local e sem roteiro ou narrativa. Isso gera a sensação de deslocamento da imagem e da linguagem, estratégia que dá ao gesto um destaque, cujas velocidade e lentidão convidam ao espectador experimentar uma linguagem autista toda esburacada e repleta de imagens selvagens que se deslocam a despeito do som, das palavras e das representações. Os sons, assim como as imagens, não significam, não produzem significado, são sons de palavras desenraizadas do sentido. A partir desse encontro, a crítica de Deligny incorre em desvio e o aproxima da crítica à linguagem e à noção de sujeito. Seus escritos não mais se dedicarão à crítica das instituições apenas, mas à institucionalização das formas do Estado na e pela linguagem. Agora sua crítica situa a linguagem e o sujeito como operadores da internalização do Estado na subjetividade.

O jovem Yves possuía traços autistas e estava destinado ao internamento psiquiátrico vitalício, sua família procura a Deligny a fim de evitar essa internação; não havia combinado para que houvesse algum tipo de tratamento e, portanto, esse acolhimento não se confundia com um projeto clínico, mas sim como estratégia de abrigar e criar circunstâncias para que Yves encontrasse um lugar para viver conforme sua diferença.

Durante o período em Les Petits-Bois, Josée Manenti, psicanalista que integrou junto ao seu filho a tentativa da Grande Cordée, teve papel importante na sustentação do coletivo nesse momento, adquirindo a fazenda e as cabras. Posteriormente, colaborou durante longos anos com Deligny, sendo responsável pelas filmagens de *Le Moindre Geste*.

Em 1959, mudam-se novamente e chegam à região de Cévennes, na cidade de Thoiras. Josée Manenti adquiriu uma nova propriedade, onde passaram a habitar. Numa Durand, pedreiro da região de Anduze e suas filhas, Any e Gisèle Durand, duas pessoas que se tornaram figuras centrais na constituição da tentativa de Cévennes e na confecção de mapas, juntam-se ao grupo. Any e Deligny se tornam companheiros e juntos têm um filho, Vincent. Dessa habitação, Guy Aubert, filho dos proprietários da fazenda comprada, fica órfão e se muda para casa do tutor responsável, mantendo frequentes visitas ao grupo e integrando posteriormente à tentativa como aprendiz, tornando-se um membro importante na experiência de Cévennes.

Nesse momento, o grupo resolve suas dificuldades financeiras com a criação de cabras, bichos-da-seda e hortas, sendo que alguns membros conseguiram um emprego na região e outra parte do grupo cuidava das instalações envolvendo Yves e outras crianças nesse trabalho. Os adolescentes que integravam a Grande Cordée trabalhavam com reformas de casas na companhia de Numa Durand e moravam em território próximo.

Com a chegada nesse novo lugar, Deligny retomou a escrita, algo que não conseguia fazer em Paris; como nova atividade ele desenvolveu e inovou criando uma pequena escola na região. Tudo isso contribuía para a sobrevivência financeira do grupo.

> Era preciso, naqueles anos, ter audácia para tentar, em pleno século XX, viver como na Idade Média, nas construções magníficas perdidas nas colinas de carvalhos verdes, sem eletricidade, sem água corrente que não fosse a das fontes, com um bando de crianças estranhas. Em torno dele (Deligny), nós jardinávamos, nós criávamos os cães, os bichos-da-seda, a gente trabalhava com alvenaria, buscávamos a lenha, colhíamos os cogumelos. Ele inventava jogos, fabricava carroças de western, fazia escola para aqueles que quisessem. Uma escola engraçada por sinal: de traços, de círculos, de marcas de carvão, de desenhos primitivos, algumas vezes incríveis, até o alfabeto gigante traçado sobre um muro por um garoto que passava e que queria aprender a ler o dicionário. Mas acima de tudo, ele escrevia. Em sua mesa, desde o nascer do sol.[184]

---

[184] Manenti, 1997, p. 106 *apud* Resende, 2016, p. 179-180.

A década de 1950 e 1960 é, portanto, o período em que Deligny viveu uma transição rumo ao fora das instituições, gesto que se consolidou em 1968 com a instalação do grupo em Cévennes. Nesse ínterim, as migrações se tornam uma prática determinante do grupo e compõem com a deriva do autor ao constituir linhas de vida que apontam para essa mudança radical em seu pensamento, prática e escrita. A primeira migração se deu na passagem do meio urbano para o meio rural, a saída de Paris rumo ao ambiente interiorano de Cévennes. A segunda migração se deu no plano político, com o desenvolvimento de um modo particular de sustentação econômica fora dos sistemas de seguridade social. Deligny radicaliza a luta entre as instituições, seus passos não se dão nem dentro nem fora das instituições, mas numa passagem de uma à outra numa recusa às formas do Estado e no desenvolvimento de modos de sustentação econômica autônomos e independentes das ofertas do Estado.

Nesse novo modo de luta e resistência, encontra-se a importância do espaço como plano de deslocamento dos movimentos insurgentes; o espaço como componente indispensável para a vida em sua materialidade concreta. Na trajetória do autor, gradativamente, o espaço deixa de ser elemento do campo institucional e passa a compor as linhas da vida, um componente indispensável à subjetivação e à resistência. No Prefácio de *Vagabundos eficazes*, Émile Copfermann afirma: "*Do Allier até Cévennes, a mesma pesquisa é empreendida, sobre um 'meio' cuja posição tomada possa intervir de maneira útil na história inteiramente traçada dessas crianças*"[185].

Nas décadas que seguem à saída de Paris, Deligny não define de antemão o sentido atribuído ao espaço. Nessa época, encontra-se em seu vocabulário referência ao termo "meio", utilizado também nos Laboratórios de Psicologia da Criança na companhia de Henri Wallon. Posteriormente, após a chegada em Cévennes, o termo espaço deixa de ser representação do espaço arquitetônico e passa a ser tema ligado à linguagem. O marco dessa inflexão na trajetória do autor é, sem dúvida, produzido pelo encontro com o autismo, fato que permitiu fazer uma verdadeira transição migrando do trabalho com crianças inadaptadas (ditos retardados, delinquentes, marginais) para o trabalho com a crianças marcadas pela psicose precoce e pelo autismo profundo. No campo das práticas de cuidado e na escrita do autor, essa transição se apresenta pela passagem da crítica às instituições e às formas de tratamento, para uma crítica ao modo de humanização e universalização da espécie em torno da linguagem.

---

[185] Deligny, 2018, p. 148.

No período da Grande Cordée, a estratégia de espacialização e a dispersão territorial mostraram como o espaço foi tomado como trincheira na guerrilha da inadaptação e como via para evitar a sedimentação da instituição em um único modelo, evitando também a institucionalização de crianças em espaços fechados que reafirmam um sentido negativo da inadaptação como sinônimo da anormalidade. Ao mesmo tempo, essa estratégia fez com que a própria Grande Cordée desviasse das exigências de um poder regulador das práticas de educação e proteção à infância naquela época. No entanto, parece que isso não foi suficiente para proteger o grupo das consequências de viver à margem das instituições e do Estado. O efeito disso foi a dificuldade econômica, política e geográfica vividas pelo grupo. Nesse momento de transição entre a saída de Paris e o fim da Grande Cordée, o espaço continuou servindo de trincheira e a migração ganhou o aspecto de uma espacialização do modo de vida e modo de resistência. Esse gesto é uma intuição do autor sobre a dimensão nômade da subjetividade, a espacialidade transitiva da existência que se desenvolve posteriormente em seus textos.

Após 1955, acompanhado de membros da Grande Cordée e um número de jovens, Deligny inicia um processo de migração territorial que durou pouco mais de uma década, passando por cidades como Vercors, Salzuit, Saint-Yorre, Thoiras e Anduze, chegando ao sul da França. Esse deslocamento resulta no esvaziamento do grupo, e apenas Irene Lèzine permaneceu em Paris para responder pelas atividades administrativas e gestão das estadias experimentais locais que ainda ocorriam enquanto outros membros da Grande Cordée migravam em outras direções.

Distante das instituições do Estado, descobertos de qualquer custeio financeiro por parte delas, sem apoio do Partido Comunista Francês (PCF), a subsistência do grupo era garantida pelo desenvolvimento de atividades autônomas. Nesse cenário, o fim da Grande Cordée foi gradativo, efeito de migrações e também de outras razões: a situação financeira e a ausência de custeio; a impossibilidade de sustentação de um projeto que nasceu dentro do quadro institucional do Estado e se dava agora fora dessa mesma estrutura; o choque que as ideias de Deligny causavam nos diretores das instituições públicas e privadas articuladas em torno da infância inadaptada; e a perda da influência política do Partido Comunista no governo executivo francês. Todas essas razões explicam o fim da Grande Cordée e, ao mesmo tempo, abrem espaço para pensar uma nova articulação entre as linhas de força da tentativa e as linhas transversais da vida.

Em 1962 eles se mudam para Anduze e três anos depois, em 1965, se mudam para a clínica La Borde a convite de Jean Oury e Félix Guattari. Essa nova migração é determinante para o fim oficial da Grande Cordée e para mudanças que aconteceriam no pensamento de Fernand Deligny. Ali aconteceriam encontros que transformam totalmente a prática de Deligny, ruptura e inovações que adensam e radicalizam o teor de sua crítica. Trata-se do encontro com o autismo e as surpresas que esses jovens trazem a ele desse outro universo fora da linguagem:

> Não tendo mais dinheiro nem onde se fixar, Fernand Deligny procura refúgio em La Borde para continuar cuidando de seus autistas. Oury os acolhe, aprova sua instalação, mas esclarece que é preciso que Guattari concorde. [...] Ao chegar, Deligny já carrega toda uma história de prática terapêutica. Ele se inscreve em uma perspectiva diferente daquele de Oury-Guattari, mas igualmente inovadora.[186]

Nessa época La Borde era expoente da psicoterapia institucional, amplamente influenciada pela experiência de Tosquelles em Saint Alban. Criada por Jean Oury, tratava-se de um castelo afastado, cuja cidade mais próxima ficava a cerca de 13 quilômetros. A experiência que havia começado em 1954 carregava consigo as tradições da gestão tosqueliana do hospital: espaços permeáveis; livre circulação dos pacientes; crítica aos papéis representativos; plasticidade das criações institucionais e clubes terapêuticos dos doentes.

Em 1955, Guattari se instala em La Borde junto da sua companheira Micheline Kao. Ele soma a La Borde sua experiência como militante político e permite pensar, inovar e superar todas as sedimentações e os desequilíbrios que enfraquecem a instituição. Em 1960, François Tosquelles e outros nomes da psicoterapia institucional francesa visitam La Borde e o próprio Tosquelles envia algumas crianças psicóticas para os cuidados de Deligny. Em 1964, chega à clínica o psiquiatra Jean-Claude Polack, um nome que se tornaria igualmente importante na estruturação das práticas de cuidado, cujo livro *A íntima utopia: trabalho analítico e processos psicóticos*[187] escrito na companhia de Danielle Sivadon é uma referência para o tratamento da psicose sob uma nova base clínica inspirada na experiência de La Borde. Igualmente, inspirados em Fernand Deligny, pensando em

---

[186] DOSSE, F. **Gilles Deleuze & Félix Guattari**: Biografia cruzada. Porto Alegre: Editora Artmed, 2010. p. 68.

[187] POLACK, J; SIVADON, D. **A íntima utopia**: trabalho analítico e processos psicóticos. São Paulo: Ed. N-1, 2013.

outros modos de espacialização da clínica no cuidado com a psicose ao referir-se às linhas de errância, pontos de entrecruzamento nos mapas.

Além disso, a clínica La Borde abrigou loucos e artistas, líderes estudantis, militantes sindicalistas e revolucionários. Ela consiste na primeira experiência de Psicoterapia Institucional no âmbito de um estabelecimento privado; seu funcionamento consiste numa clínica psiquiátrica alternativa que, ainda assim, guardava a centralidade do médico e do terapeuta na organização do espaço. Era por assembleias e reuniões que se determinava as formas de organização do espaço e, além das assembleias, o fato de estar ligada à seguridade social implicava certa resposta à burocracia e certa forma de organizar a economia que passa por uma legalidade do projeto e, portanto, por uma linha de força do Estado.

Ao se instalarem em La Borde, Deligny e Any Durand, ocuparam-se com a construção de ateliês de madeira, desenho e artesanatos com os pacientes da clínica, local chamado La Serre. A outra parte do grupo trabalhava em outros ambientes, inclusive em enfermarias, Yves trabalhava na cozinha. A chegada do grupo a La Borde foi o "marco oficial" para o fim da Grande Cordée e é possível destacar outros pontos dessa história que são também marcos para esse fim definitivo: o encontro com Yves (em 1958) e a inclinação de Deligny no estudo do autismo e a crítica à linguagem; as filmagens das primeiras cenas e sons de Le Moindre Geste (em 1962); a saída de Huguette Dumoulin, personagem central da construção da Grande Cordée; além da conclusão da filmagem de *Le Moindre Geste*, em 1965.

> Deligny era deliberadamente um genial não conformista, distante de qualquer instituição. Contudo, a negação da instituição e de suas leis próprias têm um preço, e Deligny pagou à vista. Isso levou ao rápido definhamento daquilo que a Grande Cordée poderia ter criado"[188].

É difícil precisar exatamente a realidade desse fim quando se trata de passagens, migrações, linhas e trajetórias descontínuas que marcam a história das práticas em torno de Fernand Deligny. Mais do que precisar a realidade cronológica desse fim, optou-se por apontar para o manejo do espaço fora da instituição e os desvios que compõem. A insurgência, as fugas e os desvios são para Deligny uma maneira de traçar uma tentativa inspirada nas crianças que acolheu.

---
[188] Dosse, 2010, p. 68.

Dessa forma, trata-se de passagens nas quais o fim da Grande Cordée acontece apenas institucionalmente, pois de alguma maneira a prática continua e se aprimora em modos de espacialização da vida. O que permanece entre uma tentativa e outra é esse uso do espaço: na Grande Cordée, a dispersão, em Cévennes, a criação de áreas de estar. Tal estratégia, além de oferecer estadia para as crianças, de acolher crianças autistas e desenvolver o uso da câmera, a cartografia aparece como elemento balizador desse processo. Ao longo de sua trajetória e por toda sua vida, o espaço continuará sendo componente indispensável para o manejo do cuidado, para a crítica das formas instituídas de viver e para sustentar o humano como devir.

Com a dissolvência da Grande Cordée, resta a forma como o grupo se articula, compartilha suas economias e criam modos autônomos e sustentáveis. Era preciso apostar que o próprio grupo fosse a borda e o contorno necessário para sustentar essa ruptura. Esse grupo é propriamente o "meio", é simultaneamente a arte da convivência, o contorno que faz laço e a borda que produz um "dentro" seguro.

No texto *Le Croire et le Craindre* (1978), o autor propõe o que entendo ser uma reversão: no lugar da instituição, "Nós". No lugar dos muros, as bordas. No lugar dos pavilhões, espaços abertos:

> Isso que eu vos digo, eu o vejo. O que se passa em torno de uma criança autista? Veja aí uma criança para a qual a identidade consciente parece ter falhado. As ideias, os sentimentos, o amor, é necessário colocar na surdina, ao menos um pouco. Tudo isso exaspera. Isso que deve brotar é o respeito... Quando se vê do que é capaz uma criança autista por pouco que as circunstâncias se prestem, a gente imagina sem dificuldade tudo aquilo que é destruído de início, qualquer que seja a criança privada... Eu falo de iniciativas das quais é capaz uma criança autista por pouco que as circunstâncias sejam propícias. As circunstâncias são o espaço e nós.[189]

Cévennes, a tentativa seguinte à Grande Cordée, traz como marca a abertura permanente à inovação, a esquiva total a qualquer instituição. As reversões e transformações são produzidas por acontecimentos, pelo cruzamento do trajeto das crianças e dos adultos, por efeito dos mapas, pelo uso da câmera, mas também pela materialidade da vida comum: produzir pães, lavar louças, cuidar das cabras, proteger-se da neve e do

---

[189] Deligny, 2007, p. 1121.

frio. Os mapas são as ferramentas que permitirão inovar os modos de enunciação e os modos de ver.

Essa nova tentativa, mais do que interpelar as crianças, encontra um modo de acompanhá-las em silêncio, acompanhando gestos e trajetos. O grupo se vira diante das linhas de vida, uma torção entre essas intensidades e o poder sempre implícito das instituições em "Nós". A normalização não espera os muros da instituição para operar, ela opera desde dentro da própria subjetividade. Essa radicalidade, na diretriz da desinstitucionalização, marca a proximidade e diferença entre Deligny e as experiências de reforma psiquiátrica no pós-guerra na França, na Inglaterra, na Itália e, posteriormente, no Brasil.

Para o autor, criar uma prática de cuidado em torno de crianças autistas implica necessariamente a desconstrução da instituição em "Nós", desconstrução da instituição que é "Nós". Aí os mapas, tanto quanto as louças sujas, os pães por fazer, a feitura da vida cotidiana, têm uma função: esvaziar aqueles que acompanham as crianças de qualquer intenção, com finalidade, vontade de cura ou boa intenção. A função dos mapas é esvaziar o espaço da linguagem que vem codificá-lo e predeterminá-lo e esvaziar os saberes que restituem o primado da instituição.

Nesse embate, entre as linhas de poder e as linhas da vida, uma singularidade emerge: uma prática de cuidado em liberdade com autonomia política e econômica. É dessa forma que é possível definir a tentativa de Cévennes, ela diverge radicalmente de todas as experiências institucionais anteriores. Nesse sentido, as migrações, as linhas da vida, não são puramente um efeito dos acontecimentos que atingem o grupo, mas um acontecimento transformado em estratégia, espacialidade transformada em modo de espacialização.

Nessa trajetória, o espaço não é simples componente da instituição. Para Deligny, o espaço está na base dos processos de subjetivação e humanização:

> Segundo a lógica, a espécie humana é herdeira de todas as espécies, para além das espécies animais ou vegetais; é herdeira das nuvens emanadas dos espaços interestelares, que, em parte, fizeram dos oceanos a origem do que chamamos vida. No ser humano apareceu esse acento um tanto pronunciado da consciência de ser, o que não resolve em nada a parafernália totalmente heteróclita dessa herança que nos cabe.

> No que me diz respeito, e quanto a recuar no curso da criação, paro na aranha, ao passo que muitos não vão além do próprio avô.[190]

A passagem por La Borde não consiste numa tentativa, pois não havia intenção de se instalar ali definitivamente, pois tal espaço não demonstrava ser o lugar apto para instalação de lugares de acolhimento para crianças autistas, tal como Deligny esperava. Havia condições espaciais e políticas que impediam essa rede de se instalar ali, havia, portanto, um espaçamento institucional que afugentava o aracniano – forma poética e crítica que o autor encontrou para se referir ao modo de ser autista e ao humano aquém da linguagem.

Resende pergunta: "*Seria possível pensar uma experiência humana que não pressupõe um tipo de Estado desde sempre existente e para o qual toda criação tenderia?*"[191]. No período em que esteve La Borde, essa questão incomodou Deligny e a ligação com a segurança social implicava controles dos quais Deligny queria escapar. Ele via com maus olhos a situação e encarava como uma implicação com poder e a vigilância. Além disso, o modo de organização do espaço a partir do primado da linguagem, das assembleias, dos clubes e ateliês com finalidade específica incomodava o autor, que queria pensar a espacialidade autista. Deligny sai de La Borde em busca de um espaço específico, experiência com o comum entre crianças autistas e adultos falantes.

Nessa altura, parece que La Borde serviu de socorro para Deligny e o grupo, um asilo ao fracasso econômico e o preço pago pela ruptura radical após o fim de Grande Cordée. Igualmente, La Borde é ponto de intensificação dessa ruptura, visto que lá Deligny receberia mais crianças autistas. Em *Correspondência com Irene Lèzine,* em outubro de 1966, ele escreve:

> De La Borde, eu vou morrer. Verdadeiramente. Pode-se dizer tão pior ou tão melhor. Mas, vivo, eu gostaria de ter deixado para Any um pequeno empreendimento e uma obra. Talvez tudo isso serviria também para outros: eu não faço ideia...[192]

A partir de 1955, o modo como o grupo viveu implicou uma profunda alteração na forma de entender normas sociais como instituição,

---

[190] *Idem*, 2015a, p. 16.
[191] Resende, 2016, p. 188.
[192] Correspondência com Irene Lèzine, em 1966. Disponível no acervo do IMEC, consultado e citado por Resende (2016, p. 222).

território, economia, coletividade, comunidade. Estes são elementos da cultura postos à prova diante do real da experiência vivida, diante do real produzido no encontro com o autismo.

A dispersão territorial e o questionamento das normas sociais produziram efeitos de dissolvência no grupo, no entanto, essa fragilidade não foi tomada negativamente, pois, apesar das dificuldades, novas linhas foram sendo traçadas: aqueles que eram antes ditos incuráveis terão a oportunidade de compor um espaço comum para além de qualquer norma universal reguladora.

A fragilidade que se poderia pressupor, a longa deriva migratória entre 1955 e 1968 são efeitos dos troncos frouxamente amarrados da jangada, isto é, aquilo que permite que ela plane sob as ondas, que permaneça flexível diante da dança intempestiva do mar do pós-guerra. Contudo, esse vasto mar não se compõe apenas de relações de poder, mas também de relações com a linguagem. É preciso então constituir uma carta de navegação cujo leme e a bússola não sejam norteados pela linguagem e pelo Estado, mas sim por elementos da vida subjetiva, como a deriva, o vago e o acaso.

> Usei a imagem da jangada para evocar o que está em jogo nessa tentativa, nem que seja para dar a ver que ela deve evitar ser sobrecarregada, sob pena de afundar ou de virar, caso a jangada esteja mal carregada, a carga mal distribuída [...] Uma jangada, sabem como é feita: há troncos de madeira ligados entre si de maneira bastante frouxa, de modo que quando se abatem as montanhas de água, a água passa através dos troncos afastados. Dito de outro modo: não retemos as questões. Nossa liberdade relativa vem dessa estrutura rudimentar, e os que a conceberam assim – quero dizer, a jangada – fizeram o melhor que puderam, mesmo que não estivessem em condições de construir uma embarcação. Quando as questões se abatem, não cerramos fileiras – não juntamos os troncos – para constituir uma plataforma concertada. Justo o contrário. Só mantemos do projeto aquilo que nos liga. Vocês veem a importância primordial dos liames e dos modos de amarração, e da distância mesma que os troncos podem ter entre eles. É preciso que o liame seja suficientemente frouxo e que ele não se solte.[193]

Em La Borde, o sentido de coletivo e coletividade baseado na construção por meio de assembleia e do uso da palavra fez com que Deligny

---
[193] Deligny, 2013b, p. 90.

questionasse essa palavra no mais fundo de suas raízes: o que elas querem comunicar? Esse comunicar não teria certa relação com comunidade ou comunismo? O conceito que operava em La Borde é o de coletivo. Para Jean Oury[194], o coletivo designa uma máquina de produção de singularidades, máquina abstrata de tratamento de toda forma de alienação. No entanto, apesar da crítica de Deligny à gestão de La Borde, as marcas e influência de sua passagem e suas publicações são apontadas no Seminário de Saint-Anne, entre 1984 e 1985:

> Eu pedi para imprimir um extrato de um livro de Fernand Deligny. Eu não sei se era Graines de Crapule ou Les Vagabonds Efficaces, ele explicava (de um jeito sempre poético!) que para criar um meio que possa convir a todo aquele bando de delinquentes, do qual ele cuidava naquela época, era preciso dispor de um monte de coisas, muito diversas – um monte de ninharias de todo tipo, acumuladas ao acaso. É a partir dessa diversidade, dessa heterogeneidade de coisas, que cada um pode escolher, orientar-se naquilo que gosta. Já havia aí uma certa preocupação: que para cada personagem, para cada delinquente, para cada personalidade inteiramente específica, distinta das outras, é bom ter uma soma de "acasos objetivos", objetos de todos os tipos, a fim de que cada um possa se ressituar em sua dimensão fantasmática. Foi então uma primeira ideia dessa dimensão que é própria ao Coletivo.[195]

No tempo em que esteve em La borde, Deligny propunha buscar o comum ao invés do coletivo, um comum que se desse entre a criança autista e "Nós" – termo pelo qual o autor indica toda qualidade de ser consciente de si, falante. Para isso, ele tomará o acaso como elemento determinante para esse comum. O comum não pode ser entendido como sinônimo de identidade de grupo, qualquer "semelhança" afasta o comum. Igualmente, qualquer palavra, seja ela de ordem discursiva ou metodológica, dissipa esse comum. Que estranho comum seria este que é ao mesmo tempo "comum de espécie", de comunalidade entre os excluídos e os supostamente normais? O que o autor está a apontar com o conceito de comum é que o humano não tem identidade própria, não existe em imagem e semelhança, ele é tão desconhecido quanto o comum entre os diferentes:

---

[194] OURY, J. **O Coletivo**. São Paulo: Editora HICITEC, 2009.
[195] *Ibidem*, p. 20.

> Quando falo desse comum aí, bem se vê que não se trata do comum dos mortais. Nada permite pensar que esse comum aí esteja consciente de sê-lo, mortal ou melhor: do ser mortal. A partir disso alguns me dirão que não existe ser algum. Assim também, um filhote de homem não pode ser – nem nascer – senão de linguagem.[196]

> Daí o fato de que ser comunista é realmente o que existe de mais difícil neste universo em que o homem se obstina e teima – assim é preciso – em elaborar seus direitos, ao passo que o humano comum, o humano de espécie, por não ser dessa natureza de que a linguagem nos dotou, para todo o sempre não terá direitos: eles são informuláveis.[197]

Em 1966, nas instalações de La Borde, Deligny conhece Janmari, criança autista de 12 anos que o acompanhou até sua morte, em 1996. A mãe do menino havia procurado por Deligny para evitar a internação vitalícia e as consequências nocivas do diagnóstico de encefalopata profundo dado pelo médico Didier-Jacques Duché, do hospital de Salpêtrière, em Paris. O silêncio, a recusa à fala, a ausência de qualquer palavra para *SE* autorreferir, intrigou o autor que aceitou cuidar e viver junto ao menino. Deligny e Any Durand viveram com ele em La Borde e compartilhavam o cuidado com Giselè Durand aos fins de semana.

Janmari e Yves são as primeiras crianças a compor a transição pela qual Deligny começava a se guiar. Crianças autistas se tornam, portanto, verdadeiros guias para a nova tentativa que consiste em criar um meio possível, a espacialização do cuidado que permite a essas crianças viver e experimentar a vacância da linguagem, produzir um espaço fora da linguagem, no qual as crianças possam deslizar as linhas de produção da sua vida singular. Em *Le croire et le craindre* (1978), Deligny escreve: "*A vacância da linguagem, presente no que concerne* às *crianças que chegam para estadia aqui, permite evocar que haveria um indivíduo não sujeito*"[198].

> Deligny nunca definiu exatamente o que seria o humano. Ao contrário do homem-que-nós-somos, cuja essência reenvia à palavra e à consciência de si, o humano não possuiria um significado preciso. O humano seria aquilo que pode ganhar contornos a partir de práticas que permitam a vacância da

---

[196] Deligny, 2015a, p. 163.
[197] *Ibidem*, p. 157.
[198] *Idem*, 2007, p. 1147 *apud* Resende, 2016, p. 221.

linguagem que tem como efeito principal, para Deligny, a garantia da dominação dos padrões de normalidade. O humano só pode aparecer, inadvertidamente, através de uma prática cuidadosa e sensível de elaboração de um território onde o império do sujeito possa ser mitigado, eliminado. O humano, como a imagem que falta, a imagem selvagem, vem desestabilizar a imagem conhecida e representada que o Homem tem de si mesmo.[199]

A partir desses questionamentos produzidos pelo encontro com o autismo em La Borde, o autor pensar o comum que não se baseia no pacto da palavra. Tratar-se-ia não mais de formação de coletividade, não mais a partilha de pressupostos do comunismo, mas sim de novas organizações a partir do falatório sem sentido tecido por Yves e do traçar silencioso de Janmari. Em La Borde, a pactuação das formas de vida por meio das assembleias, além da dimensão institucional (ainda que progressista), soava a Deligny um tanto quanto antiquado diante da experiência singular de convivência com o autismo. Começa-se a esboçar as qualidades dessa espacialização, em que se destaca, primeiramente, a suspensão da linguagem como forma reguladora do espaço e da convivência.

Uma nova linha se traça, uma ruptura que, dessa vez, seria definitiva para Deligny. A partir disso, seus questionamentos não serão mais apontados para determinação de um dentro-fora institucional, mas sim o espaço esvaziado de linguagem como princípio regulador do autismo e dos processos que ocorrem nas áreas de estar (*aire de séjour*). O regulador dessas áreas são a própria espacialidade do gesto das crianças autistas, o agir tomado como vetor para livrar o humano dos imperativos da linguagem e dar ao espaço uma superfície lisa e cambiável. A partir dos gestos e trajetos de Janmari e Yves, chegou-se à composição de um modo possível de convivência – entre a experiência de linguagem própria dos adultos e a experiência em vacância de linguagem, o modo de vida autista.

Na contramão de sua época, Deligny cria um espaço refratário à linguagem e à instituição. Ele se guia pelas crianças, por seus traçados, pelas mãos ágeis de Janmari, sobretudo por seu silêncio, para constituir um comum entre o homem-que-somos e o humano.

Resende define esse momento como sendo *"o início definitivo da reflexão de Deligny sobre as diferenças entre as concepções de comunidade ou de coletivo e de comum – uma reflexão sobre o comum como algo que se diferen-*

---

[199] Resende, 2016, p. 290.

cia de uma reunião de sujeitos"[200]. O que há de comum entre o homem e o humano, entre o adulto e a criança? Mais do que responder com exatidão, é importante apontar para a espacialidade deste comum: meio, ambiente, território, referência são todos termos para indicar a multiplicidade que marca essa experiência com o espaço.

O mundo é plano de produção, de devires, transformações, e nele existem espaços de todo tipo – formalizados pela arquitetura ou por espaços inacabados, abertos, móbiles que aparecem tanto na arte quanto nos sonhos e na experiência com a loucura. Espaços imperceptíveis existem em meio, entre, dentro e fora. O comum é esse outro espaço tramado nas fissuras da linguagem.

Em Cévennes, os autistas estão em outro lugar, em mundos intervalares, estrangeiro a esse "nosso" mundo. O comum é tramado por colisões, refrações e difrações que fazem aparecer os espectros da subjetividade. É uma abertura de si, de "nós" a esse sem fundo da subjetividade, que é possível encontrar a linguagem vacante como um elemento agregador das diferenças.

2.5 A CONSTITUIÇÃO DAS ÁREAS DE ESTAR

As áreas de estar (*aire de séjour*) são espaços tramados na fissura da linguagem, esse espaço só seria possível a partir da destituição da fala como meio ou como mediadora dos acontecimentos, a suspensão da linguagem como forma e como manejo da experiência. Dessa forma, a espacialização do cuidado só foi possível por meio do primado do espaço como plano do deslocamento livre. Era preciso fazer com que o comum advenha não dos acordos feitos em assembleias, mas da sensibilidade ao fora da linguagem e da disponibilidade para habitar o espaço nesse confronto permanente com o silêncio das palavras. O que regula o espaço das áreas de estar é o vago da linguagem, sua ruptura e sua interrupção, o que sustenta essa aposta é a pesquisa permanente.

No texto *Quando o homenzinho não está aí*, Deligny escreve que o comum é um espaço que surge quando a linguagem falha:

> Eu lhe diria que, entre o comum que tento evocar e o comunismo, não há, como se poderia acreditar pelo som das palavras, um istmo fácil de atravessar sem molhar os pés.

---
[200] *Ibidem*, p. 189.

> Há algo de uma fissura, de uma falha – a bem dizer – intransponível – sendo o comum de espécie e o comunismo o a-fazer dos homens, mais inclinados a dominar, isto é, a crerem-se.
>
> Respeitar a fissura – e permitir ao comum existir –, essa é provavelmente a tarefa mais difícil que os homens se deram/poderiam dar-se.
>
> O que tento dizer aqui se insere nesse projeto sem fim, quero dizer, que jamais findará.[201]

O primado do espaço aberto e a fissura em que o fora da linguagem tem lugar fazem da tentativa de Cévennes a ruptura definitiva com um cuidado institucionalizado, rompendo com as formas arquitetônicas (da escola, do consultório, do hospital) e experimentando o cuidado materializado: modo de espacialização que se situa na abertura ao fora do sentido e ao fora da linguagem. Ao longo da sua trajetória Deligny viveu diversas rupturas, em muitas delas seus caminhos se transversalizaram com a clínica – a passagem pelo asilo de Armentières e por La Borde são pontos em que sua prática conjuga crítica e cuidado. Se há uma clínica em Deligny, ela se dá não por adesão às formas instituídas, mas por diferenciação e criação de lugares de vida.

Deligny é clínico na medida em que sua crítica promove instabilidade produtiva, na medida em que ela promove desvios e opera alterações que destituem os lugares de poder e de enunciação para dar lugar às infâncias subalternizadas:

> [...] para La Borde, o trabalho terapêutico pelas 'curas livres' não deixava de ter uma intenção política na contestação dos poderes existentes. Comunista, Deligny recusava qualquer forma de proselitismo. Terapeuta, não queria entrar na malha burocrática da incumbência pelos organismos de Seguridade Social. Pedagogo, era muito crítico em face dos profissionais da educação.[202]

A dimensão clínica do trabalho se apresenta como acolhimento fora do campo institucional, longe da obrigatoriedade da cura e da compreensão do sofrimento por meio do binômio saúde-doença. O cuidado operado por Deligny se situa num espaço aberto, cuja regulação acontece por

---

[201] Deligny, 2015a, p. 218.
[202] Dosse, 2010, p. 68.

processos cartográficos, nos mapas traçados pelas presenças próximas e nas linhas costumeiras e errantes traçadas pelas crianças que ali habitam. A dimensão terapêutica do acolhimento se apresenta na medida em que se cria lugares de vida destinados a acolher pessoas que só encontram abrigo no binômio normal-anormal, dentro-fora. Tal experiência se apoia sobre o respeito ao modo de agir dessas crianças, permitindo a elas agir livremente, traçando e movimentando o espaço, constituindo referências que, embora não façam sentido do ponto de vista da linguagem, são ainda assim referências para quem vive fora da linguagem.

Para afirmar a clínica do espaço inspirada nessa iniciativa, trata-se, sobretudo, de afirmar o modo de ser aracniano, criar espaços que sirvam de suporte para as linhas; traçar linhas entre as brechas da linguagem. É sobre ela que é preciso traçar a fim de permitir às crianças produzirem seu próprio modo de habitação. Deligny é clínico na medida em que cria um lugar para isto que não tem lugar garantido nem na linguagem e nem nas instituições:

> E se é verdadeiro dizer, como eu li, que o inconsciente não tem (um) lugar, o humano específico tampouco o tem, mas o que acontece, contanto que haja ali ao menos uma poça propícia, prova que ele poderia ter lugar noutro universo fora aquele onde reina o fazer como, enquanto o agir é de iniciativa.[203]

Do fim da Grande Cordée à criação das áreas de estar, quais estratégias permanecem e quais se transformam? A ideia de cura livre como estratégia de desvio aos vetores de normalização; a especialização como estratégia política e terapêutica; o espaço como ponto de subjetivação e reversão das formas instituídas, são linhas que permanecem inalteradas, porém recebem outra forma de enunciação. Certamente que inovações virão na passagem de La Borde a Cévennes.

Embora seja possível admitir aproximações entre Deligny e Guattari, diferenças devem ser resguardadas. As cartas que Deligny envia a Guattari testemunham a simultânea distância e proximidade de suas posições. A propósito do livro *Revolução Molecular*, publicado por Félix Guattari em 1977, Deligny se diz chocado com o termo empregado sobre as crianças:

> "Por que você se refere a débeis quando menciona aqui? Trata-se de crianças que se recusam a falar...". Ao mesmo tempo, ele confessa ter ficado muito surpreso ao constatar o quanto

[203] Deligny, 2015a, p. 233.

ambos estão empenhados na mesma batalha. Evidente, eles não têm os mesmos arroubos nem as mesmas simpatias, mas como diz Deligny com humor, *"qualquer coisa serve para atormentar/fracassar o mundo, o NÓS do mundo"*.[204]

Nessa mesma carta[205], Deligny insiste na perspectiva do autismo como refratário. Não sendo uma patologia, o autismo constitui uma posição política e consiste numa recusa ao modelo de sociedade e a linguagem hegemônica:

> Deligny insiste sobre o autismo dos jovens sob seus cuidados no Gard. Essa palavra comporta por si só uma dimensão refratária que lhe agrada, pois refrata a linguagem: *"O a-consciente não se diz; não é efeito da linguagem"*, rompendo assim com a concepção lacaniana de um inconsciente estruturado como linguagem, e convergindo com as críticas formuladas por Guattari nesse campo.[206]

Essas cartas foram escritas após a saída de Deligny de La borde, passagem que durou dois anos, e são de um período em que o autor já estava instalado em Cévennes. Em 1967, após a saída de La Borde, Deligny se instala em Gourgas, propriedades que Guattari havia cedido ao grupo e que servia de reunião para grupos de militantes de esquerda. Em correspondência com Irene Lèzini, em 1966, o autor defende o amplo interesse em iniciar uma nova tentativa:

> Eu gostaria de ver isso de perto, mais profundamente. Não em relação àquilo que se passa ou se passou em seu interior, mas quanto àquilo que poderia constituir um meio próximo adequado para lhe fornecer a palavra que ele recusou até o momento. O meio próximo, eu o tenho: - Any e nosso filho, Vincent; - Guy Aubert; - Marie Rose Aubert; - Gisèle, irmã d'Any; - Jacques Lin, um cara de 20 anos que trabalhava na Hispano e que vem conosco; - Yves Guignard; - Michel Creusot, um grande idiota tagarela...[207]

Um ânimo se esboça: a descoberta de um novo interesse e a tentativa de constituição de trabalho junto às crianças autistas. Gradativamente, as estratégias se formulam e se transformam e Deligny abandona a ideia

---

[204] Dosse, 2010, p. 69-70.
[205] As cartas de Fernand Deligny estão no Imec e podem ser consultadas no local.
[206] Dosse, 2010, p. 70.
[207] Correspondência com Lèzine, em 1966. Disponível no acervo do Imec, consultado e citado por Resende (2016, p. 221).

de que o "meio" possa fornecer a palavra e passa a pensar a subjetividade como espacialidade esvaziada de linguagem.

Algo se passou nesse encontro de Deligny com o autismo, o que fez desse encontro aquilo que permitiria ao autor elaborar um novo sentido de espaço e outro sentido para o humano. Da parte de Yves e Janmari, autistas acolhidos pelo autor, pode-se dizer que, igualmente, algo se passou para eles. Jovens que antes teriam sua história perdida no hospício – onde perderam também sua juventude e vitalidade atrás de uniformes cinzas e pequenas canecas de leite – encontraram ao lado de Deligny ressonância clínico-política e se tornaram os protagonistas de uma das experiências mais singulares com o autismo, quiçá uma das experiências mais radicais com o pensamento do fora.

O pensamento do fora é um texto ensaístico de Foucault[208] em que aborda a relação do pensamento e da literatura com o mundo exterior. Para ele, o pensamento não é algo que se origina dentro do sujeito, mas sim na relação com o mundo, com as múltiplas exterioridades (políticas, históricas, geográficas) e, sobretudo, com aquilo que não pode ser representado e pensado de antemão. A noção de exterior é, dialeticamente, ligada à noção de interior, mas o "fora" é irrepresentável do ponto de vista da linguagem. Essa ideia constitui uma crítica importante à Filosofia e à Psicologia que tendem a concentrar no sujeito o ponto de emergência do mundo, pensando uma realidade individual e autocentrada. O pensamento do fora é um desvio da filosófica contemporânea para pensar a linguagem e a emergência do sujeito. Para autores como Blanchot, Foucault, Deleuze, Guattari e Deligny, o fora é ontologicamente anterior à linguagem.

Em Carta à Émile Copfermann durante a preparação da edição de *Os Vagabundos Eficazes*, em 1970, Deligny assinala que nessa guerrilha que se tornou sua trajetória, os delinquentes, os com desvio de caráter, os débeis verdadeiros e os autistas são aliados impressionantes, dotados de instrumento de rastreio que sempre o surpreende. Não é preciso dizer que eles têm um inconsciente, é preciso olhar para outros lugares, ocupar-se em desvelar os privilégios ontológicos:

> Os delinquentes e aqueles com transtornos de caráter e os débeis leves são exímios soldados de vanguarda. Entusiasmam-se e se embalam e se deixam capturar: são "readapta-

---

[208] FOUCAULT, M. **O pensamento do Exterior**. São Paulo: Ed. Princípio, 1990.

dos"!, encontram-se enquadrados. Com os psicopatas graves e os retardados profundos, é outro caso. É preciso, com eles, avançar mais profundamente em si mesmo e perceber que o arsenal do instituído, sua potência, sua permanência, suas torres de vigia e seus radares estão em cada um de nós. Ele está aí, o instituído, solene e potente pela necessidade que temos dele e pela qual alguns pretendem que seja o homem inato, o que eu duvido.[209]

Em 1967, o combinado com Félix Guattari era de que Deligny se mudasse para Gourgas e cuidasse do local que servia como ponto de apoio para encontros de diferentes grupos de esquerda. Com a efervescência cultural e contestatória, vivida às vésperas de maio de 1968, muitos grupos chegaram à propriedade fazendo com que os encontros coletivos funcionassem por assembleias, fato que denunciou para Deligny a predominância da palavra para construção do sentido. Isso fez com que ele encontrasse os motivos que o fizeram sair de La Borde e, a partir disso, passou a buscar outra experiência em que o sentido pudesse advir do ruído e do silêncio entre os corpos num mesmo espaço, uma convivência que não fosse mediada pela linguagem falada.

Em 1968, o grupo migra novamente e é iniciada a instalação das primeiras áreas de estar. Primeiramente se instalam em Graniers, localidade próxima à Cévennes. Alguns vão morar em Monoblet, enquanto outros conseguem abrigo em troca de trabalhos com cultivo de bichos-da-seda. A reunião do grupo nesse novo território se constitui como a criação da primeira área de estar, fato contemporâneo ao movimento contracultural que ocorria em Paris.

Ainda em 1968, Jaques Linn construiu um acampamento em uma propriedade chamada l'Île d'en bas, local próximo a Graniers, onde Deligny havia se instalado. As primeiras crianças chegam por meio do encaminhamento de Maud Mannoni e Françoise Dolto, psicanalistas francesas que seguiam os seminários de Jaques Lacan e dirigiam estabelecimentos destinados ao cuidado de crianças autistas e psicóticas. Maud Mannoni, em específico, dirigia a Escola experimental Bonneuil-sur-marne e Françoise Dolto ministrava seminários de Psicanálise com crianças além de dirigir a Maison Verte, espaço de acolhimento psicanalítico para pais e crianças e que servia, ao mesmo tempo, de lugar de convivência. As crianças que

---

[209] Deligny *apud* Copfermann, 2018, p. 149/150.

chegavam às áreas de estar vinham em grande parte no período de férias, quando as instituições às quais pertenciam fechavam e interrompiam temporariamente o tratamento.

Tal fato pode parecer um detalhe cronológico a respeito das agendas e expedientes das instituições, porém aponta para uma marca de grande importância a respeito da aproximação de Deligny com o campo da clínica: ao acolher as crianças, quando as atividades das instituições estão suspensas, concerne às áreas de estar uma qualidade clínica singular – receber as crianças quando a instituição interrompe suas atividades, sendo esse um lugar que não se define como instituição.

Isso constitui uma marca no trabalho de Deligny, Any, Gisele, Jaques Linn e outros. As áreas de estar atuam no contrapé da instituição, nem contra nem a favor da Psicanálise. Lá onde a instituição não alcança as necessidades da vida, l'Île d'en bas está aberta ao acolhimento. Ao contrário do que se espera de um estabelecimento institucional, essas áreas não fecham e não possuem expediente ou período de férias. Os processos dizem respeito não ao funcionamento da instituição, mas às normas da vida, normas locais criadas territorialmente pelas presenças próximas e as crianças que ali habitam. Se há uma norma na qual as áreas de estar respondem, não são as exigências temporais da agenda de Estado, mas ao "costumeiro", à manutenção do costume proposto pelos trajetos das crianças, à composição com as tarefas da casa, com as linhas da vida e errância das crianças autistas.

A instalação das áreas de estar respondem a isso: a necessidade de criar espaços propícios aos modos de vida marginalizados. Aparentemente, essa tentativa pode parecer descolada dos movimentos de maio de 1968, visto que elas se afastam da capital francesa e não vão em direção à ocupação das ruas e das universidades. Na verdade, a tentativa em Cévennes compõe com o movimento contestatório de maneira tangencial, mostrando ao mundo como a perspectiva autista pode ser radicalmente crítica em relação ao modo como se vive em sociedade. Além disso, a posição autista mostra como a contestação não precisa ter bandeira e pode se dar de maneira imperceptível em meio aos movimentos urbanos, pequenos acontecimentos que escapam às formas instituídas, criação de espaços no silêncio das palavras de ordem.

2.6 A CARTOGRAFIA E A FUNÇÃO DOS MAPAS

A tentativa em Cévennes criou áreas de estar, espaços abertos ao acolhimento de crianças autistas ofertando um ambiente que não é previamente definido como terapêutico ou educacional, mas um espaço comum de convivência entre presenças próximas, adultos não especializados e crianças em mutismo que supostamente não se relacionam. A tentativa buscou criar um espaço de acolhimento não institucional, fora do Estado, fora das exigências intelectuais e políticas da época. Um espaço que não é mediado pela linguagem e pretende se manter fora dela, mas que ainda assim é permeada por semióticas locais que substituem o signo pelo traçado das crianças que ali habitam. Uma dessas semióticas é a cartografia.

Historicamente, enquanto a política nacional francesa ampliava e desenvolvia o conceito de infância inadaptada, e com isso criava um grande arcabouço nosográfico para o entendimento e a intervenção nas deficiências e patologias da infância; enquanto a Psicanálise e a Antropologia reforçavam a ideia de que a estruturação do humano ocorre na linguagem e na relação de parentesco; as áreas de estar evadiram e se tornavam refratárias ao movimento de sua época, situando-se fora dessa exigência contemporânea. Em vez da moda, Deligny optou pelo modo de ser em rede[210] e fazendo da tentativa Cévennes uma estratégia de fazer a vida se ramificar desprendida da hegemonia da linguagem e posta sobre um espaço aberto ao comum da espécie.

A preocupação com o humano, mais do que propriamente com a criança ou com os saberes, constitui uma preocupação inovadora. Para Pelbart[211], Deligny qualifica o humano nem como homem e nem como criança, mas um comum que é humano-inumano, uma concepção totalmente diferente de todo humanismo do século XX. A tentativa de Cévennes é, paradoxalmente, o ponto de partida da tentativa e ao mesmo tempo a criação da própria rede: *"Não se trata de encontrar o que já existe, nem mesmo o que se procura, mas de criar através desse vagar aquilo que se encontra – é uma pesca que cria o peixe, por assim dizer. É uma pesca de rede, ali onde não há nada"*[212].

---

[210] "Deligny é estrangeiro à universidade, aos lugares hegemônicos de produção de conhecimento e sua vida foi uma tentativa de assim permanecer. O que ele mais temia era virar modelo, moda. Deligny é certamente estrangeiro ao direito. Mas ele também o é em relação à filosofia, ao cinema, à antropologia, à psicologia..." (Resende, 2016, p. 43).

[211] PELBART, P. **O avesso do niilismo**: cartografias do esgotamento. São Paulo: N-1 edições, 2013.

[212] *Ibidem*, p. 262.

A rede é um conceito original que inova a compreensão reducionista do senso comum. Não se trata aqui de rede de pessoas, pares, familiares, semelhantes, nem mesmo de rede de comunicação ou de serviços (de saúde ou assistência). A rede aqui designa uma instância humana distinta daquilo que na época se naturalizou como sendo coletivo, este é marcado pela aliança simbólica e ideológica, enquanto a rede é um recurso primitivo do humano e corresponde à capacidade da espécie em compor redes entre os diferentes. Não se trata, portanto, de aliança por identificação, mas composição por circunstâncias, a rede é "um modo de ser", e se parece mais com o encontro entre a aranha e o recanto da parede, mais do que propriamente do que um método ou uma estratégia:

> A bem dizer, chovem redes aos borbotões, e parece que essa proliferação de redes atinge seu ápice nos momentos em que os acontecimentos históricos – os quais, segundo Friedrich Engels, resultam de uma forma inconsciente e cega – são intoleráveis; e, verdade seja dita, nessa sua propensão para serem intoleráveis os acontecimentos históricos são talentosos.[213]

A rede é um instrumento ou uma ferramenta de captura, mas uma captura diferente daquela operada propositalmente pelo capitalismo. Consiste mais num instrumento de captar acasos e circunstância do que propriamente capturar sujeitos:

> Se uma rede era assim tramada, tratava-se de capturar o quê? Tratava-se de usar as ocasiões e, além disso, o acaso – isto é, as ocasiões que ainda não existiam, mas que em ocasiões se transformariam pelo uso que faríamos da 'coisa' encontrada.
>
> Uma pesca assim, que cria coisa onde não existia nada, requer uma rede cujo esquema dificilmente – isto seria de espantar – se faz ao acaso. Na realidade, acaso é uma palavra absolutamente inexplorada, e usada meramente para conter nossa perplexidade.[214]

Incidindo sobre as áreas de estar, os mapas emergem como um instrumento de manejo dessa posição clínico-política da tentativa e investem num tipo específico de atenção sugerindo as presenças próximas uma

---

[213] Deligny, 2015a, p. 15-16.
[214] *Ibidem*, p. 20.

disponibilidade ao espaço que não é intencional e tarefeira, nem mesmo dedicada à compreensão e à interpretação. Essa atenção poderia ser descrita como presença, disponibilidade, abertura aos acontecimentos e aos agires das crianças: *"Enquanto algumas crianças autistas andam à nossa volta e se afastam, será mesmo necessário especular tanto?*[215]*"*.

A função primordial dos mapas é suspender a linguagem e manter o espaço livre da interpretação. Ao mesmo tempo, os mapas possuem a função de livrar as presenças próximas da obrigatoriedade dessa compreensão, esse peso tão incidente capaz de dissipar uma rede e perturbar as crianças. A linguagem, a interpretação e a compreensão baseadas numa concepção universalista de que as crianças autistas são como nós, seres de linguagem, afeta a criança como flecha que a leva à angústia e a automutilação. A sobrecarga de Nós, da linguagem, afeta a criança tanto quanto a ausência dela. Para que as áreas permaneçam abertas e livres dessa sobrecarga, é preciso livrar o espaço das pressuposições, livrar as presenças próximas dos encargos da linguagem.

A cartografia se constitui como ferramenta de visibilidade, ela permite ver as linhas traçadas pelas crianças – linhas costumeiras, linhas de errância, desvios, atrações – sem interpretar ou reconduzir a errância ao sentido simbólico e à pressuposição de intenção ou vontade na criança. Assim, os mapas transformam o sentido naturalizado a respeito do comportamento das crianças autistas e o desloca dessa interpretação patologizante.

O mapa é um tipo de ferramenta semiótica e de visibilidade, não se confunde com o discurso ou a fala convicta, não produz verdade universal. Tomar os mapas como ferramenta de visibilidade implica conhecer aquilo que ele mostra: outro modo de ser. Dessa forma, a cartografia mapeia sem intencionalidade, ela acompanha. Não faz de seus achados uma clínica, sua operação se dá sobre os espaços, e não sobre as crianças, uma vez que os mapas esvaziam o espaço da linguagem e suas coerções.

Não há nenhum tipo de discursividade sobre o autismo ou sobre cada caso especificamente, não há projeto terapêutico para crianças e muito menos prontuários. A terapêutica dos mapas se dá sobre as presenças próximas, adultos que convivem com crianças e que a respeito do autismo não estão familiarizados ou especializados. Além disso, a cartografia distribui a atenção das presenças próximas no espaço, deslocando a atenção

---

[215] *Ibidem*, p. 20.

da interpretação e restituindo o valor do movimento. A questão levantada por Deligny[216] – como viver aos olhos daqueles que não nos olham? Como viver ao lado destes que não são semelhantes a nós? – flagra a angústia daqueles que esperam se ver no outro, a angústia de quem espera ver sentido no traçado da criança. Os mapas deslocam essa angústia diante da ruptura da linguagem e implica a presença no espaço – em vez de a cartografia ser um instrumento que mapeia o trajeto do outro, ela mapeia as linhas de força que atravessam o espaço.

Terapeuticamente, trata-se de se esquivar do empuxo da identificação-semelhantização e se desviar da pressuposição de vontades, quereres e finalidades; trata-se de recusar a excessiva e aprisionante identificação amorosa aqui entendida como domesticação simbólica. A terapêutica dos mapas busca criar meios para que adultos e crianças habitem o mesmo espaço sem ser preciso que o primeiro projete sobre o segundo seus anseios e interpretações:

> Portanto, nada de 'reciprocar', mas outra coisa, diz ele, 'o costumeirar, o costumeiro', o permitir. Costumeirar envolve o mais rés-do-chão, fazer pão, cortar lenha, lavar a louça, comer, vestir-se, isto que a existência exige, e que, no entanto, é algo distinto do mero hábito, pois é no meio dessa repetição coletiva que cada instante pode ser a ocasião para um desvio, uma irrupção, uma iniciativa. Trata-se, pois, de uma não repetição mecânica, embora haja um componente de repetição no costumeirar, mas de permitir, para usar um léxico mais filosófico, que da repetição se extraia a mínima diferença, aquele desvio mínimo onde se dê um acontecimento, o inadvertido.[217]

O mapa é então instrumento de detecção de linhas, desvios, mínimas diferenças, pequenas irrupções em que emerge um novo arranjo, um ponto intensivo de transformação dos modos de vida. Para traçá-los, era utilizado tinta nanquim e giz pastel, formando linhas de contornos belos, traços que são realmente obras dignas de apreciação estética. Contudo, a estética dos mapas não se resume à sua beleza, mas se estende até a produção estética da vida, um instrumento de criar o comum. Os mapas transcrevem os trajetos das crianças na companhia dos adultos durante a realização das tarefas diárias, como buscar água, lavar louças, fazer o

---

[216] *Ibidem*.
[217] Pelbart, 2013, p. 265.

pão, entre outras. Há mapas das áreas de estar, de cômodos que apresentam minuciosamente o local das coisas, objetos, móveis e de áreas abertas que apresentam o trajeto das crianças e os entornos e contornos do espaço comum; mapas de gestos ou de acontecimentos específicos que demonstram o movimento da criança, de onde ela partiu e onde se encerrou, quais gestos ela fez e que acontecimentos permeiam aquele trajeto. O estilo dos mapas varia de acordo com quem traça-os e para traçar era inevitável estar envolvido na cena, contudo, por meio dessa operação cartográfica o adulto passa a se colocar de outro modo, vazio de sua interioridade, respondendo não como sujeito, mas como presença.

Ser presença e ter disponibilidade deixa de ser uma posição institucional, um saber a ser exercido e se torna um devir. Presença próxima é tudo aquilo que pode fazer presença ou referência para a criança. A suspensão da linguagem leva à elevação do estatuto das coisas e dos objetos, tudo pode ser presença – a água, a fogueira, as pedras dispostas aleatoriamente no terreno, as coisas, os trecos, os trens... – desde que eles respeitem essa vacância da linguagem. Sendo assim, a terapêutica tem dupla incidência: nos adultos que deixam o lugar de sujeito para ser coisa-próxima/presença-próxima, e naqueles espaços que, esvaziados de linguagem, dão lugar à proliferação e à multiplicidade de gestos, trajetos e acontecimentos.

Para fazer circular informações entre as diferentes experiências cartográficas, havia um pequeno caderno que circulava de L'île d'en bas à Graniers junto com os insumos e mantimentos transportados por Any e Gisele Durand. No caderno, Jaques Lin escrevia suas dificuldades e angústias, entre idas e vindas, a resposta nunca retornava, assim como Fernand Deligny nunca descia até L'île d'en bas. Diz-se que os mapas surgiram dessa inquietação experimentada por Jaques Lin: em uma de suas trocas com Deligny, este o responde dizendo que diante da iniciativa de fazer algo para a criança que, alucinada, bate com a cabeça na parede, ele trace no papel as linhas dos trajetos das crianças.[218]

---

[218] "O mito conta que esses mapas surgiram de forma casual, como uma indicação de Deligny a Jacques Lin, uma presença próxima que vivia acampada no Serret. Jacques não sabia em certo momento o que fazer em relação a uma criança, como cuidar dela, visto que ela se mordia, batia sua cabeça contra a parede, em impulsos completamente autodestrutivos que não cessavam. Deligny propõe então que em vez de fazer algo, em vez de intervir diretamente, que ele se afastasse e tentasse apenas traçar os movimentos dela" (Miguel, 2015, p. 59).

A cartografia é então experiência, prática e conceito[219]. Parte da materialidade das vivências, sua repetição, para ganhar, em seguida, estatuto conceitual na escrita de Deligny que acompanha a produção cartográfica de Jaques Lin, Any e Gisele Durant. Na edição *Carte de linha d'erre, traces du réseau de Fernand Deligny* (1969 – 1979)[220], organizada por Sandra Alvarez de Toledo, é possível ter acesso às centenas desses mapas. Entre o ano de 1969 e 1970, os mapas correspondem a uma noção bastante ampla, incorporando todo traço em papel e desenho feito em relação às crianças ou o movimento das áreas de estar.

Detectar linhas não corresponde a identificar sinais de sintomas, catalogá-los, compreendê-los, assim como não é mapeamento do comportamento da ação ou das estereotipias. Assim como autismo, estereotipia é uma palavra quase nula entre os membros da tentativa, visto que, ao recusar a ideia de que o autismo seria uma patologia, recusa-se também à forma de compreensão normal-anormal. Os mapas detectam linhas, mas recusam dar sentido simbólico a elas. Interessava mais criar uma semiótica cartográfica, um instrumento que dá visibilidade e desvia a análise das pressuposições de vontade de fala, vontade de expressão das crianças:

> Fernand Deligny, que nunca desceu na L'île d'en bas, propõe traçar os trajetos dos garotos. Os passos dos garotos partem em um sentido e depois em outro, voltam atrás e fazem desvios. Eles contornam uma árvore, uma pedra, ou nada - nada aos nossos olhos –, mas para esses garotos sem a linguagem, vai saber... Para nós que falamos, a palavra trajeto tem um sentido: nós vamos da barraca em direção ao fogo para preparar o café; trajeto vai de par com projeto. Para os deslocamentos dos garotos, a palavra trajeto não quer mais dizer grande coisa e Fernand Deligny propõe no lugar 'linha d'erre', que convém melhor.[221]

Os mapas eram feitos pelas presenças próximas que traçavam no papel as linhas dos trajetos percorridos pela criança. Deligny escrevia textos, aprimorava conceitos e auxiliava no trabalho de leitura desses mapas ao receber as presenças próximas para conversar sobre o cotidiano.

---

[219] "Os mapas foram, portanto, uma ferramenta de organização do espaço das áreas, de composição de um território propício para as crianças, não a partir do que a gente considera adequado, mas a partir do que aparecia nos gestos e comportamentos delas. As linhas que compuseram as cartografias davam a ver aquilo que não se vê, os nossos olhares acostumados demais a ver tudo aquilo que se pode dizer" (Resende, 2016, p. 270).
[220] Deligny, 2013a.
[221] Lin, 2007, p. 54 *apud* Resende, 2016, p. 264.

Ele nunca traçava os mapas, no entanto, sua posição à margem do cotidiano o situa dentro e fora das áreas de estar, sendo ele o "supervisor" das cartografias.

A cartografia opera a espacialização colhendo os dados e acolhendo os gestos e trajetos das crianças que a cartografia auxilia no esforço permanente de manter o espaço livre e suscetível aos acontecimentos das áreas de estar. Nada é premeditado, exceto o primado do espaço. Os pontos de referência, sejam para crianças ou adultos, se constituem na relação com os acontecimentos, tudo se move, aparece e desaparece. Essa estratégia impede que o espaço do cuidado se fixe numa única forma, permitindo a ele devir. A cartografia consiste num manejo do espaço e da presença, consiste numa ferramenta de abertura do espaço à dimensão movente da vida presente nos trajetos dos autistas. Essa dimensão mais vívida da vida Canguilhem[222] denominou normatividade.

2.7 CARTOGRAFIA: ETOLOGIA E NORMATIVIDADE

Deligny encontra na etologia um aliado importante para a pesquisa sobre o agir e o inato. O agir para ele não corresponde à ação ou ao comportamento, mas sim diz respeito a uma instância humana que é fora da linguagem e da consciência, regulado por outras leis que não as leis simbólicas. Para pensar a atividade espacial da criança, seus gestos e trajetos, fora do discurso da Psicanálise e da Psicopatologia, o autor opta por recorrer à etologia como intercessor do pensamento. De Karl von Fisch, e do livro *Arquitetura animal,* ele extrai diversos exemplos de gestos feitos por aranhas, castores, pássaros e outros animais. A etologia é, originalmente, campo de conhecimento da Biologia que se encarrega da observação do comportamento animal em seu habitat natural. A influência da etologia na prática de Fernand Deligny é demonstrada no interesse e na capacidade de ver no traçado da criança autista uma etologia do humano. É importante preservar aqui a diferença entre traçado e comportamento, pois o traço é anterior à linguagem, enquanto comportamento pressupõe um sujeito da ação, uma intenção ou um sentido. O traçado é sem sujeito, livre dessa obrigação de se situar em si mesmo, pois ele é não intencional, não relacional, ele aflora de outro lugar.

---

[222] CANGUILHEM, G. **O normal e o patológico.** Rio de Janeiro: Ed. Forense-universitária, 1982.

> Por aí se vê que o termo *autor*, no caso, não corresponde ao que o dicionário propõe: "pessoa que é a primeira causa de algo, que está na origem de algo". Como vocês querem, depois de uma definição assim, que qualquer um não se tome pelo bom Deus? Como seria possível que uma "coisa" se originasse de uma pessoa?
>
> Eu mesmo, quando escrevo este texto de que sou, portanto, autor, bem se vê onde se originariam estas linhas: em duas coisas, que constituem unidade, traços de trajetos e "traçar" que são traços de mão; mas é verdadeiro que, ao traçar as linhas de errância, nossa mão está aí por nada.[223]

Ao reparar que nas linhas traçadas pelas crianças havia um costumeiro, ele reforça a existência de uma atividade vital que não se confunde com instinto ou comportamento, mas é movimento errante e pulsante sem finalidade. A prática cartográfica, ao lado da etologia, dá visibilidade e dizibilidade a essas linhas de vida, fazendo ver essa atividade designada por ele como agir. Desenvolvido conceitualmente por Deliny ao longo do ensaio intitulado *O aracniano*, traçar e agir são concebidos como atividade sem mediação simbólica, gestos anteriores à linguagem falada. O autor faz uma generosa defesa do inato, situando a espécie humana ontologicamente ligada ao espaço. Antes da linguagem, o traçar. O agir inato é tributário da memória de espécie: "*Trata-se disto: ater-me à engenhosidade do agir inato, admirar-me dela, e não tentar esclarecer seus mistérios*[224]".

Para proliferação de agires é preciso certo manejo do espaço, é preciso suspender a linguagem e dar primazia ao espaço fora da linguagem e o agir fora do simbólico. A criação de espaços para aqueles autistas passava pela flexibilidade do meio, pela vacância costumeira dessas áreas, assim as crianças podiam circular e se manifestar livremente. Assim como para os animais, as variações do meio são determinantes para a criação de condições de possibilidade para sua existência, o espaço é para o autista o lugar de sua luta pela afirmação de seus modos de ser. O espaço regulado pelo fora da linguagem é condição indispensável para o exercício de sua "normatividade".

Canguilhem[225] denomina a normatividade como potência de criação de uma saúde própria, singular, distinta daquilo que as ciências naturais

---

[223] Deliny, 2015a, p. 149.
[224] *Ibidem*, p. 31.
[225] Canguilhem, 1982.

e médicas determinam como normal. A normatividade é a potência de criação de normas, ela é sempre desvio em relação à normalidade. O corpo produz suas próprias normas e não apenas se adapta às normas pré-definidas pelos saberes médico e jurídico. Assim, doença, dor e sofrimento não são categorias universais e naturais, mas prenúncio de criação de novas normas. Doença e saúde não são fatos naturais dados previamente, mas construções do vivente em sua relação com o meio:

> Não existe fato que seja normal ou patológico em si. A anomalia e a mutação não são, em si mesmas, patológicas. Elas exprimem outras normas de vida possíveis. Se essas normas forem inferiores às normas anteriores, serão chamadas patológicas. Se, eventualmente, se revelarem equivalentes – no mesmo meio – ou superiores – em outro meio – serão chamadas normais. Sua normalidade advirá de sua normatividade.[226]

Embora Deligny não se refira a Canguilhem ou ao livro *O normal e o patológico*[227], tal reflexão traz contribuições importantes para entender o processo de adaptação das crianças às áreas de estar e as estratégias de manejo do espaço na via da produção de saúde. É preciso entender que Deligny foi um combatente, um militante radical que recusou a alcunha de clínico e educador, optando por se autodenominar poeta e etólogo. Sua recusa ao campo da clínica se deve justamente à recusa da avaliação entre normal ou anormal, adaptado ou inadaptado.

Canguilhem propõe uma epistemologia da Medicina e a define como ciência da avaliação, diferindo-a da ciência natural que, tal como a Biologia, não avalia. É importante contrastar a tese de Canguilhem e a crítica de Deligny. Em conclusão, Canguilhem escreve: "*Pode-se praticar objetivamente, isto é, imparcialmente, uma pesquisa cujo objeto não pode ser concebido e construído sem referência a uma qualificação positiva ou negativa; cujo objeto, portanto, não é tanto um fato mas, sobretudo, um valor*"[228].

Para Deligny, a questão da adaptação não é da ordem da natureza vital, ela corresponde a um embate entre a criança e as normas sociais.

---

[226] *Ibidem*, p. 113.

[227] O texto de George Canguilhem, *Ensaio sobre alguns problemas relativos ao normal e ao patológico* foi publicado em 1943. Em 1966, após a crítica realizada por seu aluno Michel Foucault, o autor escreve um segundo texto no qual responde aos questionamentos que a primeira publicação suscitou. É anexado uma segunda parte à tese intitulada *Novas reflexões referentes ao normal e o patológico*, dando origem assim ao livro *O normal e o patológico*.

[228] *Ibidem*, p. 189.

Nesse caso, a norma social exigida da criança autista é descrita como "semelhantidade", propondo à criança a posição de sujeito e súdito da linguagem. O embate seria então entre a norma "vital" da criança que, neste caso, é a tessitura de linhas costumeiras e linhas de errância, e as normas sociais e médicas. Tal embate convoca a clínica a se deslocar de seu compromisso adaptacionista. A esse respeito, Canguilhem escreve:

> É provável que nossa tentativa não tenha atingido seu objetivo, já que foi criticada por sua falta de clareza e por ter concluído indevidamente que havia melhor adaptação havendo maior frequência. Na realidade, há adaptação e adaptação, e o sentido em que a palavra é tomada, nas objeções que nos foram feitas, não é o mesmo sentido que lhe havíamos dado. Existe uma forma de adaptação que é especialização para uma determinada tarefa em um meio estável, mas que fica ameaçada por qualquer acidente que modifique esse meio. E existe uma outra forma de adaptação que é independente em relação às pressões de um meio estável e, por conseguinte, pode superar as dificuldades de viver, dificuldades essas que resultam de uma alteração do meio. Ora, tínhamos definido a normalidade de uma espécie por uma certa tendência à variedade, "uma espécie de seguro contra a especialização excessiva sem reversibilidade e sem flexibilidade, o que vem a ser uma adaptação bem-sucedida". Em matéria de adaptação, o perfeito ou acabado significa o começo do fim das espécies.[229]

Nesse sentido, haveria duas adaptações: aquela da espécie, sempre cambiante, e essa outra adaptação total que é a extinção das singularidades. A crítica de Deligny vai denunciar a clínica como operadora dessa avaliação entre adaptado e inadaptado, instaurando uma via para a adaptação que elimina a espécie humana da sua relação com o espaço e o meio. A clínica do espaço, inspirada nessa posição crítica dos autores, iria na direção diametralmente oposta e diria que não são as crianças e os autistas que são adaptados ao mundo, mas o mundo que é inadaptado a elas.

A trajetória de Deligny se volta contra essa adaptação e domesticação do agir. Ele entende que a conjunção entre a linguagem e a prática, entre o poder e o saber, reproduz a violência e a sujeição a esse ideal de normalidade. Entendia também que a vida, por outro lado, é propriamente aquém de qualquer definição. Com o passar dos anos, sua prá-

---

[229] Canguilhem, 1982, p. 101.

tica se radicalizou e a tentativa Cévennes é definitivamente o ponto de ruptura com toda e qualquer avaliação clínica, pedagógica e jurídica. As crianças chegavam a eles em estados lastimáveis, vindas de internações ou mesmo da casa da família, elas chegavam em um grave estado de vulnerabilidade e, em geral, vinham de situações em que foram submetidas à normalização, correção, punição, castigos e outras violências. Sua resposta consiste em acolher, confiar e apostar no agir dessas crianças. Co-fiar, melhor seria dizer, pois Deligny maneja os espaços das áreas de estar a partir desses mesmos gestos de crianças que vinham de situação de vulnerabilidade. Em *Le Croire et le Craindre* (1978), Deligny escreve: *"Que o fato de traçar seja primordial no sentido em que ele está na origem da linguagem, eu compreendo bem que uma tal proposta deixe vocês desconfiados. Mas eu acredito nisso duro como ferro"*.[230]

Esse espaço de acolhimento não corresponde a um projeto terapêutico, mas uma reversão do uso do espaço na clínica: trata-se não mais de um espaço que corrige, adapta ou cura a criança; espaço modelado de antemão pelas normas sociais e institucionais que constituem o campo, mas um espaço aberto, flexível e não institucional, cuja forma de espacialização do acolhimento incorpora as normatividades próprias de cada criança. As áreas de estar se tornam um lugar de resistência nessa guerrilha da infância inadaptada, um espaço em que a criança está livre da imposição de normas médicas e, portanto, encontra no espaço as condições necessárias para exercer sua normatividade.

O agir, gesto humano anterior à linguagem, possui relação com o que Canguilhem[231] designou como "atividade normativa" ou "normatividade". O agir e a normatividade estão mergulhados na dimensão mais vívida da vida. As crianças, ao se recuperarem das consequências do hospício e da psiquiatrização, passam a singularizar sua atividade desenvolvendo o costumeiro. Nas áreas de estar, aqueles que antes eram ditos inadaptados, incuráveis e intratáveis, possuem agora a liberdade para produzir a sua própria saúde. Livres das normas coercitivas da instituição, as crianças revertem a lógica da normalização: não são elas que são inadaptadas ao mundo, é o mundo que é inadaptado a elas. É o mundo que se recusa a dar lugar a elas e, portanto, as impede de existir.

---

[230] Deligny, 2007, p. 1111.
[231] Canguilhem, 1982.

Deligny propõe a construção desse espaço e respeita a diferença autista. O agir e o gesto são indicativos do fora da linguagem, eles são o fora da linguagem. Dessa maneira, o autor destaca ao longo de diversos textos após 1968 que o agir deve ser acompanhado e não interpretado: o vagar, por exemplo, gesto de percorrer o espaço livremente, de traçar linhas erráticas, rodear o vazio, contornar pedras é uma normatividade para o autista. Esse gesto necessita encontrar no espaço certas condições de possibilidade para se manifestar, se o espaço é concêntrico, sobredeterminado por normas que limitam a atividade da criança, a perda dessa atividade tem consequências nocivas.

Diante da recusa em adaptar, corrigir ou alterar o comportamento dessas crianças, o manejo do espaço torna-se fator determinante para a produção de saúde. O modo como as áreas de estar se constituíram, permitiram às crianças exercer essa normatividade em trajetos de vagar e produzir uma saúde singular. No entanto, não se trata da saúde tal como o senso comum pensa, mas uma saúde fora da norma, que não deriva do conceito de normalidade, não é uma adaptação oposta à inadaptação e não é normal em oposto ao anormal. É uma saúde fora da lógica normal-anormal e da adaptação-inadaptação. Não há no uso da cartografia e da etologia uma intenção de cura ou desaparecimento do autismo, justamente porque o autismo não é uma patologia. Embora seja possível uma avaliação dos estados de sofrimento dos autistas, para Deligny o autismo é uma norma social – linguagem psiquiátrica e psicanalítica que nomeia a experiência, sendo o que interessa a ele é o termo, mas a criança autista. Assim haveria uma clara distinção entre o autismo como termo e o autista como modo de existência.

Segundo Canguilhem, o normal é uma noção criada por meio da observação quantitativa e qualitativa da doença, em que o médico, ao ouvir o relato do padecimento, quantifica o estado patológico e avalia o estado de seu paciente. Os compêndios e manuais da Medicina são criados posteriormente pela elaboração da gramática descritiva da doença, em que, por meio desses dados mensuráveis, constrói a nosologia e a nosografia e permite o estabelecimento de normas, padrões, enquadramentos e desvios. Dessa forma, a partir do estabelecimento de normas médicas, é possível determinar aquilo que é normal e aquilo que é anormal. O normal é, portanto, a construção de um padrão ideal, enquanto a anormalidade é vista como desvio negativo. Norma significa, portanto:

> [...] esquadro – aquilo que não se inclina nem para a esquerda nem para a direita, portanto o que se conserva num justo no meio termo; daí derivam dois sentidos: é norma aquilo que é como deve ser; e é norma, no sentido mais usual da palavra, o que se encontra na maior parte dos casos de uma espécie determinada ou o que constitui a média ou o módulo de uma característica mensurável.[232]

A pressuposição de normas leva a crer que a saúde seja natural, um conceito perfeitamente delimitado e que serve de modelo daquilo que se encontra como natural ou como alteração deste. O anormal seria aquilo que é defeituoso, que interrompe a ordem pressuposta; aquilo que sai do esquadro e perturba a ordem natural da vida. No entanto, na crítica feita pelos autores, não é bem assim, a saúde perfeita não existe, ela é um ideal estatístico, sendo preferível entender a saúde como uma ação normativa cujo valor só pode ser estabelecido na relação do vivente com seu meio e não com o enquadramento nessa normalidade estatística como balizador da experiência vital. O conceito de saúde deve ser entendido a partir da potência de agir, que é, nesse sentido, uma normatividade. Quando um ser vivo perde sua capacidade de agir, ele está adoecendo, perdendo sua capacidade de criar normas, perdendo sua normatividade:

> Raciocinando com todo o rigor, uma norma não existe, apenas desempenha seu papel que é o do desvalorizar a existência para permitir a correção dessa mesma existência. Dizer que a saúde perfeita não existe é apenas dizer que o conceito de saúde não é o de uma existência, mas sim o de uma norma, cuja função e cujo valor é relacionar essa norma com a existência, a fim de provocar a modificação desta.[233]

Ser saudável é, portanto, exercer sua normatividade, é exercer a capacidade de mudar de normas. Viver é criar normas, enquanto adoecer é fixar-se numa única norma. Portanto, ser normal não é encaixar-se numa norma estatística, mas ser normativo, trocar permanentemente de normas. Dessa maneira, pode-se dizer que as práticas de modelação de comportamento e de normalização produzem estados artificiais de normalidade – por meio da modelação dos comportamentos da criança,

---

[232] *Ibidem*, p. 95.
[233] *Ibidem*, p. 54.

chega-se a esse ideal virtual de normalidade, efeito da mortificação da atividade oscilatória do vivo em prol do enquadramento da criança no ideal[234].

Analisando a chegada das crianças às áreas de estar, observa-se que elas vinham marcadas negativamente e, ao chegarem lá, elas encontram o espaço vago, livre para vagar. Pouco a pouco a criança exerce essa normatividade por meio do seu agir e, não sendo interrompida ou enquadrada, a criança cria um costumeiro, exerce sua normatividade e produz sua própria saúde. Dessa forma, a tentativa Cévennes desmonta pragmaticamente a ideia de que saúde é um valor natural, dando ênfase ao lugar, ao agir e à exploração do espaço onde dentro-fora da norma não operam.

A associação entre cartografia e etologia permite ver a atividade normativa da criança, elas não são inadaptadas por natureza, mas foram privadas de exercer sua normatividade. No caso das crianças autistas, como o agir é predominante em seus gestos e trajetos, privá-las disso é interrompê-las em sua dimensão vital. Tal normatividade se manifesta no espaço, fora da linguagem, por exploração sem finalidade; sua adaptação às áreas é um efeito deste esforço duplo: esforço da criança ao exercer sua normatividade e das presenças próximas em não atrapalhar o processo das crianças. O manejo do espaço e da experiência é importante, visto que vagar é um infinitivo primordial, anterior à linguagem, à sociedade e à lei e, por isso mesmo, pode ser que sobre ele o simbólico se deposite e o sobrecarregue. Quando o costumeiro se instala, isto é, quando a criança se adapta às áreas de estar, os desvios emergem como sinais, achados.

A normatividade não é um tipo de norma. Ela se opõe ao conceito de normalidade, para designar um impulso vital de geração de normas, não sendo ele próprio normal. O conceito de normatividade visto à luz da etologia e da cartografia diverge da ciência comportamental. Não se trata de mapear o comportamento para poder melhor adaptá-lo, trata-se antes de dar visibilidade ao agir como forma legítima de existir. No campo das teorias comportamentais, principalmente da Psicologia e da Psiquiatria americana, em que vigora a publicação do Manual Estatístico dos Transtornos Mentais e do conceito de Transtorno do Espectro do Autismo, muitos destes agires seriam classificados como estereotipias, comportamentos anormais que precisam ser modelados em prol da norma universal, da adaptação à sociedade e à linguagem.

---

[234] Refiro-me aqui aos métodos TEACCH – Treatment and Education of Autistic and related Communication Handicapped Children – e ABA – Applied Behavior Analysis –, que têm a saúde como um valor natural e o normal como valor estatístico.

Como é possível notar, a adaptação deixou de ser um termo específico do contexto francês e se tornou um valor social universal. A partir disso, as práticas inclusivas e de acessibilidade partem da ideia de que os autistas são deficientes e, por isso mesmo, precisam de acessibilidade e adaptação dos espaços. Quanto mais os saberes das ciências humanas dependem da norma para modificar a sociedade, mais soterrado se está sob os escombros do fracasso dessa mesma sociedade. O que os autistas precisam, especialmente aqueles ditos não verbais, não é *necessariamente* de acessibilidade, mas alteração dos regimes sensíveis da sociedade; enquanto a saúde é interpretada como adaptação de valor social, aquilo que é propriamente inadaptável no humano ficará de fora. E o que fica de fora senão o próprio humano? Em um mundo onde a saúde é determinada pela capacidade de se inserir nesse sistema excludente, toda adaptação se resume ao domínio do capitalismo. Nessa direção, nenhuma reinvenção ou alteração da sociedade é possível, pois a saúde é sempre tida como adaptação social. Diferentemente dessa visão adaptacionista, a cartografia e a etologia, tal como propõe Deligny, se apoiam nessa normatividade do vivo, nesse agir sem finalidade, para produzir uma saúde fora da norma.

Segundo Canguilhem[235], a norma é um conceito criado a partir da capacidade do doente narrar sua experiência de padecimento. Essa concepção está intimamente ligada à concepção de humano como ser falante, fato que expõe a criança autista a uma situação de silenciamento. Se ela não pode descrever a forma de seu padecimento, a nosografia é baseada na observação e na pressuposição da semelhança. O que se observa e avalia é o comportamento, sua adequação ou inadequação, sua normalidade ou anormalidade, os graus de alteração e perturbação que esse desvio oferece ao sujeito e sua família. O agir não aparece nessa avaliação, portanto a ação normativa está excluída dessa avaliação clínica e o que está implícito nela é que toda a criança é o porvir do homem, sendo esse o homem sinônimo de média padrão, norma.

Sendo a norma um conceito concebido no domínio dos laboratórios, é possível ver esse corte que separa a vida e o meio. A concepção de humano destacada por esse corte epistemológico está apoiada e descrita na linguagem; o corte opera então uma universalização do humano – tudo que está de um lado é humano e tudo que está de outro é inumano. Quando a criança não fala, a avaliação se baseia na pressuposição da fala, do querer

---

[235] *Ibidem.*

falar e toda avaliação se baseia nesse corte epistemológico que qualifica como positivo ou negativo o comportamento e os hábitos. Tal avaliação feita na clínica torna-se uma violência sutil em que a universalização do humano corresponde a uma forma de poder. Trata-se, em toda clínica, de fazer desvio a essa compreensão.

É preciso fazer tal como a tentativa Cévennes e apostar na potência de agir, numa concepção segundo a qual a vida resiste ao corte que a separa dos meios em que ela vive. Viver é espacializar e, nesse sentido, a resistência passa pelo "meio" e é preciso estar sempre lidando com as infidelidades do meio:

> Pelo fato do ser vivo qualificado viver no meio de um mundo de objetos qualificados, ele vive no meio de um mundo de acidentes possíveis. Nada acontece por acaso, mas tudo ocorre sob a forma de acontecimentos. É nisso que o meio é infiel. Sua infidelidade é exatamente seu devir, sua história.[236]

A partir do momento em que se perde a relação com o espaço e o meio, perde-se o agir. A vida não pode ser recortada do meio, pois até os próprios laboratórios se constituem como meios que afetam a vida e o resultado das pesquisas. Para o autista, é preciso que o espaço e o meio tenham certas características que permitam a proliferação do agir: o vago, a brecha, o vazio, o silêncio na fissura da linguagem. A relação com o espaço não está na consciência, na intenção, na finalidade da vida, mas na espécie, em sua dimensão primitiva.

> Que os arredores possam se tornar entorno [entour] é algo que nos explica muito claramente que gestos inatos possam advir no vazio. Nos arredores não há – já não há – o que seria preciso haver, e tudo se passa como se os arredores se houvessem incorporado, não no indivíduo, que sempre conheceu apenas arredores tais como os percebe, mas na própria espécie; daí esses gestos de agir no vazio ou, poder--se-ia dizer, no entorno.[237]

A inseparabilidade entre a vida e o meio; entre vida e espaço, localiza o agir no ponto cego do homem. A polaridade entre a vida e a doença; entre o viver e o morrer; entre a vitalidade e a mortalidade está situada como

---

[236] *Ibidem*, p. 159.
[237] Deligny, 2015a, p. 58.

plano de fundo da vida e são anteriores à representação. Esse plano de fundo é o que resiste à representação e a domesticação simbólica. O agir é a atividade de espacialização do vivo, é a dimensão não representacional da vida, ele está situado no plano de fundo do viver, é pré-subjetivo e inato.

> Como o acaso persistiu em manifestar para comigo uma espécie de mansidão, acabei nomeadamente responsável por uma rede em que crianças ditas autistas vinham viver, daí a necessidade de eu me perguntar o que humano quer dizer, sendo a resposta: nada. Humano é o nome de uma espécie, tendo a espécie desaparecido daquilo pelo que o homem se toma.[238]

Se há uma defesa da vida, trata-se de preservar sua obscuridade e a multiplicidade como dimensão não representacional do humano. O que explica que uma criança que sobreviveu às consequências da manicomialização lute pela sua existência traçando no espaço uma linha errática? Não há mistério, só há quando a reflexão se limita ao binarismo – ser ou não ser? Agir ou não agir? Querer ou não querer? O agir da criança não reflete sobre as condições do meio, ele traça, faz rede.

Diante dessa dimensão persistente, não reflexiva e irracional da vida, não há mistério. O que existe é agir:

> Desamparados estávamos nós, em 1967; um pouco sitiados pelo mistério permanente oriundo do que os garotos que nos cercavam podiam porventura querer. Se estávamos sitiados, é porque tinham posição.
>
> Bastou que abandonássemos essa posição para que o mistério desaparecesse; é que ele vinha de nós, não deles.[239]
>
> Esta pequena rede viveu, portanto, seu tempo de pequena guerrilha.
>
> Precisou vencer as dificuldades sucessivas e mais ou menos variadas. Sucedeu-nos utilizar o vocabulário usual: implantar-se, manter-se, progredir, desaparecer, esquivar os obstáculos, em vez de enfrentá-los; uma palavra se torna predominante: a ligação entre as unidades esparsas. A época se prestava a isso; em 1967, a guerrilha era uma espécie de etnia quase universal, sendo a nossa privilegiada pelo fato

---

[238] *Ibidem*, p. 28.
[239] *Ibidem*, p. 55.

de não corremos o risco da morte ou de tortura a cada passo; na realidade, só nos arriscávamos à aniquilação de nosso projeto, que contravinha às normas, às regras e aos regulamentos em vigor; tratava-se, pra nós, de descobrir o que asilo poderia querer dizer, tanto é que tínhamos de lutar em duas frentes; eram numerosos os que se manifestavam pela supressão da internação asilar; nós não estávamos nem um pouco habilitados a acolher crianças 'anormais'; nossa iniciativa era, portanto, das mais precárias, e não era fácil destrinçar em quais mal-entendidos repousavam as convicções de nossos partidários e adversários, que, aliás, tinham em comum a perspectiva da norma para a qual deveria tender, nem que fosse virtualmente, as crianças que lá estavam. Ora, estávamos em busca de um modo de ser que lhes permitisse existir, nem que para isso tivéssemos de modificar o nosso; não levávamos em conta as concepções do homem, fossem elas quais fossem, e de forma alguma porque quiséssemos substituir tais concepções por outras; pouco importava o homem, estávamos em busca de uma prática que excluísse de saída as interpretações referenciadas num código; não tomávamos as maneiras de ser das crianças por mensagens embrulhadas, cifradas, e dirigidas a nós.[240]

Na recusa à norma social pressuposta e na recusa em conceber a linguagem como universal, viver é, portanto, agir. No vocabulário da tentativa Cévennes, viver é um infinitivo e persiste a despeito da guerra, da pobreza, da violência. Essa dimensão mais vívida da vida, isso que Deligny denomina agir, não encontra suas raízes na Sociedade, na Natureza, na História e na Linguagem. O agir está na espécie, sendo que a espécie não está ligada ao estrito domínio do biológico, do animal, ela é anômala, sem denominação específica, aquilo que desvia a regra, aquilo que devém. A natureza que está em jogo não é fixa, não é ponto de origem. A espécie é antes lugar do devir minoritário do humano.

Deleuze e Guattari[241] definem o anômalo como aquilo que é excepcional, que habita as fronteiras e sustenta a contradição. O anômalo humano permitiria à espécie descolar-se da definição rígida estabelecida pelas ciências naturais, o anômalo é o devir humano minoritário, nem homem nem mulher, nem criança nem animal, é o ponto em que viver não tem relação com individualidade ou representação. Não é uma vida domesticável, é vida selvagem, é devir, resistência:

---

[240] *Ibidem*, p. 70.
[241] DELEUZE, G.; GUATTARI, F. **Mil platôs**: Capitalismo e Esquizofrenia 2 (1980). São Paulo: Editora 34, 2017. v. 4.

> [...] o anômalo não é tampouco portador de espécie, que apresentaria as características específicas e genéricas no mais puro estado, modelo ou exemplar único, perfeição típica encarnada, termo eminente de uma série, ou suporte de uma correspondência absolutamente harmoniosa. O anômalo não é nem indivíduo nem espécie, ele abriga apenas afectos, não comporta nem sentimentos familiares ou subjetivados, nem características específicas ou significativas.[242]

Deligny atribui ao agir uma das poucas atividades humanas que resistem à domesticação simbólica. Embora ele escreva muitas páginas sobre esse agir, não o faz como psicanalista, não interpreta, ele pensa como um etólogo, descreve e mapeia situações. Sua escrita é defesa aguerrida desse agir que não faz signo e é antes o traço humano que antecede à linguagem: "*[...] no agir não há nem uma gota de símbolo; o agir é puro agir*[243]". Este seria um fóssil do humano, dimensão humana que é regulada por outras leis que não as leis simbólicas.

Ao situar o agir fora do simbólico, o autor identifica que essas crianças são organizadas por outra memória e outra percepção, sendo que a percepção dos acasos e dos acontecimentos não são tal como o "nosso". A diferença está justamente na apreensão do tempo-espaço, sendo a criança capaz de captar sinais daquilo que não está mais lá – fogueiras apagadas, fontes d'água e rastros dos trajetos de adultos que passaram por ali. O autor afirma que quando se trata dessa outra percepção, o tempo cronológico é ignorado e tudo se passa como se existisse uma persistência do afeto sobre a percepção. Mais do que perceber a forma ou o fato, a criança percebe a intensidade e o afeto: "*Daí a hipótese necessária de uma memória diferente da nossa, que funciona com o homenzinho incorporado não apenas à percepção, mas a todo o rebuliço que labora, revolve e modifica o que se registrou na memória de cada um, que constitui apenas determinada forma da memória*"[244].

Nas palavras do autor, essa outra percepção é designada por ele como "ver-rever-prever" ou como "reparar", enquanto esta outra memória possui diversas maneiras de serem localizadas na obra do autor – "memória de espécie", "memória étnica" ou "memória específica". O gesto é situado como vernacular, como língua menor de uma tribo perdida às margens da linguagem formal. O aracniano, sendo ele fóssil, é paradoxalmente o mais vívido do vivo, visto que ele não é faltante, mas anterior à linguagem; o

---

[242] *Ibidem*, 2017, p. 28.
[243] Deligny, 2015a, p. 48.
[244] *Ibidem*, p. 230.

fóssil, o vernacular e a memória étnica se situam nessa instância humana soterrada pela domesticação simbólica. O aracniano se torna então uma maneira de pensar isso que persiste cotidianamente, em cada gesto, em cada trajeto e no agir que persiste fora do simbólico.

O vernacular não seria uma origem fixa, justamente porque o humano não está extinto, mas persiste nos trajetos e nos deslocamentos das crianças. A grande questão ética nessa crítica é questionar a "Nós" – homem-que-somos –, se o agir persiste também nos trajetos de quem somos:

> Pois o "humano de natureza" não é o homem face ao espelho da natureza que lhe devolve uma imagem narcísica. Para Deligny, o "humano" é simbiose entre o "ser" e o "ser consciente de ser", entre zoológico/específico e o sócio-etico, individual/subjetivo – uma bipolaridade por temporalidade coexistente: o "humano de natureza" e o homem/sujeito estruturado pelo simbólico. O problema ético e clínico, portanto, se formula com a produção de experiências que criem meios de convivência comum próximos do costumeiro da espécie – nesse comum que evoca um comunismo infinitivo, mas sobretudo o imutável no "homem que nós somos."[245]

Fazer uma defesa do agir implica compreender a natureza diferentemente das definições das ciências médicas ou biológicas. O homem-que-somos, o humano e a natureza estão dispostos numa mesma superfície de deslizamento – espaço aberto ao tempo – na qual diferenciações não param de se suscitar. Não apenas o humano devém como a natureza, mas a natureza também tem seus devires:

> Mas realmente é preciso entender que essa origem antiga, por mais fóssil que seja, persiste na origem de cada um dos nossos gestos de agora, fossilizada, naquele sentido de enterrada sob as camadas sedimentares daquilo que o homem pôde querer e querer vir a ser, considerando-se seu próprio projeto, avido de ter o que pode querer e de querer o que pode ter ou poderia ter se alguns não fossem exageradamente privilegiados.
>
> Para abolir o privilégio seria preciso abandonar aquele que ele se atribuiu ser um ser à parte, e de um nível tão superior que ele chegou a ser conceber separado.[246]

---

[245] Matos; Miguel, 2020, p. 186.
[246] Deligny, 2015a, p. 81.

Que sentido de vida está implícito nessa afirmação? Uma vida comum, um "comunismo primordial" que não está na origem do projeto pensado, mas está fora dele, anômalo, como potência de criação. Trata-se de uma vida que não espera a forma existir, ela persiste a despeito das formas e persiste por meio de devires minoritários – animal, vegetal, mineral.

Deligny lembra a dimensão estrangeira dos autistas. Diz ele, não se trata de seres de "procissão" que seguem a fila das normas sociais e morais, são seres que desviam da via majoritária que é a linguagem e a identificação. Descrevendo uma criança autista a qual esteve próximo, o autor aponta para a ausência de fala e, embora o órgão vocal esteja lá em perfeito estado, a criança ainda assim permanece refratária à linguagem:

> Haveria, portanto, o órgão, e haveria a fala; um ser autista pode muito bem dar voz. Sucedeu aquele em cuja proximidade eu vivo há muito tempo latisse guinchando, e, portanto, antes como uma raposa que como um cão.
>
> Por que teria escolhido essa via, a de fazer como a raposa, e não como paimãe?[247]

Devir animal. A criança se diferencia das formas instituídas e das normas sociais justamente porque o que é mais determinante no seu modo de vida é o agir e não a identificação. Quanto a isso, o autor pede um profundo respeito a essa diferença: recusar a fazer como pai/mãe não é uma doença, ser refratário ao uso da linguagem não é uma doença, trata-se de modos de existência à margem da linguagem e da instituição.

Igualmente, Schérer e Hocquenghem[248] comentam o devir-animal de crianças autistas tomando o caso do menino-lobo. Destacam o devir como uma produção real e não de cópia, semelhança ou metáfora imaginária. É puro agir, portanto, e não agir "como" ou "no lugar de". A criança não copia o animal, não é análoga a ele, porém ela também não foi desumanizada, transformada em um animal. Sua humanidade está no agir. Ela habita uma zona de indeterminação, uma vizinhança, ponto de indiscernibilidade. Ela não representa, pois o agir não mergulha suas raízes na linguagem.

---

[247] *Ibidem*, p. 211.
[248] SCHERER, R.; HOCQUENGHEM, G. **Co-ire, álbum systématique de l'enfance**. Recherches, n. 22. Paris, França: Centre Institutionnelles – CERFI, 1976.

O devir animal independe da evolução. Ele pode ir na direção reversa, no sentido da involução que não se confunde com a regressão psicanalítica justamente porque a vida não está fixada em uma linha que vai do menor para o maior, da criança ao adulto, do anormal ao normal. A espécie não é um círculo fechado, uma pirâmide ou uma linha reta, o que a caracteriza é atividade permanente em topologias dinâmicas. O devir animal é uma *"conivência inumana mais do que uma comunidade simbólica edipiana"*[249]:

> Não se trata de acreditar, tampouco, que as crianças que comem capim, ou terra, ou carne crua, encontrem aí apenas vitaminas ou elementos dos quais seu organismo estaria carente. Trata-se de fazer corpo com o animal, um corpo sem órgãos definido por zonas de intensidade ou de vizinhança.[250]

Fazer corpo comum com o mundo é tornar-se humano. A influência que objetos fora do uso podem exercer sobre essas crianças mostram a ação do inumano sobre o humano – a água, uma chaleira, um pedaço de madeira, podem constituir pontos de referência, emaranhamento da criança no mundo. E mesmo para as crianças não autistas é possível ver esse corpo comum com o mundo se fazendo no brincar – uma bola, um avião, um animal. A criança devém no brincar, ela não apenas representa o som do avião, ela é corpo comum com o avião. O devir não é da ordem da linguagem, ele não é expressão de nada, mas é a própria manifestação do agir ao nível das sensorialidades.

O humano de espécie não tem pátria, reino ou império, ele não reivindica domínios específicos, mas persiste nos mais diferentes meios circundantes. Dessa forma, o fóssil não é de natureza calcificada, restos de corpos organizados e enterrados em profundidades primitivas. O fóssil é antes o resto de uma dimensão intensiva, ponto anterior à organização das individualidades, é o resto dos processos de individuação, é o pré-individual. Ele está mais próximo da vida antes de ela se constituir como forma, do que propriamente da vida concebida sob domínio da paleontologia.

Se há uma ontologia do fóssil, ela é uma ontogênese reversa, no sentido que Simondon[251] define o processo de individuação como sendo sem princípio, ou seja, não possui forma originária. No princípio, o que

---

[249] Deleuze; Guattari, 2017, p. 68.
[250] *Ibidem*, p. 69.
[251] Simondon, 2020.

existe é o pré-individual, choque de formas e movimento de partículas de onde devém as individuações. O fóssil é, portanto, um resto desse pré-individual anterior a toda forma humana, força que se move de maneira subterrânea. A ontogênese dessa dimensão fóssil é o que preserva a força que alimenta os devires e se move sob as camadas da linguagem.

Um humano dessa natureza, fora da própria natureza individuada, não reivindica reconhecimento. Sequer seus direitos ele reivindica, ele traça, foge, desvia, trama e persiste no tácito, no não expresso, fora da linguagem. Sua persistência está na busca por condições espaçotemporais que o levem até um meio propício para viver o infinitivo. É a aranha à procura do canto da parede para se abrigar.

> Ora, o fóssil se move; existe tão somente no tácito.
>
> Se falo a respeito é para fazer emergir essa necessidade do tácito, quando a tendência do momento é a de se expressar.
>
> Que nessa expressão o aracniano da rede se perde, isso eu posso mostrar por meio de muitos relatos de acontecimentos autênticos, que são fábulas unicamente por terem uma espécie de moral, de preceito[252]

O agir não expressa, não é expressão de um querer pressuposto. Ele é manifestação daquilo que é tácito e fóssil. Os mapas, por sua vez, dão visibilidade ao tácito. Isso quer dizer que os mapas dão visibilidade ao que não pode ser visto, ao não expresso, ao fóssil subterrâneo e anômalo.

> Esse tácito é algo que preciso proteger de toda e qualquer confusão com o inconsciente descrito por Freud; digo isso, mas a tartaruga nunca estará a salvo do que ela representa aos olhos de quem olha para ela; a propósito dela se falará de amor e de afeto, da necessidade de comunicar e de tudo o que se quiser fazê-la dizer, tendo a linguagem essa virtude de permitir que qualquer um fale no lugar do outro, esse outro que só existe por ser falado; ser falado o faz falante, o que é verdadeiro para a tartaruga, até mesmo a aquática, para aranha e, inclusive, para as linhas da mão [...] Mas bem se vê que o que assim se diz não quer dizer nada, ou realmente pouca coisa, em comparação com todo o resto cujo traço pintado, no entanto, está bem ali[253]

---

[252] Deligny, 2015a, p. 73.
[253] *Ibidem*, p. 88-89.

A articulação entre cartografia e etologia consiste numa profunda crítica à linguagem e à pressuposição de uma espécie humana universal. A crítica de Deligny incide muito fortemente sobre a clínica e o humanismo do século XX; a Psicanálise, por sua vez, não está isenta dessa crítica, uma vez que ela se apoia em normas pressupostas, como a universalidade da fala e a diferenciação binária entre homem e mulher, normal e anormal. A clínica é fortemente afetada por essa crítica, porém o trabalho da clínica do espaço consiste em buscar extrair dessas articulações transformações no campo e nos saberes. Essas transformações são como reversões criativas, reversões clínico-políticas e, nesse ponto, Deligny foi mestre em operar tais reversões *in locus* – na escola; no asilo; no centro de detenção; no ambulatório da Grande Cordée e, sobretudo, na tentativa Cévennes. Tratava-se sempre, em cada uma das tentativas, de alterar a forma como a criança era vista e submetida à instituição, alterar o espaço onde habitam essas crianças.

Os mapas operam então essa reversão *in locus* se constituindo como semiótica espacializada dos processos da vida, dando primazia ao espaço e ao agir no lugar da linguagem. A etologia e a atividade cartográfica são recursos para desviar o cuidado da perspectiva normalizadora implícita em toda forma de acolhimento, contribuindo para formulação dessa clínica que tem como iniciativa acompanhar os gestos das crianças sem exigir deles normalidade.

A visibilidade do mapa combate as incidências da linguagem sobre a prática do cuidado, o mapa se constitui como forma de evacuar a linguagem, permitindo ao espaço ser meio fluido para o agir proliferar. Igualmente, eles auxiliam as presenças próximas a conviverem com as crianças sem exigir delas uma resposta como sujeito, operando assim a suspensão da linguagem e os lugares de sujeição. A visibilidade que o mapa oferece dá a ver aquilo que todas as ciências da vida se dedicam a negar, a saber, que o humano é tácito e não expresso, que o humano é agir e não linguagem. Os mapas fazem ver a espacialidade da vida, o que é uma inovação no campo de cuidado da infância e do autismo. Ao mesmo tempo, o mapa é uma estranha visibilidade, pois preserva e protege esses pontos obscuros do humano em que a analítica massificadora e universalizante se depositaria.

Sua dizibilidade opera uma reversão no campo dos enunciados sobre a infância e o autismo, substituindo os registros (prontuários, fichas escolares ou qualquer tipo de registro disciplinar), constituindo-se como semiótica espacial e não simbólica. Eles operam uma estranha dizibilidade que não produz sentido sobre as crianças, mas opera uma crítica sobre esses pressupostos da normalização implícitos no campo de cuidado da infância. Dessa forma, sua visibilidade não vigia e sua dizibilidade não fala no lugar das crianças.

Os mapas contribuem para uma posição inovadora no campo do cuidado da infância e do autismo, são contemporâneas às diversas práticas de acolhimento no campo da luta antimanicomial e remontam ao trabalho permanente de criação de novas estratégias de cuidado ao demonstrar que toda e qualquer linguagem pode se tornar método e, consequentemente, uma grade. Assim, os diagnósticos, os prontuários e os laudos, assim como os discursos mais bem-intencionados, podem ser uma prisão. Essa reversão *in locus* retira as crianças de uma prisão simbólica cujas grades são termos médico-pedagógicos e permite a elas manifestar seu agir e produzir sua saúde fora das instituições clínicas e pedagógicas.

A tentativa Cévennes se constituiu como sofisticada recusa à clínica e à linguagem como instrumento de universalização e normalização do humano. Ao mesmo tempo, ela institui a necessidade de um acolhimento para esse "inadaptável" que o Deligny[254] designa como fóssil. Tal tentativa mostra a necessidade de transformar os espaços e as instituições em prol do cuidado para com o tácito e o não expresso, fazendo esse acolhimento da dimensão espacial da subjetividade.

Embora Deligny defenda que tal experiência em Cévennes não seja clínica, sua prática incide sobre a clínica em uma dupla articulação: acolhimento da criança e problematização da linguagem; alteração do espaço de acolhimento e alteração dos modos de representação do sofrimento; criação de formas de registro e destituição da linguagem como única forma de humanização; acolhimento da diferença e alteração dos modos de viver; manejo do espaço e manejo da presença; liberdade para a criança e suspensão da linguagem para o adulto. Dessa forma, a cartografia é reversão não apenas nos enunciados, é também a alteração nas formas de ver e viver na experiência humana.

A cartografia é mais do que uma semiótica que procura pistas, ela produz as pistas ao lado da criança. Ela abre uma janela no espaço-tempo e interrompe a violação de centenas de crianças. Os mapas são formas

---

[254] *Ibidem.*

de registro não simbólico, um registro de linhas. Cartografar é, portanto, tatear às cegas o universo do fora da linguagem.

2.8 PONTO DE VER, REFERENCIAR

Os mapas podem ser vistos por camadas: há o "mapa de fundo" (calque), que contém o desenho de uma área – podendo ser uma cozinha, um térreo, uma sala, um pátio. Sobre ele é posto uma folha de transparência onde se traça o movimento do gesto e do trajeto das crianças, fazendo aparecer linhas sobre essa mesma transparência. Servindo de base, o mapa de fundo permite que seja traçado diversas outras transparências, sendo que estas não são fixadas ao mapa de fundo. Elas planam sobre ele tal como teias de aranha são lançadas sobre um espaço vago. Ao destacar as transparências do plano de fundo, as linhas formam como que rede de fios, uma teia, um emaranhado de linhas.

Na sobreposição de duas ou mais transparências sem a anexação ao plano de fundo (calque), é possível ver este emaranhado crescer: os mapas mostram o fato de que as crianças imprimiam no espaço sua atividade cartográfica e em que repetidas vezes passa sobre um mesmo ponto, criando uma linha costumeira que é facilmente violável e interrompida pelo fato de elas serem imperceptíveis, não fazerem sentido do ponto de vista da consciência e da linguagem. Nessa atividade no espaço, as crianças constituem pontos de referência, contrariando a ideia de que aqueles gestos são aleatórios, sem sentido. Na verdade, eles possuem sentido justamente por serem a atividade cartográfica da própria criança, seu processo de criar para si pontos no espaço, distribuir linhas, agir sobre um plano de deslocamento das áreas de estar. Contudo, o sentido dessas linhas não é simbólico, são referências que só fazem sentido sob a perspectiva do espaço em que a linguagem está suspensa, ponto este em que o olhar consciente não é capaz de olhá-las diretamente. Somente por meio dos mapas e desse efeito de sobreposição de transparências que é possível ver essas linhas, esses pontos de referência. Os mapas operam então a alteração na forma de perceber o espaço, o gesto e o trajeto da criança, afastando-se da interpretação simbólica e se aproximando da atividade cartográfica da criança.

Nessa sobreposição, põe-se em relação os trajetos de diferentes temporalidades, de ontem, de semana passada, ou anos atrás. Nos trajetos de outrora, o plano de fundo, o espaço físico, continua lá em sua forma arquitetônica e geográfica, no entanto, ao retirar a transparência, pode-se ver os mapas destacarem superfícies de deslocamento. Surge então a dimensão espacial da subjetividade, a espacialidade do gesto e do trajeto, o espaço como plano de deslocamento, o espaço vazio de linguagem no qual o aracniano tece sua teia e deflagra os sinais de outras eras: começa-se a notar que as crianças rodeiam, circulam, giram em torno de pontos no espaço em que antes havia fontes de água que atualmente estão secas, uma fogueira onde só restam cinzas, rodopiam sobre os restos dos trajetos de pessoas que estiveram ali há semanas, encontram objetos fora de uso que antes haviam sido perdidos.

Em Cévennes, o exercício cartográfico era feito diariamente, foram produzidas enormes quantidades de mapas ao longo de uma década. A grande contribuição da cartografia nessa tentativa está em fazer ver o espaço pela perspectiva da criança, alterando o modo como se vê o deslocamento da criança e o espaço correspondente. O mapa não identifica a quem pertence determinado trajeto, não dava especificidade à linha, individualidade e pessoalidade. As transparências mostram linhas da infância, linhas de errância e linhas desse costumeiro onde emergem as referências. Tais linhas não devem ser interpretadas, elas apenas revelam a atividade de regulação da criança nesse espaço:

> Fernand Deligny transcreve as linhas e trajetos de crianças autistas, faz mapas: distingue cuidadosamente as "linhas de errância" e as "linhas costumeiras". E isso não vale somente para os passeios, há também mapas de percepções, mapas de gestos (cozinhar ou recolher madeira), com gestos costumeiros e gestos erráticos. O mesmo para a linguagem, se existir uma. Fernand Deligny abriu suas linhas de escrita para linhas de vida. E constantemente as linhas se cruzam, se superpõem por um instante, se seguem por um certo tempo. Uma linha errática se superpôs a uma linha costumeira e aí a criança faz algo que não pertence mais exatamente a nenhuma das duas, reencontra algo que havia perdido — que aconteceu? — ou então ela salta, agita as mãos, minúsculo e rápido movimento — mas seu próprio gesto emite, por sua vez, diversas linhas.[255]

---

[255] Deleuze; Guattari, 2015, p. 83.

Os mapas são ferramentas de manejo do espaço de modo que o espaço permaneça aberto ao fora da linguagem, que ele se configure como plano de deslocamento. Nos mapas, o plano de fundo permanece como o espaço físico, espaço arquitetônico, mas o fato de ele não ser totalizado pela linguagem e o fato de ele não exigir da criança um modo "normal" de habitação, ele acaba experimentando devir. Com isso, por meio desse manejo do espaço, a espacialidade do gesto acaba instaurando novos modos de espacialização do cuidado.

Ao não individualizar ou dar significado às linhas, conforme novas camadas vão sendo produzidas, as transparências apagam as identidades mostrando mais a atividade diária das áreas de estar e a necessidade de manter esses espaços flexíveis, criando uma prática de cuidado que não é sobre uma criança em específico, mas é manejo do espaço que impede que a consciência de se instalar sobre as áreas de estar impedindo as crianças de traçar sua atividade cartográfica. Para que estar próximo seja possível sem que a presença induza intencionalmente a atividade da criança no espaço, para estar presente sem que a consciência se instale como modo de mediação dos acontecimentos, é preciso esvaziar a presença de intenção, de querer e de tudo aquilo que a linguagem carrega.

A criação das áreas de estar não corresponde à necessidade de ressocialização dessas crianças, de inseri-las na sociedade, pois esta é uma demanda da própria sociedade e se fundamenta sobre o princípio de que "somos todos iguais" na linguagem. A rede de Cévennes, composta por diversas áreas de estar e dotada de manejo singulares da experiência vivente, faz com que a sociedade e a rede não sejam a mesma coisa. Ao utilizar os mapas para produzir pontos em comum entre presenças próximas e crianças refratárias à linguagem e, por meio disso, criar uma rede fora do Estado, cria-se um modo de organização à margem que é perspectivado não a partir do homem-que-somos e suas instituições, mas a partir desse modo de ser fora da linguagem:

> Por aí se vê que a rede e o que se pode chamar a sociedade não são a mesma coisa. Melhor: essa coisa que é a sociedade, onde o ser consciente de ser se esbalda, pode tornar-se tão coercitiva, tão ávida de sujeição, que as redes se tramam fora da influência da sociedade abusiva.
>
> O que ocorre, e não raro, arrebenta as redes, é a sobrecarga do projeto, por sua vez tão coercitivo que se faz tomar por

> razão de ser da rede; e o impostor não para na proposição de uma outra sociedade; se a conjuntura da história se presta a isso, a rede assume proporções fantásticas; ei-la sociedade; a partir daí, redes são secretadas, e a rede se transforma em poder organizado que se exaspera na faxina: inventa vassouras, multiplica as equipes de limpeza, enquanto os responsáveis se perdem em conjecturas quanto às causas dessa epidemia de redes aparentemente dispares, cuja estrutura, no entanto, é sempre a mesma.[256]

A primeira área de estar ficava em L'île d'en-bas, enquanto Deligny havia se instalado em Graniers e recebia as presenças próximas para conversar sobre o cotidiano e analisar os mapas. O encontro entre Deligny e as presenças próximas produzia descobertas e inovações que vinham por meio dos mapas das áreas de estar. A partir disso eram definidos encaminhamentos para o manejo do espaço e do cotidiano a partir dessa descoberta, indicações para construção de lugares concretos que permitam a atividade de a criança se manifestar.

Os mapas se tornam uma operação sobre a percepção, um combate pela desinstitucionalização do olhar consciente e os modos de ver e representar o espaço, a infância e o autismo. Eles alteram a percepção e o modo de acompanhar essas linhas, encontrando fora do ponto de vista da linguagem outro ponto não representacional do espaço e do agir. Essa estranha visibilidade que os mapas oferecem alteram a percepção do tempo-espaço deslocando o homem-que-somos do centro da percepção e colocando o espaço como ponto de mediação das áreas de estar. Dá-se ao espaço um primado, o espaço vazio de linguagem passa a ser onde a presença próxima habita. Aquele que traça os mapas não vê apenas o que sabe e aquilo que se pode ver, mas vê também as linhas da atividade cartográfica da criança, linhas intensivas carregadas de afetos; vê o espaço como plano de deslocamento dos trajetos e dos afetos. Sobretudo, os mapas permitem se ver compondo e interferindo nessas cenas cotidianas, no costumeiro, nas linhas de errância, no modo como a qualidade da presença afeta o entorno. Por fim, os mapas permitem ver a linguagem fissurada, ver a criança às voltas com esse outro mundo.

Este outro mundo, este ponto fora do ponto de vista consciente, Deligny designou como "ponto de ver" (*point de voir*). Segundo Alvarez

---
[256] Deligny, 2015a, p. 25.

de Toledo[257], Deligny cria uma língua menor e usa os infinitivos verbais para falar do modo de ser autista. A criação do conceito de "ponto de ver" corresponde a essa necessidade de distinguir mundos, de dar visibilidade a outros mundos e outros modos de existência, espaços menores e imperceptíveis que habitam aqui e ali e influenciam de maneira imperceptível.

Deligny[258] localiza o ponto de vista (*point de vue*) como o lugar da visão consciente, ponto em que o olhar está acoplado à linguagem e a uma percepção do mundo culturalmente determinada. O ponto de vista é o olhar acostumado a nomear tudo aquilo que se pode ver, ligando os acontecimentos à representação, de modo que aquilo que emerge diante do olhar é rebatido sobre as formas já conhecidas e instituídas. Nessa perspectiva, o espaço é mensurável — há distância, altura, largura, profundidade, latitude, longitude, entre outras formas de representação; é o ponto em que o espaço é representacional e sobre o qual se pode fazer algo intencionalmente, exprimir-se e se expressar.

Segundo Alvarez de Toledo, ter um ponto de vista é se exprimir — *"falar pessoalmente ou em nome de uma coletividade, institucional ou de pensamento [...] Aquele que tem um ponto de vista ocupa uma posição; ele se situa no mundo da linguagem"*[259]. Diferentemente, o "ponto de ver" da criança não "visa", não tem a visão utilitária e finalista, não mede distâncias, mas percorre o espaço como plano de deslocamento. Seu olhar é sem finalidade, é gesto para nada, portanto não é observação consciente, nem mesmo é o fruir da "visão" tal como quando se pode contemplar uma "uma bela vista.

O "ponto de ver" é a linguagem fissurada, em que as palavras não determinam a experiência e a linguagem não determina o sentido das linhas traçadas. Ao entrar em contato com essa dimensão impessoal do olhar, as presenças próximas alteram seu modo de perceber e experimentar o espaço, passam a ser presença, acompanhar sem conduzir, presenciar sem julgar. O espaço é experimentado por meio dessa alteração dos sentidos dominantes, não é mais o olhar consciente que determina a experiência de acompanhamento, mas é a percepção espacializada que permite ver aquilo que não se pode ver. Nessa dimensão transformativa do trabalho, os mapas permitem ver o que acontece no entorno, perceber o espaço no ponto em que ele é uma multiplicidade: plano de deslocamento, lugar

---

[257] TOLEDO, S. A. Point de Vue / Point de Voir. In: **Cadernos de Deligny**. Direito. PUC RJ, 2018.
[258] Deligny, 2015a.
[259] Toledo, 2018, p. 89.

dos objetos, das coisas e das presenças dos adultos, espaço vago no qual a linguagem se abre à interrupção. Esse é o ponto em que o espaço se abre ao fora da linguagem.

Os mapas são um modo de visibilidade dessas linhas, mas também são um modo de alterar a percepção, de alterar o ponto de vista. Trata-se de ferramenta de construção de espaço aberto. Em *Le Croire et le Craindre* (1978), Deligny escreve:

> Sabe-se bem que a arqueologia se elabora por descobertas. Trata-se para nós de perceber essas iniciativas que são 'descobertas', iniciativas graças às quais aparece aos nossos olhos o que foi referenciado de um ponto de ver muito estrangeiro ao nosso ponto de vista. Para apreender isso que aflora, então, trata-se de uma verdadeira escavação, mas de uma escavação 'ao lado' do campo da nossa memória, cem vezes e profundamente trabalhada por isso que pode SE dizer. Falar de uma pesquisa arqueológica cujo 'terreno' seria nós mesmos pode levar a pensar em um tipo particular de pesquisa psicológica. Não é nada disso. Esse nós-mesmos-aí, do ponto de ver de um indivíduo autista, não tem nada na cabeça. Não é o lugar do sujeito. Encontramo-nos expostos *fora*, referenciados a isso que de nós, nos escapa: o nó de nossos trajetos, nossos desvios, nossos gestos os mais inadvertidos. Pouco importam nossas intenções conscientes ou inconscientes. Vemo-nos, em alguma medida, percebidos de um outro polo.[260]

A escavação do espaço, a arqueologia e a cartografia revelam a diferença entre "ponto de ver" e "ponto de vista", entre ver e olhar. Em 1978, após quase dez anos de experiências com os mapas, Deligny aprofunda essa distinção. Olhar designa o ponto de vista do sujeito que olha, enquanto ver é um infinitivo que não requer complemento, é o olhar puro, dissociado da percepção consciente. Essa alteração das formas de ver e produz a percepção da imagem não como fixa e correspondente a algo ou alguém, mas as imagens como aquilo que escapa como pássaros selvagens e indomesticáveis. Tais imagens se contrapõem à linguagem numa recusa àquilo que a linguagem carrega: o sentido, a mensagem, a finalidade e a ordem. A imagem, tal como Deligny a quer fazer ver, não significa. Diferentemente das imagens de Hollywood, cujos filmes são sobrecarregados de pontos de vistas, de signos, de linguagem, as imagens das áreas de estar

---

[260] Deligny, 2007, p. 1149.

são desprovidas dessa sobrecarga, são imagens livres, ingovernáveis. O trabalho da cartografia visa alterar o olhar do cartógrafo, fazendo-o aderir a esse ponto de ver fugidio, que faz ver ao mesmo tempo a linguagem e seus pontos de ruptura. Trata-se de despertar o olhar para o ver.

Nesse sentido, ter uma imagem corporal não significa ser a imagem. Entre o corpo e a imagem existe um universo múltiplo do qual a criança autista desvia. Aquilo que é ou seria próprio, pode ser experimentado também como estrangeiro e pode ser visto de fora. Impressiona os autistas que, ao se olharem no espelho, não se veem. Sua imagem não significa sua existência. Deligny[261] levanta esse problema em *Quando o homenzinho não está (aí)* (1978), texto em que ele radicaliza essa distinção entre olhar consciente – homenzinho – e esse outro ponto de ver em que o sujeito está ausente:

> Que essa imagem do corpo – do homenzinho – seja adquirida, quero dizer, que não seja em absoluto inata, é algo de que é preciso dar-se conta. Uma coisa é ver mãos; quanto a ter mãos, isso, como se diz, é uma outra história.
>
> Porque, para ter, nem que seja para ter mãos, é preciso ter consciência de ser.
>
> Aí desponta os dois verbos auxiliares, infinitivos primordiais sem os quais o homenzinho não existiria.
>
> Quando digo 'ver mãos', não devemos fiar-nos nisso.
>
> É antes de 'olhar' que seria preciso dizer. Pois entre ver e se ver, bem se vê a diferença.[262]

Para exemplificar essa distinção, recorro ao Caderno de Imagens de L'île d'em bas; na série de fotografias apresentadas, destaco a quinta fotografia e a sequência das três fotografias que seguem[263]. Nelas vê-se um garoto autista que aparece mirando sua mão. Ele parece vê-la, certamente, mas seu gesto carrega um olhar que gera incertezas se o que realmente ele vê na palma da mão são as linhas de sua história, sua identidade ou é outra coisa. Parece antes ver um além, estranho modo de ver em que, ali mesmo, na palma da própria mão, vê universos indecodificáveis.

---

[261] *Idem*, 2015a.
[262] *Ibidem*, p. 221.
[263] *Ibidem*, p. 113

Nas duas primeiras fotografias, o menino se encontra sentado mirando a mão esquerda, enquanto na direita ele segura dois objetos diferentes – na primeira, um pedaço de madeira comprido e na segunda, uma esfera de argila. O olhar fixo na palma da mão indica que ele vê algo além da palma ou além das linhas presentes nela, é como se algo atraísse seu olhar além de sua própria mão. Na terceira fotografia, o menino está inclinado diante de um barril cheio d'água, cuja superfície forma um espelho d'água. Diante do espelho ele mira a mesma mão esquerda, ignorando sua imagem refletida na superfície d'água. Essa fotografia se diferencia, radicalmente, da obra Narciso, de Caravaggio, pintura que ilustra o mito de Narciso. Este, muito cheio de si, acaba por ser condenado a apaixonar-se pela própria imagem e, ao olhar sua imagem no espelho d'água, deita-se no leito do rio e morre lentamente no ponto em que viu e se fixou na própria imagem. Diferentemente do mito, o menino na fotografia sequer mira a superfície da água, muito avidamente ele aparece na fotografia vendo a palma de sua mão esquerda enquanto a água silenciosamente testemunha o gesto. O menino não se olha, não olha sua mão, ele apenas vê as linhas da mão ou por meio delas.

> Quando digo 'ver mãos', não devemos fiar-nos nisso.
>
> É antes 'olhar' que seria preciso dizer. Pois entre ver e se ver, bem se vê a diferença.
>
> A partir do momento em que há o SE, é de olhar que se trata.
>
> Quando o olhar predomina, é em detrimento de quê?
>
> Em detrimento de ver, como penso que uma criança autista vê, sem ter, nem que seja consciência de ser.[264]

Há aí outro modo de ver, outro modo de referenciar. Existe o simbólico, universo de linguagem, círculo supostamente fechado em que se é banhado e do qual não se sai, ao menos não totalmente. O autista, por sua vez, está na borda, na ruptura, no ponto em que a linguagem é rompida. O autista é aquele que está no "limiar de outro universo". "Nós" por outro lado, "estamos" presos nesse labirinto da linguagem, o que não impede de tecer fios que levam até esse fora. As linhas da infância são esses fios aos quais "nós" podemos nos guiar para fora.

---

[264] *Ibidem*, p. 221.

Outra distinção importante que emerge do trabalho da cartografia é a diferença entre os infinitivos "perorar" (*pérorer*) e "reparar" (*repère*). Contudo, há aí uma questão relevante a respeito da tradução dos termos: na edição brasileira da editora N-1, tais infinitivos foram traduzidos como descrito anteriormente. Resende opta por outra tradução: *pérore* ela traduz como falatório e *repère* como referência; a opção por essa tradução difere da edição brasileira, pois visa dar especificidade ao termo, em que a palavra reparar leva ao sentido de "algo que é localizado – reparado" e induz também ao sentido de *"reparação, de garantir uma compensação a algo que de outra maneira faltaria"*. Completa a autora, *"reparar não marca de maneira clara a centralidade do lugar – do espaço – na construção da tentativa em Cévennes (como também nas tentativas anteriores)*[265].

Tais conceitos radicalizam a importância do espaço na tentativa Cévennes. "Referência" é um termo diretamente ligado à localização e conceitualmente demonstra a importância do espaço no processo de produção de saúde da criança e do autista. Como referenciar não significa representar, está em jogo um espaço não representável, mas que nem por isso se torna um espaço não referenciável. De que modo a criança autista refere-se nesse espaço imperceptível? Criar uma referência fora da linguagem implica deslocar o espaço de sua centralidade, implica multiplicar seu sentido e, portanto, ressaltar a importância de uma espacialização específica que não centraliza, não exclui e separa, não produz subjetividade a partir de um recorte centro-margem, interior-exterior, mas como plano aberto, deslocamento, caminhando, fora.

Contudo, há no termo "reparar" uma dimensão clínico-política relevante. Reparar induz também a pensar em ações para mitigar injustiças e violências cometidas contra as crianças e os autistas, reparar os anos de hospicialização, as violências psiquiátricas e jurídicas cometidas contra esse grupo. Embora Deligny não indique sua relação com o processo de desinstitucionalização, a reparação tem para a clínica do espaço a função de garantir um lugar de viver, um espaço de segurança e proteção. Não basta integrar e incluir a infância e o autismo na sociedade, é preciso fazer a sociedade reparar seus erros e modificar seus modos de representação, alterando e substituindo aquelas práticas que são excludentes, normalizadoras e que violam os direitos desse grupo.

---

[265] "[...] optamos por traduzir de forma diferente da publicada por achar que se a palavra reparar carrega o sentido de algo que é localizado – reparado – carrega também o sentido de reparação, de garantir uma compensação a algo que de outra maneira faltaria. Reparar para nós não marca de maneira clara a centralidade do lugar – do espaço – na construção da tentativa em Cévennes (como também nas tentativas anteriores)" (Resende, 2016, p. 38-39).

Reparar, enquanto um dos conceitos da cartografia, indica a atividade desse modo de ser da linguagem e, como tal, exige do campo de cuidado a formulação de práticas libertárias que operam assegurando direitos para isso que é informulável – o direito de viver fora da linguagem. Os conceitos de reparar (*repère*) e referenciar (*repèrer*) carregam consigo a dimensão clínico-política e afirmam a inseparabilidade entre produção de espaço e produção de saúde. Tais conceitos auxiliam nessa aposta de produzir espaço de acolhimento que seja perspectivado sob o ponto de ver da criança e do autismo e não sejam espaços de socialização, no sentido da reprodução de uma semelhança universal entre os membros da sociedade.

O infinitivo referenciar (*repèrer*) indica o modo de ser da criança autista, uma espacialidade do agir que produz um modo singular de existência, processo este que passa mais pelo espaço do que pela linguagem. Para esses seres que vivem na linguagem interrompida, o espaço é elemento indispensável para sua atividade vital, para criação de pontos de enlace entre a vida e o meio circundante. Luta pela vida, esquiva da morte prescrita.

A outra dimensão clínico-política do conceito reparar (*repèrer*) diz respeito à atividade das presenças próximas, ao modo como sua percepção é afetada pelas linhas imperceptíveis das crianças. Os mapas alteram as formas de ver o autismo e conduzem à construção de uma sensibilidade ao espaço, ao gesto e aos deslocamentos. Perceber é, para as presenças próximas, um agir, trata-se, portanto, de alteração da percepção que sustenta uma prática de manejo do espaço e da subjetividade:

> Quando se trata de reparar, ver-rever-prever são um único infinitivo, tempo ignorado, ausente, e tudo se passa como se houvesse uma persistência retiniana de amplitude diferente da nossa, que nos permite reconstruir o movimento a partir de umas vinte imagens fixas desfilando por segundo, daí o cinematógrafo, ao passo que, no que tange a Janmari, essa persistência atua ao longo de anos. Daí a hipótese necessária de uma memória diferente da nossa que funciona com o homenzinho incorporado não apenas à percepção, mas a todo o rebuliço que labora, resolve e modifica o que se registrou na memória de cada um, que constitui apenas determinada forma na memória.[266]

---
[266] Deligny, 2015a, p. 230.

A persistência da imagem na visão, isso que o autor apresenta como "persistência retiniana", refere-se ao efeito de ilusão de ótica que ocorre quando uma imagem, um objeto, um feixe de luz permanecem percebidos por algum tempo depois que os raios de luz deixaram de entrar no olho. Um exemplo desse fenômeno é a persistência de rastros de luz em deslocamento no espaço, como um pedaço de madeira incandescente em chamas girando num ambiente de pouca luz. O espectador pode acompanhar o rastro de luz se deslocando e, provavelmente, tal rastro permanecerá registrado em sua percepção de modo que com o apagar da chama o rastro permanecerá marcando sua retina como rastro luminoso.

Deligny[267], ao referir-se à "persistência retiniana", está indicando essa percepção dilatada do espaço-tempo ao qual a criança autista está habituada, trata-se da percepção de que o espaço está em primeiro plano. Acompanhar os trajetos é, nesse sentido, ver se constituir no espaço imagens de trajetos que são num só tempo a destituição da linguagem do centro da percepção e a experiência de deslocamento, que é uma espacialidade que se manifesta como deslizamento de imagem em imagem.

Assim, ver-rever-prever ou ver-prever-agir qualifica a prática cartográfica nas áreas de estar e sustentam nessa perspectiva autista aqui denominada "ponto de ver". Tal conceito opera com intuito de suspender a compreensão abusiva, a linguagem que põe em reflexão aquilo que deveria aflorar – o agir. Reparar tem então uma função sobre a percepção e outra função sobre o espaço: esvaziar a percepção de linguagem e agir no espaço de modo a deixá-lo vago de intencionalidade e finalidade. Se há uma finalidade nisso, trata-se de encontrar no infinitivo viver uma aposta radical.

Ao observar que o autista possui uma relação de registro com o espaço, referenciar encontra nas imagens um ponto de ancoragem, imagens que não significam, que são igualmente vazias de representação, imagens selvagens. Em vez de um aparelho de nomear, Deligny[268] demonstra o "aparelho de referenciar" que, em vez de referir-se ao mundo sob o primado do tempo cronológico e da linguagem reflexiva, o autista tem sua experiência fundada sob o primado do espaço.

A criança registraria então imagem e lugar indexados um ao outro: a coisa no seu lugar, o lugar vazio de coisa ou a coisa vazia de seu lugar. O deslocamento de uma dessas camadas (referências) já é o suficiente para

[267] Ibidem.
[268] Ibidem.

instaurar uma crise, uma gritaria, uma automutilação. Entender esse modo de se referenciar leva a um respeito pelo costumeiro. São as referências que garantem que cada coisa esteja no seu lugar ou cada lugar na sua coisa, mas não se trata de compreender isso na interioridade psíquica da memória eidética – na qual se pode localizar a imagem, a forma e a coisa dispostas uma sobre a outra. A experiência da criança é mais aberrante, nem sempre visível, escancarada, materializada na forma de um copo sobre o descanso de copo, o livro na estante de livro, as panelas no armário de panelas... A percepção autista e o modo de referenciar é mais sutil, por vezes, percebê-los é tão mais difícil quanto dizê-los. Essas referências não são óbvias, pois elas estão depositadas no imperceptível, no espaço vago da palavra.

Aqueles que acompanham os autistas nem sempre conseguem localizar esses pontos de referência fora da linguagem. Daí entram os mapas como instrumento de localização dessas referências, como operatória de fazer ver esse outro modo de existência. Refratário à linguagem, o autista se organiza e organiza seu mundo a partir de referências no espaço que lhe vem como uma memória específica – o costumeiro é o modo de organização que garante uma certa estabilidade. Essa organização não é, portanto, normal, organizada tal como pressupõe as ciências da vida (Medicina, Psicologia, Psiquiatria), não é semelhante à "nossa" forma de organizar. Ao contrário, é referenciado por outras leis, as leis do fora da linguagem. O ponto de referência permite à criança encontrar no espaço a oportunidade de registro e localização. Segundo Resende, o aparelho a referenciar opera a partir de dois eixos: "*a possibilidade de se referenciar no território*" e a manutenção da vida a partir do costumeiro e sua singular "*organização espacial*"[269].

A partir daí é possível reverter a ideia de inadaptação: não são as crianças que são inadaptadas ao mundo, é o modo como o mundo é organizado que dissipa esse modo de referenciar da criança. São as faxinas que dissipam as teias de aranha, é o fascismo que dissipa as redes de resistência. À criança não falta a linguagem, pelo contrário, ela vive na linguagem, porém no ponto de sua interrupção, na sua brecha, nessa fissura em que cria um modo de ser referenciado no espaço, modo de ser em vacância da linguagem e, paradoxalmente, fora dela. Em vez de pressupor uma semelhança ou identificar uma falha na estruturação da linguagem, é preciso compreender o "reparar" e a importância do espaço na vida dessas

---

[269] Resende, 2016, p. 286.

pessoas. Diante das dificuldades com o espaço e a linguagem, pressupor uma semelhança e modelar um comportamento pode ser abusivo. Por outro lado, acolher, reconhecer e auxiliar no desenvolvimento de sua singularidade a partir dessas referências é uma ética. Compreendo a limitação do dispositivo clínica do espaço e, mais do que justificar sua falta de "eficácia", quero sustentar a necessidade e a importância de se pensar um outro regime sensível para o acolhimento da singularidade autista.

Em *Nous et l'Innocent* (1975), Deligny escreve:

> O estabelecido não é a lei que é assunto da palavra. O animal humano é de uma espécie particular, tão desprovida por sua natureza que para preencher todas essas lacunas originárias ela se obrigou a conceber sua plena realização, o que é uma ilusão. Ela é ilusão. Que essa ilusão seja necessária a torna tirânica e maledicente. Tudo aquilo que é apenas um efeito de sua existência, ela utiliza para justificar sua necessidade, e as reações contra seu domínio raivoso, ela designa como vindas do fundo da natureza. Tudo aquilo que é efeito de sua ditadura se torna indício de que sem ela e seu poder absoluto, aonde nós iríamos: os filhos matariam seus pais e pegariam suas mães. Vive e perdura a boa soberania que, no entanto, nos leva a massacres monstruosos dos quais os pequenos, ao escutar as histórias, se encontram cobertos de uma glória póstuma! Que a ferramenta tenha se tornado máquina nos indica como a referência tornada signo nos leva ao delírio que é de se tomar por fim.[270]

Referenciar (*repèrer*) deve ser tomado como um infinitivo e não como signo ou vontade de simbólico. Tais pontos de referência funcionam como ponto de ancoragem, baliza que segura a criança nos momentos em que algo vai mal, que sustenta a iniciativa de acolhimento quando a maré ameaça virar. O conceito de "ponto de ver" qualifica então a percepção do cartógrafo, do acompanhante, para que ele possa apreender a reparar nesses pontos, de garantir o primado do espaço em relação ao signo. Se a criança autista não faz referência, se ela não as cria, é provável que ela viva angustiada, agoniada e as automutilações sejam mais frequentes e nocivas. Por isso, em se tratando do acompanhamento de qualquer autista – adulto ou criança –, não está em jogo modelar o comportamento dela para o futuro, mas de dar alguns passos atrás e entender essa dinâmica relação do espaço com a subjetividade.

---

[270] Deligny, 2007, p. 721.

A criança encontra no espaço uma via para suportar a angústia e a invasão daquilo que vem do campo da linguagem. Os ataques lhes chegam por todos os lados: coisas, afetos, objetos, ambiências, presenças que lhes invadem de maneira violenta que até mesmo as boas intenções invadem o corpo autista. Tudo toca o corpo da criança, de modo que o cotidiano das áreas de estar, as coisas e os objetos perdem sua função, finalidade e uso tradicional e passam a ser vistos pelo ponto de ver.

> Sucede que, para quem viveu perto de crianças autistas, uma porta não é uma coisinha de nada. E foi até de olhar o que acontecia com as maneiras de ser dessas crianças em relação às portas que nos veio esse termo costumeiro, que persiste em nossa gíria.
>
> Que uma porta seja aberta e dê passagem, isso ainda passa. Mas é peremptória a exigência – comum a grande número dessas crianças – de que ela volte imediatamente a ser fechada. Esse é o fato, que dá margem a uma proliferação de significações. No entanto, se aceitarmos a hipótese de que a porta possa ser algo de absolutamente real, esse agir comum de voltar a fechá-la indica simplesmente certo respeito para com o real como ele é; não que cada coisa tenha seu lugar, como se diria de um objeto; a coisa e o lugar da coisa são a mesma coisa.[271]

Para exemplificar essa relação intensiva com o espaço, ele conta a história de uma família que frequentava as áreas de estar e que costumeiramente passava por uma mesma estrada até que em uma certa ocasião fizeram outro percurso:

> Crianças autistas vêm e retornam aqui para uma estada e, por vezes, vêm de longe, daí um longo trajeto de carro. Após uma primeira estada e, portanto, um primeiro trajeto de carro até aqui, a criança que retornara à casa vem aqui de novo para outra estada. Várias vezes sucedeu que, por ocasião do segundo trajeto de casa até aqui, a criança manifestasse uma aflição que provocava um drama. De início, tudo corria bem; de repente...
>
> Deixo-os imaginar o que os pais podiam pensar sobre isso, quer o expressassem, quer não. Onde mais se poderia situar a causa da aflição senão na intenção da criança, em seu

---

[271] *Idem*, 2015a, p. 226.

não querer sair de casa, não querer afastar-se dos pais, ou em seu susto antecipado diante desse alhures aonde a faziam voltar.

Mas o que se verificou, e praticamente a cada vez – e a cada vez a criança não era mais a mesma –, foi que o carro não havia feito um trajeto exatamente idêntico ao da primeira viagem. A partir do primeiro trajeto abandonado, por causa de congestionamento na estrada ou por algum outro desvio, ou para iniciar outro percurso, a aflição explodiu. Reparar é ver-rever-prever.[272]

Em outra situação, Deligny relata um gesto que foi traçado por um menino autista, gesto que lhe é constrangedor. Durante uma visita em que duas pessoas vieram até Cévennes para saber um pouco mais sobre a tentativa, o autor se encontrava sentado em sua mesa, preparando-se para receber visitas; com tapinhas aqui e ali ele limpa a superfície atulhada da mesa enquanto o menino estava presente, autista, muito provavelmente reparando todo o ambiente de maneira não intencional. Com a chegada das visitas o menino sai, voltando algum tempo depois e ainda durante a conversa, e realiza seu gesto disruptivo atirando um monte de lama úmida sobre a mesa não muito longe daquela superfície em que antes havia sido tapeada por Deligny. Surpreendentemente, no meio da lama se encontravam os pedaços de um cinzeiro de argila que quatro anos antes ocupava aquele mesmo lugar, onde a mesa havia sido tapeada e agora se encontrava o monte de lama. O constrangimento é tamanho que não há outra coisa a fazer senão recolher a lama e reparar as surpresas trazidas. Este é um exemplo de linha de errância, traçado que quase sempre se mostra por gestos que não podem ser entendidos completamente, gestos que preservam o fora do sentido e que não podem sofrer o *"labor daquilo que a gente se diz"*[273].

A cartografia mostra que o menino devolveu à mesa uma qualidade que antes estava marcada nela – mesa, cinzeiro, mão, gesto, deligny[274]. O que teria provocado esse agir? Sabotagem do menino de sujar a mesa? Será

---

[272] *Ibidem*, p. 231.
[273] *Ibidem*, p. 139.
[274] Escrevo aqui o nome do autor em minúsculo para ilustrar a posição do autor: "deligny" é somente mais uma coisa sobre esse espaço, embora sua presença seja vívida e pulsional, diferente do cinzeiro e das folhas de papel, tudo nessa cena é tomado como coisa-espaço-objeto onde "deligny" é coisa-fumante-escrevente--falante. É importante notar que nessa perspectiva espacial do "reparar" as qualidades das coisas se sobrepõe restando somente sua dimensão minoritária.

que se pode pressupor esse querer? Teria sido uma provocação a alguém? Esse gesto não significa. O "EU" não provocou nada *"nem desafio, nem chamado, nem incitação"*[275]. Palavra alguma dará nome a isso que "desencadeia" o gesto. Se tal acontecimento for visto pelo ponto de ver, faltava à mesa a sua coisa. Como explicar que esse menino pudesse encontrar esse cinzeiro há muito desaparecido? Não há premeditação, o que existe é o agir e o espaço, duas importantes dimensões da vida.

Quem está habituado a conviver com crianças autistas pode observar que nem sempre dá para saber o que influencia o agir, a mudança de humor, a inquietação, a agitação e os gestos mais bruscos de se bater. Esse saber não é prévio e nem suposto, pois trata-se desse outro mundo ao qual não se pode ver de antemão, mundo ao qual é preciso tatear, reparar e acompanhar linhas que, tal como rastros da luz, deixam rastros.

O gesto não tem sujeito, não tem autor. Dizer que a criança quis atirar aquela coisa naquele lugar implica dissipar esse outro modo de referenciar. Ali o sujeito não é autor da ação e responde ao movimento que é afetado pelas forças que atraem os gestos e a atividade cartográfica da criança. Esse plano cartográfico da dimensão espacial da subjetividade é fora do sujeito, o gesto é agido e não autor da ação. Sendo o espaço plano de forças primitivo de grandeza maior que o sujeito, o agir torna-se memórias de espécie – ver-prever-agir são um único instante. Que os seres falantes, em especial os adultos, percam relação com essa memória primordial e espacial, é possível crer, contudo não se pode negar que a criança mantém relação de atração com esse outro universo fora da linguagem. Negar a existência desse espaço fora do sujeito, desse outro modo de referenciar, é excluir a dimensão mais primitiva do humano, pois o gesto e a relação com o fora da linguagem não é exclusividade da criança ou do autista, é uma dimensão primordialmente humana:

> Mas o que é violado nesse agir é a lei segundo a qual toda infração tem um autor que pode e deve ser identificado.
>
> Imagino um juiz de instrução em busca de um culpado: esse suposto "ele" que transportou o monte de lama teve cúmplices que não poderiam ser mais involuntários, ainda que não seja possível denominá-los inconscientes: quem fez o cinzeiro de argila, quem o quebrou, quem jogou seus cacos no forno e quem bateu na mesa, algo que ele não

---

[275] *Ibidem*, p. 141.

teria feito se outros ali não o tivessem questionado. Por aí se vê como advém o agir notado cujo autor, a bem dizer, é todo um 'individuo' que não poderia ser mais 'comum', que não se identifica com nenhuma 'pessoa passível de ser reconhecida como tal', e que escrevo como N, 'o chapa' distinto, Nós.[276]

Referenciar (*repèrer*) é a conjunção entre agir e espaço, modo de compor em que viver é espacializar. É como a aranha que busca um canto da parede para tecer sua teia. Se a aranha é posta numa superfície que a impede de se alojar, localizar, referenciar, ela não encontrará no espaço um ponto adequado para sua atividade vital. Isso vale também para a criança autista, se ela é muitas vezes impedida de traçar suas linhas, se sua diferença assusta e incomoda as pessoas ao redor, dificilmente ela conseguirá se referenciar.

Em sua articulação entre a cartografia e a etologia, Deligny[277] refere-se à situação do patinho que, quando filhote, foi privado de nadar. Muito pouco habituado a outra forma de ser, seja galinha ou águia, sem o espaço da poça d'água, o patinho não pode exercer aquilo que lhe é próprio. Referenciar/reparar tem, portanto, sentido ético de produzir um espaço de acolhimento, espaços de vida perspectivados pela singularidade de cada modo de existência. Criar espaços com respeito absoluto a essa diferença, em se tratando de comum entre o humano e a linguagem, implica em respeito profundo a esse modo humano primordial de espacializar a existência. Contra os ditames da linguagem, uma ética dos espaços.

> Para sermos ainda mais simplistas, se reparar-agir constituem infinitivos primordiais, são então comparáveis ao que nadar representa para o patinho.
>
> Se não houver água, esse nadar não aflorará ao manifesto, à falta do ali indispensável, e o patinho aparecerá como é, pouco talentoso para correr e bicar o solo com o bico.
>
> Isso para dizer que os infinitivos primordiais só têm lugar, como se diz, se o lugar – *topos* – o permite.[278]

Esse primordial não diz respeito ao tempo da origem perdida, o tempo é dilatado em prol da espacialidade do agir que encontra no espaço

---
[276] *Ibidem*, p. 143.
[277] *Ibidem*.
[278] *Ibidem*, p. 232-233.

fora da linguagem o berço de seus agires. Esse primordial diz de uma ramificação do humano, uma dentre tantas raízes que, por ser primitiva, não compõe com a vida em sociedade, pois é primordial em sua constituição. A socialização, a construção da semelhança universal em torno da linguagem, dissipa esse modo aguerrido da vida que se localiza por referências.

A resistência autista passa primeiramente pela luta por existir para, depois, no costumeiro, persistir. Portanto, quando se fala desse primordial, não me refiro a ele como ponto de origem, uma identidade arcaica, mas ao ponto de persistência na vida em sua multiplicidade. Sem espaço não há como a vida proliferar. O primordial é então esse infinitivo verbal que faz com que a vida persista, é o verbo espacializado em gesto e trajeto que tantas crianças e autistas resistam às violências institucionais praticadas contra elas. Lutar para ser no espaço é algo que está para além dos autistas, é um gesto infinitivo que faz com que povos inteiros lutem por garantia de direitos humanos básicos, como é o caso da luta dos indígenas brasileiros que lutam pela demarcação de suas terras. O espaço primordial da vida atrai os gestos de persistência e, mesmo que tudo na sociedade vá contra sua singularidade, seu traçar persiste a despeito das ideologias.

No exercício cartográfico de Cévennes, a visibilidade oferecida pelas transparências mostra que em diferentes mapas e em diferentes épocas há uma similaridade nesses trajetos. Os mapas fazem ver essas referências criadas no espaço onde habitam outras crianças e flagram o aparecimento de outras eras, outros mundos, universos inacabados, provisórios, sempre em devir. Diante do tempo dilatado, o espaço surge como ponto de sustentação do ser humano. Não é a linguagem, a lei, a sociedade que assegura a existência do humano. É preciso mais que isso, é preciso um acolhimento desse primitivo para que a semelhança não seja tomada como projeto. A ética da cartografia mostra que o mais primitivo do humano é sua relação com o espaço. É preciso lembrar sempre, antes da palavra, o traçado, a rede.

A cartografia retira o homem-que-somos da centralidade da percepção e localiza um novo modo perceptivo, isto que se designou como referenciar/reparar ou ponto de ver. Ela permite às presenças próximas criar uma sensibilidade ao ponto de ver do autista e respeitar isso que é mais profundamente humano, a relação com o espaço fora da linguagem. Para evitar a desorganização da criança é preciso respeitar sua organização aberrante e não exigir dela uma norma universal.

A criança encontra no espaço uma via para suportar a angústia e a invasão daquilo que vem do campo da linguagem. Os ataques lhes chegam por todos os lados: coisas, afetos, objetos, ambiências, presenças que lhes invadem de maneira violenta. Tudo toca o corpo da criança. No cotidiano das áreas de estar, as coisas e os objetos perdem sua função e finalidade e passam a ser vistos pelo ponto de ver. Balançar, sacudir as mãos, revirar os olhos, gritar, cantar ou soprar consoantes são gestos e agires comuns à criança, ao autista e a diversas etnias humanas. Estes são modos de funcionar, de localizar, referenciar, pôr o corpo no mundo. Dissipar essas manifestações, seja com modelação de comportamento ou contenção química, é um erro grave. A criança constitui referência através de seus gestos, retirar este seu direito é violá-la. Não existe nessas manifestações defeito ou anormalidade (cognitiva, genético, cerebral), o que há é uma diferença: em vez de se situar no tempo, situa-se no espaço; em vez da palavra, o gesto. O gesto ganha então um sentido espacial e ontogenético, da ordem da produção de uma saúde fora da norma. Gesto é gestar, de modo que esse balançar das mãos não é um problema para a criança, é o ponto em que ela gesta o mundo.

A publicação da obra *Journal de Janmari*, produzido por Gisele Durand[279] e pela editora *L'Arachnéen*, reúne centenas de traços e traçados feitos pelo próprio Janmari. A obra possui uma delicadeza importante, constitui um respeito profundo a Janmari e é uma tentativa de demonstrar essa vivacidade daquele que é refratário à linguagem. O livro dá imagem ao gesto e o traçado, transpondo a linguagem, fazendo ver essa brecha que Deligny[280] nomeia como "linguagem interrompida" ou "vacante". Tanto na obra de Deligny quanto no *Journal Janmari*, aparecem esses sucessivos traços que formam um círculo entre aberto ou um cerco. Em determinado ponto desse traçado, há uma abertura, uma pequena interrupção da linha circular que dá lugar a um limiar e a um fora. Isso faz aparecer uma linguagem que não é toda, circular, representativa, concêntrica, fechada sobre si. O traço em questão não é desenho, não é um brincar de escritor e, mesmo se fosse, não se trata de interpretá-lo ou atribuir um sentido a ele. As centenas de traços feitos por Janmari indicam não um significado, mas essa abertura de onde emerge o traço: o que escreve? A intenção do sujeito Janmari? De onde vem esse traço?

---

[279] DURAND, G. **Journal de Janmari**. Paris: Éditions L'Arachnéen, 2016.
[280] Deligny, 2015a.

Onde se vê que esse termo autor, nesse caso, não responde àquilo que o dicionário propõe: 'pessoa que é a primeira causa de uma coisa, que está na origem de uma coisa'. Como você quer que, depois de uma tal definição, cada um não se tome pelo bom Deus. Como seria possível que uma 'coisa' se originasse de uma pessoa? Eu mesmo, escrevendo esse texto do qual eu sou, então, o autor, vê-se bem de onde se origina essas linhas: de duas coisas que fazem uma, traços dos trajetos e 'traçar' que são traços da mão, mas é verdade que ao traçar essas linhas, nossa mão está aí. Isso quer dizer toda linha traçada se origina da mão? Sim e não, pois, enfim, é todo um corpo que se pôs a saltitar segundo os desvios, em relação aos quais se poderia pensar que o projeto que os sustenta, isso que aparece manifesto, é o de buscar um acordo com esse 'traçar', traços da mão, emanados do mesmo indivíduo. Esse acordo, eventualmente notável para aqueles que se emocionam ao percebê-lo, e se espantam, eu digo a mim mesmo que ele não ultrapassa as bordas (do entendimento), mas que ele vem desse fora tão atraente, nem que seja porque o horizonte, avançando na medida em que avançamos, é verdadeiramente de infinito que se trata, enquanto que, bordeados que nós somos pelo verbo, nos é necessário escrever: infinitivos, traçar não sendo o menor deles, onde se trata de inovar totalmente, por inadvertência, nem que seja um desvio, onde aparece que se trata de outra coisa totalmente diferente do que ir por ele, aí, mas sim de fazer aparecer o traço desse trajeto comparável então ao traço inscrito pela mão de quem andou o trajeto. Onde está o autor, em todas essas manobras? Ele desaparece, apagado como se apaga a ideia de que a arte é representar.[281]

O *Journal de Janmari* é semiótica desse traçado da subjetividade fora do sujeito que indica outro modo de ser, fora da linguagem. São as linhas de um rizoma, as teias do enlace entre a vida humana e o espaço fora da linguagem. Desse emaranhado de Janmari com o mundo é preciso se aproximar, dali vem o mais humano, aquilo que é mais próximo e mais distante ao mesmo tempo.

Nesta obra, a linguagem toma a forma de um anel interrompido, cuja abertura expande a vida em direção ao fora, futuros outros, imprevisíveis, sem finalidade e sem ponto de chegada, infinitivo. Ao mesmo tempo, o fora da linguagem é a noite, a escuridão, a queda da consciência que tudo ilumina, tudo nomeia, a escuridão na qual relâmpagos mostram

---

[281] *Ibidem*, p. 150.

os caminhos. É o ponto obscuro onde "nós" mesmos "caímos", o outro lado da linguagem, o espaço do *nonsense*. Radicalizar a aposta com os autistas implica extrair dessa abertura um fio para que seja possível criar o mundo permanentemente e não apenas aceitar o mundo que já existe ou adaptar-se aos empuxos da época.

A riqueza estética e criativa desses gestos é como as ondas de radiação que atravessam o espaço-tempo e são colhidas por dispositivos aptos a captar esses fios luminosos que compõem a vida e a morte, a linguagem e seu fora. Janmari é o guia nessa imersão. Suas mãos contêm o futuro, as fagulhas que abrem o presente para outros universos possíveis.

Numa leitura tropical da obra de Janmari, lembro-me da canção *Clube da Esquina Nº1*, que conta que nas suas mãos de um menino mirando a noite perto da porteira há gestos infinitivos que indicam o gestar, o produzir, o criar. Com suas mãos ele faz ver o mundo a partir dessa outra parte, o lado de fora, a linguagem é interrompida, a noite escura. Nesse ponto encontram-se as pistas para um futuro que escapa:

> Noite chegou outra vez de novo na esquina / Os homens estão, todos se acham mortais / Dividem a noite, Lua e até solidão / Neste clube, a gente sozinha se vê, pela última vez / À espera do dia, naquela calçada / Fugindo pra outro lugar / Perto da noite estou / O rumo encontro nas pedras / Encontro de vez, um grande país eu espero / Espero do fundo da noite chegar / Mas agora eu quero tomar suas mãos / Vou buscá-la aonde for / Venha até a esquina, você não conhece o futuro / Que tenho nas mãos / Agora as portas vão todas se fechar / No claro do dia, o novo encontrarei / E no Curral del Rei / Janelas se abram ao negro do mundo lunar / Mas eu não me acho perdido / No fundo da noite partiu minha voz / Já é hora do corpo vencer a manhã / Outro dia já vem e a vida se cansa na esquina / Fugindo, fugindo pra outro lugar, pra outro lugar[282]

2.9 PERCEPÇÃO E ESPAÇO FORA DA LINGUAGEM

A cartografia é tomada aqui como estratégia clínica-política cujo exercício permanente consiste em desviar do vetor de semelhantização que homogeneíza os processos da infância e do humano. Ao demonstrar o "referenciar" como outro modo de subjetivação, uma subjetividade

---

[282] BORGES, M; BORGES L; NASCIMENTO, M. **Clube da Esquina**. EMI Records Brasil Ltda, 1970.

que não está interiorizada na linguagem e sim localizada na dimensão espacial da subjetividade, Deligny[283] mostra que essas crianças persistem no espaço por meio do agir.

A subjetivação da criança autista está, portanto, situada no espaço. A partir disso, as presenças próximas assumem a cartografia e aperfeiçoam-na como ferramenta, como modo de perceber o espaço e o movimento das crianças e com isso manejar de modo a permitir à criança criar a si mesma. A clínica do espaço, inspirada na cartografia de Cévennes, pensa a percepção cartográfica como operadora dessa alteração da visão consciente em prol da percepção descentralizada do sujeito e distribuída no espaço. Perceber é captar movimentos que vêm do espaço, da margem da linguagem e permanece nela como indizível e invisível. A cartografia não é representação, mas tentativa de acompanhar esses movimentos.

Como visto, as reuniões entre Deligny e as presenças próximas resultaram em manejo do espaço e acompanhamento dessas linhas. Perceber é aí ver-prever-agir, abertura e disponibilidade a tudo que vem de fora da linguagem. Esse tipo de atenção cartográfica é um modo de estar presente, ser presença, inclinar-se sobre o ponto de ver. Para investir nesse estado de atenção para os movimentos no espaço e as linhas do mapa, Deligny[284] refere-se ao cinematógrafo – aparelho que capta imagens em instantes e o reproduz em sequência como movimento e foi muito utilizado pelos irmãos Meliés no início da história do cinema. Aqui o percebido não se consolida em sentido fechado, mas coloca em movimento a atividade cartográfica. Para a clínica do espaço, o telescópio é também interessante, visto que ele capta a luz em longa exposição, captando os movimentos dos abismos de eras passadas, os primórdios do espaço.

A percepção cartográfica vê o espaço em sua multiplicidade, movimento entre o corpo e o espaço. As áreas de estar, por serem manejadas do ponto de ver, indicam que existe ali um ponto referenciado no fora da linguagem, num espaço outro alheio a "nós". Referenciar/reparar se torna então modo de perceber e respeitar o espaço nessa sua abertura. Esse outro espaço está presente e ausente nesse mundo, está aí e não está ao mesmo tempo. Faz-se presente e ausente no mesmo instante, surge invisível e indizível, contudo referenciável do ponto de ver da criança autista. Embora seja fundamental para o humano, sua localização deve permanecer

---

[283] Deligny, 2015a.
[284] *Ibidem*.

distante, intocada, é o vago que precisa permanecer como tal para que a linguagem não o dissipe as reparações. O espaço fora da linguagem é o espaço entre a vida e a morte, o ruído e o silêncio, o interior e o exterior. Quando digo que para pensar esse espaço foi preciso que Deligny percorresse sua trajetória do institucional para fora das instituições, chegar a Cévennes não lhe bastou. O fora ainda estava lá, alhures, e é em respeito a isso que resiste a domesticação simbólica que ele orientou seu trabalho.

As décadas de acompanhamento de crianças autistas resultaram na formulação teórica e prática que conjuga os mapas e a escrita como uma prática sobre o espaço, o movimento e a presença. Ao propor que a cartografia buscasse o ponto de ver das crianças autistas, realizou-se um longo trabalho de tratamento da percepção. Deslocar o homenzinho do centro da percepção e priorizar *o estar* no lugar do *ser*, disponibilidade que dá privilégio ao espaço e ao movimento:

> Sucedeu que o acaso nos ajudasse: toda veleidade de utilização do aracniano – fosse qual fosse a finalidade desse uso – fazia-o desaparecer, tanto é que se a liberdade é consciência da necessidade, ainda assim é preciso compreender, nessa necessidade, a de respeitar o aracniano – e, portanto, de percebê-lo, o que não é pouca coisa.[285]

A pergunta que emerge é: como perceber o que é imperceptível? Como perceber aquilo que está ausente? Como é perceber o espaço fora da linguagem? Perceber é aqui um termo muito valioso. Segundo Guattari[286], Deligny não criou uma instituição para crianças autistas, ao contrário, criou um modo de perceber e se afetar pelas linhas da infância:

> Ele tornou possível que um grupo de adultos e de crianças autistas pudessem viver juntos segundo seus próprios desejos. Ele agenciou uma economia coletiva de desejo articulando pessoas, gestos, circuitos econômicos e relacionais etc. E muito diferente do que fazem geralmente os psicólogos e os educadores que têm, a priori, uma ideia a respeito das diversas categorias de "inválidos". O saber, aqui, não se constitui mais no poder que se apoia em todas as outras formações repressivas. A única maneira de 'percutir' o inconsciente, de fazê-lo sair de sua rotina, é dando ao desejo o meio de se exprimir no campo social. Manifestamente,

---

[285] *Ibidem*, p. 40.
[286] GUATTARI, F. **Revolução Molecular**: pulsações políticas do desejo (1977). São Paulo: Ed. Brasileirense, 1985, p. 66.

> Deligny gosta das pessoas chamadas de autistas. E estas sabem disso. Assim como aqueles que trabalham com ele. Tudo parte daí. E é para aí que tudo volta. Desde que somos obrigados por função a cuidar dos outros, a 'assisti-los', uma espécie de relação ascética e sadomasoquista se institui, poluindo em profundidade as iniciativas aparentemente mais inocentes e mais desinteressadas.[287]

As áreas de estar não constituíam espaços clínicos onde o terapeuta agia sobre a criança de modo a revelar seu inconsciente, portanto não percebiam o inconsciente da criança individualmente. Perceber o inconsciente é, neste caso, percuti-lo, fazê-lo soar, tocar e ser tocado. Isso soa, ressoa e, como um tambor, reverbera no espaço aberto, na exterioridade das áreas, no espaço comum entre os corpos, nas margens da linguagem. Se há uma clínica para isso que dá vida é fora da linguagem, essa clínica age sobre o espaço e não sobre os indivíduos.

Tal percepção pode ser vista como disponibilidade das presenças próximas em serem percutidas por essas linhas de errância. O acompanhamento não implica olhar e seguir a criança com o olho, trata-se mais de um ver de corpo inteiro, percepção entregue ao espaço e ao movimento, gesto de perceber que é precipitado pelos devires do próprio espaço. Para o cartógrafo, a passagem do estado sensível do movimento para o gesto de traçar os mapas não configura uma transcrição ou uma representação do movimento, mas consiste em fazer ressoar as linhas e os trajetos experimentados ao lado das crianças.

Perceber e cartografar consistem, portanto, em ser disponibilidade em ser tocado pelo aracniano. Perceber não é procurar por ele, pois isso incorreria ao risco de miragens, projeções, faxinas. Perceber tem um sentido percussivo e tátil; é uma sensibilidade que se desprende dos sentidos primordiais do homem tal como o olhar, a imagem-sujeito, a linguagem-sujeito. No lugar do ponto de vista, propõe-se outra sensibilidade: qual o som desse ruído? Qual o rumor desse gesto? Qual a trajetória dessa linha? O percebido é, portanto, observação que não se fecha na convicção, na verdade ou na confirmação de uma forma conhecida, um sentido premeditado. Perceber é estar aberto ao fora do sentido, à linguagem interrompida.

---

[287] *Ibidem*, p. 66.

Guattari[288] parece jogar com as palavras de seu colega e produz essa confluência entre percebido e percutido. Mostra que os espaços criados por Deligny são produzidos pela percepção-percussiva. A constituição das áreas de estar é efeito desse cuidado com a percepção, o cuidado com o espaço, o manejo do modo de estar presente nele e no modo de perceber o fora da linguagem, sua interrupção. Deligny descreve a linguagem interrompida como esse ponto em que ela se abre, se interrompe, faz fronteira e inaugura uma margem. A criança autista habitaria o entre mundo, não totalmente fora, mas na interrupção, estrangeiro ao centro.

Em *Esse ver e o olhar-se ou O elefante do seminário* (1976), ele traça um desenho que identifica como bússola, desenho este em que descreve como ocorre o trabalho com os mapas. Referindo-se à linguagem como um anel incompleto, como um "O" mal fechado, ele designa a *"linguagem vacante, linguagem 'em falta, na falta da linguagem"*[289]. Em outro texto, "O agir e o agido" (1978), traça outro esquema para designar a bússola que orienta o trabalho nas áreas de estar. Encontra-se aí o grande círculo interrompido da linguagem: "[...] *o grande anel do uso da linguagem, interrompido em a*[290], *estando o homenzinho autista para além da ruptura, sendo falado/pensado por cada um de nós, isto é, por s, que evoca o SE de dizer-se*"[291].

Isso que ele designa como bússola forma uma importante imagem para pensar a linguagem interrompida, essa definição ressoa o conceito de "espaço indecomponível" para compreender o fora da linguagem, esse em que a linguagem é interrompida. Deleuze e Guattari[292] apresentam o "espaço indecomponível" como ponto que conjuga disjunções e sustenta o contraditório, porção do espaço que resiste às sínteses provisórias e insuficientes e *"substitui o uso exclusivo e limitativo da síntese disjuntiva por um uso afirmativo"*[293]. Portanto, tal espaço é permanentemente uma disjunção, é margem e fronteira, ao mesmo tempo em que é o seu fora absoluto. O espaço indecomponível, afirma os autores:

---

[288] *Ibidem*.
[289] Deligny, 2015a, p. 129.
[290] Deligny monta um esquema desenhado onde designa pontos e comenta cada um desses. Existem pontos que indicam a linguagem, como é o caso do uso da letra *a*, assim como existem pontos como *c* que designam o ponto de ver ou o *i* que indica o agir de iniciativa. Para mais detalhes, conferir a página 140 (*Ibidem*).
[291] *Ibidem*, p. 139.
[292] Deleuze; Guattari, 2011.
[293] *Ibidem*, p. 106.

[...] está e permanece na disjunção: não suprime a disjunção identificando os contraditórios por aprofundamento; ao contrário, ele afirma a disjunção por sobrevoo de uma distância indivisível [...]. Não identifica dois contrários a um mesmo, mas afirma a sua distância como aquilo que os relaciona um ao outro enquanto diferentes. Não se fecha sobre os contraditórios; ao contrário, ele se abre e, como um saco cheio de esporos, solta-os como a outros tantas singularidades que ele mantinha indevidamente encerradas, dentre as quais ele pretendia excluir umas, reter outras, mas que agora devêm pontos-signos, todos afirmados na sua nova distância. Sendo inclusiva, a disjunção não se fecha sobre seus termos; ao contrário, ela é ilimitativa.[294]

Isso permite dizer que a proposição do conceito de "linguagem interrompida" afirma essa distância entre a linguagem e seu fora como distância indecomponível, que só se passa por saltos, por gestos, átimo de segundo em que a mão inicia e termina um mesmo gesto. Ponto em que o tempo é suspenso e existe apenas um mínimo espaço, um mínimo gesto. A cartografia é um modo de perceber esse espaço indecomponível entre a linguagem e a não linguagem, entre o espaço e a percepção.

Cartografar é tornar a percepção aberta a esse fora da linguagem, é a espacialização radical da percepção operada pelo agir das crianças. Como perceber esse outro espaço que exerce influência e atrai os gestos e trajetos das crianças? Perceber é ser tocado pelas linhas que no espaço deslizam como cordas de um acorde dissonante, acorde este que conjuga o comum e o fora do comum. As linhas são um convite à formulação desse acordo entre corpo, espaço e percepção e, consequentemente, um novo arranjo daquilo que se entende como humano e humanidade. Tais linhas tocam, pode-se dizer assim, "percutem". Percutir é uma estranha maneira de perceber o fora e ressoá-lo, uma dimensão tátil e musical da percepção. É o ruído do desconhecido, o rumor do fora do sentido e dos movimentos para além da linguagem. Perceber e percutir implicam a indissociabilidade entre espaço e agir.

Assim, perceber é, nos termos de Deligny, ver através das formas instituídas e ressoar aquilo que afeta e faz aparecer essa interrupção, o espaço indecomponível entre a linguagem e o espaço fora da linguagem. Essa percepção não sintetiza o sentido, mas explora sua ilimitação, é arrastada pela indefinição até o limite em que o sujeito da percepção escapa

---

[294] *Ibidem*, p. 106-107.

para além de si mesmo, dando lugar à experiência com o imperceptível, com o gesto mínimo, com o aracniano.

Em *Cahiers de l'aire*[295], nº 1, de maio de 1969, Deligny escreve:

> Aqui e lá, a todo momento, tem lugar, pequenos acontecimentos, que não são nem percebidos. São aqueles que escapam ao dito instituído... percebe-se, através dos reditos ou das extravagâncias, as mil e uma cores de uma revolta sombria ou manifesta contra aquilo que ameaça uma causa comum.[296]

Perceber o espaço fora é então saber ver o espaço descompactar-se, escamar suas superfícies, esgarçar suas camadas, partir suas moléculas e abrir-se até o ponto em que somente se vê o abstrato, as multiplicidades. Contudo, essa dimensão imperceptível do espaço fora da linguagem pode ser sentida e percebida: ver e olhar se aproxima da discussão acerca do perceber e do percutir, tal problema sugere que uma investigação mais detalhada sobre a percepção se faz necessária.

Deleuze[297] distingue o ótico e o háptico, o primeiro se caracteriza pela organização do campo em figura e fundo, fazendo saltar em planos diferentes o objeto e o fundo. Assim, o olhar ótico instala o primeiro plano criando uma hierarquia entre figura e fundo, operando um corte que distingue sujeito e objeto, figura e fundo. O sentido háptico, por outro lado, não corresponde a essa organização representativa entre figura e fundo. Os elementos se dispõem lado a lado, localizando-se num mesmo plano. O sentido de háptico é relativo a tato, proveniente do grego *haptikós*, que designa aquilo que é para ser tocado, aquilo que é sensível ao tato. A partir disso, é como se o olhar pudesse deixar de ver as formas, distingui-las e hierarquizá-las e pudesse ser tocado por aquilo que se dá a ver, faz-se perceber:

> Todo sentido possui, em princípio, uma virtualidade háptica que pode ser atualizada. Nesta medida, o conceito deleuziano de percepção háptica busca dar conta da experiência com a arte, independente de qual o sentido envolvido. Haveria então uma visão háptica, assim como uma escuta

---

[295] Os *Cahiers de l'Aire* foram publicações coletivas editadas entre 1969 e 1972 como meio para divulgar o trabalho realizado pelo grupo em Cévennes. A revista resultou em oito publicações diferentes e estão disponíveis no acervo do Imec.

[296] Deligny, [1969] *apud* Resende, 2016, p. 232.

[297] DELEUZE, G. **Francis Bacon**: lógica da sensação (1981). Rio de Janeiro: Jorge Zahar Ed, 2007.

> háptica ou um tato háptico. A visão pode ser háptica e o tato pode ser ótico. O tato pode ser ótico se quer só substituir a visão e é háptico ao perceber movimentos intensivos, ritmos e forças emergentes.[298]

A cartografia configura, então, uma percepção tátil e sensível; percepção imediata do espaço, visto que estar no espaço implica ser tocado por tudo aquilo que nele há, coisas perceptíveis e imperceptíveis, coisas moventes e imóveis. A cartografia se torna ferramenta e procedimento para abrir o corpo à dimensão espacial da subjetividade, é, portanto, exercício de corpo aberto ao espaço, corpo perceptivo e tátil. Perceber, neste caso, implica se transformar por e através da provocação que no espaço emergem, transformar-se por meio daquilo que é sentido e percutido. As linhas dos mapas não são interpretáveis, elas são antes coordenadas para outros mundos possíveis, aberturas para universos desconhecidos. O cartógrafo deixa de ser uma presença passiva e contempladora e entra numa experiência estética na qual seu corpo é tocado pela dimensão intensiva do gesto e do trajeto da criança, pelas forças que emanam desse fora, da linguagem interrompida.

O fora da linguagem é então um plano de força abstratas e não é propriamente uma forma ou uma imagem de contornos nítidos. Nem mesmo a fronteira entre a linguagem e seu fora é nítida, tudo está em movimento. Deleuze e Guattari[299] propõem a distinção entre percepção molar e molecular, ressoando a distinção entre ver e olhar feita por Deligny. Para os autores, a percepção molar consiste no olhar que procura as formas visíveis e reproduzíveis, que delimita segmentos bem determinados, como interior e exterior, eu e outro, sujeito e objeto, e os localiza por oposição. A percepção molar acumula e retém o sentido numa forma preconcebida, institucionalizando a imagem e a linguagem em sínteses rigorosas. Com isso ela busca estabilizar o percebido, evitando afetar-se com aquilo que vê, optando por ficar no reino das formas conhecidas.

A percepção molecular, diferentemente, capta as coisas em movimento. Ela não estabiliza o percebido, mas pressente os devires e com ele conjuga seus fluxos; se o que se percebe são formas, é para acompanhar sua mutação, fazê-las chegar às bordas de uma imagem que se arrasta até o infinito. A percepção molecular é o tipo de percepção em que os

---

[298] KASTRUP, V. O funcionamento da atenção no trabalho do cartógrafo. *In:* PASSOS, E; KASTRUP, V; ESCÓSSIA, L (org.). **Pistas para método da cartografia**. Porto Alegre: Sulina, 2015, p. 79.

[299] Deleuze; Guattari, 2017.

segmentos do mundo se conjugam com fluxos perceptivos, formando um plano fluido da percepção que conjuga formas conhecidas com a variabilidade do meio. Em se tratando do acompanhamento de crianças autistas, a percepção molecular acompanha seu movimento não para intervir nele com finalidade de modelá-lo ou encaminhá-lo, mas para acompanhar a criança na abertura de limiares e fronteiras, na exploração concreta do espaço e sua fronteira com o fora da linguagem. Tal gesto de acompanhamento é clínico-político, na medida em que afeta a clínica, em sua instituição normalizadora, e afeta também a criança em sua atividade cartográfica e normativa.

A percepção molecular, diferente da percepção molar, não se limita às categorias binárias opostas – interior e exterior, sujeito e objeto, vida e morte, homem e mulher, adultos e crianças. Ela salta de um a outro deslizando sobre o espaço da diferença que detém as multiplicidades, ela salta sobre a brecha do sentido por meio de linhas de fuga e linhas de errância. A percepção molecular capta, portanto, aquilo que escapa, o infinitivo, o rastro das presenças, os espectros de luz, os gradientes de cores, os devires moleculares.

Com isso é possível distinguir dois planos da percepção: o transcendente molar, que organiza e reproduz formas, que molda e semelhantiza sujeitos excluindo qualquer partícula selvagem, anônima, amorfa, anômala; e existe também o plano molecular da percepção, em que nada é retido e a percepção é arrastada pelas *"relações de movimento e repouso, de velocidade e lentidão, afectos flutuantes, de tal modo que o próprio plano é percebido ao mesmo tempo que ele nos faz perceber o imperceptível (microplano, plano molecular)"*[300].

Para a clínica do espaço, trata-se de explorar a percepção molecular para acompanhar essas variações do meio – a espacialidade do gesto e os acontecimentos, os modos de espacialização da clínica na relação com esses gestos, a linguagem espacializada e seu ponto de interrupção e multiplicidade. O que Deligny demonstra com as cartografias de Cévennes é que o autista traça seu próprio meio, criando nos espaços das áreas de estar referências, pontos de ancoragem e gestando sua própria subjetivação. A cartografia busca ocupar as presenças próximas distraindo-as e impedindo que a linguagem se deposite sobre o espaço. O autor revela que as áreas de estar não exigem adaptação da criança, é ela, a criança,

---

[300] *Ibidem*, p. 59.

que desenvolve sua própria normatividade criando recursos para aplacar sua angústia. O mais impressionante disso é que ela faz isso não por uma adaptação ao ambiente da casa, do abrigo, das formas arquitetônicas, mas por devires moleculares pelos quais explora espaços outros na superfície das áreas de estar.

A partir disso é possível definir o espaço fora da linguagem como sendo esse ponto de emergência do devir, no qual se conjugam linhas de errância e devires moleculares do espaço. A criança experimenta essa multiplicidade de espaços e experimenta um emaranhamento com o mundo onde sua percepção capta as brechas, a variação do meio, os afetos deslizam sobre o espaço, as intensidades que compõem os trajetos dos adultos e o rastro de sua presença. Além disso, há essas outras situações em que as crianças autistas captam a presença daquilo que não está mais lá – fonte de água que secou, nascentes de água límpida, objetos esquecidos, fogueiras há muito tempo apagadas... Trata-se dessa percepção que capta o imperceptível, aquilo que escapa ao indizível e invisível, que capta o fora, acima ou abaixo da linha da percepção: "[...] *ao invés de remeter a todo um jogo de percepções e reações relativas. Vamos de um conteúdo bem determinado, localizado ou passado, à forma geral a priori de um algo que passou, não localizável*"[301].

Para quem está imerso e apaixonado pela linguagem, o fora é ponto cego. Contudo, o que a cartografia mostra é a existência de procedimentos para se chegar ao fora e fazer ver a ruptura da linguagem. Aí, nessa superfície rompida, a linguagem é como um oceano repleto de pequenas cidades de corais, povos imperceptíveis, enquanto o fora é a profundidade infinita do céu – a origem de todos os oceanos, o berço escuro dos mundos.

O imperceptível dá-se a ver, seja como movimento na superfície da água, seja como brilho dos meteoritos que atravessam a atmosfera, ou mesmo como o fogo-fátuo, o boitatá, a serpente de fogo do folclore brasileiro que aparece na superfície de rios e lagos. Havendo procedimento para captar o imperceptível, até mesmo o brilho da estrela mais distante é capaz de indicar sua manifestação em distâncias inumanas; e o fora é aquilo que está lá e escapa à representação e à imaginação.

A cartografia não busca localizar, identificar ou representar o espaço fora da linguagem. Ela opera uma semiótica de visibilidade que faz ver as aberturas, os emaranhados entre os corpos, os trajetos e as superfícies.

---
[301] *Ibidem*, p. 89.

Ela oferece visibilidade ao movimento, o devir do espaço, o devir autista, o devir. Dessa forma, a cartografia é um convite à mistura entre corpo e espaço na qual a vida não é mais capaz de "se dizer" e se distinguir daquilo que vê e sente; ela própria é ativação dos infinitivos cartografar, acompanhar, estar, viver, infinitivos persistem e fazem agir.

A cartografia subtraí o Um do espaço e o torna múltiplo, retira sua unidade e seu ponto de equilíbrio expondo-o à multiplicidade e ao devir; faz o mesmo com o sistema perceptivo das presenças próximas fazendo-as misturar-se ao ponto de ver da criança autista. Deleuze e Guattari[302] descrevem essa operação de espacialização como rizoma, dimensão em que o espaço é acêntrico, não unitário, múltiplo, variável, sem começo e nem fim:

> Um rizoma não começa nem conclui, ele se encontra sempre no meio, entre as coisas, inter-ser, intermezzo. A árvore é filiação, mas o rizoma é aliança, unicamente aliança. A árvore impõe o verbo "ser", mas o rizoma tem como tecido a conjunção "e... e... e..." Há nesta conjunção força suficiente para sacudir e desenraizar o verbo ser. Para onde vai você? De onde você vem? Aonde quer chegar? São questões inúteis. Fazer tabula rasa, partir ou repartir de zero, buscar um começo, ou um fundamento, implicam uma falsa concepção da viagem e do movimento (metódico, pedagógico, iniciático, simbólico...).[303]

É preciso desprender o espaço da imagem unitária e percebe o espaço fora da linguagem, o espaço como uma materialidade que não pertence a nenhuma disciplina específica e que escapa à toda codificação. Num modelo de pensamento arborescente, a árvore é a imagem do pensamento retilíneo, em que o espaço é o caule pivotante e suas ramificações são os espaços físicos, geológicos, cósmico, arquitetônicos, meio ambiente... seguidos pelas disciplinas correspondentes, a Física, a Geografia, a Astrofísica, Arquitetura, a Biológica, o espaço relativo, a topologia, a álgebra, a arquitetura. Nessas imagens do pensamento, o espaço está naturalizado numa representação unitária da qual tudo deriva e tudo se equilibra na pressuposição de um centro estável. No entanto, o espaço não é unitário, mas múltiplo.

---

[302] *Idem*, 2014.
[303] *Ibidem*, p. 48-49.

Na cartografia, ao tomar o ponto de ver da criança autista como ponto de equilíbrio da percepção, destitui-se a centralidade e a verticalidade da razão para abrir o espaço sobre um plano de multiplicidades:

> O mapa não reproduz um inconsciente fechado[304] sobre ele mesmo, ele o constrói. Ele contribui para a conexão dos campos, para o desbloqueio dos corpos sem órgãos, para sua abertura máxima sobre um plano de consistência. Ele faz parte do rizoma. O mapa é aberto, é conectável em todas as suas dimensões, desmontável, reversível, suscetível de receber modificações constantemente. Ele pode ser rasgado, revertido, adaptar-se a montagens de qualquer natureza, ser preparado por um indivíduo, um grupo, uma formação social. Pode-se desenhá-lo numa parede, concebê-lo como obra de arte, construí-lo como uma ação política ou como uma meditação.[305]

A cartografia opera uma transformação do pensamento e formula uma prática que não fixa referência ao espaço, mas não cessa de referenciar. Ela desacopla a multiplicidade da forma unitária, vê e age nesse espaço outro, no qual os sentidos fazem parecer o rizoma, a abertura, o fora da linguagem, o ponto indistinto entre o presente e as outras eras humanas e inumanas:

> É preciso fazer o múltiplo, não acrescentando sempre uma dimensão superior, mas, ao contrário, da maneira simples, com força de sobriedade, no nível das dimensões de que se dispõe, sempre n-1 (é somente assim que o uno faz parte do múltiplo, estando sempre subtraído. Subtrair o único da multiplicidade a ser constituída; escrever a n-1. Um tal sistema poderia ser chamado rizoma.[306]

O espaço é, nessa perspectiva, sem começo, sem origem, sem fim. Igualmente, o primordial do humano não é sua origem passada, mas

---

[304] O inconsciente não é tema específico da obra de Deligny. Para o autor, a Psicanálise monopolizou essa palavra tornando restrito o sentido e o uso que *isso* tem. No entanto, na obra de Deleuze e Guattari e, sobretudo, no conceito de Rizoma, Deligny teve grande influência, fazendo-os pensar o inconsciente como máquina, processualidade, produção sem começo e nem fim, um inconsciente aberto, portanto. Os autores defendem que o inconsciente não é individual, mas transindividual, qualificação que deriva da subtração do sujeito como ponto central da subjetivação e dá lugar ao pré-individual. O que está em jogo aqui é a possibilidade de pensar uma subjetividade sem sujeito, dando primado ao espaço como superfície de apoio para o processo de subjetivação e, por conseguinte, apoio para pensar a relação do inconsciente com o espaço. Para avançar neste estudo, o tema do transindividual e da espacialidade da subjetividade será discutido no Capítulo 5.

[305] *Ibidem*, p. 31.

[306] *Ibidem*, p. 21.

sua abertura ao futuro. Os autistas preveem não somente eras passadas, mas eras futuras. É o múltiplo, o flexível, o cambiante, o devir. Quando o espaço é tomado como superfície do devir, passado-presente-futuro coexiste paradoxalmente, ao ponto de um achado de outra consistir na abertura para um novo mundo.

2.10 O ASILO, O SILÊNCIO E A MORTE

Dentre os mais diferentes modos de espacialização experimentados ao longo da trajetória de Fernand Deligny, o asilo é aquele que mais chama atenção. Em sua abordagem, o asilo deixa de ser tomado como lugar de recolhimento, de isolamento, exclusão ou correção, e passa a ser tomado como um modo de espacialização do cuidado. Deligny retira essa estrutura arquitetônica de sua origem médica e transforma-a num lugar de refúgio e resistência à própria manicomialização. Ele transforma o asilo em uma função, extraindo dele o infinitivo verbal asilar.

Ao desenraizar a palavra de seu uso habitual e extraí-la de seu lugar instituído, asilar é fazer asilo, é criar um lugar de acolhimento e produção da existência fora da norma, um lugar à margem da semelhantização. Essa transformação se materializa em Cévennes, no entanto, é resultado da trajetória de vários questionamentos sobre o espaço, o acolhimento e os processos institucionais. Deligny pensou o asilo como um lugar à margem das instituições, um espaço de proteção contra as violências institucionalizadas. Contudo, essa fuga não se aparta das lutas políticas e das transformações de sua época. Quando Deligny migra, em 1968, para o interior da França e se recusa a participar dos movimentos contraculturais de maio de 68, ele preferiu fazer asilo e fez disso sua luta, a sua bandeira: agir sobre o espaço de modo a alterar seu uso, transformando e modificando as formas de acolhimento, acolhendo não apenas as crianças, mas o humano em sua dimensão espacial.

Ao longo dos primeiros 25 anos de sua trajetória – da escola especial na Brecha-dos-lobos, em 1937, até o final da Grande Cordée, em 1962 –, o espaço foi a trincheira de sua resistência, a via pela qual sua prática transformou o espaço das instituições. Gradativamente, Deligny supera o maniqueísmo entre dentro-fora e traça um novo modo de espacialização cuja representação mínima é o infinitivo asilar. Seu manejo e sua poética põem o espaço em movimento, destituindo a forma arquitetônica para dar lugar ao devir do próprio espaço. Em Cévennes esse devir se realiza numa dupla abordagem: do espaço e do corpo; do espaço e do poder. Desinstitucionalização do corpo e da racionalidade presente nos diagnósticos; privilégio ontológico ao corpo na sua relação com o espaço. O autista, com seus gestos e trajetos, permite ao espaço devir; permite ao espaço transpor as próprias formas instituídas.

Nesse sentido, asilar tem um sentido político, clínico e diplomático: asilar é dar lugar ao devir – do humano e do espaço –, iniciativa de dupla abordagem: do homem e suas instituições, do humano e seus diferentes modos de existência. Isso produz um acolhimento não só dos indivíduos institucionalizados ou exilados, como também faz do asilo uma operação de desinstitucionalização dos processos de exclusão social instaurados na sociedade. É, portanto, asilo ao humano, esse humano que não tem lugar na sociedade – os marginalizados, os ditos inadaptados, mas não só, trata-se também de asilar e acolher aqueles que não têm lugar e com isso modificar os modos de habitação do homem e suas instituições.

Tal aposta, mais do que incluir os excluídos, visa inserir na sociedade uma brecha, uma fissura, um lugar onde o humano tenha um espaço – mesmo que fora da sociedade, em sua recusa, em sua refração. Assim, em vez de criar um espaço para adaptar os indivíduos – tal como operava o antigo asilo de Armentières – Deligny propõe uma reversão em que é o espaço que se adapta à singularidade daqueles necessitados. Asilar é uma operação sobre o espaço, modificando para fazer persistir essa brecha da qual o humano emerge desidentificado com a sociedade.

A tentativa Cévennes durou cerca de 30 anos e foi lá que Deligny faleceu, em 1996, após complicações causadas por uma fratura. Essa foi sua última tentativa, quando se reinventou por dentro das áreas de estar, alterando as estratégias, substituindo os mapas pela câmera[307]. Sua história permanece viva por meio daqueles que ainda hoje habitam esse local na companhia de pessoas autistas, pelos pesquisadores e pelo instituto Imec, na França.

A morte chega para Deligny em 1996, no entanto, o autor sempre esteve perto dela: quando criança ganhou o título de *pupille de la nation* após seu pai ter desaparecido na Batalha de Verdun, uma das mais sangrentas

---

[307] A mudança do mapa à câmera constitui a última estratégia de Deligny e é tema de seus últimos textos, em especial o texto "Camérer", de 1983 (Deligny, 2007, p. 1742), no entanto, tal mudança ocorre ainda em Cévennes, o que me faz situá-la não como uma nova tentativa, mas uma nova modalidade de acompanhamento.

em território francês, em 1916. Posteriormente, no Asilo de Armentières, viu os pavilhões serem bombardeados e a morte de vários internos. Ao longo de sua trajetória, a morte estava próxima tanto factualmente quanto na forma da mortificação, na medida em que a prisão e o manicômio condenam centenas de crianças à punição, violência, ao isolamento e à morte. Sua morte ocorreu em Cévennes, em meio aos textos publicados e dezenas de outros textos inéditos, rolos de filmes inacabados e pilhas e pilhas de mapas.

Deligny escreveu ao longo de todos os anos em que esteve em Cévennes e fez de seus escritos uma crítica ao humanismo. Ao contrário do que se possa imaginar, de que basta dizer algumas palavras para "se dizer" humano, Deligny pensou ao contrário e fez da escrita uma estratégia de combate, usando os mapas e os textos para desconstruir a imagem do humano, fazer a morte poética do homem-que-somos. Seus escritos são uma reflexão teórica e poética sobre o tema morte, uma escrita que não busca localizar o humano numa origem esquecida ou numa essência infindável, mas uma escrita que pretende inventá-lo, produzi-lo na relação com esse fora da linguagem. Escrever é, para o autor, um "procedimento", processualidade cujo percurso resulta numa "escrita-desvio"[308].

A escrita, assim como os textos, os mapas, os filmes e as fotografias não estão descolados da tessitura do viver. A escrita se torna um modo de agir. Embora cada tentativa carregue consigo o horizonte da morte e toda a sua trajetória esteja marcada pela morte, pela ruína, pelo fracasso, Deligny nunca viu tais pontos negativamente, mas, ao contrário, fez dessa trajetória um modo de produzir a vida à margem. Distante da coletividade assídua de maio de 1968, das barricadas e dos coquetéis *molotov*, Deligny afirmou um modo de vida à margem próximo de crianças que não falam, que não reivindicam um nome ou uma identidade para si mesmas.

Em um lindo trecho do texto *Le Croire et le Craindre* (1978), Deligny escreve:

> Você compreende que um percurso como o nosso não pode se basear em uma certa ideologia de (a) liberação. Trata-se de um desvio em relação ao qual não se devem temer os aspectos um tanto 'retrógrados', ao menos aos olhos daqueles que buscariam um 'progresso'. Do momento em que há 'tentativa', trata-se de 'outra coisa', e 'outra coisa', isso se

---

[308] MELO, T. C. L. A escrita-desvio em Fernand Deligny. In: **Cadernos de Deligny**, PUC-RJ, 2018.

busca, isso não cai do céu ideológico. Não é por acaso que eu falo de jangada. Esses que nos procuram fazem esqui náutico, arrastados que eles são por qualquer projeto que os concerne, os leva ou os passeia. E uma jangada não é uma barricada, para voltar àquelas de 68. Mas você escuta bem que eu não digo nem um pouco: 'Jangadas, eis o que se deve fazer, e não barricadas'. Eu realmente não digo isso. Talvez eu diga: 'Com aquilo que sobra das barricadas, ter-se-ia podido fazer jangadas...' Mas eu não digo nem isso. Eu digo simplesmente que uma jangada não é uma barricada, e que é preciso de tudo para que eventualmente o mundo se refaça.[309]

Mais do que apenas viver essa experiência à margem da convivência com a morte e a transformação do asilo em lugar de resistência, é preciso de tudo para que eventualmente o mundo se refaça e, para tal, é preciso dizer e fazer ver as tramas dessa resistência, a importância dessa vida à margem. A isso serviu à sua escrita poética: desviar das formas instituídas e fazer ver, fazer viver esse outro modo de existência à margem. Para estes a vida só é garantida pela luta, pela resistência e pelos desvios.

Os textos e ideias as quais Deligny assina não são sua produção exclusivamente, mas resultado de um percurso em que as individualidades se dissolvem e as vozes são múltiplas – inclusive "a voz faltante" de crianças autistas que compõem essa trajetória. Seus textos são a própria espacialidade e carregam aquilo que habita as áreas de estar, seus textos aliados à sua trajetória fizeram dele um escritor talvez nem tanto pela sua popularidade, mas pela insistência nesse infinitivo *escrever*, em abrir a escrita para o universo fora dela, de incluir na linguagem um espaço de interrupção. Seu texto anula o sujeito da enunciação, performa o espaço no jogo de palavras e interrupções, desarticulando a lógica e a interpretação, para dar ao texto a experiência errante dos trajetos das crianças autistas.

Em 1980, o Centro de Pesquisas sobre a Inadequação (CRI) da Universidade de Lyon começava a esboçar as linhas de um "delignismo" institucional. Em resposta a isso, Deligny escreve um pequeno texto intitulado *O homem sem convicções*, defendendo que o que fez ao longo da vida não foi mais que pontuar, sem com isso construir uma teoria sobre a educação de crianças difíceis:

Ponto: – "porção do espaço determinada com precisão".

---

[309] Deligny, 2007, p. 1188.

— "marca, signo, objeto visível extremamente pequeno".

Pontuar: — "especificar a situação na qual a gente se encontra".

Parece-me que passei a vida pontuando, com o prejuízo das convicções.

É como se diz, um ponto pode ser de pontuação. Haveria pontos de interrogação, pontos de exclamação. Não poderia ser, no que (se) dizem os assistentes sociais, que aqui fosse um ponto de convicção, objeto visível extremamente pequeno, minúsculo? O que se diz daqui de mais claro é, me parece, que esse ponto se encontra fora das instituições, ou antes, da Instituição, Instituição se tornando então uma entidade ancorada que balança ao vento das vogas. [...] Já disse e redisse frequentemente, mas preciso mesmo martelá-lo: o maior perigo que podem correr aqueles que, por acaso, empreenderem uma tentativa assim, fora da Instituição enclausurada, é de se orientar pelo vento em voga. Por isso não cessei de pontuar, e não porque sabíamos mais ou menos onde nos encontrávamos, mas para os outros, para aqueles que, eventualmente, se decidissem por romper o pacto institucional. Para que se juntassem a nós? Para que não se perdessem no cúmulo das ideologias dominantes, mar dos Sargaços, grosso como uma sopa, com todos os pequenos estandartes da partida festiva boiando lamentavelmente. Se os ventos em voga sopram do Sul, é para o Norte que é preciso rumar, obstinadamente.[310]

Embora seus textos tenham ganhado destaque em determinada época, as tentativas são apenas pontos no espaço, pontuações que localizam uma experiência e trazem para seus textos a intensidade afetiva própria das áreas de estar. Nos textos tardios que datam entre 1978 e 1980, o autor parece conseguir se esquivar da autoria, tecendo um texto cheio de interrupções e desvios. Se o nome "Deligny" esteve em voga em determinada época, esteve lá sendo sustentado pela convicção de outros. A ele interessa pontuar, reconduzir as questões do pensamento em direção ao espaço: *"Eu escrevo meu nome, nome balão que se mantém em suspenso devido às convicções dos outros. De onde o fato que me parece não mais haver nem convicções, nem nome próprio"*[311].

---

[310] *Idem*, 2017b, p. 4-5.
[311] *Idem*, 2017a, p. 3.

> Não tenho, a respeito do meu nome, um forte sentimento de pertencimento. Por que esse vocábulo me pertenceria já que meu pai o tinha, e também meus tios e avós por aí afora? Com essa investigação de tempos passados, não me preocupei e não me preocupo mais em conduzi-la no espaço. Contentei-me em verificar se ele não constava em boa e devida forma na lista alfabética gravada no monumento aos mortos da guerra. Ele não constava lá, o que é então uma prova de que ainda existo, e meu nome também, mesmo que ele leve uma existência independente.[312]

Segundo Blanchot[313], o escritor só nasce a partir do momento em que a morte do "eu" dá lugar à página branca de onde emana o escrito. A escrita de Deligny, assim como sua prática, ganha consistência à medida que o nome próprio perde o privilégio e dá lugar a um mapa de trajeto, gesto sem palavra no ruidoso silêncio em que range os devires e a inadaptação.

Em 1967, a convite de Félix Guattari, Deligny se torna responsável pela organização e publicação de *Les Cahiers de La Fgeri*, este, assim como os *Cahiers de L'umuable*, eram satélites da *Recherches*, revista criada por Guattari em 1965 com objetivo de reunir grupos militantes de campos como da Psicanálise, Psiquiatria, da assistência social, artistas e analistas institucionais. A sigla FGERI indica a composição da rede denominada como "Federação de Grupos de Estudos e de Pesquisas Institucionais", que buscava dar conta da divulgação do trabalho de grupos informais. Ele dirige a confecção das revistas que concentram o tema "espaço vivido pela criança" e as publicações relativas ao "Grupo de pesquisa sobre o meio próximo". As edições eram ilustradas com desenhos de Yves e Janmari e havia certa resistência de sua parte em assinar a autoria da revista. Muitos colegas queriam que ele o fizesse, pois traria credibilidade à revista e tiveram que insistir para que ele assinasse.

Sua recusa apresenta a esquiva à linguagem e o aspecto refratário do humano. Em 1967, sua estratégia evitou a institucionalização do próprio nome, a ascensão da fama que não ressoava a materialidade das tentativas. Ele queria evitar ser maior, preferia um lugar menor ao lado de crianças ditas inadaptadas:

> A Caridade, a Justiça, a Democracia, a Liberdade são entidades maiúsculas, e meu nome, dentre outros, inumeráveis,

---

[312] *Ibidem*, p. 1/2.
[313] BLANCHOT, M. **O espaço literário**. Rio de Janeiro: Ed Rocco, 2011.

uma entidade minúscula. Com essas entidades se dá o mesmo que com os astros: mortos e extintos há milênios, ainda recebemos sua luz. No que diz respeito às notoriedades minúsculas, se produz o fenômeno inverso: o que supostamente emanaria delas exige a supressão, o assassinato prematuro do ser existente. O que pode se dizer que escrever é, de certa forma, assinar sua morte, ou, ao menos, um certificado de não-existência[314].

A desconfiança do nome próprio, a opção pela invisibilidade e a esquiva à autoria são todos traços que ressoam o profundo respeito que Deligny tinha pelos autistas. Ele entendia que o silêncio com o qual as crianças habitavam o espaço é traço de uma vida passível de ser vivida. Não há que os corrigir, mas aprender com eles a produzir outros modos de vida. Essa posição só é possível ao morrer, isto é, ao declinar desse lugar supostamente universal e dar lugar à singularidade que advém desse silêncio da palavra e da representação. Morrer sem perder a vida. Essa morte diz respeito não à morte física do corpo vivo, mas à morte do "eu" como lugar daquele que se diz e se enuncia, o "eu" narcísico e historicamente determinado. A perda desse lugar de origem abre o espaço para a voz impessoal e sem sujeito. Essa impessoalidade designada pelo pronome "SE" que aparece diversas vezes na obra de Deligny.

Para Schérer[315], o artigo indefinido SE (ON) é o momento da passagem, o transe, o espaço vacante que se abre sob um "eu" que desmorona. É o ponto em que SE é apenas uma vida, pré-individual, pré-subjetiva, anterior à individualidade de um sujeito. Deleuze propõe que por meio da morte das individualidades a imanência tem seu lugar. O artigo indefinido SE (ON) ou um/uma é o artigo da morte como abertura para o mais vívido da vida:

> [...] há um momento em que se tem é apenas uma vida jogando com a morte. A vida do indivíduo dá lugar a uma vida impessoal e, no entanto, singular, que produz um puro acontecimento liberado dos acidentes da vida interior e exterior, isto é, da subjetividade e da objetividade do que acontece. 'Homo tantum', do qual todos se compadecem e que atinge uma espécie de beatitude[316].

---

[314] Deligny, 2017b, p. 3.
[315] SCHERER, R. Homo tantum. O impessoal: Uma política. *In*: ALLIEZZ, E. (org.). **Gilles Deleuze**: uma vida filosófica. São Paulo: Editora 34, 2000.
[316] Deleuze, 2016, p. 409.

O devir se manifesta nesse ponto em que há dissolução do "eu" e dissolvência do sujeito. Tal desmantelamento que dá lugar à indistinção entre corpo e espaço, a impessoalidade e a indeterminação do sujeito. É o ponto no qual a personalidade cede à impessoalidade, índice da mais alta potência de vida. Ao impessoal não falta determinação, nada carece, é singularidade pura:

> [...] o indefinido não carece de nada, sobretudo de determinação. Ele é a determinação do devir, sua potência própria, a potência de um impessoal que não é uma generalidade, mas uma singularidade no mais alto grau[317].

O SE (*ON*) é a "*marca da passagem, da entrada no movimento, índice do agenciamento coletivo*"[318], ponto de indistinção entre o agir inato e os devires do espaço. Trata-se da "transformação alquímica" entre o abandono da subjetividade, da linguagem representativa e interna apoiadas na ideia de sujeito:

> Somente o impessoal do *on* ou do *ele* faz cair o muro das interioridades, abre o reprisar indefinido e monótono do "eu penso, eu sou" a outras formas de experiências que não são nem sujeito solitário, nem de uma intersubjetividade da mesma ordem, já que dele procede[319].

O artigo indefinido indica essa vida impessoal fora da linguagem, pois "*não se trata nem de um eu, nem de um nós*", mas do impessoal de uma vida, uma voz qualquer "*da qual ninguém fala, pela qual ninguém fala/ e que todavia existe*"[320].

A respeito dessa vida pré-individual, pré-subjetiva, anterior à individualidade, fora do sujeito, Schérer[321] destaca a diferença entre Deleuze e Deligny. Ambos fazem uma crítica do sujeito e da linguagem, porém, a partir de posições distintas, em que Deligny denuncia "*On*" como a personalização da coletividade e da semelhança, enquanto Deleuze, diferentemente, vê no impessoal o mais alto grau de singularização.

---

[317] *Idem*, 2013, p. 88.
[318] Schèrer, 2000, p. 31.
[319] *Ibidem*, p. 31.
[320] *Ibidem*, p. 32.
[321] *Ibidem*.

> A rejeição do On, tal como aparece em O crer e o temer [*Le croire et le craindre*], deve, por tanto, ser tomada não como uma crítica negativa, mas antes como uma radicalização da tese deleuziana e guattariana. O autista – que ele inclusive prefere não chamar de 'criança' –, 'o indivíduo Janmari, designado por esse simples vocábulo, sendo estranho a si, o é também ao *on*. Ele suporta, no entanto, as designações do 'ele' e do 'comum', ou do 'nós', quando se trata da relação que mantém com o meio das coisas ou das pessoas entre as quais vive. Se seu plano de consistência elimina o on/se, ele gravita em torno do ele e do comum. A expressão que melhor convém é: esse garoto, aí[322].

No lugar da pressuposição da existência do homenzinho, do universal da linguagem e no lugar de *On*, Deligny coloca o aí (*là*). E isso permite uma leitura ontológica, em que esse espaço seria o "nós" primordial, um ser do espaço. Schérer[323] insiste numa leitura deleuziana de Deligny, que situa o espaço não como pano de fundo do ser que pressuporia uma intenção entre os seres, ao contrário, propõe o impessoal como sendo não intencional, em que o corpo está em meio às coisas e indistintas dela. Ele cita Deligny em *Le Croire et le Craindre* (1978): "*Ninguém está aí quando esse garoto do Serret brinca com a louça: nem* Édipo, *nem Narciso; 'ecceidades', diria Deleuze, que apenas manifestam sua presença, e cuja presença é sempre manifesta. Sem segredo, ou como se diz, a descoberto*"[324].

O espaço fora da linguagem é o que Schérer[325] designa como "abandono da subjetividade". O reino do impessoal é o ponto de imbricação da vida e da morte: da vida porque faz viver, porque dá suporte à existência dos mais diversos seres; da morte porque destitui as individualidades, interrompe a narrativa e inaugura o processo de individuação fazendo com que o indivíduo esteja permanentemente às voltas com o pré-individual e o impessoal.

A questão do pronome impessoal SE (*On*) também aparece na obra de Deligny com o termo "A GENTE" ou "Nós", ambos agentes dessa impessoalidade coletiva. Segundo Schérer[326], Deligny localiza no pronome "SE" um ponto importante para sua crítica à linguagem em que o impessoal

---

[322] *Ibidem*, p. 33.
[323] *Ibidem*.
[324] Deligny, 2007, p. 1219-1220
[325] Schérer, 2000.
[326] *Ibidem*.

seria essa linguagem mínima que antecede a enunciação de um "eu" e, igualmente, o plano de registro da ideologia, da cultura e de todas as formas de semelhantização.

Quando, diante da criança autista que não fala, a estranheza emerge na consciência daqueles que estão no seu entorno, trata-se do pavor e da angústia frente ao fora da linguagem, esse ponto interrompido em que a linguagem é vacante. Aí, nessa impessoalidade, o "eu" e o "nós" não se reconhecem, não há aí pressuposição de semelhança, apenas diferença, singularidade. É no impessoal que a diferença advém da morte das determinações do homem-que-somos.

O autista traça seu próprio meio numa solidão povoada por coisas e objetos, traçado onde o silêncio é ausência do sujeito, de pacto simbólico com a cultura. O autista, ao recusar a linguagem, orbita espacialidades puras que Deligny designou como *topos*. A experiência de acompanhamento de pessoas autistas mostra que, eventualmente, "Nós" somos tomados apenas como coisa, pequena porção do espaço, e não como sujeitos semelhantes. Deligny insiste no fato de que os autistas, privados da linguagem, vivem estranhos a essa designação "ele", "eu", estranhos a si mesmo e a este SE. A criança autista, principalmente Janmari, seria aquela para a qual o SE não existe, cuja mediação do mundo não ocorre pela linguagem: trata-se não do sujeito, mas da subjetividade fora do sujeito. Para ele, a subjetividade, tomada com signo da autoria, não se materializa num "se dizer" ou no "Eu" como ponto de partida do mundo. Sua determinação vem de fora, desse espaço que o permite viver.

Não se trata então da compreensão do sentido da vida ou da morte, mas de encontrar e experimentar esse outro ponto – porção do espaço fora da linguagem –, espaço móbile, espaço que permite devir, espaço que devém *topos* –, onde a experiência do impessoal dá ensejo a outros modos de vida e habitação. O espaço é justamente esse ponto de visibilidade do impessoal. As individualidades são apagadas e dão lugar ao devir. Trata-se de fazer da vida um "morre-se", um "vive-se", sem com isso encontrar uma individualidade, mas estar aberto à vida no infinitivo: viver e não propriamente ser esse ou aquele sujeito e representar um papel para si mesmo. Estar disponível a essa morte é encontrar o ponto do qual a vida emana, é encontrar *topos*, o espaço que está fora, mas ainda assim ligado à dimensão mais concreta, material e criadora da vida.

Em sua relação com a morte e o impessoal, o espaço é o ponto não representável, espaço fora da linguagem, sem imagem, sem medida:

> Um pouco cansado desses excessos de compreensão que, como era flagrante, a criança já não suportava, não suportava ser compreendida, e então era o intolerável que vinha à tona, pusemo-nos a pensar que *topos* podia ser o lugar do resto, isto é, do que parece refratário à compreensão que, não esqueçamos, sob o manto do abraço, nos fala daquelas ideias que um signo representa. Dizer que a compreensão só pode exercer-se pressupondo uma significação manifesta a necessidade aí de um pres-sup-(p)osto. Ora, esse 'sup' que vem se pôr sobre o outro ou em seu lugar é mesmo o a-fazer, o aporte dessa compreensão que redobra quando se choca contra o refratário; deliberadamente, portanto, nós sacrificamos o 'sup', nós o depositamos fora das áreas de estar, a fim de que *topos* permaneça limpo e permita uma busca que realizamos, do modo mais limpo possível, há dez anos, o que verdadeiramente é muito pouco tempo. Quanto ao número de 'crianças autistas' que viveram aí a mesma vida que nós, deve beirar o sessenta. Pusemo-nos a transcrever, em folhas transparentes, os trajetos de umas e outras, linhas de errância, e, depois, essas linhas, esses traços, nós os guardamos, nós os fitamos e continuamos a fitá-los, por transparência; alguns datam de dez anos, e outros, da semana passada. Quanto à maioria desses traços, faz tempo que esquecemos de quem são. Esse esquecimento nos permite ver 'outra coisa': o resto, refratário a toda compreensão.[327]

Morrer é, neste caso, sacrificar o suposto, permitir-se experimentar uma vida que não é nem pré e nem suposta (pressuposta) pela linguagem, mas está apenas posta sobre um espaço que é *topos*. A morte de Deligny, em 1993, deixa em aberto uma obra que dá lugar a devires outros, cujo nome próprio e a pressuposição da semelhança estão destituídos desse pensamento individualista. Um nome próprio deixa de ser uma origem; uma personalidade; uma pátria ou patrimônio e passa a ser coordenada espaço-temporal. Parte-se dele, chega-se até ele, perde-se dele.

Aí as linhas da vida e da morte se encontram num mesmo plano, espreitando a brecha para acontecer em sua singularidade. Traçado e trajetória ganham um sentido em que a morte não é uma singularidade

---
[327] Deligny, 2015a, p. 160.

oposta à vida, mas uma morte que multiplica os modos de vida e faz das tentativas uma longa travessia experimental. A errância, a dispersão territorial, o espaço aberto, são todas espacialidades necessárias para vida e morte se conjugarem nesse limiar entre o tempo e o espaço.

A trajetória e o pensamento de Fernand Deligny estão apoiados nessa conjunção entre as linhas da vida e as linhas do espaço, sua trajetória é assiduamente contra a guerra e a violência institucional e sua resistência extrai do espaço sua potência. Essa conjugação é importante para que seja possível tecer novos modos de existência, novas espacialidades do cuidado que são, efetivamente, realidades territorialmente estabelecidas. Para além da vida, a morte, além da morte, o impessoal. Localizar o humano nessa impessoalidade faz com que Deligny[328] diga: o humano não cai do céu. É preciso, portanto, produzi-lo. Não há nada nesse mundo que garanta à humanidade uma palavra, um signo definidor dessa individuação. Nem palavra nem imagem definem o humano. É esse silêncio que dá lugar ao murmúrio e a ruídos da guerrilha da infância. Há que traçar então as fugas e as tramas de um asilar que dá lugar ao humano.

Em sua última entrevista, datada em 1996, Deligny afirma: o humano não cai do céu e com isso ele indica que não há natureza humana preservada, uma raça original, uma essência humana. Quando se trata do humano, o que há são desvios. A espécie humana é produzida por desvios nessa imbricada e implexa relação entre espaço, linguagem e o agir inato:

> Jean-Paul Monferran: Há duas ou três décadas, você proferiu esta frase implacável: "O humanismo porta em germe o totalitarismo" ...
>
> Fernand Deligny: É uma velha história. Eu estava em confronto com o mundo naquele momento. Hoje não diria coisas assim. Não faz mais sentido, data de outra época... Quando escrevi foi para protestar contra alguma coisa. E, em geral, para protestar contra as ideias em voga. Como acontecia quando ouvia falar do humano, como se ele tivesse caído do céu! E esta chuva cai por toda parte... Como assim? Vi muitas pessoas tentarem esmiuçar o inato e o adquirido, mas foi sempre mal esmiuçado. Isso, eu devo a Wallon...[329]

---

[328] *Idem*. O homem sem convicções (1996). *In:* **Revista Ao Largo**, Ano 2017, n. 2, 5. ed., 2017b.
[329] *Ibidem*, p. 291.

O humano não é uma forma pronta e muito menos universal. O humano não é aquele que se adapta perfeitamente às formas instituídas, é o desvio, a resistência àquilo que o define – seja ela a Ciência, o Direito, a Psicologia ou a Linguagem. Portanto, o humano não é uma matéria estável, só se pode entrevê-lo nas frestas da multiplicidade, só é possível acessá-lo por meio da involução.

Caracterizar o humano como sendo sem imagem, sem linguagem, sem significado poderia soar a alguns como sendo um monstro, um espectro incorporal. Pollack e Sivadon[330] pensam o humano como essa monstruosidade anômala. É o monstro que demonstra a face diminuta do humano, aquilo que habita o entre, a variação, nem homem nem mulher, nem adulto nem criança, nem normal nem anormal. O humano é, nessa perspectiva, um devir minoritário: "*Chamaremos de 'monstros' tudo aquilo que, sob o pretexto de unificar, coloca em relação inorgânica, coisas que não pertencem aos mesmos conjuntos categoriais. O disparate*"[331].

Deleuze e Guattari[332], ao descreverem em sua filosofia os blocos de devir, combatem a ideia de uma evolução linear das espécies, que se dá por filiação e parentesco. Na concepção dos autores, haveria um outro tipo de "evolução" que seria "comunicativa e contagiosa" em vez de "filiativa e hereditária". Essa outra evolução eles designam como "involução", conceito com o qual combatem ideias reacionárias do evolucionismo e do neoevolucionismo. O evolucionismo é uma corrente de pensamento em que a evolução das espécies é pensada do menos diferenciado ao mais diferenciado. Para os autores, a involução é devir involutivo, pois vai do diferenciado ao indiferenciado, do formal para o imperceptível:

> Preferimos então chamar 'involução' essa forma de evolução que se faz entre heterogêneos, sobretudo com a condição de que não se confunda a involução com uma regressão. O devir involutivo, a involução é criadora. Regredir é ir em direção ao menos diferenciado. Mas involuir é formar um bloco que corre seguindo sua própria linha, 'entre' os termos postos em jogo, e sob as relações assinaláveis.[333]

---

[330] POLACK, J.; SIVADON, D. **A íntima utopia**: trabalho analítico e processos psicóticos. São Paulo: Ed. N-1, 2013.
[331] *Ibidem*, p. 33.
[332] Deleuze; Guattari, 2017.
[333] *Ibidem*, p. 19/20.

Com o conceito de aracniano, pode-se dizer que Deligny[334] não está interessado em regredir geneticamente em direção à aranha, embora ele se aproxime dela e tire proveito disso. Ele reconheceria o devir aranha do humano ou o devir humano da aranha, sendo o aracniano a capacidade de fazer rede ali onde nada se supõe, onde o espaço deflagra o minoritário. Fazer rede é um gesto ontologicamente anterior à linguagem, seus projetos e instituições:

> Não é de hoje que vou parar em moradias abandonadas. A cada vez, minha companheira me antecedeu. Ali ela me espera. Precisa tão pouco de mim quanto eu dela, o que dá ensejo a relações de vizinhança de muito bom quilate. Alguns dirão que falta aí a dimensão da troca. Erro crasso. Eu nada quero dela e ela nada espera de mim, o que nos protege de nos malquerer. Não me empenharei em sujeitá-la, e é evidente que minha presença não lhe serve de nada. Há nesse desinteresse um aspecto moral. No entanto, olhando a coisa mais de perto, devo confessar que sou homem e que aproveito sua presença, enquanto, de fato, nada lhe proporciono. Daí se vê que o último advindo tira proveito descaro de seus predecessores.[335]

Essa involução humana que atravessa o pensamento de Deligny não tem uma linha cronológica, mas possui uma dimensão topológica: trata-se de habitação, de convivência, de vizinhança e articulação em rede, cujo efeito é um corpo comum fundido nos choques e no cruzamento do percurso do adulto com a linha de errância da criança: transversalidade e convivência.

Seu trabalho foi marginal, isto é, sempre atingia a margem: no COT, o centro se estendia para além da sua margem, aberto ao lado de fora; igualmente na Grande Cordée e nas áreas de estar. Se é assim, os ruídos de seu pensamento atingiam também aqueles que estavam próximos à morte, à voz alucinada de pequenos anjos caídos que habitam esse mundo. Sua vida performou a inadaptação, a linguagem suburbana de vagabundos eficazes, a impetuosidade de jovens, o silêncio mudo dos autistas... Deligny viveu:

> Relativamente numerosos são aqueles para quem não existo mais desde 1943, data na qual escrevia Grão de crápula. Eles

---

[334] Deligny, 2015a.
[335] *Ibidem*, p. 16-17.

> permaneceram aí? Na verdade, sou eu que permaneci aí, para sempre, nesse estranho panteão que cada um carrega consigo mesmo. Para outros, continuo sendo o jovem dos Vagabundos eficazes. Para alguns mais raros, trata-se de Nós e o inocente, e da água, das pedras e de nada mais. [...] Sou marginal? Isso existe, os marginais; eles formam uma espécie de todo. Sou-lhes solidário? Do mesmo modo os loucos, os delinquentes, os retardados, os dissidentes... Todas essas solidariedades se entrecruzam em um ponto cujos dados não estão no âmbito da minha competência.[336]

Alguns, certamente, esqueceram seu nome, mas outros a quem ele acolheu ao longo da vida, aqueles que colaboraram com ele, como é o caso de Jaques Lin, Gisele Durand, Emile Copfermann e outros, acabaram se tornando "presenças próximas" junto a ele. Em *Vagabundos eficazes*, o autor transcreve um lindo trecho da carta que lhe foi entregue por uma militante do PCF que havia sido presa pela Gestapo, em 1941 e deportada em 1942 para Ravensbrück, o campo de concentração exclusivo para mulheres onde Olga Benário Prestes também foi presa. A pessoa que escreve a Deligny retornou à França em 1945, repatriada pela Cruz Vermelha Sueca, no mesmo ano o campo de concentração foi fechado pelo Exército Vermelho da União Soviética:

> Eu tentava viver... As primeiras vozes que escutei foram de seus meninos. Eu sabia que eu estava em um bairro burguês, mas vozes carregavam gírias do bairro de onde eu vinha. Eu devo ter acreditado, durante vários dias, que era um delírio antes da morte, lembranças que sussurravam em meus ouvidos. Mas eis que eu não reconhecia as canções... Eu aceitei que aquilo que eu escutava era algo novo.
>
> Eu estou contente, sabe Deligny, eu estou contente de ter ouvido suas vozes, as primeiras.
>
> A mulher que me dizia isso acabava de estar de pé do outro lado da morte e do suplício. Sua voz é a única, falando do meu trabalho, que me emocionou. Esse dia, eu assinei, sem lhe dizer, um pacto.[337]

A vida e a morte, na obra de Deligny, condensa essa luta pelo valor ontológico do infinitivo viver. Ao longo de muitos anos, seu empenho

---

[336] *Idem*, 2017b, p. 3-4.
[337] *Idem* 2018, p. 154.

foi para evitar a morte pela guerra e, ao mesmo tempo, produzir uma vida aberta à morte como gesto transformador. Trata-se, no limite, de fazer asilo ao humano diante das mais diversas mortes, de viver em um espaço comum.

O abrigo, a moradia e a hospedagem são todos espaços passíveis de manejo. Contudo, não se trata de instituição, há uma esquiva permanente à instituição e isso não pode ser esquecido. A pergunta é: como fazer desses espaços uma instalação espacial efetiva no acolhimento e na libertação desses jovens e crianças? Como liberar as práticas das instituições implícitas nesse espaço médico-arquitetônico? Mais uma vez, é preciso ir em direção ao menor. É preciso declinar das pretensões, do sucesso e da eficácia para dar lugar ao simples viver, habitar o espaço comum, conviver.

Hoje, nos encontros internacionais em torno da obra de Fernand Deligny, diversas disciplinas se reúnem à mesa: Filosofia, Política, Direito, Psicologia, Pedagogia, Dança, Artes Cênicas, Antropologia, Cinema entre outros. Deligny tornou-se um pensador plural, um pensador transdisciplinar. Sua obra é irredutível a uma única disciplina e, embora possa parecer estranha essa aproximação com a clínica, muitos dispositivos podem ser criados a partir de sua prática e seus escritos. Deligny é transversal à clínica e irredutível a ela.

A clínica do espaço afirma o trabalho clínico com os conceitos de Fernand Deligny que permitem pensar as práticas de determinação da infância e o desvio como ética. Essa articulação teórica entre clínica e cartografia se sustenta como prática de dupla articulação: cuidado com a infância em "Nós", cuidado com a instituição que "Nós" somos. O trabalho com o espaço ainda possui essa terceira linha impessoal na qual as coisas, os gestos e os trajetos são essa força que atravessa e transforma.

3

ESPAÇO E PODER

3.1 O PINTOR E O POETA

A trajetória de Deligny inspira a pensar criticamente as instituições da clínica, algumas de suas ideias antecedem ao trabalho de grandes autores como Gilles Deleuze, Félix Guattari e Michel Foucault. Em 1945, a publicação de *Os Vagabundos eficazes* foi, naquele período, um dos únicos textos destinados a problematizar o internamento de crianças em hospitais e asilos psiquiátricos, em abrigos e centros de detenções jurídicas. Para dar a devida importância ao autor, nota-se, por exemplo, que o conceito de rizoma, desenvolvido por Deleuze e Guattari[338] no primeiro volume de *Mil platôs*, foi apresentado à dupla por Guattari.

O poeta e etólogo francês influenciou muitos autores, correspondeu-se com personagens importantes do pensamento francês, como filósofos, intelectuais e artistas. No entanto, nenhuma carta fora trocada entre Foucault e Deligny e a relação entre esses autores aparece na proximidade de suas críticas, em especial pela problematização da Instituição e as relações de poder.

O texto *Os Vagabundos eficazes*, de 1945, acende o alerta para as questões da infância. Foucault só se dedicaria ao tema anos depois, na década de 1970, quando investiga o saber psiquiátrico e sua relação com o campo médico-pedagógico e médico-jurídico. Por sua vez, Deligny esteve no asilo de Armentières e do Centro de Observação e Triagem (COT) muito antes de Foucault abordar o tema. A relação entre os autores passa, sobretudo, pela crítica à constituição da infância como alvo do poder e do saber, pela substituição das práticas disciplinares do asilo, pela disciplina e o controle disseminado no meio familiar e escolar.

Deligny assistiu a essa transformação das práticas de poder a partir do ponto de ver das crianças. Seja nos conselhos regionais ou nas assembleias do Partido Comunista, Deligny foi um personagem importante na transformação do conceito de infância inadaptada, visto que seu lugar foi o da resistência. Como educador, situava-se à margem do campo; como autor, não compunha uma teoria sobre o problema, como analisador de sua época, não fez nenhuma sistematização do conceito de infância inadaptada. Seu pensamento foi determinado pela sua prática, ele foi um pensador pragmático, envolvido com o campo na posição de aliado à resistência à disciplinarização operada pelo conceito de inadaptação.

---

[338] Deleuze; Guattari, 2014.

Seus livros são como poemas, aforismos ou parábolas que denunciam a violência cometida contra às crianças e, ao mesmo tempo, são uma poética da infância, no sentido de captar e revelar a imagem política da infância que resiste a essa regulação sistemática pelo poder psiquiátrico e o poder disciplinar. A poesia de pequenos vadios transeuntes, poetas das ruas, grupelhos de resistência, pontos emaranhados e rupturas numa rede.

Se Deligny é um poeta, Foucault é um pintor. A descrição pictórica dos quadros *As meninas,* de Velázquez, ou a análise perspicaz de *A Traição das Imagens,* de Magritte; a descrição minuciosa das formas de integralização dos corpos junto aos sistemas de poder e, em especial, as investigações sobre o tema da infância e sua relação com a norma e a psicologização da infância; e a análise precisa sobre a cruzada antimasturbatória proposta pelos psiquiatras e educadores no século XIX, são todos temas descritivos dos jogos de visibilidade em que Foucault pinta os quadros das relações de poder e em alguns deles ilumina essa relação de poder entorno da infância.

Deleuze[339], em seu livro *Foucault,* apresenta esse traço pictórico que o permite apresentar o autor como um pintor dotado da capacidade de manejar a luz, de dar visibilidade, de analisar as sombras, o pano de fundo. A descrição da prisão, do asilo, os jogos de luz e a transformação dos enunciados conforme as mudanças históricas:

> O "quadro" sempre obcecou Foucault, e frequentemente ele emprega essa palavra num sentido bastante genérico, que abarca também os enunciados. [...] Por isso é tão importante a solução nova que Foucault propõe: o quadro-descrição é a regulação que caracteriza as visibilidades, assim como a curva-enunciado é a regulação que caracteriza a legibilidade. Vem daí a paixão de Foucault em descrever quadros: descrições das Meninas, mas também de Manet, de Magritte, e as admiráveis descrições da cadeia de forçados, ou ainda do asilo, da prisão, da viatura penitenciária, como se fossem quadros e como se Foucault fosse um pintor".[340]

Michel Foucault pensou nas relações de força e nas formas do poder. Não era um historiador, mas um filósofo crítico que lia nas tramas do passado as formas e as forças que constituem o presente. O que designo como pensamento pictórico de Michel Foucault é sustentado por essa sua capacidade de mostrar a construção dos enunciados e dos objetos, de

---

[339] DELEUZE, G. **Foucault** (1986). São Paulo: Editora Brasiliense, 1988.
[340] *Ibidem,* p. 87-88.

dar visibilidade às formas como se constituem os saberes e os sujeitos. A genialidade de Foucault é fazer isso tão bem descrito de modo a constituir um quadro das relações de força e um mapa de visibilidade.

Se tomo como exemplo a construção do enunciado "infância inadaptada", pode-se ver que essa nova prática, esse novo conceito, encontrou no campo ressonâncias que permitiram sua emergência, tornando-o uma realidade possível e instalando-o no sistema político e educacional francês. Não se tratava apenas de invenção, de boa intenção ou de construção científica e social com a finalidade de substituir as práticas de recolhimento por prática de reeducação. Havia nisso um jogo de interesses capitalista, jogos morais e jurídicos. A transformação dos enunciados acompanhou a organização de um novo regime de luz, de visibilidade e dizibilidade. Tudo isso foi possível visto que essa substituição das práticas de recolhimento pelas práticas de reeducação foram, na verdade, uma sofisticação do poder e do saber, mais do que uma conquista por práticas mais humanizadas.

A instituição da infância inadaptada era acompanhada de um controle, luz que se colocava não apenas sobre os inadaptados, mas sobre esses outros *inadaptáveis* que nunca conseguirão se adaptar às instituições vigentes. No jogo de visibilidade e invisibilidade, há sempre esse resto inadaptável à disciplina. Essa verdade constitui uma das mais importantes observações do pensamento de Foucault: o poder cresce não pela integração daqueles que já estão nas instituições disciplinares, mas sobre aqueles que escapam a ela. Do mesmo modo, a trajetória de Deligny dentro dessa construção do plano da infância inadaptada demonstra que, apesar dos esforços do instituído – da nosografia e seu domínio por especialistas; a administração e o capital financeiro envolvido no financiamento do projeto; o instituído político, do consenso moral e técnico – há sempre um "resíduo inassimilável" para usar o termo de Foucault.

> [...] A partir do momento em que há disciplina escolar que vocês veem aparecer algo como o débil mental. O irredutível à disciplina escolar só pode existir em relação a essa disciplina; aquele que não aprende a ler e a escrever só pode aparecer como problema, como limite, a partir do momento em que a escola segue o esquema disciplinar[341].

---

[341] FOUCAULT, M. **O poder psiquiátrico**: Curso Collège de France (1973-1974) São Paulo: Ed. Martins Fontes, 2012, p. 67.

Se é verdade que o poder regula o instituído e as instituições, compreende-se que o poder mira aqueles que estão de fora. Se houver uma política voltada para os inadaptados, é certo que haja os "inadaptáveis". A história da trajetória de Deligny é um analisador dessa questão, principalmente do caso do autismo: quando seus contemporâneos elegeram a linguagem como forma de humanização, os autistas viviam um processo de reintegração desumanizante que os privou de sua diferença em prol dessa semelhantidade e dessa universalização entorno da linguagem. O poder se expande por meio desses inassimiláveis, e no caso do autismo isso fica mais claro, pois após a década de 1960 pululam práticas cada vez mais especializadas, cada vez mais sectárias, que deslocam o autismo de uma experiência comunitária ao lado da loucura e da infância para situá-lo como indivíduo indivisível. Se a instituição do conceito de infância inadaptada se aplicou àquelas crianças já institucionalizadas, é porque na sombra havia uma série de outras crianças as quais o poder queria institucionalizar e integrar ao seu sistema de enunciação – o autismo é uma delas.

Foucault[342] afirma que o poder visa integrar aqueles que estão à margem da margem, que não foram integrados ao sistema do poder disciplinar, os *inadaptáveis*. Isso gera um problema para a teorização de Foucault, visto que à medida que o poder avança, ele se modifica mudando o objeto. Essa mudança na teoria do poder mostra que a disciplina é superada e que surgem novas formas de controlar e regular a vida que, nos termos do autor, se configuram como biopoder, biopolítica e a governamentalidade. Essa sofisticação do poder demonstra que ele não se aplica apenas sobre o corpo individual, mas sobre o corpo da população, não apenas no interior das instituições, mas fora delas.

Essas transformações serão apresentadas a seguir, mas antes preciso destacar a posição política de Deligny e como sua trajetória é um testemunho da expansão do poder psiquiátrico e da resistência a essa sofisticação. Seu papel foi tensionar o campo em ascensão, resistir às práticas de reeducação e apostar numa resistência cuja estratégia é agir por modos de espacialização, dispersão geográfica e instalação de áreas de estar. Havia no campo aqueles personagens que disputavam o sentido de adaptação, entre eles Wallon e Le Guillant, mas é definitivamente Fernand Deligny aquele que traça uma linha de resistência por meio do espaço, pela borda, pela margem, o que em muito contribuirá para pensar o estatuto da resistência.

---

[342] *Ibidem.*

O fato de Deligny ter dado visibilidade à inadaptação em seu sentido positivo, isto é, a linguagem rebelde e irônica de *Vagabundos eficazes*, a linguagem espacializada e não reflexiva das crianças autistas são gestos políticos que dão visibilidade a essas vidas inassimiláveis. Contudo, é definitivamente com os autistas, inassimiláveis à disciplina, que Deligny se torna um importante analisador das práticas de resistência. De que modo há resistência em relação à integralização do autismo nos sistemas de poder?

A espacialização operada em Cévennes demonstra uma dimensão espacial da resistência. Ao tomar o autismo como interlocutor, Deligny desvia centenas de crianças de asilos psiquiátricos, cria com elas um lugar para estar e torna seu agir um gérmen dessa resistência. O agir é aquilo que não significa, que não representa e não tem finalidade.

Foucault e Deligny teriam muito o que conversar. Deligny[343] fez os mapas de trajetos e mapas do agir, foi um cartógrafo das forças vitais e impessoais à margem da instituição, do Estado, da linguagem. Foucault[344], do mesmo modo, teve a capacidade de ler as entrelinhas, a resistência da criança ao poder. Ambos se encontram, portanto, sobre um mesmo problema: o que fazer com o que escapa ao poder? O que faz com que se escape a linguagem e as formas instituídas?

Em Fernand Deligny, Foucault encontraria um interlocutor intrépido, mas nenhuma carta fora trocada entre eles. Isso me fez conjecturar uma possível amizade entre os dois, algo que soa como uma ficção, uma *fanfic*. Ambos convergiram sobre o tema da infância e a política institucional voltada para essa população: na medida em que Foucault pinta o quadro da expansão do poder psiquiátrico por meio do poder médico-pedagógico[345], Deligny é um poeta na língua dos *Vagabundos eficazes* e, no caso das crianças autistas, um poeta mudo que transforma o silêncio de crianças autistas em poesia interrompida, que transforma operários desempregados em cartógrafos despretensiosos. Segundo Alvarez de Toledo[346], Deligny preferia Wallon à Foucault – para a autora, Deligny é inatual, uma inatualidade cujo marco é pensar o humano fora do tempo, no espaço, que o permite agir antes do seu tempo. Igualmente, não seria isso que aconteceria a Foucault? Não seria ele também deslocado de seu tempo, um pensador do espaço?

---

[343] Deligny, 2015a.
[344] FOUCAULT, M. **Vigiar e Punir**: nascimento da prisão (1975). Petrópolis: Editora Vozes, 2014b.
[345] *Idem*, 2012.
[346] Toledo, 2007.

Deleuze[347] apresenta Foucault como um cartógrafo, pois, segundo ele, Foucault não está interessado em produzir a teoria sobre o poder e sim mapear as relações de poder. Embora a cartografia seja diferente no caso do pintor e do poeta, não é exclusivamente pelo fato de suas ideias serem divergentes em alguns pontos e sim porque cada cartografia é única e singular. Cada um possui seu traçado. Foucault é cartógrafo uma vez que cria mapas das linhas de força, que mostram o poder se exercendo e operando em diferentes áreas, produzindo enunciados e discursos, dando visibilidade aos corpos invisíveis, produzindo verdades e novas realidades institucionais.

Foucault[348] se autointitula cartógrafo durante entrevista à *Les Nouvelles Littéraires*, em março de 1975, ele conversa sobre como seus livros devem ser usados, como armas, como recursos estratégicos para traçar um novo plano, inaugurar novas lutas:

> [...] não imagino o que estou fazendo como uma obra, e estou chocado que alguém possa se chamar de escritor. Eu sou um negociante de instrumentos, uma receita fabricante, indicador de objetivos, cartógrafo, desenhista de planos, armeiro...[349]

Foucault e seu estilo literário *"dark and baroque"* se diferencia muito do tom adotado nas entrevistas, em que parece querer dar velocidade às ideias, falar como se estivesse num espaço ruidoso, numa rua, num lugar aberto. Isso dá às entrevistas uma linguagem que se aproxima dos inadaptados, dos artistas. Tais traços demonstram o risco que o autor topa em ser tomado publicamente como um combatente, iconoclasta, jovem, delinquente, um vagabundo eficaz.

Foucault foi também um pensador da infância, mas o objetivo de seu pensamento era estudar as relações de poder-saber mais do que propriamente tomar a infância como objeto. Sua obra passa pontualmente pelo tema e é durante a década de 1970 que se encontram as suas principais incisões. Destaco aqui três momentos em que o autor tematiza essa relação entre o poder e os modos de governo da infância: o poder médico-pedagógico e sua relação com a expansão do poder psiquiátrico[350]; a campanha

---
[347] Deleuze, 1988.
[348] FOUCAULT, M. Sur la sellette. **Les Nouvelles Littéraires**. n. 2477, 17 mars 1975. Entrevista conduzida por J-L.Ezine. (An interview with Michel Foucault. History of the Present, n. 1, p. 2-3, 14, fevereiro de 1985.
[349] *Ibidem*, p. 3.
[350] *Idem*, 2012.

de disciplinamento e correção da família por meio da investida sobre a sexualidade[351]; a articulação médico-jurídica e a formulação com conceito de norma e anormalidade, fato que contribui para a psicologização da infância[352]. Contudo, é na cena de um menino sob inquérito jurídico que o autor demonstra a resistência da criança em relação ao poder jurídico[353].

A relação entre Foucault e Deligny situa a cartografia como estratégia de resistência ao poder, seus mapas são ferramentas para abrir o campo da infância e ampliar a noção de resistência. São lâminas que abrem o pensamento para produzir outras formas de vida. Deleuze[354] afirma que a cartografia do filósofo visa apresentar os mapas de força, as tensões nas relações de poder e se faz assim não é para construir um catálogo de becos sem saída, mas para ativar e acolher forças que estão no campo.

Cartografar não é traçar representações, não diz respeito apenas ao enunciado e ao discurso, mas, sim, à visibilidade e a experimentação do plano de forças. Mapear é se umedecer dessas tensões implícitas ao campo. Todo mapa é, em alguma medida, mapa de forças. Por isso a aliança entre Foucault-Deligny é chave fundamental para a cartografia da infância, pois por meio deles cartografar deixa de ser apenas uma experimentação, para se tornar uma ferramenta a favor da vida, da liberdade e da resistência. Cartografar é, portanto, criar realidade, modos de espacialização da vida que permite estar no mundo de maneira singular, é combater a invisibilidade e os discursos e as práticas de normalização e, sobretudo, desenvolver uma resistência cuja forma se manifesta pela constituição de novos lugares, novos espaços que servem de suporte à vida.

3.2 A EXPANSÃO DO PODER PSIQUIÁTRICO

O mapa que demonstra o percurso da infância no pensamento de Michel Foucault possui um ponto crítico que coloca luz sobre os problemas da infância e do autismo no contemporâneo. É a questão da "psiquiatrização" da infância e da sociedade. A "psiquiatrização da sociedade" é o processo no qual o saber e as práticas da Psiquiatria, e no entorno dela, penetram na sociedade influenciando profundamente a dinâmica social, modelando comportamentos e modos de representação. Esse conceito

---

[351] *Idem*, **História da sexualidade I**: A vontade de saber. Rio de Janeiro: Ed. Graal, 2015.
[352] *Idem*, 2012.
[353] *Idem*, 2014b.
[354] Deleuze, 1988.

está enraizado em sua análise crítica das relações de poder, instituições e normas sociais. É sobretudo por meio da tomada da criança como alvo desse poder que o saber médico-pedagógico pode psiquiatrizar não só a criança, como a escola, a família e a sociedade[355]. Como pensar a resistência nesse contexto?

Esses gestos de resistência, na linguagem do DSM, são classificados como "sintomas" de transtornos mentais e são hoje motivo para levar crianças até a Neurologia, a Psiquiatria ou ainda motivo para ser diagnosticado na escola ou no consultório de qualquer especialidade. A agitação, a inquietação, a livre circulação no espaço, gestos que para a cartografia constituem um agir, no discurso do DSM se trata isso como sintomas e sinais de transtornos mentais, mas aqui eles constituem focos de poder e resistência. É o embate entre essas duas forças que quero mostrar ao leitor.

Segundo Foucault[356], a psiquiatrização é um processo histórico que se desenrolou ao longo do século XIX e não se restringiu somente ao saber psiquiátrico, mas tornou-se forma do poder que atravessa diversos campos como a escola, a família, o direito e a política. Foi pela "constituição da criança como alvo" e a intervenção do saber psiquiátrico sobre a infância, que se "generalizou" os saberes da Psiquiatria efetuando a psiquiatrização da infância e da sociedade. Ainda hoje os efeitos dessa psiquiatrização marcam a clínica e consistem na representação dos fatos da vida segundo o paradigma médico-psiquiátrico. É por uma profunda modelação da forma como o adulto se relaciona com a criança segundo o discurso psiquiátrico que se verá a percepção do adulto sendo afetada na sua forma de compreender a realidade. O poder modificou e incidiu não só na família, mas na própria Psiquiatria, fazendo dela uma tecnologia que regula a sociedade e a família[357]. Ao passo que toma para si a forma do esquema familiar e exerce a função de estabelecedora da verdade sobre a loucura (o erro e a anormalidade), a Psiquiatria faz o asilo assumir a forma de família: o psiquiatra como um pai forte, fazendo com que a cura seja dada pelo próprio estabelecimento psiquiátrico, na medida em que

---

[355] Vide a aula de 9 de janeiro de 1974, do curso *O poder psiquiátrico* (1973-1974).
[356] Foucault, 2012.
[357] Na aula de 5 de dezembro de 1973, no curso *O poder psiquiátrico* (1973-1974), Foucault desenvolve essa ideia mostrando como o hospital tornou-se uma "máquina de curar" na medida em que há o envolvimento do poder psiquiátrico com a forma familiar, de modo que a psiquiatria possa destituir o louco de sua família, mas também incorporar no hospital o modelo familiar: "O problema está em saber como o discurso psiquiátrico, o discurso que nasce portanto do exercício do poder psiquiátrico vai poder se tonlar o discurso da família, o discurso verdadeiro da família, o discurso verdadeiro sobre a família" (*Ibidem*, p. 118).

o asilo substitui a família temporariamente[358]. O efeito dessa psiquiatrização é a modificação da forma e da representação dos sofrimentos, dos comportamentos e das maneiras de viver, revestindo toda experiência vital de terminologias psiquiátricas.

O DSM é a referência mais contemporânea em psicopatologia. Os efeitos de sua publicação são pouco a pouco mapeados no campo da saúde mental e já se pode observar uma primeira consequência dessa publicação: a globalização da linguagem psiquiátrica. Tal fato pode ser observado no DSM-V publicado em mais de 18 línguas, podendo ser acessado por meio de aplicativos de celulares por qualquer pessoa, não sendo necessário registro médico ou profissional. Sobre a subjetividade, tais efeitos estão sendo estudados, do ponto de vista epistemológico, clínico, social e político. Hacking[359] argumenta, por exemplo, que o DSM é incapaz de capturar e classificar com precisão todos os transtornos mentais, que está longe de propor uma solução global para o sofrimento psíquico e que essa ideia de um sistema de diagnóstico universal está longe de acontecer, pois, justamente, trata-se dessa dificuldade de representar nominalmente a natureza humana.

Foucault[360], embora não tenha falado especificamente sobre a Psiquiatria americana, mostrou como a construção do saber psiquiátrico é indissociável das formas disciplinares de dominação, controle e regulamentação e que é por meio da gramática descritiva da doença que o poder incide sobre os corpos. Não apenas medicamentos incidem sobre o corpo com a capacidade de prolongar a disciplina ao seu interior, mas também a linguagem psiquiátrica tem esse efeito de modelação da subjetividade. Além da ação externa da disciplina, do uso da violência, da punição e do uso de medicações, dos laudos e diagnósticos, há uma outra maneira de incidir sobre os corpos: é a linguagem e a escrita psiquiátrica que modela as formas de viver. Apesar de anteriormente o uso da força física, os banhos de éter, o láudano, os tranquilizantes e outros tipos de ações sobre o corpo dos internos terem sido a principal maneira de modelar os indivíduos, foi a escrita que sempre teve o poder de prolongar a disciplina até o interior do corpo:

---

[358] "[...] o que cura no hospital é o hospital. Ou seja, é a própria disposição arquitetônica, a organização do espaço, a maneira como os indivíduos são distribuídos nesse espaço, a maneira como se circula por ele, a maneira como se olha ou como se é olhado nele, tudo isso é que tem em si valor terapêutico. A máquina de curar, na psiquiatria daquela época, é o hospital" (*Ibidem*, p. 127).

[359] HACKING, I. **Historical Onthology**. London: Harper University Press, 2002.

[360] Foucault, 2012.

> Para que o poder disciplinar seja global e contínuo, o uso da escrita me parece absolutamente necessário, e parece-me que se poderia estudá-lo da maneira como, a partir dos séculos XVII-XVIII, se vê, tanto no exército como nas escolas, nos centros de aprendizagem, igualmente no sistema policial ou judiciário, etc., como os corpos, os comportamentos, os discursos das pessoas são pouco a pouco investidos por um tecido de escrita, por uma espécie de plasma gráfico que os registra, os codifica, os transmite ao longo da escala hierárquica e acaba centralizando-os[361]. Vocês têm aqui uma relação nova, creio, uma relação direta e contínua da escrita com o corpo. A visibilidade do corpo e a permanência da escrita andam juntas e têm evidentemente por efeito o que poderíamos chamar de individualização esquemática e centralizada.[362]

Foucault[363] aponta para uma série de equipamentos ao longo do século XVIII e XIX que se encarregam de vigiar e modelar os indivíduos, entre eles o *panopticon* é aquele que melhor representa o novo paradigma do poder. Contudo, o desenvolvimento de novas tecnologias e o avanço de novas práticas de controle e regulamentação fizeram com que a linguagem psiquiátrica passasse a incidir não apenas sobre o corpo individual, mas sobre o corpo da população. É a respeito da tese sobre o biopoder que *A História da sexualidade* foi escrita e foi no curso *Em defesa da sociedade* que o conceito de biopolítica foi desenvolvido.

A partir dessa intuição sinistra, Foucault[364] constata um novo ponto de incidência do poder: trata-se de não apenas dominar e modelar os indivíduos, não apenas a vida em seu sentido biológico. Controlar não apenas o corpo vivo, mas as formas de viver, as ações infinitivas do vivo. Sendo assim, o DSM não se manifesta apenas como poder sobre o corpo individual, mas sobre o corpo coletivo da população, situando-se como linguagem que media a realidade e os modos de representação do sofrimento, estabelecendo modos de subjetivação locais e globais. Trata-se, portanto, de nova tecnologia de "controle e regulamentação da vida", o novo paradigma do poder psiquiátrico[365].

---

[361] Segundo a edição da editora Martins Fontes, o manuscrito diz: "Os corpos, os gestos, os comportamentos, os discursos são pouco a pouco investidos por um tecido de escrita, um plasma gráfico, que os registra, os codifica, os esquematiza" (*Ibidem*, p. 61).
[362] *Ibidem*, p. 61.
[363] *Ibidem*.
[364] *Ibidem*. **Em Defesa da Sociedade:** Curso no Collège de France (1975-1976). São Paulo: Ed. Martins Fontes, 1999.
[365] Almeida, 2017.

No curso *O poder psiquiátrico*, Foucault[366] faz um desvio do projeto presente no livro *História da Loucura na Idade Clássica* e faz igualmente um desvio daquilo que era objeto da crítica da antipsiquiatria. Em 1973, afirma que escrever a continuação da história da loucura até a época atual não lhe interessava. Esse novo curso buscava colocar novos problemas: não mais uma análise das representações, mas análise das linhas de força do dispositivo psiquiátrico. Ele se pergunta: "*[...] em que medida um dispositivo de poder pode ser produtor de certo número de enunciados de discursos e, por conseguinte, de todas as formas de representações que podem posteriormente se formar e a partir daí decorrer?*[367]". É na aula de 6 de fevereiro de 1974 que o autor coloca a diferença entre a sua crítica e àquela proposta pela antipsiquiatria: mais do que apenas denunciar as formas de violência praticadas internamente nos hospitais psiquiátricos, a verdadeira crítica ao poder psiquiátrico está em fazer ver como o próprio saber psiquiátrico se modula a ponto de fazer com que o próprio "louco" possa produzir e corrigir sua "loucura": "*Em vez de uma retirada para fora do espaço asilar, trata-se da sua destruição sistemática por um trabalho interno; e trata-se de transferir para o próprio doente o poder de produzir sua loucura e a verdade da sua loucura, em vez de procurar reduzi-lo a zero*"[368].

Quando afirmo que o DSM representa o novo paradigma do poder psiquiátrico, é porque vejo nele essa transformação do saber: prescindir do hospício, do interior da instituição e da violência física, para aplicar um poder invisível e anônimo, num só tempo técnico e político; um saber que se faz no exterior do hospital e do consultório médico e que se aplica não por meio do médico, apenas, mas sobretudo pela própria sociedade.

O DSM atualizou as vias da expansão do poder psiquiátrico e, portanto, é preciso mapear os efeitos dessa expansão sobre a população. Por isso, apresento a seguir o DSM para fazer entender como opera essa nova modalidade de expansão do poder psiquiátrico, que se trata de não apenas dominar e modelar os corpos individualmente, não apenas a vida em seu sentido biológico, mas o viver, as ações infinitivas do vivo.

> Parece-me que um dos fenômenos fundamentais do século XIX foi, é o que se poderia denominar a assunto da vida pelo poder: se vocês preferirem, uma tomada de poder sobre o homem enquanto ser vivo, uma espécie de estatização do

---

[366] Foucault, 2012.
[367] Ibidem, p. 17.
[368] Ibidem, p. 450.

biológico ou, pelo menos, uma certa inclinação que conduz ao que se poderia chamar de estatização do biológico. [369]

Foi buscando superar limitações próprias da psicopatologia que a Associação de Psiquiatria Americana (APA) publicou o DSM com o objetivo de estabelecer parâmetros científicos para os diagnósticos em Psiquiatria e saúde mental. Um dos objetivos centrais dessa série é, segundo Rossi e Dunker[370], estabilizar a linguagem e as terminologias em psicopatologia, aumentando assim a confiabilidade nos critérios diagnósticos e diminuindo o caráter subjetivo das pesquisas em clínica e saúde mental. O "operacionalismo pragmático" marca fortemente a prática científica e clínica, construindo uma abordagem do sofrimento psicossocial por meio da recusa dos fundamentos filosóficos, antropológicos e das análises sociopolíticas e psicanalíticas.

A escola operacional e pragmática proposta na psicopatologia do DSM resultou numa construção conceitual estranha que assumiu caráter "ateórico"[371] e se fundamentou na Neurociência, Psicometria, Psicologia cognitivo-comportamental e outros estudos científicos de caráter empírico e replicável. O que hoje se conhece pelo nome de "transtorno mental" possui um fundamento controverso: *mental disorder* é o termo utilizado na versão de língua inglesa; no Brasil, o termo foi traduzido como transtorno mental. Equivaleria dizer que quando o termo é abordado, fala-se de "desordens mentais" sendo que essas desordens não possuem um fundamento psicológico, social ou biológico, pois não há fundamento para o que eles indicam como síndrome ou transtorno. No campo da clínica, a síndrome refere-se ao conjunto de sinais e sintomas que define certa manifestação clínica, enquanto transtorno indica alteração no padrão de saúde e comportamento que não encontram fundamento em uma doença específica, mas causa certos incômodos para um paciente. Esse uso genérico do conceito de transtorno; essa inespecificidade do DSM em estabelecer clinicamente os seus critérios diagnósticos, é causa de grande polêmica no meio acadêmico e clínico, mas não só. Há algo que se passa nessa inespecificidade que precisa ser analisada criticamente.

---

[369] *Idem*, 1999, p. 285/286.

[370] ROSSI, C. C; DUNKER, C. I. L. Confiabilidade diagnóstica e linguagem. **Revista Latino-americana de Psicopatologia Fundamental**, São Paulo, p. 534-554, dez. 2022.

[371] A pesquisa que fundamenta o DSM é ateórica, visto ter abandonado os modos de racionalidade produzidos antes no campo da psicopatologia. Isto se dá pela forma de recolhimento quantitativo e qualitativo dos sinais dos sintomas. O que vale são somente argumentos biologistas e geneticistas, não há dimensão subjetiva no sofrimento (Olivier Martin, 1989, p. 74).

Desde sua primeira publicação, em 1918, até a última, em 2013, o sucesso do DSM se deu graças ao aparelhamento do projeto à política neoliberal e ao circuito da globalização. Impulsionado pela Associação de Psiquiatria Americana (APA) e movidos pelo interesse no desenvolvimento da classificação diagnóstica estatística, objetiva e global, o DSM avançou com enfoque de solucionar uma crise no modelo psicossocial reinante na Psiquiatria estadunidense desde o fim da Segunda Guerra Mundial. Sabe-se que o modelo psicossocial americano experimentou uma crise permanente e mostrou certa incapacidade de operar a Reforma Psiquiátrica efetiva em seu sistema de saúde durante a década de 1970[372]. Dominado pelo modelo hospitalocêntrico, as internações psiquiátricas resumiam-se a uma "porta giratória" em que o interno vivia a permanente reentrada no campo asilar. Em paralelo, a psiquiatria americana não conseguia formular um modelo de atendimento que não fosse médico centrado, ficando refém da possível cientificidade da Psiquiatria.

Porém, não só a limitação na gestão dos hospitais afetava a psiquiatria americana, como também a crise no saber – o objetivo principal do DSM era superar as premissas subjetivas, a psicopatologia de origem europeia que passavam sobretudo pelo nome de Jaspers, Krapelin, Freud e outros, a fim de afirmar uma ciência que fosse propriamente desenvolvida em solo americano. Buscava-se uma distinção do saber da Psicanálise, o fim do termo neurose e a extinção de diagnósticos como histeria e psicose. Buscava-se com isso reformular os diagnósticos por meio de redefinições nominalistas e do deslocamento do tratamento de um centro etiológico subjetivo para um centro objetivo biopsicológico. Por efeito, constrói-se uma psicopatologia cujo princípio diagnóstico prescinde da pesquisa etiológica sobre a origem do transtorno, e opta por uma simples assimilação entre a narrativa do paciente sobre seus sintomas e os critérios objetivos registrados nas categorias diagnósticas específicas[373].

O DSM emparelhou-se às indústrias e ao marketing farmacêutico, sendo influenciado nos resultados dos diagnósticos e na reformulação dos

---

[372] AMARANTE, P.; ROTTELI, F. Reformas psiquiátricas na Itália e no Brasil: aspectos históricos e metodológicos. *In:* **Psiquiatria sem hospício**: contribuições ao Estudo da Reforma Psiquiátrica. Rio de Janeiro: Relume-Dumará, 1992.

[373] "O DSM explicitamente não possui a pretensão de ser uma psicopatologia. Ele procura se constituir num sistema classificatório fidedigno dos padecimentos psíquicos. Sua racionalidade está organizada em torno da busca de categorias confiáveis, provisórias e operacionais, ateóricas e sem indiferenças quanto à etiologia, que permitam a superação de mal-entendidos terminológicos no terreno da psicopatologia. Seu critério objetivo está alicerçado na descrição formal do plano empírico dos fatos clínicos" (Dunker, 2014, p. 102).

termos. Silva Jr.[374] afirma que certas alterações epistemológicas produziram a perda no interesse e a preocupação com a causa dos transtornos, colocando entre parênteses a própria ideia de doença e substituindo pela ideia de transtorno. Com isso, esvazia-se a Psiquiatria da carga moral e do preconceito relacionado à doença mental, fazendo com que mais pessoas se aproximem desse tema que agora é codificado pelo conceito de transtorno mental.

Tal estratégia consistiu em fazer a população aceitar e consumir certos termos e medicações associadas aos transtornos. Silva Jr.[375] dá o exemplo dos Transtornos Disfóricos Pré-menstruais (TDPM), tratamento associado ao Prozac (fluoxetina). Ao associar o público feminino à "doença mental", com o referido medicamento, Psiquiatria e Marketing se reúnem para superar essa rejeição do público feminino ao diagnóstico e restabelecer o uso de medicações associadas a TDPM. O fabricante do Prozac lança então o mesmo medicamento, com mesmo princípio ativo, só que em nova embalagem, estampando girassóis e cores de lavanda. Tratava-se da mesma medicação com o mesmo princípio ativo, mas com novo nome – Safarem. Isso serviu num só tempo para manutenção da indústria farmacêutica e para o aumento da aceitabilidade do diagnóstico.

Vê-se aí a influência do marketing na epistemologia psiquiátrica. Isso permitiu à psiquiatria americana dar um salto para além das fronteiras físicas e arquitetônicas, epistemológicas e éticas da psicopatologia, fazendo coincidir a clínica com a indústria do consumo. Para embasar essa estratégia, as ciências biomédicas foram fundamentais. Essa relação não os isentava de implicações filosóficas, éticas e epistemológicas, mas, sobretudo, os isolava num silêncio que eles jamais poderiam assumir de bom grado seu objetivo: deslocar as questões humanas para um centro genérico e inespecífico, fundando seu conhecimento sobre a vida num fundo capitalista.

Devido a essa inespecificidade, a publicação incidiu fortemente no campo da saúde, da educação e no meio jurídico, emparelhando-se à Classificação Internacional das Doenças (CID-10), em 1968, visto que a APA esteve envolvida na revisão da seção de transtorno mental. Sendo publicado em diversos países e em diversas línguas, além de lançar cinco versões oficiais do manual, o DSM consolidou-se como a bíblia da psiquiatria contemporânea, servindo também para o sistema de seguridade social.

---

[374] SILVA JR., N. Epistemologia psiquiátrica e marketing farmacêutico: novos modos de subjetivação. **Stylus** (Rio J.). Rio de Janeiro, n. 33, p. 227-239, nov. 2016.
[375] *Ibidem.*

A progressão no número de diagnósticos entre uma edição e outra aumenta significativamente: no DSM-I, de 1918, 106 categorias diagnósticas; no DSM-II, de 1952, 192 categorias; no DSM-III, de 1974, 265 categorias; no DSM-IV, de 1994, 297 categorias; e por último, no DSM-V, de 2013, mais de 300 categorias diagnósticas. O que aparentemente pode parecer como "eficiência" em "descobrir" novos transtornos e em melhor "precisar" certos diagnósticos, acabou revelando-se como uma reformulação nominalista. Por exemplo, o transtorno indicado hoje como TDAH (Transtorno de Déficit de Atenção e Hiperatividade) tem um grupamento de sintomas que claramente podiam ser definidos antes pelo termo Disfunção Cerebral Mínima. A modificação do termo permitiu deslocar a hipótese de uma lesão cerebral que causaria uma "disfunção", para associar-se à ideia de um "déficit" neuroquímico. Em 1966, DSM-II cunhou o termo "Reação hipercinética da infância" [*Hyperkinetic reaction of childhood*], para substituir o diagnóstico de Disfunção Cerebral Mínima e, posteriormente no DSM-III, em 1980, substituí-lo pelo termo Transtorno de Déficit de Atenção (TDA).[376]

Para o autismo, a situação é ainda mais complicada porque envolve não apenas uma confusão de línguas entre Kanner, Asperger, Wings e Rutter (psiquiatras envolvidos na conceituação do autismo entre 1945 e 1980), como também envolve o deslocamento do tratamento do autismo do campo da saúde mental para o campo da educação especializada. Tal desvio é significativo, pois desloca o cuidado do campo da subjetividade para situá-lo na cognição e modelação do comportamento[377]. Portanto, essa inespecificidade dos diagnósticos e fundamentos do DSM revelam não a sua fraqueza, mas a sua estratégia de poder, pois ele modifica e atualiza os modos de expansão da Psiquiatria contemporânea.

Foucault[378] apontara que a Psiquiatria do século XIX se expandiu incidindo sobre a infância. A psiquiatrização da sociedade acontece pela tomada da criança como alvo da intervenção psiquiátrica que, por efeito, produz a generalização do poder psiquiátrico e a psiquiatrização da sociedade. No curso *O poder psiquiátrico*[379] (1973-74), o autor mostra que a disseminação desse poder se deu por efeito da prática psicanalítica

---

[376] TIMIMI, S. **Medicina insana**. Como a indústria da saúde mental cria armadilhas de tratamento prejudiciais e como você pode escapar delas. Tradução: Fernando Freitas. Disponibilizado pela Mad Brasil, outubro 2020.
[377] MALEVAL, J. **O autista e a sua voz** (2009). São Paulo: Ed. Blucher, 2017.
[378] Foucault, 2020.
[379] *Idem*, 2012.

que tomou a infância como "fundação", lugar de "origem" da "doença mental". No curso posterior, *Os anormais*[380] (1974-75), ele demonstra como o exame médico-legal, a Psiquiatria em sua conjunção com o exame criminal revelava a infância como condição histórica do crime, como se na infância se pudesse encontrar evidências para o crime:

> [...] no fundo de todos esses discursos da penalidade moderna, portanto da que começa a se tramar desde o século XIX, vocês sabem que corre a frase indefinidamente repetida: "Você vai acabar na forca!" Mas, se a frase "você vai acabar na forca" é possível (tanto que todos nós a ouvimos mais ou menos assim, da primeira vez que não tiramos uma nota boa), se essa frase e efetivamente possível, se ela tem uma base histórica, é na medida em que o *continuum*, que vai da primeira correção aplicada ao indivíduo até a última grande sanção jurídica que e a morte, foi efetivamente constituído por uma imensa prática, uma imensa institucionalização do repressivo e do punitivo, que é alimentada discursivamente pela psiquiatria penal e, em particular, pela prática maior do exame.[381]

O exame clínico, a anamnese, os interrogatórios e os relatos extensos sobre a vida levaram a Psiquiatria a construir seu saber sobre a infância, mas igualmente leva a constituição de intensa repressão e regulamentação das formas possíveis de se experimentar a infância:

> Quando se pedia que o doente contasse sua vida, não era em absoluto para tentar dar conta de sua loucura a partir do que havia acontecido durante sua infância, mas para captar nessa infância uma loucura de certo modo já constituída, em todo caso indícios precursores, sinais de predisposição da loucura que já estigmatizavam a infância, em que se procuravam também sinais de predisposição hereditária. Não era tampouco o conteúdo louco da experiência infantil que era interrogado através das anamneses. Logo, a criança louca, a criança como objeto de psiquiatria, aparece tardiamente, e a infância, em sua relação fundamental com a loucura, não é interrogada precocemente.[382]

A psiquiatrização da criança ocorreu não pela criança louca ou pela criança esquizofrênica, mas sim pela incidência sobre a criança que

---
[380] *Idem*, 2014a.
[381] *Ibidem*, p. 29.
[382] *Idem*, 2012, p. 256.

não aprende, aquela dita idiota, débil ou imbecil (para usar os termos da época). Foi devido à conjunção entre o saber médico e o saber pedagógico que ocorreu a efetiva expansão e a generalização do poder psiquiátrico, foi devido ao tratamento das crianças nos asilos médico-pedagógico que foi possível elaborar e diferenciar a imbecilidade da idiotia. O domínio institucional sobre a anormalidade não ocorreu em decorrência do avanço teórico da Psiquiatria, mas se deu ao mesmo tempo – e de certo modo efetivando a prática asilar. O domínio institucional sobre o corpo da criança dita anormal é concomitante à emergência das categorias diagnósticas de anormalidade. É desde os asilos de Pinel que se pode ver a presença de crianças ditas idiotas, mas é por meio da distinção entre idiotia e loucura que é possível ver o domínio do poder médico-pedagógico.

Segundo Foucault, foram três os motivos que fizeram a psiquiatrização se expandir na criança entre o fim do século XVIII e princípio do século XIX: porque a idiotia era uma "doença" mais facilmente encontrada em crianças e o domínio conceitual e descritivo sobre esse fato patológico permitiria a distinção entre idiotia e demência, entre as doenças da infância e da velhice[383]; porque era necessário diferenciar a idiotia da loucura, fato que não havia sido feito anteriormente por Pinel. Até então a idiotia era considerada como um turbilhonamento de todos os elementos da loucura (delírio, alucinação, perda da razão) girando tão rapidamente que levaria a entendê-la como uma categoria de delírio, uma alienação mental[384]. O terceiro foi a necessidade de melhor descrever e diferenciar as doenças mentais, fato que exigiu o esquadrinhamento das etapas da vida e a criação das teorias sobre o desenvolvimento infantil. Nos primeiros 40 anos do século XIX, num deslocamento conceitual que vai de Esquirol a Séguin, a idiotia passou a ser compreendida não como "doença", mas um estado no qual "as faculdades intelectuais" não se manifestaram ou não puderam se desenvolver.

Para Foucault, foi a partir da teorização em torno das "funções intelectuais" da infância que a Psiquiatria se desenvolverá. Por efeito, essa diferenciação entre idiotia, retardo e demência levou à construção de um saber psiquiátrico específico em torno da infância, no aprimoramento de instituições e desenvolvimento de linguagens cada vez mais especializadas. O poder psiquiátrico incide aí num só tempo sobre a família, o hospital e na reformulação das práticas de educação. A Psiquiatria e a Psicopato-

---

[383] *Ibidem*, p. 407.
[384] *Ibidem*, p. 259.

logia da infância coincidem com a organização do campo pedagógico, a obrigatoriedade do ensino, da escolarização[385]. O poder psiquiátrico produziu a demanda para os asilos e instituições médico-pedagógicas, constituindo-se assim como poder em estado puro: *"A educação dos idiotas e dos anormais é o poder psiquiátrico em estado puro"*[386].

3.3 PSIQUIATRIZAÇÃO DA SOCIEDADE: O BIOPODER E A BIOPOLÍTICA

Acontece que Foucault foi aprimorando essa tese sobre o poder psiquiátrico e sua relação com as formas de governar a população, de aplicar o poder não só sobre os corpos individuais, mas também sobre a população. Ele identificou duas características nesse poder: o biopoder é aquele que está "destinado a produzir forças", fazê-las crescer, modelá-las e ordená-las, mais do que apenas "barrá-las, dobrá-las ou destruí-las"[387]. Tal poder se aplicaria não só sobre o corpo individual, mas sobre a vida em seu sentido biológico[388]:

> Será o problema muito importante, já no início do século XIX (na hora da industrialização), da velhice, do indivíduo que cai, em consequência, para fora do campo de capacidade, de atividade. E, da outra parte, os acidentes, as enfermidades, as anomalias diversas. E é em relação a estes fenômenos que essa biopolítica vai introduzir não somente instituições de assistência (que existem faz muito tempo), mas mecanismos muito mais sutis, economicamente muito mais racionais do que a grande assistência, a um só tempo maciça e lacunar, que era essencialmente vinculada a Igreja. Vamos ter mecanismos mais sutis, mais racionais, de seguros, de poupança individual e coletiva, de seguridade etc.[389]

---

[385] *Ibidem*, p. 259.

[386] É importante notar aqui que não apenas por meio do saber médico-pedagógico e da prática institucional a Psiquiatria se expande. Foucault (2015) mostra também que foi por meio da instauração de uma profunda preocupação com a sexualidade e uma gestão da célula familiar burguês que este poder também pontos de incidência. Sendo assim, não apenas dentro das instituições, mas também dentro das casas e famílias, o poder se expandiu tomando como ponto de incidência o corpo e a subjetividade da criança. Para isso, vide história da sexualidade e a cruzada antimasturbatória (Foucault, 2015).

[387] *Idem*, 2015, p. 146.

[388] "Parece-me que um dos fenômenos fundamentais do século XIX foi, é o que se poderia denominar a assunção da vida pelo poder: se vocês preferirem, uma tomada de poder sobre o homem enquanto ser vivo, uma espécie de estatização do biológico ou, pelo menos, uma certa inclinação que conduz ao que se poderia chamar de estatização do biológico" (*Idem*, 1999, p. 285-286).

[389] *Ibidem*, p. 291.

Dessa forma, está em jogo a constituição desse poder que opera como *"uma maneira de transcrever em termos biológicos os discursos políticos"*[390]. O biopoder se caracteriza como técnica centrada no corpo individual, *"procedimentos pelos quais se assegurava a distribuição espacial dos corpos individuais (sua separação, seu alinhamento, sua colocação em série e em vigilância) e a organização, em torno desses corpos individuais, de todo um campo de visibilidade"*[391]. Sua finalidade é antecipar-se aos desvios, aos riscos e às desestabilizações nos comportamentos supostamente indevidos, aplicando, se necessário, punições e sanções como formas de disciplinar, corrigir e prevenir desvios futuros. O biopoder também se incumbe dos corpos tentando *"aumentar-lhe a força útil através do exercício, do treinamento"*, como técnica de *"racionalização e de economia estrita"*, a fim de produzir uma prática "menos onerosa possível"[392].

A biopolítica, por sua vez, não se distingue propriamente do biopoder. É um aprimoramento da tecnologia do poder que surge na segunda metade do século XVIII, integrando o sistema disciplinar, implantando-se nele sem excluí-lo. Ao fazer isso, amplia-se e estende-se o campo de intervenção das práticas disciplinares modulando a superfície de aplicação desse poder. A biopolítica se aplica ao ser vivo, ao homem como espécie e não é individualizante, mas massificado – dirigindo-se à *"multiplicidade dos homens, não na medida em que eles se resumem em corpos, mas na medida em que ela forma, ao contrário, uma massa global, afetada por processos de conjunto que são próprios da vida, que são processos como o nascimento, a morte, a produção, a doença, etc."*[393].

No começo do século XIX, a preocupação reinante era em relação à espécie humana com a vida, uma vez que ela se modifica, altera-se por si só e se torna um problema político, econômico e científico. A partir do estabelecimento de novos mecanismos globais de regulação, mecanismos de previdência e prevenção, busca-se assegurar a homeostase e maximizar as forças humanas, apropriando-se sobre os hábitos e comportamentos endêmicos à população. O poder extrai da vida mais poder.

Não se trata então de corrigir indivíduos pontualmente, mas controlar os estados globais de equilíbrio e os processos biológicos do homem

---

[390] *Ibidem*, p. 307.
[391] *Ibidem*, p. 203.
[392] *Ibidem*, p. 203.
[393] *Ibidem*, p. 204.

enquanto espécie, a manutenção permanente do poder. A regulamentação consiste na desqualificação progressiva da morte em prol de uma extensão qualitativa da vida – a biopolítica tem a capacidade de fazer a vida viver segundo as normas e prerrogativas desse poder. É o investimento no "como" viver que garante a prevenção futura, controlando e regulamentando a vida da população a fim de evitar os desvios e os acidentes. Sobretudo é regulamentando que se pode modular os limites da vida:

> Ora, agora que o poder é cada vez menos o direito de fazer morrer e cada vez mais o direito de intervir para fazer viver, e na maneira de viver, e no "como" da vida, a partir do momento em que, portanto, o poder intervém sobretudo nesse nível para aumentar a vida, para controlar seus acidentes, suas eventualidades, suas deficiências, daí por diante a morte, como termo da vida, é evidentemente o termo, o limite, a extremidade do poder. Ela está do lado de fora, em relação ao poder: é o que cai fora de seu domínio, e sobre o que o poder só terá domínio de modo geral, global, estatístico.[394]

O ponto em comum em que essas duas tecnologias de poder se entrecruzam é o processo de produção de subjetividade: enquanto o biopoder opera na tríade "corpo – organismo – disciplina", a biopolítica opera na tríade "população – processos biológicos – mecanismos regulamentadores"[395]. De um lado as instituições e os estabelecimentos de vigilância e disciplina; de outro, os diagramas de poder e suas políticas de regulação. No caso da expansão do poder psiquiátrico, trata-se da conjunção entre Psiquiatria – mecanismos regulatórios –, produção de instituições e modos de consumo. O DSM opera não apenas no individual, mas nesses mecanismos regulatórios, nos movimentos sociais e civis, modelando a demanda de modo a favorecer suas próprias proposições.

O ponto de incidência do poder não é somente o indivíduo vivo e o vivente, mas ao viver. Abarca não só a vida individual, mas também a vida coletiva, social e de espécie:

> A sociedade de normalização é uma sociedade em que se cruzam, conforme uma articulação ortogonal, a norma da disciplina e a norma da regulamentação. Dizer que o poder, no século XIX, tomou posse da vida, dizer pelo menos que o poder, no século XIX, incumbiu-se da vida, é dizer que

---

[394] *Ibidem*, p. 295-296.
[395] *Ibidem*, p. 289.

ele conseguiu cobrir toda a superfície que se estende do orgânico ao biológico, do corpo à população, mediante o jogo duplo das tecnologias de disciplina, de uma parte, e das tecnologias de regulamentação, de outra.[396]

A norma é então operadora central dessa individualização por normalização. É por meio dela que são produzidos os grupos assujeitados, os preceitos da normalização, os modos de consumo dos saberes e das drogas psiquiátricas. A norma é uma tecnologia sofisticada que opera tanto dentro da instituição, por dentro dos saberes, como também de fora, vindo sobre a população e as instituições como ação normalizadora. A sociedade de normalização torna-se aquela cujas ações se aplicam tanto sobre a população quanto sobre as instituições, que fazem ambos convergir num mesmo sentido para norma e tornando-as sujeitas dessa avaliação normal ou anormal.

A ação de normalização é efetuada pela "norma" que se aplica tanto sobre um *"corpo que se quer disciplinar quanto a uma população que se quer regulamentar"*[397]. Tal norma não é natural, mas cumpre o papel e a exigência dos domínios políticos aos quais ela se ocupa – seja o jurídico, pedagógico, médico ou militar. Segundo Foucault, ela carrega a "pretensão ao poder", não sendo um princípio, mas *"um elemento a partir do qual certo exercício de poder se acha fundado e legitimado*[398]*"*.

A norma não é somente um conceito popular e polêmico, mas acima de tudo político. Dessa maneira, o poder não é apenas repressivo ou negativo, mas produtivo, no sentido de fazer viver e regulamentar as formas legítimas e ilegítimas de viver; trata-se dessa Psiquiatria que não tira as pessoas do jogo, mas dá as cartas do jogo:

> Parece-me que é um erro ao mesmo tempo metodológico e histórico considerar que o poder é essencialmente um mecanismo negativo de repressão; que o poder tem essencialmente por função proteger, conservar ou reproduzir relações de produção. E parece-me que é um erro considerar que o poder é algo que se situa, em relação ao jogo das forças, num nível superestrutural. É um erro enfim considerar que ele está essencialmente ligado a efeitos de desconhecimento. Parece-me que - se tomarmos essa espécie de concepção

---

[396] *Ibidem*, p. 302.
[397] *Ibidem*, p. 213.
[398] *Idem*, 2014a, p. 43.

> tradicional e onicirculante do poder que encontramos seja em escritos históricos, seja também em textos políticos ou polêmicos atuais - essa concepção do poder e, na verdade, construída a partir de certo número de modelos, que são modelos históricos superados. É uma noção compósita, e uma noção inadequada em relação à realidade de que somos secularmente contemporâneos, quero dizer, contemporâneos desde pelo menos o fim do século XVIII.[399]

O poder opera sobre os afetos e as afetações, as ações e os comportamentos. Dessa maneira, não apenas reprime, exclui e priva os corpos de certas ações e relações de modo a se evitar a uma possível desestabilização do poder, antecipando-se as inversões entre os dominadores e dominados, entre os reguladores e os regulados. Ele intervém como crise, pela estratégia de desestabilizar e produzir a estabilização requisitada, produz a crise para indicar a solução, produz o transtorno para dar o remédio. Nem mesmo os movimentos sociais escapam desse risco à sujeição e interferência do poder:

> O corpo se tornou aquilo que está em jogo numa luta entre os filhos e os pais, entre a criança e as instâncias de controle. A revolta do corpo sexual é o contra-efeito desta ofensiva. Como é que o poder responde? Através de uma exploração econômica (e talvez ideológica) da erotização, desde os produtos para bronzear até os filmes pornográficos... Como resposta à revolta do corpo, encontramos um novo investimento que não tem mais a forma de controle–repressão, mas de controle–estimulação: "Fique nu..., mas seja magro, bonito, bronzeado!" A cada movimento de um dos dois adversários corresponde o movimento do outro. Mas não é uma "recuperação" no sentido em que falam os esquerdistas. É preciso aceitar o indefinido da luta... O que não quer dizer que ela não acabará um dia.[400]

Destaco que entre as teorizações e o que efetivamente ocorre hoje na Psiquiatria americana do DSM, há uma descontinuidade. O poder mudou suas estratégias de expansão e o fez por intermédio dessas novas tecnologias de controle e regulamentação da vida. Foucault abriu as tramas da Psiquiatria do século XIX para fazer ver no presente de que maneira isso funciona. Afirmo que o DSM foi fundamental para atuali-

---
[399] *Ibidem*, p. 43.
[400] *Idem*, 2018a, p. 236.

zação e expansão do poder psiquiátrico, bem como para a generalização do poder sobre a vida, apontando para ele como efetiva tecnologia de controle e regulamentação da vida. O que busco mostrar agora é como o DSM toma a infância como ponto de incidência do poder, atualizando esse domínio do poder psiquiátrico sobre a infância e favorecendo o avanço dos mecanismos regulatórios sobre a sociedade, sendo no último terço do século XX que esses pontos fundamentais se atualizam numa nova expansão do poder psiquiátrico.

3.4 A EXPANSÃO DO PODER PSIQUIÁTRICO POR MEIO DO TRANSTORNO DO ESPECTRO AUTISTA

O ponto crítico do DSM foi abrir mão da pesquisa etiológica sobre a origem dos transtornos mentais e optar pela pesquisa estatística acerca dos sintomas. Nesse modelo ateórico, não há preocupação com as causas dos transtornos mentais, no caso do autismo, para o DSM, não há um fundo infantil nesse padecimento, somente questões neurocognitivas ou genéticas que poderiam explicar sua manifestação. Em outros casos, como no déficit de atenção e hiperatividade, há a possível "explicação cultural", que é concebida como etiologia[401].

O abandono da pesquisa etiológica levou a rupturas dentro do campo da Psiquiatria e a construção dessa racionalidade diagnóstica que não supõe "causa" ou "origem" dos transtornos mentais. Caso houvesse explicações para a origem dos transtornos, ela deveria ser comprovada cientificamente, do contrário, seria um estudo sobre a subjetividade. Assim, a hipótese subjetiva deveria ser desconsiderada em razão da falta de precisão científica e da possível causa de desentendimento entre os clínicos. Na década de 1970, a confusão de línguas entre Psiquiatria e Psicanálise era tão evidente, que quando o DSM-III (1980) surgiu, foi recebido com bons olhos pela comunidade clínica e científica, pois colocava justamente um ponto final nessa conjunção entre Psiquiatria e Psicanálise afirmando uma clínica baseada em critérios da então emergente "medicina baseada em evidências". Recebido como uma inovação científica relevante ou como

---

[401] APA – American Psychiatric Association. **DSM-V**: Manual diagnóstico e estatístico de transtornos mentais. Tradução: Maria Inês Corrêa Nascimento *et al.*; Revisão técnica: Aristides Volpato Cordioli *et al.* 5. ed. Dados eletrônicos. Porto Alegre: Artmed, 2014.

uma "estatização do biológico"[402], o DSM-III acompanhava a esteira de acontecimentos históricos relevantes como a publicação de *História da loucura*[403], o movimento antipsiquiátrico da década de 1970 e o interesse do cinema no debate sobre a loucura e o hospício, fato eternizado no filme "O Estranho no ninho".

Porém, foi definitivamente nos movimentos sociais, na luta pelos direitos civis, que o DSM-III incidiu no que ficou conhecido como *civil rights movements*. Foi aí que ele se apropriou da luta pelos direitos dos usuários de saúde mental, da despatologização da homossexualidade e desempenhou a regulação da demanda por tratamento de crianças autistas. Em especial, nesse último caso, o DSM legitimou a exigência de comprovação e de eficácia científica para o tratamento dessas crianças. Com isso, encontrou-se um modo de afastar toda e qualquer abordagem subjetiva.

Entre outras questões, estava em curso o fortalecimento das tramas da psiquiatrização e a remodelação da clínica psiquiátrica na sua relação com a sociedade. O DSM-III incidiu sobre as lutas pelos direitos dos autistas, luta encampada primeiramente pelos familiares e posteriormente pelos próprios autistas. Maleval[404] aponta que uma das razões que levaram pais e mães a se organizarem em movimentos sociais, tiveram como objetivo combater argumentos construídos pela Psicanálise. O descontentamento das famílias com as construções entorno da publicação de Leo Kanner, no artigo intitulado *Distúrbios autísticos do contato afetivo* (*Autistic disturbances of affective contact*) e a publicação de Bruno Bettelheim, em *A fortaleza vazia*, incidiam justamente sobre as teorizações entorno da etiologia do autismo. A partir dessas duas publicações, construiu-se na época a ideia de que, na origem do autismo, haveria uma "mãe geladeira", fria e pouco interessada em seu filho. Bettelheim afirma: *"Ao longo deste livro mantenho minha convicção de que, em autismo infantil, o agente precipitador é o desejo de um dos pais de que o filho não existisse"*[405].

Tais argumentações foram recebidas como culpabilização das mães e dos familiares, sendo eles colocados como "responsáveis" pelo

---

[402] "Parece-me que um dos fenômenos fundamentais do século XIX foi, é o que se poderia denominar a assunção da vida pelo poder: se vocês preferirem, uma tomada de poder sobre o homem enquanto ser vivo, uma espécie de estatização do biológico ou, pelo menos, uma certa inclinação que conduz ao que se poderia chamar de estatização do biológico" (Foucault, 1999, p. 285-286).
[403] *Idem*, 2010.
[404] Maleval, 2017.
[405] *Idem*, 1987, p. 137.

sofrimento de seus filhos e isso despertou o interesse de reunir grupos e lançar publicações que partissem do ponto de vista das próprias famílias, como é o caso da publicação de *Infantile autism: the syndrome and its implication for a neural theory of behavior* (1964), de Bernard Rimland – psicólogo, pai de uma criança autista. O livro afirma que a base do autismo é orgânica e não emocional, fato que abriu margem para criação de associações como *National Society for Autistic Children* (NSAC), que reunia familiares de crianças diagnosticadas com autismo e profissionais, terapeutas e pesquisadores, incluindo o próprio Léo Kanner[406]. No Brasil, movimento similar ocorreu na década de 1980, quando Cleusa Barbosa publicou seu livro (*Autismo: depoimentos e informações*) e encampou a luta em território brasileiro, junto à Associação Terapêutica e Educacional para Crianças Autistas (ASTECA), aberta por familiares de autistas no Distrito Federal, em 1986[407].

A luta pelos direitos das crianças autistas no Brasil e nos Estados Unidos foi atravessada pelo discurso DSM, todos aqueles que se aproximaram do campo, seja pais e mães que lutavam para serem ouvidos e compreendidos, para combater a desinformação e criticar as construções psicanalíticas psiquiátricas, seja os próprios autistas que se reuniram em grupo junto aos militantes que combatiam a construção patológica sobre a sexualidade e o gênero; e até mesmo o movimento que ficou posteriormente conhecido como "neurodiversidade", foram todos atravessados pelo DSM.

O termo "neurodiversidade" (*neurodiversity*) só veio aparecer tempos depois, em 1999, através da socióloga australiana Judy Singer, portadora da síndrome de Asperger, em sua publicação intitulada "Por que você não pode ser normal uma vez na sua vida? De um 'problema sem nome' para a emergência de uma nova categoria de diferença"[408]. O conceito de neurodiversidade organizou o debate a partir do depoimento de pais e autistas que afastaram a concepção do autismo como doença e postularam a ideia do autismo como diferença. O movimento da neurodiversidade seguiu a esteira dos movimentos feministas e reconstruiu a autoconfiança das mães

---

[406] Eyal; Hart, 2010.

[407] LOPES, B. Autismo, Narrativas Maternas e Ativismo dos Anos 1970 a 2008. **Revisão de Literatura**. Rev. Bras. Ed. Esp., Bauru, v. 26, n. 3, p. 511-526, jul./set., 2020.

[408] SINGER, Judy. Why can't you be normal for once in your life? From a 'problem with no name' to the emergence of a new category of difference. *In:* CORKER, M.; FRENCH, S. (org.). **Disability discourse**. Buckingham, Philadelphia: Open University Press, 1999. p. 59-67.

de crianças autistas para questionarem o modelo psicanalítico e psiquiátrico. Igualmente, o surgimento da internet, a facilitação na distribuição de informações e organização de grupos sem precisar da mediação dos médicos e hospitais são fatores que facilitaram a organização de movimentos políticos e grupos de familiares, estimulando a representatividade e o desenvolvimento da identidade autista cunhada sob a premissa de que o autismo é uma condição patológica do neurodesenvolvimento.

No entanto, Ortega[409] aponta que esse movimento culminou na construção da "neurocultura" e uma nova categoria de sujeito intitulada "sujeito cerebral". O autor recorre ao conceito de biossociabilidade, de Rabinow[410], que define uma certa forma de sociabilidade contemporânea em que a vida psíquica é descrita pelos predicados corporais, pela concepção fundada num vocabulário fisicalista e mecanicista que organiza a autodescrição a partir de crenças próprias, constituindo identidades puramente somáticas, à parte de concepções psicológicas e sociais. A neurocultura capturou os movimentos emancipatórios e o reconduziu para uma narrativa biológica sobre o autismo.

Os movimentos sociais foram então atravessados por esses vetores biopolíticos descritos, forças que modelam num só tempo os conceitos de saúde e doença, a militância, o tratamento e a produção de subjetividade de modo que as reivindicações não mais se baseiam na singularidade de cada caso, mas numa diferença que se organiza sob a concepção desses novos termos e sob a premissa neurobiológica. O movimento político, a luta por direitos e a luta pelo reconhecimento da diferença autista foi cooptada e não mais diz respeito a uma luta que parte da diferença para retornar a ela, para reinserir a sociedade num novo regime de sensibilidade, mas sim se orienta por interesses privados e critérios de saúde baseado em performances corporais e tratamentos específicos. Contudo, isso não quer dizer que o campo está homogeneizado e que não haja resistência. Acredito que possa surgir uma narrativa capaz de furar esse discurso neuroidentitário, constituindo como resistência frente à expansão da Psiquiatria pelo DSM. No entanto, como mostrarei mais adiante, a aposta não está no discurso ou na narrativa, para subversão do sujeito do capitalismo apostei na estratégia espacial.

---

[409] ORTEGA, F. O sujeito cerebral e o movimento da neurodiversidade. **Mana**, v. 14, n. 2, p. 477-509, 2008.
[410] RABINOW, P. Artificiality and enlightenment: from sociobiology to biosociality. In: CRARY, J.; KWINTER, S. (org.). **Incorporations**. New York: Zone Books. 1992. p. 234-252.

Qual estratégia é necessária quando se trata de crítica ao DSM e de resistência à expansão do poder psiquiátrico? Trata-se, neste primeiro momento, de instaurar certa desconfiança do diagnóstico, possibilitando crítica à linguagem e ao discurso psiquiátrico, às tecnologias de adaptação e modelação dos sujeitos e da experiência social. Trata-se, portanto, de denunciar que enquanto alguns casos ganham visibilidade em meio à narrativa neurodiversa, outros casos continuam marginalizados em vista da sua recusa à linguagem. O DSM opera a modelação das vozes e preconiza não a incorporação da diferença para reestruturação da sociedade, mas sim uma incorporação da diferença nos modelos de consumo, nos programas de tratamento mais "eficazes". As ações não convergem mais para um "comum" do autismo com as outras lutas, mas diz respeito a uma regulação dos modos de vida direcionando-as a cooperar com os objetivos científicos que operam essa regulação das demandas de tratamento. Tal procedimento é a captura do 'sujeito' autista para situá-lo na posição de sujeito às tramas biopolíticas. Segundo Ortega, trata-se da produção do sujeito denominado "sujeito cerebral"[411].

A chegada do DSM-III e a proposição da classificação estatística e científica dos transtornos mentais afastou o mal-entendido proposto pela pesquisa etiológica da Psicanálise e deu lugar a uma compreensão do autismo como uma nova categoria de diferença – a neurodiversidade. O conceito de "transtorno mental" propunha unificar a linguagem psiquiátrica em torno de evidências científicas. A oferta dessa psicopatologia científica acolhia a insegurança das pesquisas científicas na distribuição de recursos públicos em saúde mental e foi dessa forma que o DSM-III foi recebido como *"uma gota de luz em um oceano de trevas"*[412].

No entanto, é preciso ver com desconfiança esse novo modelo diagnóstico, pois ele atualiza vetores ainda mais reacionários no campo da saúde mental e realoca o poder psiquiátrico não mais dentro dos hospitais, não apenas nas tecnologias arquitetônicas, como o *panopticon,* os asilos,

---

[411] "Parece-me que um dos fenômenos fundamentais do século XIX foi, é o que se poderia denominar a assunção da vida pelo poder: se vocês preferirem, uma tomada de poder sobre o homem enquanto ser vivo, uma espécie de estatização do biológico ou, pelo menos, uma certa inclinação que conduz ao que se poderia chamar de estatização do biológico" (Foucault, 1999, p. 285-286).

[412] Traçava-se uma linha divisória clara entre os problemas da vida e a verdadeira doença mental. A chegada do DSM-III se fazia acompanhar do processo de desinstitucionalização de pacientes crônicos, da luta antimanicomial. Essa reformulação das políticas de saúde mental se apoiou também na ascensão dos tratamentos farmacológicos e na crítica da Psicanálise como fonte inspiradora não de uma área exterior, mas da própria diagnóstica psiquiátrica. A subtração da psiconeurose ao DSM-III torna-se o símbolo do fim do falido casamento psicopatológico entre Psicanálise e Psiquiatria (Dunker, 2014, p. 92).

os hospitais e nem apenas por mecanismos de tratamento coercitivos. O investimento do poder toma como ponto de incidência a vida e age sobre a modelação da subjetividade de modo a regulamentar a vida e as maneiras de viver. A seguir, mostro como esse novo sistema diagnóstico acolhe as demandas da população para, enfim, aprimorar o seu próprio modo de aplicação do poder e assujeitá-las.

Além da associação entre mães de autistas e a frieza e falta de amor, a associação entre histeria e feminilidade ou perversão e homossexualidade são outros exemplos dessa representação negativa que será transformada na relação com os protestos civis. Entre 1970 e 1973, no DSM-III a homossexualidade não figura na categoria de desordem, mas em 1974, após uma revisão de dados, o diagnóstico foi renomeado e substituído pela categoria de "distúrbio de orientação sexual", e atualmente é denominado "transtorno de identidade de gênero".

No caso do Transtorno do Espectro Autista (TEA), a história começa no DSM-I (1952), localizado no quadro das esquizofrenias em crianças. Na revisão dessa edição, o autismo continua pertencente a esse quadro, mas como sintoma da esquizofrenia de tipo infantil (1968). Já na década de 1980, com a publicação do DSM-III e sua revisão seguinte, o autismo aparece na subcategoria dos Transtornos Invasivos do Desenvolvimento (TID). No DSM-IV (1994), integram-se a essa mesma categoria a Síndrome de Rett; o Transtorno Desintegrativo da Infância; o Transtorno de Asperger; e o Transtorno Invasivo do Desenvolvimento (sem especificação). Atualmente, com o DSM-V (2014) todos esses transtornos, exceto a síndrome de Rett, foram fundidos a uma única categoria denominada Transtorno do Espectro Autista.

Quanto à expansão do poder psiquiátrico, a situação hoje é bastante diferente daquela descrita por Foucault[413]. Esse novo modo de aplicação do poder se expande não mais por meio da violência, mas da modelagem dos comportamentos que operam sobre a maneira de viver. O DSM se constitui como sistema de saber-poder que concentra a função de atualizar estes dois vetores políticos: o da biopolítica e o do biopoder. O aumento do número de diagnósticos e a expansão da Psiquiatria hoje se dão pela inespecificidade dos diagnósticos, pela sua capacidade em acessar o maior número de pessoas possível. Trata-se antes de aumentar a capacidade diagnóstica da população para que a sociedade possa psiquiatrizar a si

---
[413] Foucault, 2012.

mesma com a mínima diferenciação entre os normais, e não mais uma específica distinção entre os normais e os anormais. Sendo assim, trata-se do novo paradigma da expansão do poder psiquiátrico, este não mais é encarregado de distinguir entre aqueles ditos loucos ou anormais, mas de criar pequenas diferenciações entre graus de normalidade.

Atualmente, o poder psiquiátrico avança prescindindo inclusive do poder do próprio médico, permitindo que os pacientes se autodiagnostiquem e cheguem até os consultórios e hospitais sabendo os termos técnicos que nomeiam seus sintomas e as medicações que intervêm nesse mesmo quadro. É destituindo o poder do médico de diagnosticar e difundir o saber médico e psicopatológico à população que se resulta hoje em uma sociedade que se autodiagnostica, que se refere ao médico apenas pelo seu poder de assinar as receitas. Isto é a Sociedade de Normalização.

A nova onda de expansão do poder psiquiátrico não ocorre pela força e pelo domínio dos grandes hospitais, nem mesmo pelas grades e camisas de força. Há toda uma sedução, um processo de subjetivação que passa pelo fascínio oferecido pela neurociência e pela identidade diagnóstica oferecida "cientificamente". Esse poder não se expande apenas sobre o doente, o interno, o asilado, nem mesmo se expande apenas nos casos mais graves, mas é sobretudo na ordem do cotidiano que essa produção se dá. A expansão não ocorre mais dentro das instituições, mas por dentro da própria vida, na ordem do cotidiano, pela modelação das formas de viver.

O aumento do diagnóstico é acompanhado pelo aumento exponencial do uso de medicações psiquiátricas em crianças. Segundo Timimi[414], há um aumento do número de crianças diagnosticadas com TDAH e TEA, nos Estados Unidos é estimado que milhões de crianças tenham sido diagnosticadas só nos estados norte-americanos. Allen Frances[415] alerta que esses diagnósticos são excessivos e são efeitos do modelo de ciência adotado para construção do DSM. Ele alerta para a possibilidade que esse número engloba "falsos diagnósticos", mais do que propriamente sejam diagnósticos fidedignos. Esse aumento pode ocasionar efeitos negativos, como o uso estigmatizante do diagnóstico ou o uso indevido de medicações, além de efeitos colaterais severos. Sobretudo é o próprio Leon Einsemberg, integrante de parte da equipe de cientistas encarregados da

---

[414] Timimi, 2020.
[415] FRANCES, A. **Voltando ao normal:** Como o excesso de diagnósticos e a medicalização da vida estão acabando com a nossa sanidade e o que pode ser feito para retomarmos o controle. Rio de Janeiro: Versal Editores, 2016.

construção desse sistema diagnóstico proposto pelo DSM. Ele denuncia o TDAH como uma doença fictícia que está sendo hiperdiagnosticada[416].

    Dessa forma, a linguagem descritiva, pragmática e objetiva do DSM faz com que o diagnóstico possa ser feito por pais e professores, mas não só, é sobretudo pela autodescrição e pela representação dos conflitos pessoais segundo uma linguagem psiquiátrica que esse poder sobre a vida se expande e incide de maneira nociva. Atualmente, seja na escola ou na família, é difícil encontrar uma reflexão sobre os comportamentos e as condições subjetivas das crianças que não passam pela linguagem do DSM. É cada vez mais comum no YouTube e no TikTok o depoimento de jovens adultos e adolescentes que vêm a público dizer sua experiência com o diagnóstico de TDAH e TEA, de modo a naturalizar esses diagnósticos sem nenhum tipo de problematização histórica. Contudo, há aí uma clara distinção entre aqueles que podem vir a público falar e aqueles que são dados ao esquecimento, e aos ainda existentes albergues e asilos. É dada a sorte de dizer-se TDAH ou TEA aquele que está no espectro nível de suporte 1, o que anteriormente se denomina quadros leves. Os de nível de suporte 2 e 3, que antes eram denominados graves ou severos, ficam ainda à mercê do isolamento e da exclusão social, escondido dentro de casa ou internados em instituições fechadas.

    A expansão do poder psiquiátrico hoje tem o traço da exclusão social, mas opera sobretudo por regimes de visibilidade e invisibilidade à céu aberto: aos severos é dado o azar dos hospícios e do uso excessivo de medicações; aos casos leves, a sorte da fama e da popularidade em prol do consumo de certas identidades diagnósticas midiatizadas em canais de comunicação. E nesse misto de exclusão e popularidade, o poder psiquiátrico se expande não mais pelos casos graves, mas pelos casos mais leves. É, sobretudo, mais próximo da normalidade do que da anormalidade que o poder psiquiátrico se capilariza na sociedade. Embora a Psiquiatria possa se atualizar enquanto ciência, até agora os efeitos dessa atualização somente distribuíram no campo uma nova forma de organização, um novo diagrama do poder. Trata-se da atualização do vetor biopolítico impresso no saber: a marca indelével do fazer viver e deixar morrer descrita por Foucault a respeito da biopolítica.

---

[416] Dunker, 2014.

Uma das chaves conceituais mais interessantes criadas por Foucault[417] é a respeito da regulamentação das maneiras de viver. Investigando a passagem da Sociedade de Soberania, no fim do século XVII, para a Sociedade Disciplinar, que se estende do fim do século XVIII até o século XX, o autor salienta a alteração da posição do poder frente à vida: enquanto no primeiro sistema de poder em que a ordem sobre a vida era operada pelo poder do soberano, sobre a chave que operava sobre a vida é fazer viver e deixar morrer, posteriormente, com o surgimento das sociedades modernas, o poder sobre a vida se atualizou e produziu o que ele chamou de o direito de fazer viver e de deixar morrer. Essa passagem constitui o aprimoramento do poder e, por isso mesmo, opera hoje na sociedade de maneira insidiosa, tomando a vida e o viver, operando a regulação do vivente e suas maneiras de viver. Mais do que apenas obrigar a fazer certo procedimento, trata-se de fazer com que o próprio sujeito se adapte à certa maneira de viver:

> Aquém, portanto, do grande poder absoluto, dramático, sombrio que era o poder da soberania, e que consistia em poder fazer morrer, eis que aparece agora, com essa tecnologia do biopoder, com essa tecnologia do poder sobre a "população" enquanto tal, sobre o homem enquanto ser vivo, um poder contínuo, científico, que é o poder de "fazer viver". A soberania fazia morrer e deixava viver. E eis que agora aparece um poder que eu chamaria de regulamentação e que consiste, ao contrário, em fazer viver e em deixar morrer.[418]

3.5 O ESPECTRO NA ARTE E NA CLÍNICA

O fato de haver tantas metáforas relacionando o espaço ao sofrimento autista chama atenção. A Psicanálise se esforçou para tentar representar esse sofrimento extraindo disso uma dinâmica afetiva própria aos autistas. A Psiquiatria, ao evocar o termo espectro, não busca pensar a psicodinâmica do autismo, mas extrai o termo espectro do campo da Física para situá-lo na Psiquiatria sobre o ponto em que esta tem muitas limitações em representar a diferença autista, não correspondendo, portanto, a uma melhor compreensão dos estados psíquicos.

---

[417] Foucault, 1999.
[418] *Ibidem*, p. 294.

A confusão de línguas entre clínicos e os tardios depoimento dos autistas fizeram com que a ciência médica se confrontasse com a falha no seu conhecimento. Evocar o termo espectro e situá-lo sobre a clínica do autismo foi uma estratégia para recobrir o problema da origem do autismo e da incompreensão sobre o funcionamento dos processos psíquicos e afetivos que foram ejetados dessa discussão proposta pelo DSM com o conceito de Transtorno do Espectro Autista (TEA). Em tese, o termo espectro ofereceria uma "evidência" ao campo científico, mas na realidade ele acabou sendo apenas mais uma representação do autismo. O uso do termo gera contradições, pois ao mesmo tempo que suspende uma possível explicação etiológica e psicológica do autismo, sustenta a hipótese genética para a origem e causa do mesmo. Assim, a clínica do espectro autista proposta pelo DSM exclui os processos subjetivos e reveste o campo e os corpos dessa discursividade científica e estatística. Ao deslocar o termo da Física para a clínica, a ausência de respostas é substituída por uma suposta eficácia científica que as pesquisas genéticas e estatísticas oferecem. Sabe-se que a sociedade civil e os familiares envolvidos nas lutas pelos direitos das pessoas autistas, exigia um fundamento científico para a prática psiquiátrica e psicológica. Nesse sentido, o termo espectro gerou popularidade e aceitabilidade, permitindo o DSM operar uma efetiva esterilização das teses psicanalíticas e situar o debate longe da dúvida e da falta de evidência. Contudo, essa aceitação não é sem polêmica e protesto.

Uma década após a publicação do DSM-V e da divulgação da categoria do Transtorno do Espectro Autista (TEA), já se pode ver hoje o desgaste desse conceito em relação à crítica colocada por pesquisadores e psicanalistas. Isso permite recolocar a questão que está em jogo no autismo: a dificuldade de representar o sofrimento. O termo espectro retorna à tradição do uso de metáforas espaciais para representar o sofrimento dos autistas. Contudo o DSM não relaciona o espectro à espacialidade da vida psíquica, sua abordagem é reducionista e implica uma redução do autismo ao seu corpo. A superação dessa limitação só é possível na abordagem transdisciplinar da clínica que busca construir o sentido desse sofrimento no acolhimento do silêncio e da não representação; no acolhimento desse esforço permanente do humano planar em torno de um ponto obscuro desde onde é preciso "SE dizer". Somente por meio da crítica da clínica e da efetiva torção dos conceitos será possível superar o uso metafórico do espaço por um uso ético-estético-político do espaço.

O termo "espectro" é a nova metáfora espacial que domina o campo de representações sobre o autismo, que busca organizar o campo das práticas, os discursos e os modos de ser autista hoje. O que mostro a seguir é a passagem do termo ao conceito, isto é, o modo como o termo espectro foi extraído da Física para organizar o campo da psicopatologia. O conceito de Transtorno do Espectro Autista (TEA) encobre dificuldades ainda presentes na clínica e que, diante dele, há o risco da homogeneização do campo. Os conceitos são construções que correspondem à dada exigência histórica, o conceito de "espectro do autismo" não só mostra como a ciência hoje carece de verdade em relação ao autismo, como mostra também que a exigência de comprovação e eficácia científica é maior do que o efetivo interesse nessa singularidade. Não importa tanto pensar como se sentem ou como agem aqueles ditos autistas, mas sim como modelar essa maneira de ser dentro do "espectro" da normalidade.

A construção histórica do conceito de espectro do autismo revela o campo problemático da clínica psiquiátrica: o desgaste da linguagem frente aos problemas históricos, políticos e clínicos de sua época. O conceito de espectro autista redefine nominalmente e reorganiza os grupamentos de sintomas nesse termo, alargando o diagnóstico, ampliando e generalizando-o para abarcar mais pessoas nesse campo, sem, contudo, formular uma psicodinâmica do espectro autista. Em que medida essa categoria diagnóstica tem se tornado um imbróglio para os autistas "SE dizerem" a partir de sua própria singularidade? Um dos efeitos é fazer com que as pessoas simbolizem seu sofrimento segundo essa terminologia: só é possível ser autista segundo a organização terminológica proposta pelo DSM. Contudo, não se trata apenas de questão nominal, a incorporação desse termo à prática clínica atualiza os modos de expansão da Psiquiatria e seu domínio sobre a subjetividade.

Oriundo da Física, o termo espectro representa a amplitude de um comprimento de onda relativo, em geral, refere-se à decomposição da luz em diferentes ondas de frequência. Na Física óptica, o uso do termo é encontrado nos experimentos com o prisma. Esse experimento demonstra a dispersão da luz branca passando através de um meio semitransparente. A ação da luz sobre essa superfície ocasiona a difração que é a mudança na direção da luz à medida que ela passa de um meio a outro (no caso, do ar para o vidro do prisma), demonstrando a propagação dos diferentes comprimentos de onda que compõem o feixe luminoso. Diferentes cores aparecem, pois elas possuem diferentes comprimentos de onda. Cada uma delas sofre uma refração diferente, causando um desvio angular que resulta na separação das cores e forma um espectro que vai do vermelho ao violeta, com as cores intermediárias laranja, amarelo, verde e azul[419]. O espectro luminoso representaria aqui essa diferença de grau entre uma cor e outra.

No campo da Arte, o espectro aparece na obra da banda inglesa Pink Floyd, mais especificamente no álbum *Dark Side of the Moon*, de 1973, que tem estampado em sua capa o experimento óptico do prisma e dá visibilidade ao espectro de cores que hoje simboliza a diversidade. As canções são marcadas por temas como tempo e espaço, loucura e política, demonstrando que tal obra apreendeu o diagrama político que, naquela década, era imperceptível ao seu tempo – a articulação entre poder, espaço e diversidade. A banda apresenta este diagrama: trata-se da tensão entre os movimentos libertários e as novas formas de controle e regulamentação que se impunham sobre a subjetividade naquele momento. Durante os anos 1970 e ainda hoje, a visibilidade dada ao termo espectro, seja na clínica ou na política, indica as iniciativas de captura do sujeito. Tais capturas se dão não pela individualização da diferença, mas pelo *continuum* entre elas – controla-se os corpos não naquilo que eles são, mas naquilo que eles podem vir a ser.

O aparecimento insistente do espectro desde então indica a emergência dessa nova política e nova prática de poder sobre a vida: tomar a subjetividade não individualmente, mas como espectro, como *continuum* entre as mais variadas maneiras de ser e viver. Esse novo diagrama de poder tem como ponto de incidência a vida em sua diversidade, a vida naquilo que ela pode vir a ser. Tal poder opera de modo a constituir novos controles e maneiras de regulamentar, de dar visibilidade ou invisibilidade a certas diversidades, agindo sobretudo com a finalidade de regulá-la para que seja economicamente mais produtiva e criativamente menos subversiva.

No Brasil, o termo espectro dá título ao álbum do músico, poeta e artista plástico Tantão (Carlos Antônio Mattos), morador de São Gonçalo e personagem ativo da cena musical carioca que entre os anos 1980 e 2000, produziu a banda Black Future e o famoso single *Eu sou o Rio*. Posteriormente, em 2017, Tantão forma o grupo "Tantão e os Fita" e reúne

---

[419] Esse experimento foi inicialmente realizado por Isaac Newton, no século XVII, ao conduzir pesquisas sobre a ação a distância de indivíduos físicos distintos. Segundo Canguilhem (2012), a preocupação fundamental da ciência daquela época era situar a "ação a distância de indivíduos físicos distintos" e, portanto, situar "o veículo da ação" (p. 140). Daí resultam as pesquisas sobre o éter como fluido que transporá outras forças.

trechos de falas e poemas do artista, compostos com ritmos e harmonias criadas eletronicamente pelos produtores Abel Duarte e Cainã Bomilcar. Surge então o álbum *Espectro*, que oferece uma interessante discussão sobre o termo e o situa não só como ponto de incidência do poder, mas também de ruptura, de resistência, de fuga desse "controle" total sobre a vida. Nesse sentido, o espectro se afirma como sensibilidade artística, criação à margem que é modo de espacializar a vida. Tantão fala de um ponto muito singular, pela sua linguagem, seu traço, o artista versa sobre o ponto em que a doçura e a violência não se separam; ele fala a língua dos espaços, é um modo de ser que se regula por espacialidade e ambiência.

A espacialidade na obra de Tantão situa a dimensão sensível do espectro. Cabe aqui determo-nos nessa visibilidade que o artista dá ao tema do espectro: isto não é apenas jogo de luzes, de visibilidade e invisibilidade posta sobre a diversidade; o espectro é também sinal daquilo que escapa, sinal daquilo que não está mais lá. Em suas pinturas o artista coloca muitas cores, cores quentes e primárias; em suas letras exibe fórmulas sintéticas e precisas; em sua apresentação como músico expressa uma violência e uma alegria contumaz:

> Centros galácticos globulares / Lenticular, irregular / Lenticular, irregular / Lenticular, lenticular / Irregular / Lenticular / La la la / Além do alcance dos olhos / Barra de estrelas / Buraco negro / Barra pesada / Além do alcance dos olhos / Barra de estrelas / Barra pesada / Buraco negro / Medida de segurança [...][420]

A dimensão intensiva do espectro apresentada pelo artista, a coexistência entre uma dimensão lenticular (de perspectiva e formação de imagem) e a dimensão irregular (além da percepção), permite dizer que o aparecimento do termo espectro na arte do século XX tensiona com aquilo que é proposto na Psiquiatria desse mesmo período – o controle e a regulamentação da vida. O espectro enquanto força intensiva é então um modo de espacialização da subjetividade, criação de imagens, perspectivas, diversidade, mas, no âmbito institucional e político, o termo espectro é ponto de incidência do poder de controle e regulamentação sobre a vida, um poder que não visa mais à individualidade, mas a diversidade. O termo espectro permitirá à Psiquiatria avançar não somente sobre os casos específicos, mas sobre o caráter irregular da diversidade, isto é, avançar pelos diferentes grupos

---

[420] TANTÃO E OS FITA. **Espectro**. Rio de Janeiro: QTV selo, 2017.

que aparecem, não apenas os autistas, mas toda e qualquer subjetividade emergente e com isso estabelecendo um acordo que permite ao poder deter os levantes, as insurreições, aquilo que escapa. A Psiquiatria se expande hoje sobre a inespecificidade da subjetividade, essa é sua posição estratégica.

3.6 O ESPECTRO AUTISTA SEGUNDO O DSM

No campo psiquiátrico, o termo espectro apareceu no início da década de 1970. Em 1977, na pesquisa de Folstein e Rutter, intitulada *Résultats thérapeutiques et pronostics*, o conceito de "espectro autístico" foi usado pela primeira vez. Esse termo que deriva da Física e seus estudos sobre a óptica foi absorvido pela Psiquiatria para apontar a passagem do autismo de Kanner ao de Asperger, fundando essa passagem não na descrição psicodinâmica, mas no discurso sobre a origem do autismo na dependência de um suposto fenótipo. Folstein e Rutter publicam naquele mesmo ano um outro estudo intitulado *Infantile autism: a genectic study of 21 twin pairs*, no *Journal of child psychology and psychiatry*, em que relatam casos de gêmeos autistas e seus parentes; afirmam se tratar de um transtorno complexo e com manifestações diversas e mal delimitadas cuja especificidade continua inapreensível. No entanto, embora não tenha sido apresentada nenhuma evidência sobre o fenótipo, a publicação gerou adesão ao termo, em especial na obra de Lorna Wing, que inseriu gradativamente o termo em suas pesquisas. Folstein e Rutter tomam emprestado o termo da Física para situar o "espectro autista" como dimensão própria dos autismos, a proximidade e diferença entre o quadro descrito por Kanner e Asperger teriam o teor de uma passagem tal como a luz violeta passa para azul, de azul para verde, do verde ao amarelo e assim sucessivamente.

O deslocamento do termo espectro para o tipo clínico específico espectro autista afunda o autismo no seio da Psiquiatria e nas tramas desse poder que incide num só tempo sobre o corpo individual e sobre o corpo da população. Segundo Maleval[421], Folstein e Rutter utilizaram o termo para especificar a dependência de um suposto fenótipo, sem com isso construir uma efetiva demonstração do gene específico. O termo foi utilizado para delimitar o *"conjunto de manifestações clínicas de um processo autístico subjacente, cuja especificidade continua inapreensível"*[422]. O espectro

---
[421] Maleval, 2017.
[422] *Ibidem*, p. 63.

passa a ser então os diferentes graus de gravidade, os diferentes tipos de autismos e a passagem gradativa entre um grau e outro, entre um quadro e outro, de modo que a distinção entre Síndrome de Asperger e o Transtorno Invasivo do Desenvolvimento (TDI) não apresentaria nenhuma diferença psicodinâmica, mas sim uma diferença de grau.

Para Maleval[423], a década de 1970 consiste numa virada na abordagem do autismo. Representa o período de confronto entre o apogeu das teses psicanalíticas e a desilusão de psicanalistas americanos e sua migração para o behaviorismo e os métodos de tratamento pelo cérebro. Além disso, foi o momento em que a Psiquiatria notou algumas incompatibilidades entre as síndromes descritas por Kanner e a possibilidade de haver outros tipos de autismo[424]. Estava em voga observar a "adaptação social" dos autistas, aqueles que não se adaptaram às normas sociais, eram ofuscados pelo brilho das novas questões emergentes, por exemplo, o foco colocado sobre os autistas com grande inteligência. Pouco a pouco, os autores psicanalistas são ofuscados pela ascendência de Rutter, Folstein e Lorna Wing.

O interesse de reavaliar os conceitos e as modalidades de tratamento do autismo a partir de bases behavioristas permitiu superar as observações de Kanner sobre o isolamento afetivo e social dos autistas, apresentando uma série de particularidades que os autistas apresentarão após a adolescência. Começa a aparecer os autistas se dedicando a outras atividades que não apenas o isolamento e à esquiva ao contato físico e social. Somando essas novas observações ao fato de haver autistas muito inteligentes, Lorna Wing propõe, no fim da década de 1970, redefinir o autismo descrito por Kanner e construir a categoria de Síndrome de Asperger. Tal reelaboração é feita a partir da influência do DSM e do behaviorismo. A obra *Autismo e síndrome de Asperger* foi inicialmente publicada em 1981 e depois republicada em 1991, nela a autora mostra como há um *"continuo se estendendo sem quebras"* dos autistas de Kanner à Síndrome de Asperger e sugere novos termos como "autistas de alto funcionamento" e a própria Síndrome de Asperger[425].

---

[423] *Ibidem.*

[424] "Os anos 1970 constituem o apogeu do público das teses psicanalíticas, mas é também a época em que os idealizadores do DSM-III se põem a trabalhar para remedicalizar a psiquiatria preconizando uma abordagem ateórica quanto à etiologia, da qual uma das maiores consequências consiste em fazer tabula rasa de toda hipótese psicodinâmica" (Maleval, 2017, p. 58).

[425] "O argumento mais comprobatório em favor da existência de um continuo se estendendo sem quebrar do autismo de Kanner à síndrome de Asperger provém de um material clínico segundo o qual um mesmo indivíduo, indubitavelmente autista em seus primeiros anos, fez progressos que o levaram, na adolescência, a desenvolver todas as características da síndrome de Asperger" (Wing *apud* Maleval, 2017, p. 64).

Em paralelo, o autismo vai sendo afastado da proximidade com a psicose e a loucura e seguirá sendo aprofundado no campo dos "distúrbios globais do desenvolvimento". Foi no DSM-III, em 1980, que essa premissa se ratificou efetivando a mudança de orientação do projeto terapêutico. Tal publicação serviu como suporte para dupla intervenção do DSM no campo do autismo: primeiro afastando as teses psicanalíticas e a psicodinâmica e, por conseguinte, repreendendo a Psicanálise por não ser ciência e acusando-a de maltratar os familiares, implicando-os como responsáveis pelo transtorno. A segunda intervenção consiste em regular o campo das representações propondo o debate e o tratamento do autismo por meio de fundamentos de bases genéticas, neurocientíficas e cognitivistas, fato que tornou o espectro uma maneira de ver, um efetivo prisma[426].

O aparecimento do termo dá à Psiquiatria a possibilidade de formular um diagnóstico que contemple a multiplicidade de autismos, ao passo que, paralelamente, opera um achatamento que inclui possíveis autistas e possíveis não autistas num mesmo quadro clínico genérico. O interesse está em localizar as questões psicossociais sob a hipótese de que os transtornos mentais possuem um fundo genético e neurológico, dando sustentação científica ao caráter ateórico de sua argumentação e operando a despolitização dessas questões. Afirmo então que o termo espectro na Psiquiatria opera a difração do sujeito, o faz desaparecer sob a sutil adaptação social imposta pela discursividade DSM. Essa difração que é classificada como negativa faz com que o sujeito tenha a saúde como o seu *life style,* adaptando-se ou sendo adaptado pelas normas dessa sociedade.

A difração negativa é a passagem da posição de sujeito para a posição de assujeitamento. Tal deslocamento faz com que ele narre sua experiência a partir do discurso psiquiátrico, deslocando-se de seu lugar de sujeito para estar na posição difratada, isto é, disperso entre inúmeros diagnósticos, tomando os termos e os conceitos como modo de representar a si. A difração ocasionaria o desaparecimento do sujeito em prol de uma discursividade, fato que constituiria identidades-lenticulares produzidas não pela singularidade territorial, corporal e histórica de cada um, mas na identificação e na adesão imediata às representações vigentes. Nesse caso, o espectro não é o sujeito autista, mas a operatória do poder

---

[426] "A implicação maior dessas mudanças de denominação encontra-se nas consequências quanto ao tratamento: elas sugerem fortemente que o autismo é menos do foro da psiquiatria do que da educação especializada" (*Ibidem*, p. 62).

psiquiátrico em seu novo método de expansão, trata-se da operação de difração negativa que visa ao domínio não apenas individual, mas amplo e genérico, para os ditos anormais, mais sobretudo para os normais.

A partir disso o campo se estreita: passa existir o risco de se incluir os autistas no sistema de garantia de direitos (educação, saúde e direitos humanos) e esses direitos só serem legítimos face à evidência de que no fundo dos transtornos mentais há um fundamento genético ou só são legítimos por meio dos elementos discursivos propostos pelo DSM. Tal estreitamento contribui para uma regulação na maneira de sofrer que, ao incluir os autistas falantes no regime de dizibilidade e visibilidade, ocorre o efeito de ofuscamento daqueles que não se adaptam, não dão depoimentos ou não falam verbalmente.

O deslocamento do termo ao conceito implica a construção desses diagnósticos fundados sobre premissas fisicalistas e mecanicistas que dissipam o sujeito da relação com seu corpo e o situam a partir do espectro imaginário, na relação com o funcionamento mecânico do cérebro e com os discursos que como espelhos que só refletem a prerrogativa do capitalismo. Tal deslocamento indica então a reorganização nominalista dos termos; subsidiar a premissa genética dos transtornos mentais; regulamentar a população segundo essas redefinições; por fim, o conceito de espectro implica ainda a ampliação do ponto de incidência do poder psiquiátrico que faz a clínica espectral penetrar autistas e não autistas, expondo ambos ao uso indevido de diagnósticos e medicamentos.

Laurent[427] afirma que a proposição do conceito de espectro altera a compreensão do autismo: a classificação que resulta disso revela a instabilidade gerada pela inserção de vários tipos de autismo no *continuum* – por exemplo, a proximidade quase indistinta entre a Síndrome de Asperger e o Transtorno Autista gerou polêmicas entre aqueles que se identificavam com a síndrome descrita. Tal mudança provocou o reposicionamento do discurso sobre o autismo e permitiu concentrar todo debate na Psiquiatria estatística, fazendo com que grande parte dos clínicos passassem a ver os sintomas autistas pelo prisma da determinação biológica e genética.

O uso do termo espectro excede as descrições e a especificidade dos autismos para passar a representar a própria imagem de autismo na contemporaneidade: este passa a ser o *continuum* inespecífico entre os diferentes tipos de autismo, permitindo que cada um seja mais ou menos

---

[427] LAURENT, E. **A batalha do autismo**: da clínica à política. Rio de Janeiro: Ed. Zahar, 2014.

autista e permitindo também a profusão de diagnósticos combinados, em que um único sujeito possui Transtorno do Espectro Autista, Transtorno Obsessivo Compulsivo e Transtorno do Humor.

> Parte-se, portanto, do autismo e dos transtornos da comunicação para chegar ao que remete à relação com o outro e aos transtornos afetivos. Num polo, coloca-se a ausência radical de "comunicação" e no outro, situam-se os transtornos da relação com os outros. Tal achatamento da clínica só podia produzir um espectro estranho, mal definido, e favorecer a multiplicação dos casos que supostamente fazem parte do polo do autismo.[428]

O conceito de espectro não introduziu propriamente uma "causalidade" ou uma "racionalidade" sobre a dinâmica do sofrimento autista. Dentro da discursividade do DSM, a ideia de "bipolar" induz a imagem de um sujeito oscilando entre estados, fazendo com que o termo indique certa dinâmica afetiva. A ideia de espectro, por outro lado, dissolve a fronteira entre as diferenças e reúne todas em uma grande categoria inespecífica. Laurent[429] aponta que a incidência do termo espectro sobre a clínica psiquiátrica encaminha a dissolvência das categorias diagnósticas, tornando-as porosas e cada vez mais inespecíficas: já se propõe a incidência do termo espectro não só sobre os autismos, mas também sobre o "conjunto do espectro da psicopatologia" que situaria polos diagnósticos os homens (autistas) de um lado e as mulheres (bipolares) no outro[430]. Essa mudança é baseada em análises neuroquímicas e nos estudos sobre medicamentos, mais uma iniciativa que visa situar os transtornos mentais como sendo efeito de um desequilíbrio hormonal.

Em 1994, desde a publicação do DSM-IV, ocorre junto o aumento de casos associados ao autismo e, paralelamente, aumento da quantidade de transtornos mentais indicados pelo DSM. O aumento na quantidade de diagnósticos e pessoas diagnosticadas não é acompanhado do aumento na capacidade de demonstrar os modos de subjetivação dos autistas, mas sim da naturalização do autismo como síndrome genética. O que se entende hoje por autismo, segundo o DSM, é puramente um quadro descritivo dos sintomas organizados estatisticamente. Nessa publicação vigorava ainda o Transtorno Autista, a Síndrome de Rett, o Transtorno

---

[428] *Ibidem*, p. 64-65.
[429] *Ibidem*.
[430] HILL, A. Not just a boy Thing. How doctors are letting down girl with austismo. **The Guardian**, 13 jul. 2012.

Desintegrativo Infantil, a Síndrome de Asperger e o Transtorno Generalizado do Desenvolvimento não Especificado. Somente em 2013, no DSM-V, que o Transtorno do Espectro Autista seria inserido no campo como forma de unificar e englobar os diferentes tipos de autismo sob um único prisma. O DSM-V opera a efetiva classificação do autismo no quadro dos Transtornos do Desenvolvimento, afastando de vez o autismo do grupo das esquizofrenias e, por conseguinte, deslocando o autismo do foro da Psicologia para situá-lo no da educação especializada.

É no DSM-V, em 2013, que o conceito de "espectro do autismo" foi transformado na categoria diagnóstica do Transtorno do Espectro Autista (TEA). Tal deslocamento é a descontinuidade do termo ao conceito e do conceito à classificação diagnóstica, assim o espectro deixa de ser uma especificidade do autismo e passa a representar o próprio grupo. Tal descontinuidade ocasionou na pulverização do quadro clínico[431]: a inespecificidade com a qual se passou a se dirigir aos autistas é, portanto, regulação biopolítica da clínica do autismo.

Uma das polêmicas em torno do DSM-V ocorreu na conferência de lançamento, em 2013, quando cidadãos junto à associação de sujeitos ditos Asperger protestaram contra a confusão operada pelo novo transtorno. Durante a conferência de apresentação do DSM-V, alguns fizeram questão de expressar sua angústia diante da perda de sua especificidade diagnóstica e denunciaram o absurdo que era unir a Síndrome de Asperger ao Transtorno do Espectro Autista. Os "usuários" ficaram inconformados com a posição do DSM em atribuir a eles a dissociação das suas "faculdades cognitivas, intactas", denunciavam a confusão entre a "suposta incapacidade de ler as emoções ou os afetos dos outros". Não queriam então ser confundidos com os típicos autistas "carentes de capacidades cognitivas" e com isso se opuseram em "resistência", reivindicando para si a sua "especificidade" que os diferencia dos demais autistas[432]. Certamente tais protestos não resultaram na alteração da classificação diagnóstica, ao contrário, o espectro não cessa de se ampliar.

E embora a associação entre psicose e autismo seja algo passível de discussão, visto que no campo da Psicanálise existe o debate se o autismo é do foro da psicose ou possui sua própria estrutura, o deslocamento do conceito à classificação foi bem recebido pelo campo científico e inaugurou

---

[431] "A operação do DSM, que consiste em suprimir os debates psicopatológicos para propor uma lista de síndromes com critérios empiricamente observáveis, pulverizou as categorias anteriores" (Laurent, 2014, p. 64)
[432] *Ibidem.*

novos focos de incidência do poder psiquiátrico, resgatando aquilo que Foucault[433] designou como poder médico-pedagógico. O deslocamento do autismo do campo da saúde mental para o campo da educação especializada inaugura a possibilidade de focar exclusiva e individualmente os autistas, constituindo um campo de práticas adaptacionista e normalizadoras que moldam os processos de saúde e as práticas de cuidado.

A dissipação do debate sobre a psicodinâmica do autismo culminou na profusão de práticas comportamentais como o método *Treatment and Education of Autistic and related Communication handcapped Children* (TEACCH) e *Applied Behavior Analysis* (ABA). Tais práticas operam num só tempo a adaptação social e o enquadramento dos gestos e trajetos das crianças num espectro de normalidade-anormalidade; levam adiante não só a ideia de um fundo genético, a redução do transtorno à sua manifestação comportamental, como também levam a cabo a ampliação da prática biopolítica de controle e regulamentação da população. Sob a veste científica dessa prática, passa despercebido o domínio da saúde e da educação privada sobre os direitos da população: por um lado aqueles que têm acesso a planos de saúde buscam esse tipo de prática e, do mesmo modo, essas práticas penetram na saúde e na educação pública afastando a possibilidade da elaboração de um cuidado do autismo segundo bases territoriais da prática de Rede de Atenção Psicossocial e da Educação brasileira.

3.7 RESISTÊNCIA À EXPANSÃO DO PODER PSIQUIÁTRICO

Como resistir à expansão do poder psiquiátrico? Há uma pista, entre Deligny e Canguilhem, que situa a normatividade em contraste com a normalização que se materializa na forma de desvios. Para isso o espaço é condição de possibilidade para atividade normativa e é o espaço vago que precisa ser preservado para que a criança possa traçar as linhas de produção de saúde, linhas estas que desviam da normalização e da institucionalização. Preservar o vago diz respeito à importância das rupturas, das brechas, do vazio que compõe o manejo clínico e as estratégias de resistência. Num mundo cada vez mais cheio de palavras de ordem, trata-se de criar espaços flexíveis e abertos ao acaso, esvaziar a linguagem e construir o manejo clínico do espaço institucional e dos saberes envolvidos no processo de produção de saúde.

---

[433] Foucault, 2012.

A errância e a fuga tornam-se elementos fundamentais: toda fuga é fuga da instituição. É de se notar que as crianças nas áreas de estar não fugiam, não havia do que fugir, não havia muros ou normas superiores. Em contraste, a errância consiste num desvio que escapa em direção a outros espaços dentro do próprio território da convivência, sendo ela então o próprio exercício de normatividade. É como as crianças pudessem se guiar por um espaço surreal, onírico, estético, aberto, fora da métrica, fora da linguagem e da consciência para, a partir disso, traçar uma linha que fissura o espaço endurecido, que rasga o tecido do tempo-espaço e inaugura outros modos de espacialização, outros modos de subjetivação.

Essa ruptura se dá por dentro do espaço e desemboca numa linha fora dele, sem, contudo, estar separado dele. Para pensar essa abertura topológica é preciso distinguir a exterioridade do lado de fora. O exterior diz respeito às formas, nesse caso corresponde à rua, à calçada, à cidade e às inúmeras e sucessivas formas que representam o espaço exterior. O fora é, por outro lado, sem representação, sem imagem, está fora da própria exterioridade. Não é possível representá-lo, pois ele está fora e só se pode senti-lo e experimentá-lo numa sensibilidade à sua dimensão de forças.

O fora é a dimensão de forças que compõem a realidade, é a dimensão de forças que compõe as relações de poder, está por de trás da articulação dos enunciados e dos modos de visibilidade:

> [...] se a força está sempre em relação com outras forças, as forças remetem necessariamente a um lado de fora irredutível, que não tem mais sequer formas, feito de distâncias indecomponíveis através das quais uma força age sobre outra ou recebe a ação de outra.[434]

As relações de poder são relações de força. O objeto de toda força é a própria força. O poder se define pela capacidade de afetar e/ou ser afetado, para ele só existem relações de forças que nada mais são senão ações sobre ações: incitar/ser incitado, prender/ser preso, vigiar/ser vigiado, modelar/ser modelado. Afetar e ser afetado constitui então a zona de subjetivação, o ponto em que as forças afetam umas às outras em um combate móvel e constante[435].

As formas, as formações históricas, os saberes, são todos produtos desse embate entre as forças. As relações de poder não se confundem com

---

[434] Deleuze, 1988, p. 93.
[435] Foucault, 2014b.

as formas que determinam os enunciados, nem os modos de visibilidade, que determinam as maneiras de ver e os objetos visíveis. Enquanto as formas dizem respeito aos saberes e aos modos de visibilidade, o poder, diferentemente, opera como força, modelando, modulando, torcendo e distorcendo a realidade e igualmente, sendo afetado pelas forças correspondentes, de modo a instaurar um processo sempre aberto, cambiante, no qual não apenas os produtos das relações de poder se modificam, mas também os próprios arranjos do poder se modificam.

O aparelho disciplinar *panopticon* é a forma arquitetônica mais elementar do poder. Embora as formas arquitetônicas sejam importantes, é preciso compreender a atualidade disso que Foucault demonstra como biopoder e biopolítica[436]. Foucault[437], em *O nascimento do hospital*, demonstra como a arquitetura médico-hospitalar ao ser aprimorada no fim do séc. XVIII se constituiu como ferramenta disciplinar. A ideia da arquitetura disciplinar deriva em grande parte da incorporação do panopticon na sociedade; na medida em que essa sofisticação do poder acontece, não só o hospital torna-se disciplinar para o doente, o médico e a Medicina, como ele próprio opera uma higienização profunda dos saberes e na sociedade.

No entanto, o poder não se restringe à forma arquitetônica, mas se atualiza e se constitui de outros modos que não apenas pelo espaço físico da prisão ou do manicômio. O poder funciona por virtualidade e conjugação de singularidades somáticas, singularidades locais, situacionais, é a microfísica do poder, mais do que a macrofísica das instalações arquitetônicas. Essa virtualidade abstrata do poder é chamada diagrama[438]. No diagrama, o "abstrato" é aquilo que se distingue do específico, assim, é uma função não formalizadora do poder, uma forma não finalizada, sempre aberta à construção.

O panopticon é um diagrama do poder por demais fixado na estrutura arquitetônica, já o biopoder e a biopolítica intervêm na vida em espaços abertos tomando o próprio corpo vivo como superfície do poder de inscrição e imanência do poder[439]. As forças não estão absolutamente nas formas do poder (no Estado, na Psiquiatria, no judiciário), nem mesmo estão

---

[436] *Idem*, 1999.
[437] *Idem*, 2018a.
[438] Deleuze, 1988.
[439] É importante assinalar que os cursos após a década de 1970, em especial os livros História da Sexualidade II (2017a) e III (2017b), exploram esse novo diagramação do poder.

nas formas arquitetônicas (seja ela educacional, médica ou jurídica). As forças também não estão nos enunciados, nas construções nosográficas, nos tratados de Psiquiatria, nas determinações do juiz, nos autos da lei. As forças estão fora, estão no mundo, ingovernáveis, sempre parciais[440].

Dizer então que o espaço e o corpo são os lugares das tensões e embates entre as forças implica considerar que haja no espaço não apenas as formas da arquitetura, as medidas, as distâncias, tudo aquilo que pode ser visto e dito, há também uma força, ele possui sua dimensão quântica, *quantum* de forças que está fora daquilo que representamos. O vago, o vazio, o vácuo são todas tentativas de representar um espaço irrepresentável, indicam pontos em que fulgura a ausência de representação. Em vez de se tratar de um vazio representativo, trata-se de indicar um vazio da representação que, paradoxalmente, não é vazio, mas povoado por forças não representadas que estão em interação, exercendo atração sobre os corpos e impelindo no espaço da experiência alterações. Para experimentar esse espaço vazio povoado por forças, para interagir com o fora, é preciso declinar a razão, a consciência e o pensamento em direção ao fora da linguagem.

O espaço arquitetônico, por exemplo, está no campo do saber, mas há nele forças que impelem e atraem o corpo ao agir. O agir é, por sua vez, uma força que responde a essa tensão entre o corpo e o espaço, é um gesto de resistência que surge da disputa entre as forças da vida (a vitalidade não orgânica) e o poder. Do ponto de vista clínico, trata-se de acompanhar os gestos de resistência, esses agires da criança, pois eles são um traçado do humano, uma força viva e é capaz de imprimir no espaço limiares que permite atravessar limitações racionais e institucionais.

O agir é força impessoal e não intencional que age entre o corpo e o espaço, entre a norma da instituição e a normatividade do humano. Acompanhar os trajetos é estar ao lado da proliferação de traçados que permitem a variação dos modos de produção de saúde. É a força humana que atravessa o espaço desviando das disciplinas e produzindo novos modos de existência. O espaço é então lugar de tensões, disputas e combates entre o poder disciplinar e as forças da infância. A errância é a força que fura, abre o espaço para a dimensão quântica que compõem a resistência e exploração do vago como estratégias. Fissurar o espaço, abri-lo para dimensão de força, é criar uma janela que abre para o fora, abertura na

---

[440] Deleuze, 1988.

qual o fora surge como o universo fora da linguagem, dimensão espacial da subjetividade. Sem forma e sem enunciado, esse espaço só pode ser percebido e experimentado cartograficamente, pelo movimento da criança. Nós, seres de linguagem e consciência, só podemos tateá-los às cegas.

O vago é, portanto, condição de possibilidade para os processos de saúde fora da norma disciplinar. Que novidade esses trajetos trazem para a clínica? Que outros dispositivos de cuidado podem ser pensados a partir deles? Sobre a superfície vaga do espaço, convertem-se os vetores de normalização em vetores de transversalização. De que modo a desatenção, a agitação e a agressividade são pistas para transformar a clínica em sua prática com a infância? De que modo seguir os gestos e trajetos das crianças em seus devires insubordinados cria pistas para inovar os dispositivos de educação e cuidado? De que modo esses gestos podem ser transformadores da sociedade?

Pensar essas questões implica estar às voltas com o fora da linguagem. Implica acolher os gestos e os trajetos não como objeto, mas como força que compõe as tramas dos dispositivos de cuidado. Em vez de tratá-los e modificá-los, é possível compor com esses gestos que são força, vetores, espacialidades, ferramentas de abertura da instituição e dos saberes.

Esse espaço espectral que habita dentro de outros espaços – como a janela, a porta, a fresta, a fissura – Deligny[441] nomeou como *topos*, espaço fora da métrica, da linguagem, da representação, espaço infinitivo que deve haver para que determinados modos de existência tenham lugar. É a condição de possibilidade do agir, dos gestos de resistência e da normatividade. *Topos*, tal como o fora, é o espaço que já está lá de antemão, fóssil, soterrado pela linguagem e pelas tramas da socialização. Dessa forma, tomar o gesto e o trajeto da criança como vetor criativo implica um deslocamento do lugar de poder em prol de um *deixar ser guiado* pela criança. Trata-se de um tatear às cegas o universo fora da linguagem.

O espaço fora da linguagem é então esse campo de embate entre as forças que movem as superfícies do mundo; plano que ativa deslocamentos, lugar do afetar e ser afetado; espaço onde se desliza os gestos e trajetos, onde a espacialidade do agir inaugura falhas na instituição e abre pontos cegos no poder. O espaço fora da linguagem é o lugar em que a vida não está totalmente submetida ao poder.

---

[441] *Idem*, 2015a.

3.8 INFÂNCIA, ESPAÇO E RESISTÊNCIA

A criança se beneficia de um espaço vago, de circunstâncias oportunas, do deslocamento, mais do que da adequação e obediência. Isso implica deslocar a instituição do centro do processo de produção de saúde e dar protagonismo à criança, de modo que seus trajetos indiquem a direção do cuidado. Para a clínica do espaço, trata-se de perceber os deslocamentos *no espaço* e, a partir disso, traçar o que seria o deslocamento *do espaço*. A espacialidade do agir abre microfissuras na trama da instituição, no espaço arquitetônico, nos modos de espacialização do poder. Nesse caso, a clínica do espaço opera sobre a instituição, furando-a a partir desse traçado da criança no espaço, fazendo-a funcionar de outro modo, alterando seu funcionamento para alterar os modos de espacialização do poder e distribuindo protagonismo àquelas crianças ditas insubordinadas ou inadaptadas. Nessa tensão entre espaço disciplinar e a infância indisciplinada, trata-se de permitir que o espaço permaneça vago a fim de atrair esses traçados ao plano da clínica. Nesse manejo, a clínica cuida num só tempo da criança e dos processos institucionais, tomando a criança como protagonista político e prática de saúde em liberdade.

O ambulatório de saúde mental é, por exemplo, um modelo de atendimento médico-psicológico que está próximo ao hospital, o local de alta complexidade e os modelos de atendimento de média complexidade. No Brasil, os ambulatórios resistiram à Reforma Psiquiátrica e se tornaram espécie de gueto da Psiquiatria, que é muitas vezes analisado de modo pouco crítico. A análise do ambulatório como espaço disciplinar foi tema da minha dissertação de mestrado, na qual busquei mostrar o contraste entre as práticas de controle e normalização operadas pela neurologia e as forças de resistência da criança.[442] Contra a normalização instaurada na arquitetura pelo poder, as crianças opunham sua própria normatividade. Seja na escola, no ambulatório de saúde mental ou em outro ambiente destinado à criança, de que modo essa espacialidade ganha lugar? Em que medida as crianças possuem voz, dizeres, enunciados, de que modo sua força e sua atividade cartográfica compõem com os processos de educação e cuidado?

Numa conversa publicada em *Microfísica do poder,* intitulada *Os intelectuais e o poder,* Gilles Deleuze e Michel Foucault dizem o seguinte:

---
[442] Almeida, 2017.

> Se as crianças conseguissem que seus protestos, ou simplesmente suas questões, fossem ouvidos em uma escola maternal, isso seria o bastante para explodir o conjunto do sistema de ensino. Na verdade, esse sistema em que vivemos nada pode suportar: daí sua fragilidade radical em cada ponto, ao mesmo tempo que sua força global de repressão. [...] E quando os prisioneiros começaram a falar, viu-se que eles tinham uma teoria da prisão, da penalidade, da justiça. Essa espécie de discurso contra o poder, esse contradiscurso expresso pelos prisioneiros, ou por aqueles que são chamados delinquentes, é que é o fundamental, e não uma teoria sobre a delinquência. [...] E o inverso verdadeiro. Não são apenas os prisioneiros que são tratados como crianças, mas as crianças como prisioneiras. As crianças sofrem uma infantilização que não é delas.[443]

O que significa ouvir a resistência da criança? Ouvir não significa representar, não se trata de transformar o gesto em enunciado. O gesto é a mínima manifestação de uma vida, ao passo que significar é traduzir em palavras e arriscar-se em equívocos. Se a resistência se manifesta por gestos e trajetos, ouvir conjuga *ver, perceber, agir e sentir*. Tal disponibilidade pode ser simplificada pela fórmula: afetar e ser afetado. Ouvir e acolher a resistência da criança implica percutir, isto é, tocar e ser tocado, tocar e fazer ressoar as linhas de força da infância.

Ver, perceber, agir e sentir é mais do que apenas dar sentido ao gesto, é antes expandir a percepção para outros pontos de ver[444]. O ponto de ver [*point de voir*] e o ponto de vista [*point de vue*] se distinguem justamente na enunciação: enquanto o primeiro aponta para um ponto em que a vida é sem sujeito, sem individualidade, puro devir do gesto vital, o ponto de vista localiza e se enraíza na individualidade, num sujeito ou num grupo. Ouvir a resistência da criança implica, portanto, uma transformação do ponto de vista institucional: está em jogo tomar o gesto não como individual, mas como abertura ao mundo inacabado; abrir as formas para pensar fora da caixinha; permitir pensar não a individualidade de cada criança, mas o modo de ver, perceber, pensar, sentir e agir com a infância. Ouvir a resistência é traçar estratégias para chegar a esse ponto de ver.

---

[443] Foucault, 2018a, p. 135.
[444] Deligny, 2015a.

Embora Deleuze junto à Foucault[445] se refiram à resistência da criança como "contradiscurso", destaco que não é apenas na linguagem que os protestos da criança se manifestam. Há inúmeras outras pistas para acompanhar esses levantes e a cartografia demonstra esses pontos nos quais a resistência se manifesta. Embora Deligny[446] enfatize o autista como modo de existência à margem da linguagem e situe o gesto e o trajeto no silêncio das palavras, essa singularidade não é exclusividade do autista. A infância, assim como o humano, vive nessa linguagem fissurada, nessa vacância na qual a vida prolifera para além dos discursos e fora da linguagem. A essa singularidade se dá o nome de espacialidade do agir, ponto em que o gesto gesta novos mundos e opera novos modos de espacialização.

Considerar a espacialidade como resistência implica respeitar o silêncio, esse ruído em que a vacância da linguagem anuncia sua interrupção, em que a linguagem se abre para o fora. Seja na folha de papel em branco, na qual o poeta traça as linhas de um poema, ou no corredor de um ambulatório de saúde mental, onde a criança traça as linhas da crítica institucional, percorrer os espaços é bordejar o vazio de representações.

Em se tratando de clínica, em que ponto essa resistência é também uma saúde? Em que ponto esse embate entre normas sociais e a atividade normativa da criança produz saúde? Para compreender essa dimensão clínico-política da resistência é preciso distinguir dois tipos de resistência:

No campo da saúde mental, a resistência pode ser compreendida como negativa, resistência ao tratamento. Em Psicanálise, o tratamento consiste na rememoração do elemento recalcado, pois o paciente resiste ao tratamento impedindo o encontro com esse elemento inconsciente durante o processo analítico. Segundo Roudinesco[447], a resistência foi, no campo psicanalítico, reconhecida como entrave ao trabalho de cura e produção de saúde, mas, paradoxalmente, via para o tratamento. Nesse caso, o abandono ao tratamento ou mesmo uma quebra na regra fundamental da associação livre são nuances vividas pelo paciente na sua relação com o terapeuta. Essa resistência é negativa, em alguma medida, impeditiva do processo de cura.

---

[445] Foucault, 2018a.
[446] Deligny, 2015a.
[447] ROUDINESCO, E.; PLON, M. **Dicionário de psicanálise**. Rio de Janeiro: Zahar, 1998a.

Com Foucault[448], a resistência ganha um sentido positivo, deixa de ter um estatuto puramente clínico e técnico sobre o processo de saúde e passa a colocar em jogo relações de tensão entre a vida e o saber-poder. Para o autor, há resistência quando há relações de poder. No caso da inadaptação e da desobediência escolar, a relação de poder está posta entre a criança e a instituição; entre os trajetos desviantes das crianças e a disciplina médico, pedagógica e arquitetônica. No entanto, a cartografia demonstra que a criança também possui atividade propositiva e faz isso ao tecer no espaço as linhas de seu processo de espacialização e resistência.

Como disse anteriormente, do ponto de vista das práticas disciplinares de normalização, o sofrimento da criança está submetido à representação hegemônica, são as discursividades DSM que codificam todo gesto e comportamento da criança como um possível sinal de sintoma e imediatamente pressupõe um tratamento medicamentoso ou comportamental. Do ponto de ver da criança, a resistência é uma espacialidade, um agir e, portanto, uma vitalidade em movimento. Nesse embate entre as normas sociais e as normas vitais, a resistência não é pura e simplesmente a manifestação da desobediência e oposição. A resistência não é sinônimo de antagonismo e, se há casos em que ela figura desse modo, trata-se de notar aí o embate de forças em que a criança se encontra oprimida. Vicentin designou esse estado como sofrimento-resistência:

> As rebeliões configuram-se assim como *desobediências devidas* – devidas porque eles estão condenados a reagir –, mas também como desobediências da vida, quando a vida mesma se põe em rebelião, em desobediência diante do que a constrange. Elas expressam a resistência contra a sujeição materializada nas relações tensas entre jovem, instituição e sociedade, e afirmam-se como ponto-fronteira, ponto-limite de uma indiscernibilidade entre a norma e a vida.[449]

A resistência é um gesto limiar que se situa entre as normas vitais e as normas sociais (disciplinares, políticas, institucionais). Para operar uma reversão nos saberes da clínica e fazer compreender a dimensão positiva da resistência, é preciso compreender o primado da resistência em relação ao poder. Na perspectiva clínico-política é a relação da criança com o espaço que opera a positivação da insubordinação. Estratégias

---

[448] Foucault, 2014b,
[449] VICENTIN, M. C. G. Corpos em rebelião e o sofrimentoresistência: adolescentes em conflito com a lei. **Revista de sociologia da USP**, Tempo Social, 2011, p. 100-101.

espaciais de deslocamento, migração e dispersão territorial são operadas nos mais diversos campos institucionais como forma de resistir ao poder.

O primado da resistência em relação ao poder é demonstrado por Foucault[450], quando ele indica que a resistência não surge como resposta ao poder coercitivo, mas ao poder de maneira geral: em toda relação de poder, há resistência. Tal formulação está relacionada ao cuidado de si que, nesse contexto, é a principal fórmula da resistência. A tensão entre poder e resistência não corresponde ao modelo dialético, nem a simples oposição entre obediência e desobediência. A resistência positiva está ligada às práticas do cuidado de si. No último período da obra do autor, a resistência constitui como invenção de si, o caráter móvel, cambiante, nômade, nem adaptado, nem inadaptado, do humano. Assim, a resistência não viria de fora da relação de poder, mas sim "de baixo", derivando das tensões implícitas ao campo, das tensões entre os saberes que codificam a vida e as próprias forças da vida.

Para Passos e Benevides[451], Foucault avança nessa direção a partir de 1975, ao longo do curso *Em defesa da sociedade*. O período em que Foucault discute o cuidado de si é o momento em que a resistência tem primado na relação de poder e possui então essa dimensão positiva, isto é, criativa e produtiva. Assim, toda resistência é resistência a qualquer tipo de poder exterior que se aplique sobre a vida: "*Eis, então, que o tema da vida assume uma posição de destaque, pois o paradoxo no contemporâneo parece que se realiza agora colocando a vida ao mesmo tempo como ponto de incidência do exercício do poder e ponto de resistência*"[452].

Segundo Auterives Maciel Jr.[453], as práticas de si são uma ética e por isso se diferenciam da moral que se situa mais sobre as normas do comportamento, da adaptação, da moral como sendo adequação às normas sociais. As práticas de si, diferentemente, são a constituição de um sujeito equivocado com sua conduta, que indaga sua maneira de ser e a partir disso se constitui não pela obediência ao código moral, mas pela criação da sua própria maneira de viver, uma arte da existência. Tal prática deriva

---

[450] FOUCAULT, M. **O governo de si e dos outros**: Curso no Collège de France (1982-1983). São Paulo: Ed. Martins Fontes, 2018b.

[451] PASSOS, E; BENEVIDES, R. Clínica e biopolítica na experiência do contemporâneo. **Revista Psicologia Clínica Pós-graduação e Pesquisa**. PUC-RJ, 2001, p. 89-99.

[452] *Ibidem*, p. 96.

[453] MACIEL JR., A. Resistência e prática de si em Foucault. **Trivium** [on-line]. 2014, v. 6, n.1, p. 1-08. ISSN 2176-4891.

dos códigos, dos saberes e poderes que integram e circundam o corpo, porém essa deriva deve ser entendida como desvio, gesto criativo que faz referência ao código vigente, mas que se distingue do próprio código moral. Esse desvio seria um modo de resistência a partir de si, da constituição de autonomia e diferença, como problematização dos códigos e das condutas prescritas nas normas.

Maciel Jr. situa a terceira prática de poder que não é exatamente o poder e o saber, mas a prática de si:

> A ideia de uma terceira prática [nem poder e nem saber, mas prática de si], constituinte de uma subjetivação que escapa aos poderes e aos saberes vigentes, permite a Foucault operar uma revisão geral na origem das resistências, desemaranhando esse caminho que mal se discernia enquanto se encontrava enrolado junto com os outros. Nesse sentido, podemos dizer que é a prática de si que resiste aos códigos e aos poderes, e que a relação consigo estará sempre se fazendo em qualquer momento da história.[454]

Sendo assim, a resistência positiva não é resistência ao tratamento, mas é a própria afirmação de si a partir da diferenciação do mundo. E se ela se manifesta na forma da desobediência, insubordinação, inadaptação é porque há nesse campo disciplinar uma forte investida na modelação do comportamento da criança. Tal investimento tem a intenção de criar adultos e jovens docilizados, adaptados à sociedade de normalização. A criança, por sua vez, na manifestação da sua potência criativa, é a própria potência rebelde, algo que Foucault designa brevemente como força viva[455].

A expressão força viva aparece em *Vigiar e Punir* e coloca o debate entre Foucault e seu professor, George Canguilhem – para o primeiro, a norma é social, é efeito de um poder-saber que regula os corpos e faz com que os indivíduos passem a representar os acontecimentos corporais (adoecimentos e sofrimentos subjetivos) segundo uma norma exterior. A expressão força viva é evocada para comentar a situação de um jovem delinquente que enfrenta julgamento sozinho, sem advogado; gesto corajoso que leva os partidários foueristas tecer preciosas considerações a respeito da lei e situar a ilegalidade como uma arma contra a sociedade. Sendo assim, vigor, essa força vital, localiza um impulso para o futuro. É interessante notar o fato de Foucault recorrer ao termo vigor para situar

---
[454] *Ibidem*, p. 3.
[455] Foucault, 2014b.

o combate e a resistência frente à gestão da ilegalidade, do julgamento da delinquência. Está em jogo tomar a vida, o vigor e a vitalidade não como atividade individuada, sua forma biológica, mas sim compreender a vida como força emaranhada ao mundo onde não há distinção entre vital, social, político e histórico. Sendo assim, os gestos de insubordinação são gestos de resistência e cuidado de si.

Em se tratando de clínica, como manejar essa passagem da resistência negativa à positiva, da força vital para a força social? De que modo é possível ouvir esses gestos insubordinados e acolhê-los de modo a não apagar a diferença e a afirmação que está implícita em seus trajetos?

Deleuze[456], comentando Foucault, propõe o conceito de diagrama para demonstrar as relações de poder, sobretudo a dimensão espacial da resistência. O diagrama é o campo de emergências de focos de poder cuja distribuição é localizada, porém instável e difusa. Isso mostra que o poder está para além de sua centralização no Estado ou na instituição e a própria resistência já é, portanto, demonstração de um foco de poder. Sendo ela espacial, localizada e difusa, situados e nômade, as resistências, assim como o poder, se deslocam e se distribuem em corpos e lugares, formando esse campo de forças marcado ora por avanços e retrocessos, reversões e inflexões. Nessa perspectiva, as resistências são, quase sempre, marcadas por mudanças de direção, desvios, levantes ou rupturas.

A positivação da resistência deriva da compreensão espacial do diagrama do poder. O que existe são modos de espacialização da subjetividade e modos de espacialização do poder, tendo a resistência espacial dois modos: a espacialidade do agir, gesto que parte de uma experiência corporal vital e psíquica e se desdobra sobre o mundo social, histórico e geográfico; e o modo de espacialização do poder, força instituinte, distribuição, inflexão, afetação e dobras com as forças que constituem o campo da subjetivação e da resistência.

A fórmula da resistência é o deslocamento do corpo no espaço, a criação de uma abertura de si ao fora. Resistir é transformar a si e ao espaço numa relação de força e de cuidado. Em se tratando da clínica com crianças nos ambulatórios de saúde mental, a cura não é realizada pela psicoterapia, essa é somente um meio. A cura está na própria transformação do espaço – fazer o ambulatório ambular, desviar da aparelhagem de normalização, deslocar a arquitetura de seu uso manicomial e os saberes de sua função ortopédica. Deslocar os corpos do sedentarismo é assumir

---
[456] Deleuze, 1988.

uma posição de cuidado em relação ao espaço da clínica. As crianças ao manifestarem sua resistência por meio da errância e dos desvios, nos fazem compreender o deslocamento no espaço como dobra com as forças que compõem o processo de subjetivação. Assujeitar-se às forças é soterrar, fossilizar e privar-se do mais vívido da vida, a manifestação da normatividade e da capacidade de modulação de si:

> Não é absurdo considerar o estado patológico como normal, na medida em que exprime uma relação com a normatividade da vida. Seria absurdo, porém, considerar esse normal idêntico ao normal fisiológico, pois trata-se de normas diferentes. Não é a ausência de normalidade que constitui o anormal. Não existe absolutamente vida sem normas de vida, e o estado mórbido é sempre uma certa maneira de viver.[457]

A resposta insubordinada de Beásse ao presidente da sessão jurídica apresentada por Foucault[458] é desobediência devida e situa o paradigma da resistência infantil como sendo, principalmente, o da infância selvagem, da criança da rua. Nas páginas de *Vigiar e Punir,* percebe-se que, para Foucault, não existe a natureza do crime, a essência psicológica que leva os criminosos ao crime, o que existe são relações de força entre a sociedade e a juventude que se monta numa relação de combate. Há, portanto, uma disputa entre as normas sociais do judiciário e um certo vigor da luta por liberdade. Comentando o embate entre Beásse e o judiciário, Foucault diz:

> Todas as ilegalidades que o tribunal codifica como infrações, o acusado reformulou como afirmações de uma força viva: a ausência de habitat em vadiagem, a ausência de patrão em autonomia, a ausência de trabalho em liberdade, a ausência de horário em plenitude dos dias e das noites.[459]

Somente na rua, na ausência de instituição e disciplina, ele pode experimentar uma autonomia imanente. Embora nesse mesmo lugar sofra violência, abandono e adversidades, sua posição é afirmativa e criativa, sempre em vias de se refazer nas mais variadas circunstâncias e trajetos. Corajoso, Beásse enfrenta a repressão institucional sobre a infância como objeto das ciências humanas e sociais, instituição que faz dela um ser que só pode ser concebido no seio do Estado – seja a família, a escola, o reformatório ou a prisão.

---

[457] Canguilhem, 1982, p. 187.
[458] Foucault, 2014b.
[459] *Ibidem*, p. 285.

A infância livre é uma figura monstruosa para o poder e inconcebível por duas razões: porque durante o século XIX e XX diversos saberes e instituições se dedicaram a construir estabelecimentos para recolher, conter e docilizar a infância desviante por meio do trabalho e da adaptação das crianças ao modelo normal e universal[460]. O poder busca sempre deter essas figuras insurrecionais e irracionais, sendo a biopolítica a sofisticação das tecnologias de controle e regulamentação da população. O poder governa olhando sempre para o futuro, para a sociedade que quer construir. O poder (disciplinar e de normalização) implica um "controle contínuo" que mira o "estado terminal ou ótimo" do indivíduo e olha para o momento em que a disciplina *"funcionará sozinha"*, para o momento em que a vigilância poderá *"não ser mais que virtual"* e a disciplina se torne *"um hábito"*[461]. Tal estratégia visa assegurar a continuidade do controle, fazendo com que os assujeitados vigiem a si mesmo, mas não só, que sejam eles próprios aqueles que operam a manutenção deste controle.

A resistência é então um trabalho de base, tecido desde a base, do chão pelos pés e mãos de crianças e outros povos nômades. É nessa perspectiva que se vê a potência do desvio que se faz acontecimento político. Não há territórios onde não haja combates entre o poder e as forças da infância. Sendo assim, para saber, ver e ouvir os protestos das crianças é preciso aparato crítico das instituições e das formas de disciplinamento e, sobretudo, é preciso explorar o deslocamento espacial como condição de possibilidade para essa liberdade.

As forças da infância são impessoais e ultrapassam a existência empírica das próprias crianças. O que melhor as define são sua capacidade de deslocamento e abertura do espaço e da própria vida. Quando se fala em gesto de resistência, flagra-se, no limite, as representações de mundo, os limites da linguagem, os pontos de não representação. Resta-nos movimentos no espaço-tempo, deixar-se enredar por esses gestos fora da linguagem é o que positiva a insubordinação, a criatividade e as linhas de errância:

---

[460] A institucionalização psiquiátrica, o asilamento, a prisão são exemplos dessa tentativa de conter a força criativa da infância, podemos inserir aí o genocídio dos jovens negros como mais uma estratégia de aniquilação. Cabe lembrar da chacina da Candelária em 1993 e do permanente genocídio das crianças e jovens negros no Brasil que são mortos em casa ou nas ruas. Toda forma de violência é, por si só, potencial aniquilamento. As mortes matadas e as mortes por arma de fogo revelam uma gravidade ainda maior do problema, localizando o genocídio ao lado do infanticídio, problema que silenciosamente assombra o século XXI.

[461] *Idem*, 2012, p. 59.

> O que fazer frente ao inadaptado, então? Nunca aceitar a primeira resposta a esta pergunta, a resposta instituída. Portanto não é questão curá-lo, corrigi-lo, educá-lo, mas cuidar dele, o que significa aprender com ele, estar próximo, ser uma presença próxima, conectar-se com ele, aceitar ser um ponto de sua rede: deixar-se apanhar pela teia da aranha. A atitude é aracniana. A rede é um meio favorável. A aranha tece redes e cria circunstâncias. É preciso fazer rede e deixar-se enredar[462].

Ao fazer rede e deixar-se enredar, a resistência da criança se manifesta não somente como "contradiscurso", mas como gestos e trajetos no espaço fora da linguagem. Respeitar a criança e os autistas em seu silêncio, respeitar seu modo de espacialização, implica respeitá-la não como semelhante, mas como aquele que devém, como aquele que se diferencia e convida a todos a experimentar um novo ponto de ver. Respeitá-los é estar com eles em sua diferença radical, criar permanentemente um mundo aberto ao devir e à transformação.

Aquilo que as crianças dizem não está posto em palavras, mas se manifesta como arte. O espaço é a trincheira dessa guerrilha da infância, é a folha em branco para a reinvenção do mundo a partir da perspectiva da criança, é nele que se pode acompanhar as linhas que compõem essa luta, sobretudo, é acompanhando esse traçado que se pode ver a resistência: "*À sua maneira, a arte diz o que dizem as crianças. Ela é feita de trajetos e devires, por isso faz mapas, extensivos e intensivos. Há sempre uma trajetória na obra de arte [...]*"[463].

Em termos cartográficos, ver/perceber/ouvir a resistência da criança não é apenas reservar um lugar no mundo para elas, como se fosse possível criar instituições ou pátrias locais. Não se trata de localizá-las no mapa, mas traçar um mapa junto a elas. A estratégia é então criar espaços e áreas onde a errância e o deslocamento livre tenham lugar; um espaço onde as crianças possam criar suas próprias normas e seja possível tomá-las como pistas para a construção de movimentos instituintes. Ouvir os protestos das crianças não é traduzi-los em palavras e em bandeiras, mas apostar nos seus gestos e trajetos de abertura e deixar-se afetar por esses vetores de resistência espacial.

---

[462] Passos, 2018, p. 147.
[463] Deleuze, 2013, p. 88.

3.9 GESTOS DE RESISTÊNCIA

A ética da clínica do espaço demonstra cumplicidade com as insurgências da infância. Pensar a clínica na aliança com a infância auxilia na construção de novos dispositivos e na formulação de estratégias espaciais para o cuidado. A saúde manifesta nos gestos de resistência, nos modos de espacialização, implica a suspensão da aparelhagem disciplinar e a suspensão da linguagem, dando lugar aos novos modos de espacialização.

Não se trata então de, ao observar os gestos e os trajetos, compreender, interpretar ou projetar um significado por trás de cada linha traçada.

> Compreender, então, essas crianças? Manifestar-lhes uma compreensão que seria como um abraço de intenção generosa? Pode-se imaginar, de fato, que esse seja o primeiro impulso que nos vem ou, antes, que nos veio, e depois essa vaga de impulso se retirou, como ocorre com a maré. Afogados eles já estavam, ou quase, por essa vaga. Restava entre nós e eles, a descoberto, o aí: *topos*.[464]

A ética da clínica do espaço está em acompanhar e apreender os movimentos no espaço, as manifestações do agir, os gestos que prenunciam a brecha que leva à reinvenção do mundo, ou ao menos mostrar a dobradiça pela qual o mundo se faz e se desfaz. Acompanhar é, nesse caso, afirmar a resistência e a partir dela criar novos dispositivos e estratégias de cuidado apoiados nessa singularidade. Testemunhar as diásporas infantis, seus movimentos migratórios, os ruídos que antecedem o alvoroço, o troar dos tambores da infância rebelada. É preciso então tatear, acompanhar, deixar-se ser guiado pelos trajetos.

Os gaminos[465] de Bogotá, assim como o jovem Beásse, inventam sua existência e suas normas não só pela via da violência, mas também da amizade e de conseguir que outros testemunhem sua diferença. Sua força é seu gesto e sua resistência contagia, atingindo a multiplicidade, fazendo com que a luta por sua existência não seja apenas o trabalho de assistência social, mas a própria modificação da sociedade e o combate da

---

[464] DELIGNY, 2015a, p. 159-160.
[465] Os gaminos são crianças que habitavam as ruas de Bogotá e nos são apresentados por meio do trabalho literário, jornalístico e antropológico de Jacques Meunier (1978) no livro *Os moleques de Bogotá* (*Les gamins de Bogotá*). O livro traz as aventuras do autor em busca dessas crianças de idade aproximada entre cinco e 15 anos. Entre conversas com especialistas, leituras técnicas e assembleias municipais, o autor percorre as ruas atrás desses pequenos seres quase mitológicos. Parecidos mais com pequenos selvagens urbanos do que com miseráveis vulneráveis, os gaminos manifestam a força vital da resistência.

violência colonial. O gaminismo está para além dos gaminos, não pertencendo a Bogotá, nem mesmo a nenhum outro grande centro urbano, ele explode e se amplia para a multiplicidade de gestos políticos possíveis. Sua existência espacializada nas ruas da cidade são antes gestos e trajetos da resistência da infância.

A dimensão espacial da resistência é a manifestação impessoal na qual o pronome "se" é o instante em que a língua se flagra sem sujeito, em que o sujeito está indeterminado. O "SE", como é grafado na obra de Deligny[466], se constitui como palavra-valise que orienta a clínica nesse limite da linguagem: "SE" é um tensor da sujeição e da coletividade, do indefinido e do determinado. Grafado dessa forma, o pronome articula a reflexão teórica que proponho acerca do termo "se mandar", expressão que aparece em um sonho e que eticamente é tomada como a fórmula da dimensão espacial da resistência.

O termo "se mandar" é um convite ao agir. Literalmente tem o sentido de evadir, mas, sendo o verbo evocado o "mandar", quer dizer dar ordens, exigir, governar, dirigir, "se mandar" indica então a posição em relação ao poder. Poder sobre algo que é, no limite, poder sobre si. Contudo, na gíria popular está em jogo também o significado "cair fora", "fugir" ou "*cortar no ar a linha da pipa*" e "mandar um picho" ou "cheirar cocaína". O termo "se mandar" apresenta o problema do governo de si evocado por Foucault[467] ao longo de seu estudo sobre o poder e a resistência.

Após a década de 1970, Michel Foucault modificou sua pesquisa sobre o poder e operou uma reversão no curso do seu pensamento, deixando de pensar as diversas formas pelas quais o poder penetrou na vida e passando a pensar o "cuidado de si" como sinônimo de subversão, levante, resistência. Ele passou a se orientar em como os gregos faziam sobre si uma série de práticas assépticas nas quais o cuidado podia ser demonstrado como tecnologia política[468].

No curso de 1983, *O governo de si e dos outros*, na aula de 5 de janeiro de 1983, Foucault[469] faz uma análise de percurso da sua trajetória intelectual: o que ele buscou analisar foram focos de experiência que são três: o saber, o poder e o virtual. O saber são os discursos de verdade que delimitam as margens do campo em disputa; o poder está relacionado ao modo como esses

---

[466] Deligny, 2015a.
[467] Foucault, 2018b.
[468] *Idem*, 2018a.
[469] *Idem*, 2018b.

discursos de verdade operam regimes de normas. A partir do momento em que a Psiquiatria cria um saber sobre o anormal, cria-se uma ideia de normalidade em que a articulação entre poder e saber produz discursos sobre a loucura, a criança, a família, as raças. O terceiro foco de experiência analisado pelo autor é o virtual, o campo de possibilidade, e nele os sujeitos possíveis vão se constituir a partir dessas normas instauradas pelo poder-saber. O saber – os regimes de verdade; o poder – as práticas de normalização; e o virtual – o modo como essa articulação domina os modos de existência. Essa articulação gera não somente o corpo individual e o corpo da população, mas também aquele porvir, aqueles que virão a ser. Tal articulação opera não só os corpos assujeitados pela norma, mas também sobre os corpos que virão a ser assujeitados a ela.

> E aí que o deslocamento consistiu em que, em vez de se referir a uma teoria do sujeito, pareceu-me que seria preciso tentar analisar as diferentes formas pelas quais o indivíduo é levado a se constituir como sujeito. E, tomando o exemplo do comportamento sexual e da história moral sexual, procurei ver como e através de que formas concretas de relação consigo o indivíduo havia sido chamado a se constituir como sujeito moral da conduta sexual. Em outras palavras, tratava-se aí também de realizar um deslocamento, indo da questão do sujeito à análise das formas de subjetivação, e de analisar essas formas de subjetivação através das técnicas/tecnologias da relação consigo ou, vamos dizer, através do que se pode chamar de pragmática de si.[470]

Comentando a posição de Foucault, Deleuze[471] vê no autor a dobra em relação ao poder e vê no cuidado de si essa "pragmática de si", em que o sujeito se dedica a discutir a sua verdade na relação com o seu próprio corpo e as normas exteriores que buscam determinar sua experiência. Tal pragmática insere a possibilidade de a resistência se dar desde si e não de uma brecha ou falha no poder, a resistência seria essa tomada de um certo tipo de poder, que é o poder sobre si. Nesse caso, a verdade não seria determinada pela discursividade do tempo e do outro histórico, no sentido de o sujeito se adaptar às normas de sua época. A verdade seria determinada pela experiência estética e pela alteração da posição em relação ao mundo e a si mesmo, por meio da qual o sujeito pode traçar seu lugar, seu território existencial e não ceder ao discurso que lhe vem de cima.

---

[470] *Ibidem*, p. 6.
[471] Deleuze, 1988.

No livro *Foucault in California*, Simeon Wade[472] relata como foi a experiência de ter tomado um ácido (LSD) com Foucault no deserto do Vale da Morte durante a década de 1970. Nessa época, Foucault começara a escrever a *História da Sexualidade I*, publicado em 1976, e desenvolvia a tese sobre o biopoder como força que exerce domínio sobre a vida de ponta a ponta, do vivo ao vivente, do vivo ao morto, passando pelas diferentes maneiras de viver. Sua experiência com o ácido foi em 1979 e o curso *Subjetividade e Verdade* em 1981. Entre 1981 até sua morte, em 1984, Foucault dedica-se ao cuidado de si e somente em 1984 ele lança os últimos volumes da *História da Sexualidade*, sendo seus últimos quatro cursos um esforço breve do autor em apontar a ética e o cuidado de si como modo de construção da verdade.

Wade[473] relata que o filósofo passou por um silêncio profundo ao olhar para o vale enquanto todos esperavam que Foucault falasse altas experiências alucinantes, viram-no mergulhado em seu silêncio. Em dado momento ele responde: *"I know this not true, but it is the Truth"*, frase que indica a mudança de direção e o declínio da verdade e suas formas jurídicas e psiquiátricas.

Em se tratando de posicionar-se no mundo, manifestar os modos de espacialização da subjetividade, a intuição lhe vem de fora, do céu, da explosão das estrelas que recai sobre o sujeito:

> Virei-me para Michel e disse com voz trêmula: 'Concebemos o universo - uma procissão majestosa de lindas ninharias, um espetáculo atemporal. Essa visão faz todo o resto parecer uma grande piada.'
>
> Foucault sorriu e lançou um olhar abrangente para o céu. 'O céu explodiu e as estrelas estão chovendo sobre mim. Eu sei que isso não é verdade, mas é a Verdade'[474]

Em seu silêncio, Foucault sentiu a intuição reveladora: o cuidado de si é um outro jogo de relação com a verdade, algo que vem de fora em direção a si. Após a experiência no Vale da Morte, opera essa virada em sua obra que dá lugar à verdade como sendo um poder sobre si que se exerce numa relação de desubjetivação – em vez de ser assujeitados ao

---

[472] WADE, S. **Foucault in the California**: A True Story – Where in the Great French Philosopher Drops Acid in the Valley of Death, Berkeley, CA HeyDay, 2019.
[473] *Ibidem*.
[474] *Ibidem*, p. 60.

poder, a verdade vem de fora, algo que SE produz por efeito de um certo tipo de poder sobre si. O sujeito traça sua verdade a partir de suas próprias coordenadas e, portanto, exerce *um poder sobre quem SE é*, modificando as maneiras de SE viver.

O Foucault cartógrafo pensa o cuidado como prática de si, produção de si. É a construção de uma outra via do pensamento que não passa necessariamente pela linguagem e o discurso, mas pela sensibilidade e a relação com o lugar onde SE está. É desse lugar que é preciso "se mandar", tal expressão diz respeito à criação de si, de uma verdade sobre si que parte de uma coordenada espaço-temporal, da relação com o espaço.

Tal coordenada demonstra a indiscernibilidade entre o Ser e o lugar do Ser e demonstra como a existência é produzida e não propriamente natural. Tal fórmula me parece durante um sonho, mais especificamente em 2018, quando me inscrevi no doutorado e iniciei a escrita deste livro. No sonho a expressão indicada é "preciso me mandar daqui", e aos poucos fui percebendo que a ação do sujeito sobre si é um poder de "se mandar".

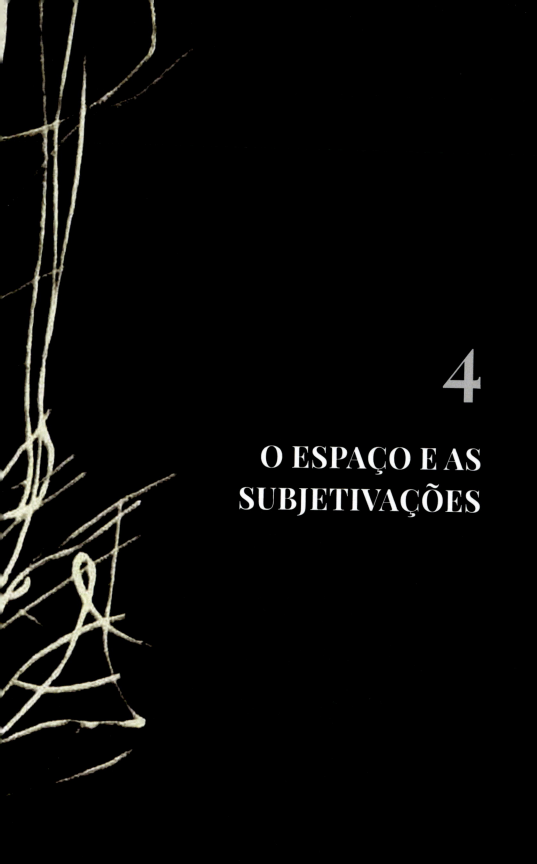

4
O ESPAÇO E AS SUBJETIVAÇÕES

4.1 O SONHO *SE MANDAR*

Chegando de viagem e desembarco no Centro Histórico de Petrópolis, cidade do Rio de Janeiro. Carrego comigo minha mochila e nela muitas possibilidades de seguir viajando e levo ainda um vinho que trazia aberto desde minha última viagem ao litoral sul do estado. Entusiasmado, ao desembarcar no centro da cidade, desço do ônibus e olho para o chão onde vou pisar, nele vejo o mapa da cidade: tinha a estética de uma peça de museu, com páginas envelhecidas, cores amareladas e tinta craquelada. No mapa algo se movia, moviam-se tanto as linhas da malha urbana que demarcam os bairros como também aquelas que indicavam o movimento das pessoas pela cidade. Era possível reconhecer nesses movimentos os recortes sócio-históricos operando tanto nas divisões urbanas quanto na limitação dos trajetos impostos ao corpo. Tenho apenas um instante para perceber esses detalhes e com um assombro pavoroso levanto a cabeça como quem deseja se arejar.

Nesse movimento, olho para o céu noturno e vejo nele cordões de luz. São linhas que emaranhadas formam um mapa similar àquele que eu acabara de ver no chão da cidade. Assim como no mapa terrestre, as linhas se moviam e faziam mover as populações, no mapa celeste algo também se movia. As coordenadas desse novo mapa eram prescrições dadas há muito mais tempo, desde o tempo da formação das estrelas, desde os tempos imemoriais do homem, era algo como o destino. No mapa celeste havia linhas extensas que demarcavam o que seriam as condições de possibilidade de formações históricas, das malhas urbanas, das marcas do tempo. Essas linhas eram mais espessas, mais densas e circundavam outras linhas mais tênues, mais delgadas que indicavam os movimentos da humanidade dos povos e populações. Era como se essas linhas luminosas fossem o rastro dos trajetos da humanidade tal como podemos ver no céu o rastro de pequenos cometas ou estrelas cadentes... Havia, além disso, ao fundo do céu, o além absoluto, inalcançável e inatingível, uma massa escura, amorfa e incognoscível, de luz fraca e multicolor. Surpreendentemente, diante de tanta restrição – terrestres e celestes – era isso que me alentava. Era o obscuro do céu que me iluminava de forma estranha, como se lá eu tivesse uma espécie de matriz ou de raiz que me apraz não como pátria, nação ou destino, mas como ligação. A escuridão não me acolhia, mas me atiçava. Estou ligado ao espaço infinito do céu, tanto quanto estou ligado aos cordões de luz que me ligam ao destino e às linhas históricas que me ligam aos mapas terrestres.

A sensação é assombrosa e sinto algo novo: é como se o chão transpassasse meus pés e se pusesse sobre a minha cabeça, se colocando lá onde o céu deveria estar e o céu, por sua vez, se torna a superfície de meus trajetos. Posso não apenas andar pelo chão, mas na trama desses feixes de luz. O mapa terrestre se sobrepõe ao mapa celeste: o chão no céu e o céu sob meus pés. A sensação é como se meus sentidos tivessem sido tragados pelo infinito e a gravidade cinematograficamente me fizesse subir para cima. Ao tirar os olhos do infinito, a vertigem se converte em angústia e a angústia em um agir de iniciativa – o espaço impele meu traçar. Sinto-me como se eu, que antes era viajante, fosse sujeito àquelas coordenadas restritivas. Tanto sob os pés como sobre minha cabeça, tanto no mapa histórico como nos movimentos celestiais, estava tudo dito e determinado. Ao contrário de uma adaptação às coordenadas do destino, eu era motivado a agir diferentemente. Era preciso então assumir certo traçado nômade e desviante daquelas prescrições. Com um suspiro angustiado, ajo diante daquela pressão.

As imagens do sonho desaparecem e o sonho se encerra com um retorno a si e com a frase "preciso me mandar daqui!".

* * *

O sonho se encerra com essa expressão "preciso me mandar daqui", síntese da narrativa. O que resta é o agir de iniciativa, gesto do sonhador que indica com "se mandar" para um lugar que ainda não sabe qual, lugar que não tem direção predeterminada, mas é a própria iniciativa de traçar. Reconhecendo seu lugar de sujeito e se questionando em relação a ele, o sonhador se vê na verdade histórica, na determinação geopolítica. Ele se vê em defasagem em relação a ele próprio e vê o ponto em que sua verdade está tramada no destino. Sua liberdade só pode ser expressa pelo gesto de "se mandar", que é, num só tempo, se deslocar da cidade, da história, do destino e de si mesmo.

No ponto de vista do sonho, o destino do sonhador está tramado, mas do ponto de ver do sonhador ele quer fugir, quer sair fora, quer *mandar a si mesmo e se mandar*. Os mapas dão visibilidade ao fato de ele estar sendo mandado por outro e o sonho produz um desvio que é a insubordinação. Não há, nesse caso, a recusa total ao poder, mas há a inauguração de uma posição de resistência. O sonhador topa com as forças e delas extrai as linhas com as quais traça um novo processo. São dobras com as linhas de forças, dobra com o fora a partir do qual o sonhador traça o cuidado de si.

É no espaço fora de si e da linguagem que "se mandar" torna-se coordenada espaço-temporal. O cuidado de si é deslocamento no espaço, dessubjetivação dos mapas terrestres e celestes que dão as coordenadas ao sonhador e manifestação do gesto de resistência que inaugura o trabalho sobre si no mundo. Tal como Foucault tem uma viagem com as estrelas e o céu que se abre sobre ele, o sonhador viaja em seu sonho além de si mesmo, na interlocução com as estrelas e o além. Nesse processo o sujeito se dobra sobre o fora onde há as partículas que o indeterminam: SE é então o último fio do sujeito, com o qual ele se tece na trama da vida e está em relação com aquilo que não SE é.

O sonho traz de maneira inovadora a superação da dicotomia entre dentro e fora; sujeito e objeto; subjetivo e objetivo. Ao apresentar espaços interestelares, o sonho problematiza as representações sobre o espaço e demonstra que ele não é apenas uma unidade estável passível de medida e representação, mas é também uma força que coloca em movimento corpo e espaço. A nebulosa no fundo do céu impele o sonhador a traçar, ativa nele devires que coincidem com o nômade, aquele que traça suas coordenadas segundo a interação e circunstâncias em jogo no meio.

Deleuze e Guattari[475] desenvolvem a prática filosófica denominada Tratado de nomadologia, que consiste em um estudo sobre as formas de vida nômades que se contrapõem àquelas ditas sedentárias: os sedentários se situam no aparelho de Estado adaptado às normas e verdades prescritas. Os nômades extraem dos modos de espacialização uma variedade de estratégias de resistência ao controle e captura do Estado[476]. Os autores contrastam a "estadologia" – formas de vida sedentárias – e a nomadologia – modos de vida nômades – para oferecer ao leitor uma alternativa à sujeição e às formas fixas de identidade.

No modelo nômade da subjetividade, a exterioridade é influente nos processos de subjetivação. A máquina de guerra não deve ser entendida como modelo bélico e armamentista da subjetividade, mas sim como modo de resistência e criação que contrasta com o sistema do Estado, o controle imposto pelo poder. A máquina de guerra se caracteriza por sua natureza nômade, sua resistência vem de sua plasticidade, sua capaci-

---

[475] Deleuze; Guattari, 2012.

[476] A nomadologia não está restrita a grupos nômades literalmente, como tribos ou povos nômades. Ela também abrange movimentos de resistência e transformação que estão presentes em diversos contextos políticos, sociais e culturais. O Tratado de Nomadologia é, portanto, uma tentativa de mapear e compreender as estratégias, as práticas e as intensidades do nomadismo em suas diferentes manifestações (Deleuze; Guattari, 2012).

dade de se adaptar e se desadaptar, de criar linhas de fuga em relação às estruturas preestabelecidas pelo poder. Trata-se de uma modalidade da subjetividade que desvia e, eventualmente, se opõe à organização do Estado com suas limitações territoriais, sua busca por controle da população e hierarquia política.

Enquanto o Estado e a Instituição buscam estabelecer fronteiras, limites e identidades, a máquina de guerra opera de modo diferente, baseando-se em estratégias de deslocamento, migração, movimento em direção ao indeterminado, sendo capaz de se adaptar e se reinventar constantemente:

> E que a exterioridade da máquina de guerra em relação ao aparelho de Estado revela-se por toda parte, mas continua sendo difícil de pensar. Não basta afirmar que a máquina é exterior ao aparelho, é preciso chegar a pensar a máquina de guerra como sendo ela mesma uma pura forma de exterioridade, ao passo que o aparelho de Estado constitui a forma de interioridade que tomamos habitualmente por modelo, ou segundo a qual temos o hábito de pensar [...] restituída a seu meio de exterioridade, a máquina de guerra se revela de uma outra espécie, de uma outra natureza, de uma outra origem. Dir-se-ia que ela se instala entre as duas cabeças do Estado, entre as duas articulações, e que é necessária para passar de uma à outra. Mas justamente, "entre" as duas, ela afirma no instante, mesmo efêmero, mesmo fulgurante, sua irredutibilidade.[477]

A expressão "se mandar" é então pragmática sobre si, uma máquina de guerra, um traçado que inaugura o devir e inventa a possibilidade da relação fluida com o espaço, o meio, o entorno, possibilitando uma resistência que não seja bélica e ressentida. Não se trata de 'bater de frente', mas de criação, desvio, deslocamento e migração.

"Se mandar" é então a síntese da dimensão espacial da resistência. Nesse sentido, a produção de saúde e produção de espaços, a atividade normativa e os modos de espacialização indicam que resistir é criar, traçar, inaugurar processos de diferenciação. Fórmula do cuidado que não parte da personalidade e nem é despersonalização, mas prática de desubjetivação e impessoalidade. O nômade não sabe onde estará amanhã, não saberá se será ele próprio o mesmo.

---

[477] *Ibidem*, p. 16.

A clínica do espaço se interessa em trabalhar nessa dimensão impessoal da subjetividade, traçando linhas e arranjos com as forças do fora, um trabalho de dobradura sobre si concebendo este "si" nem como indivíduo completo e indivisível e nem como assujeitado, mas que por meio do devir e da relação das forças do mundo cria sua própria história e sua própria trajetória. Contudo, o fato de operar por estratégia nômade não implica a falta de consistência do corpo e da subjetividade que resultaria na ausência de pertencimento. Ao contrário, a estratégia nômade situa o cuidado no cotidiano, na mudança, mas também no costumeiro. Estar disponível às variações do meio implica a potência de variação e composição.

Os sonhos produzem imagens da multiplicidade, dos diferentes mapas e espacialidades: do terrestre e histórico ao celeste e cósmico. Em meio a tantos mapas, aparece a imagem obscura e nebulosa que incita o agir do sonhador[478]. Os mapas intensivos, carregados de afetos que fazem ver o incognoscível do sonho, seu ponto de interrupção. Esse sonho adensa uma nova complexidade na relação entre o espaço cósmico interestelar e o plano onírico. Como podem se sobrepor o espaço físico, o espaço histórico e o plano das imagens oníricas? Como pode o espaço aparecer dentro da vida psíquica? A imagem dessa *"massa escura, amorfa e incognoscível, de luz fraca e multicolor"* indica certa semelhança com as nebulosas interestelares e mostram o espaço em seu limite, como lado de fora. O espaço aparece no sonho não como representação, mas como força fora do sentido, ponto em que o sonhador se choca contra a literalidade do gesto inconsciente que o interrompe. A nebulosa é o ponto não representável, espaço fora da linguagem que resta como força ativa que escapa ativando o movimento do próprio sonhador ao acordar.

A imagem da nebulosa mostra esse ponto em que o sujeito está emaranhado no mundo. As camadas do mapa revelam isto: a História, a Geografia, a política, o cosmo. Tudo está descrito em coordenadas cada vez menos dizíveis e cada vez mais intensivas. Isso remonta a questão da relação entre espaço e subjetivação: como o espaço participa desse processo? No caso do sonho "se mandar", a individuação das estrelas e a subjetivação do sonhador, subjetivação social e subjetivação psíquica estão emaranhadas.

---

[478] As imagens aqui correspondem não à imaginação, nesse contexto, elas são antes aquilo que escapa, que atrai e desloca as representações. Pensar a imagem como forma da imaginação é a domesticação de suas forças. Segundo Deligny (2007), as verdadeiras imagens são aquelas que "não estão sobrecarregadas de representar" e suas formas "circunstâncias oportunas" para desdobramentos e deslocamentos (Deligny, 2007, p. 1671). Nesse sentido, as imagens dos sonhos são apenas circunstâncias que abrem o sonhador para o devir e a transformação.

O céu e o inconsciente se ligam não apenas por imagem, trata-se de um comum não pactuado, cujo aparecimento no sonho é motivo, emotivo, promove ação, faz viver, inaugura processos. Faz isso não por efeito de indicação, mas por abertura, ruptura, efeito de acaso. Como o processo de individuação das estrelas pode estar numa relação de força com o processo do sonhador?

O sentido de "se mandar" é bastante relevante para a discussão da resistência e sua dimensão espacial, da relação entre espaço fora da linguagem e o processo de subjetivação. O que aparece aí é o primado do espaço em relação à subjetividade, espaço que opera a dessubjetivação do sujeito. Tal gesto deflagra aquilo que designo como subjetividade fora do sujeito, modo em que o sujeito está indeterminado e disso extrai sua potência de fundação e criação permanente de diferentes modos de existência que, nesse caso, são virtuais.

Se o sonho contribui ainda para a sofisticação da cartografia, está em jogo compreender que o trabalho do cartógrafo não é o mesmo que de um escoteiro que segue os mapas e suas linhas traçadas. O trabalho com os mapas é o de criar mapas, mais do que seguir aqueles feitos pelo outro. Extraindo disso uma coordenada para clínica do espaço: trata-se de seguir as linhas de errância e traçar a partir delas um novo mapa, uma nova coordenada. Igualmente, trata-se de fazer perceber o mundo não somente no ponto de vista do sujeito inscrito em sua realidade própria, no que diz respeito à sua intimidade, mas apresentar a perspectiva espacial e impessoal da subjetividade na qual o sujeito está indeterminado e ausente, podendo ele dobrar-se sobre esse plano de forças. O trabalho com o mapa é abrir a perspectiva para o que o fora da linguagem e da representação sejam explorados como campo de forças.

A clínica do espaço se interessa pelo fora da linguagem como plano de forças em que o sujeito produz suas singularidades a partir da inadaptação: é porque o sujeito pode experienciar um sem-fundo da vida que sua vida pode então tomar outros rumos. Sua adaptação virá não pela dobradura com a circunstância *a priori* dada pelo outro, pela história e as normas sociais, mas pela permanente variação que o espaço fora do sujeito produz. O sujeito age a partir da dimensão impessoal da vida, o espaço torna-se o lugar onde se dissolve todas as determinações, o espaço é da ordem do impessoal fora do sujeito.

O sonho indica então o processo de subjetivação pela via do espaço onde o sonhador faz uma operação sobre si desde o limite com a linguagem. Não encontrando respostas nem no chão e nem nas estrelas, inaugura seu próprio processo de subjetivação, num gesto disruptivo grafado como *"preciso me mandar daqui!"*. Rompendo com as normas urbanas, os pactos históricos, as prescrições do destino; o sonhador age a partir dessa abertura. O sujeito está tão dissolvido quanto as estrelas mortas, não possui domínio sobre a situação e nem está identificado com o lugar onde se viu, mas é efeito de uma atualização das forças. Tal ruptura abre tanto as imagens quanto a história e o sentido individual. A Liberdade maiúscula e definitiva é, para o sonhador, uma palavra que meramente organiza certas coordenadas políticas dentro destes dois mapas – terrestre e celeste. Para ele, diferentemente, o sentido de liberdade encontra-se na ruptura e no traçado de novas iniciativas.

A nebulosa indica então uma porção não individuada do espaço, o espaço fora da linguagem, o espaço como força que alimenta novos processos de subjetivação. Nesse difícil ponto em que as representações caem, em que o chão se dobra sobre o abismo do céu, nessa inversão estética e criativa, é fora da linguagem que o sonhador encontra o sentido. A iniciativa vem do *nonsense*. O efeito desse sentido não é uma interpretação, mas uma coordenada espaço-temporal, uma indicação, um vetor que, por efeito, impele o traçar.

O sonho mostra, por meio da perspectiva cartográfica, que em vez de dar um sentido ao sonho, dedico-me mais em respeitar suas interrupções e explorar sua síntese política e tomar o sonho como aliado na construção conceitual acerca do espaço fora da linguagem e sua relação com o processo de subjetivação. Trata-se então de um desvio: da Psicanálise à esquizoanálise, da experimentação do inconsciente não como teatro das representações, mas como plano de forças e de deslocamento de afetos.

Deleuze, junto com Guattari, Parnet e Scala, publica o texto intitulado *A interpretação dos enunciados*[479], no qual os autores esmiúçam três casos clínicos de Psicanálise com crianças. Colocando em evidência o caso Hans, de Freud, o caso Richard, de Melanie Klein e o caso Agnès, de Jacques Hochmann, como exemplos da setorização da Psicanálise na linguagem. Os autores mostram que aquilo que é dito pela criança é esmagado e sufocado pela interpretação. Aquilo que os psicanalistas e psicoterapeutas

---

[479] DELEUZE, G. Dois **Regimes de louco**: textos e entrevistas. São Paulo: Editora 34, 2016.

entendem, retêm, traduzem ou fabricam em suas interpretações, acaba atrapalhando o processo de subjetivação da criança:

> Qual juízo de perito, em arte, poderia incidir sobre a obra futura? Não temos porque julgar os demais existentes, mas sentir se eles nos convêm ou desconvêm, isto é, se nos trazem forças ou então nos remetem às misérias da guerra, às pobrezas do sonho, aos rigores da organização.[480]

Nesse sentido, o sonho aqui não é interpretado, mas cartografado. Trata-se então de sonhar acordado como estratégia de combate: o juízo e a interpretação impedem a chegada de novos modos de existência, pois trata-se de fazer existir e não de julgar e interpretar.

4.2 A NEBULOSA ONÍRICA

O espaço fora da linguagem no sonho faz emergir as tramas do inconsciente, mostrando que o espaço e a subjetividade não estão alienados uma à outra, mas vivem em relação de colaboração – o espaço está "dentro" da vida psíquica e a vida psíquica está espacializada fora da linguagem. Assim o sonho embaralha as distinções entre dentro e fora, aludindo à presença de um fora-dentro do psiquismo, sendo esse fora-dentro o próprio ponto de virada e dobradura do sujeito com um mundo para além da sua história pessoal. Esse espaço é então o ponto em que o devir e o nomadismo operam.

Em Astronomia, as nebulosas são partes do espaço onde a matéria não se individuou, restos de estrelas, porção do espaço que conjuga vazio, matérias e forças. As estrelas são resultado de individuações físicas, de matéria cósmica que se adensa, superaquece e se funde, formando outros corpos celestes no espaço sideral. Nebulosa é o nome que se dá ao objeto celeste difuso visto no fundo do céu, que no sonho é representada como *"massa escura, amorfa e incognoscível, de luz fraca e multicolor"*. Essas formações siderais são produto de estrelas que explodiram e expeliram gases e poeiras cósmicas moleculares que se expandem e se amontoam em determinado ponto do espaço, formando-se assim nuvens cósmicas. Estima-se que para atravessar um único trecho dessas nebulosas leva cerca de 4 a 5 anos luz, ao todo uma nebulosa mede cerca de 30 anos luz aproximadamente. Trata-se então de uma enorme parte do espaço que gravitam e atraem outras molé-

---
[480] *Idem*, 2013, p. 173-174.

culas se adensando e se individuando em estrela, são então corpos celestes inacabados de tamanhos incomensuráveis para o homem, apreensíveis minimamente com muita astúcia a olho nu, mas mensuráveis somente por meio de objetos técnicos da ciência. A matéria dessas nebulosas não se individua apenas em si mesma, mas são também absorvidas por outros corpos celestes, levando milhares de anos-terrestres para se expandir e se perder no espaço. As nebulosas são, portanto, fertilizantes cósmicos, elas ampliam a possibilidade da individuação física no espaço sideral. O Sol é, por exemplo, uma estrela e a Terra e a vida humana orbitam ao seu redor. Ele é produto de outras estrelas e nebulosas, assim como nosso planeta e estes que o habitam. A vida na Terra é um aglomerado de restos de poeiras cósmicas que se informaram em indivíduos físicos e biológicos, processo que levou bilhões de anos, cerca 4,5 bilhões de anos[481].

Sonhar com a operação de individuação das estrelas é se ver desidentificado com as normas dos homens e ver-se partícipe dos processos informacionais das estrelas, dos corpos impessoais de um mundo em constante alteração. Devir do espaço, devir inadaptado, devir nômade. A vida terrestre não veio apenas do mar, mas dos espaços fora, da Via Láctea e além. O humano é meramente uma figura do tempo, breve e circunstancial. O sonhador reconhece essa perspectiva reconhecendo num só tempo o assujeitamento histórico-geográfico e as coordenadas que o antecedem:

> Que pena o homem não ter imaginado que, como sua vida vinha do mar, era lá que a morte o levaria a se reencontrar; assim nós teríamos ao menos desvencilhado desse nível superior[482], e o céu seria o mar vizinho, acessível em pé de igualdade, e o homem ficaria muito menos destroçado por essa aspiração à superioridade na qual, aliás, ele se perde.[483]

O sonhador é afetado pela nebulosa. O espaço fora da linguagem, ao aparecer no sonho como nebulosa, pode ser entendido como espaço não individuado, contingente de forças maiores que o sujeito, quantum onto-

---

[481] No caso dos seres vivos multicelulares, estima-se que a Terra os abrigou há cerca de 500 milhões de anos. Até mesmo os nutrientes que fertilizam o corpo humano são oriundos dessas mesmas nebulosas espaciais.

[482] Para Deligny (2015a), o projeto pensado é tido como o nível superior da espécie, a linguagem e a razão situaria o humano acima das outras espécies. Deligny, ao contrário, pensa que o homem deve considerar as outras espécies como predecessoras e com isso criaria um acesso aberto entre o humano e a aranha. Como mostrado no Capítulo 2, a involução é o caminho dessa destituição da linguagem como centro do mundo: para acessar o humano é preciso então ir em direção ao menor, o menos diferenciado, no sentido de ir na direção do pré-individual, do qual todas as espécies e indivíduos devêm. Esse conceito será discutido neste capítulo.

[483] Deligny, 2015a, p. 28.

genético, energia potencial[484]. Diante desse incomensurável, a história, o indivíduo biopsicossocial é, até então, único no Sistema Solar. No entanto, ao conceber a vida não apenas como seres multicelulares e seres psicossociais e passar a conceber os indivíduos físicos como seres dotados de um processo de individuação, compreende-se que um planeta, tanto como uma estrela, são indivíduos e que por isso conservam em si a função devir.

4.3 O SE DO DEVIR

Um devir nunca é solitário, ele carrega consigo parte da margem do mundo onde emergiu, arrastando consigo os potenciais primitivos por meio de contágio e multiplicação. Ao discutir a natureza do devir animal, Deleuze e Guattari falam de matilha, bando e povo:

> Dizemos que todo animal é antes um bando, uma matilha. Que ele tem seus modos de matilha, mais do que características, mesmo que caiba fazer distinções no interior desses modos. É esse o ponto em que o homem tem a ver com o animal. Não nos tornamos animal sem um fascínio pela matilha, pela multiplicidade. Fascínio do fora? Ou a multiplicidade que nos fascina já está em relação com uma multiplicidade que habita dentro de nós?[485]

Assim, o pessoal e o específico se dissolvem na multiplicidade. A melhor maneira de designar uma individualidade é apontar para seu pertencimento a uma coletividade difusa, uma massa amorfa impessoal. Essa impessoalidade à qual "se" é lançado, coloca o sujeito às voltas com a "falta de determinação" que, embora "SE" seja sujeito indeterminado, nada lhe falta, ao contrário, há excesso e transbordamento, transversalidade. Segundo Deleuze e Guattari:

> Então o indefinido se conjuga com o máximo de determinação: era uma vez, bate-se numa criança, um cavalo cai... É que os elementos postos em jogo encontram aqui sua individuação no agenciamento do qual eles fazem parte, independentemente da forma de seu conceito e da subjetividade de sua pessoa. Notamos muitas vezes a que ponto as crianças manejam o indefinido não como um indeterminado, mas, ao contrário, como um individuante em um coletivo.[486]

---

[484] Simondon, 2020.
[485] Deleuze; Guattari, 2017, p. 20.
[486] *Ibidem*, p. 55.

O indefinido do pronome "SE" indica aqui não um enfraquecimento, uma pobreza, uma carência ou uma falta. O "SE" (em francês, *On*) não tomam o lugar do sujeito, mas destitui todo sujeito dando privilégio ao agenciamento; não representa um sujeito, mas:

> [...] diagramatiza um agenciamento. Ele não sobrecodifica os enunciados, não os transcende como as duas primeiras pessoas, mas, ao contrário, os impede de cair sob a tirania das constelações significantes ou subjetivas, sob o regime das redundâncias vazias. As cadeiras de expressão que ele articula são aquelas cujos conteúdos podem ser agenciados em função de um máximo de ocorrências e devires.[487]

O sonho carrega consigo os potenciais ontogenéticos daquilo que ele não é, carrega consigo a nebulosidade onde "SE" pode extrair a criação e o devir, a individuação coletiva na qual o sujeito não está separado do espaço, processos sociais, históricos e político, nem mesmo distinto de sua dimensão pessoal e subjetiva. O devir não diz respeito apenas à dimensão social, às formas sociais minoritárias, mas também à individuação física do espaço, às moléculas e à superfície físico-química do mundo. Não diz respeito somente à subjetivação pessoal, mas também à resistência às transformações históricas e aos efeitos da colonização, da urbanização, do recorte do território e da subjetividade.

A figura que aparece no céu do sonho pode ser representada pela forma imaginária da nebulosa, mas não é disso que se trata. A própria ciência coube em projetar nas nebulosas as figuras que lhe são familiares, como é o caso da Nebulosa de Caranguejo e da Nebulosa de Águia, que ganham o nome de figuras familiares à ciência e à história natural. Essa figura que aparece no céu do sonho é na verdade o potencial ontogenético do espaço. O que no sonho aparece como nebulosa não é uma matéria e forma em construção, é antes uma imagem do espaço fora da linguagem, do espaço não individuado, das forças inumanas que habitam o espaço-tempo, a existência física e a vida psicossocial. Portanto, trata-se de um processo que não é nem individual e nem coletivo, mas "transindividual"[488].

> Encontrar o transindividual é, portanto, em primeiro lugar, experimentar um excesso sobre o funcionamento do já individuado, é experimentar a afetividade como fonte de

---

[487] *Ibidem*, p. 56.
[488] Simondon, 2020.

problemas novos; no limite, é ser afetado pela própria afetividade, enquanto ela cessa de funcionar como faculdade reguladora e deixa o indivíduo como que transbordado.[489]

Entende-se então que o espaço que figura no sonho é a energia potencial, transbordamento, estado crítico, excesso em que a crítica é, na realidade, um trabalho sobre si, um combate ético que distingue o entre e o contra: *"mas estes combates exteriores, esses combates-contra encontram sua justificação em combates-entre que determinam a composição das forças no combatente. É preciso distinguir o combate contra o Outro e o combate entre Si"*[490].

Enquanto o combate-contra busca destruir ou repelir uma força ou representar como forma de anular, o combate-entre trata de *"apossar-se de uma força e fazê-la sua"*. Ser atravessado pelo espaço em sua dimensão de força é ver a linguagem se partir e ao fazer isso SE é impelido a criar a possibilidade, a invenção de si que não se resume às prescrições do outro: *"O combate-entre é o processo pelo qual uma força se enrique ao se apossar de outras forças somando-se a elas num novo conjunto, num devir"*[491]. Diferentemente da Guerra, o combate entre é, ao contrário,

> [...] essa poderosa vitalidade não orgânica que completa a força com a força e enriquece aquilo de que se apossa. O bebê apresenta essa vitalidade, querer-viver obstinado, cabeçudo, indomável, diferente de qualquer vida orgânica: com uma criancinha já se tem uma relação pessoal orgânica, mas não com o bebê, que concentra em sua pequenez a energia suficiente para arrebentar os paralelepípedos.[492]

O que atrai o sonhador a agir sobre si, diferenciando-se dos meios e das ordens que o determinam, são estas mesmas forças. É apropriando-se delas que se verá o devir. O espaço emerge no sonho como uma força e dá a ver o espaço como indistinto do tempo e indistinto da vida psíquica: se a intimidade psíquica é transpassada pela experiência do tempo, por que não poderia ser transpassada pelo espaço? Contudo, trata-se de espaço não individuado, mas um sistema tenso "pré-individual" cuja ordem de grandeza está além das noções de tempo e espaço concebidas pelo indivíduo humano.

---

[489] COMBES, M. Do transindividual, do inseparável. *In*: NOVAES, T; VILALTA, L; SMARIERI, E. (org.) **Máquina aberta**: a mentalidade técnica de Gilbert Simondon. São Paulo: Editora Dialética, 2022, p. 195. v. 1.
[490] Deleuze, 2013, p. 170.
[491] *Ibidem*, p. 170.
[492] *Ibidem*, p. 171/172.

A História e a Astronomia são razões insuficientes para definir esse "pré-individual". É por meio da clínica do espaço, em conjunção com a Arte, a Ciência e a Filosofia que se pode conceber o espaço fora da linguagem como componente dos processos de individuação. Será preciso explorar toda uma nova gama de ferramentas conceituais para conceber o sentido do espaço como força que impele o devir.

Aqui o espaço e a subjetividade vivem um devir coetâneo cuja apreensão é anunciada no sonho. A seguir é apresentada a teoria de Gilbert Simondon[493], auxiliar na construção do conceito de espaço fora da linguagem. Partindo não dos indivíduos constituídos, dos sujeitos, dos homenzinhos, mas do processo de individuação. Interessa-nos o processo, mais do que apenas as formas constituídas.

4.4 O ESPAÇO NÃO INDIVIDUADO E O PRÉ-INDIVIDUAL

O que define o espaço fora da linguagem é sua indefinição: nem forma e nem matéria são condições de dizibilidade. O espaço não pode ser totalmente representado, pois há algo no seu processo de individuação que não cabe nessa forma representativa. Trata-se da dimensão de forças que compõem o espaço e as suas individuações, forças que são disruptivas e rompem com a linguagem; que são criativas, porque inauguram processos de individuação.

Simondon[494] argumenta que a individuação é um processo ontogenético no qual as entidades se tornam individuais e distintas em relação ao seu meio, sua crítica contundente aos sistemas de pensamentos dominantes na Filosofia a respeito do problema da natureza do Ser dá origem à nova teoria da subjetivação.

A noção de indivíduo humano, tal como tem sido naturalizada pelas ciências humanas no último século, remete à concepção individualista na qual o indivíduo é indivisível, completo em si mesmo. Isso coloca um problema significativo para a clínica no contemporâneo, pois indica a busca por uma experiência humana integral e indivisível. Para

---

[493] Para pensar o espaço fora da linguagem, recorro à tese de doutorado de Simondon (2020) intitulada "Individuação à luz das noções de forma e informação" (*L'individuation à la lumière des notions de forme et d'information*), orientada por Maurice Merleau-Ponty na Universidade de Paris, com a presença de George Canguilhem na banca. A tese consiste numa teorização sobre a individuação e aborda a questão da formação dos indivíduos – físicos, biológicos, psíquicos e sociais.

[494] Simondon, 2020.

a clínica do espaço, a experiência humana se revela como numerosas divisões – sobretudo na relação dos indivíduos com seus meios, com a natureza humana, sua instância biológica, psíquica e social. A ideia de indivíduo indivisível é antes abstração conceitual que descola o vivente da experiência com os espaços. Não há, na vida psicossocial, um único indivíduo que não tenha passado pela experiência da angústia – afeto este que introduz uma gama de complexos e implexos que se desenvolvem na relação humana. Em vez de defender uma única forma da divisão ou estruturação do humano, importa mais apontar para a multiplicidade do Ser, seu devir e seu caráter rizomático.

Simondon[495] não pensa a ontologia centrada no indivíduo ou no sujeito, mas propõe pensar o *processo de individuação* em vez de somente o indivíduo constituído. A individuação do Ser foi durante muito tempo concebida de maneira parcial, como se a gênese do indivíduo fosse restrita a duas vias somente: a via hielemórfica, que concebe o indivíduo como engendrado pelo encontro do par matéria e forma, via designada também como substancialista; e a via monista que concebe o indivíduo centrado em si mesmo, determinado sob a forma de sua própria substância, sendo a substância o próprio Ser, uma mônada. Em ambas as noções o processo de individuação seria compreendido de maneira reduzida, ambas as vias privilegiam o indivíduo constituído, o que leva a pensar não a individuação como processo, mas o indivíduo como dado *a priori* de sua própria existência. Ambas as vias dão privilégio ontológico ao indivíduo constituído e deixam de lado a investigação sobre o processo de individuação, processo esse que é sem princípio e nem fim.

Essas duas concepções deixam de lado a análise dos processos de individuação, isto é, a análise da realidade do Ser, do entorno, das condições de possibilidades de sua emergência, a multiplicidade que ronda o Ser e, por conseguinte, das variáveis que atravessam esse processo. Diferentemente, ressalto que essa multiplicidade é o que levará à compreensão do espaço em suas mais variadas formações: espaço físico, espaço cósmico, espaço psíquico, o meio, o ambiente, o território, entre outras. Mais do que definir o espaço nessas supostas dicotomias, buscar entender em seu caráter transindividual, como ele passa de uma individuação à outra.

Na concepção individualista, o espaço físico e o corpo humano são indivíduos distintos e separados, são concebidos pelo par indivíduo-meio

---

[495] Ibidem.

e podem ser isolados e separados. Nessa via o humano é uma natureza estável e distinta da própria natureza – é, como crítica Deligny[496], o humano pensado como espécie separada das outras espécies, hierarquizado a partir de um projeto superior: o pensamento, a consciência e a linguagem. O indivíduo humano estaria então separado do espaço, enquanto o meio seria apenas uma superfície empobrecida, sinônimo de natureza biológica, meio ambiente ou meio social. O humano seria distinto e separado do espaço, independente dele e o espaço seria, nessa mesma direção, sólido, empobrecido e suscetível às ações do humano.

Pensar o espaço fora da linguagem implica situá-lo como plano de deslocamento de forças em que, tanto ele quanto o próprio humano, são resultado da defasagem de um sistema tenso de forças, vivem uma intensa passagem de adaptação às inadaptações. Simondon[497] pensa que essas duas unidades individuadas (indivíduo e meio) possuem algo em comum, no entanto, não são isoláveis e separadas, como se uma pudesse ser superior à outra. De fato, o que é superior são as forças pré-individuais e que, portanto, tratam-se da comunalidade, coabitação, defasagem, nas quais ambos se individuam a partir desse sistema de forças.

Para compreender o espaço fora da linguagem e compreendê-lo como componente do processo de individuação e subjetivação humana, é preciso abrir mão do indivíduo constituído e pensar o processo. O que está em jogo é uma investigação sobre a gênese do indivíduo, análise operada como "ontogênese revertida" que passa pela individuação coletiva, psíquica, pela individuação do vivente e do indivíduo físico, cósmico e assim infinitamente.

Nessa ontologia, Simondon[498] não oferece resposta científica sobre a origem dos indivíduos, mas a análise filosófica sobre o processo de individuação na qual o princípio está sempre remetido à obscuridade, ao desconhecido, ao fora da representação. Por não ter um princípio, o Ser não é completamente individuado, mas está em permanente processo de individuação, isto é, está sempre aberto ao devir. Tal formulação leva a *"conhecer o indivíduo pela individuação muito mais do que a individuação pelo indivíduo*[499]".

---

[496] Deligny, 2015a.
[497] Simondon, 2020.
[498] *Ibidem.*
[499] *Ibidem*, p. 16.

Para Simondon[500], o "princípio de individuação" seria composto por um sistema tenso de forças de grandeza maior que permanecem em estado de "metaestabilidade", forças estas que são fonte matriciais para o processo no qual o Ser devém. O princípio do Ser não é absoluto, uma origem monumental, mas um estado permanente de individuação e metaestabilidade, isto é, uma operação que vai de um estado designado "pré-individual", passando pelo indivíduo constituído e, por conseguinte, pelo "transindividual". Em seu princípio, o Ser é força que não se individua completamente, considerá-lo dessa maneira é deparar-se com o estado de tensão constituinte: "*Desta maneira, o indivíduo é relativo em dois sentidos: porque ele não é todo o ser e porque resulta de um estado do ser no qual ele não existia nem como indivíduo, nem como princípio de individuação*"[501].

No entanto, esse princípio não corresponde exatamente à origem do Ser, pois sendo esse "princípio" um emaranhado de força, ele não possui nem começo e nem fim, sendo, portanto, melhor designado como "ser pré-individual", estado em que o Ser não tem fases – nem começo e nem fim, nem acima e nem abaixo, nem dentro e nem fora – ele é puro devir, conjunção de múltiplas circunstâncias, emaranhado de forças, nebulosidade e estranheza. Ele não é nem evoluído e nem está em estado de involução, não é nem normal e nem anormal. Dele emanam as forças, as individuações provisórias, temporais, circunstanciais. O ser é sem princípio.

O pré-individual não é o Ser transcendental, aquilo que deixa a unidade e parte em direção à multiplicidade. É antes a própria multiplicidade, a coexistência de forças que não se individuam e da qual o Ser se defasa e se informa em unidades provisórias. É o ponto impessoal em que se magnetizam as forças, o lugar por onde se devém forma e informação. O pré-individual é o lugar do contágio e do devir e, pelo fato de não ser em si mesmo, não ser primeiro e substancial em relação a si mesmo, o Ser pré-individual pode ser compreendido como passagem de um modo formal a outro modo de ser em estado informacional, sendo seu estado existencial mais a passagem entre um estado e outro do que propriamente o indivíduo constituído. Sua formalização é sempre metaestável, estando aberta ao câmbio, à mudança, à transformação, passando tanto pela adaptação como também pela inadaptação.

---

[500] *Ibidem*.
[501] *Ibidem*, p. 16.

O Ser pré-individual pode ser compreendido na passagem de uma forma à outra. Tal afirmação pode ser vista, por exemplo, na experiência cinemática na qual se espalham grãos de areia sobre uma placa de metal e a faz essa mesma superfície vibrar. Os grãos reagem às ondulações sonoras que fazem vibrar a superfície e com isso os grãos se agrupam de maneira provisória, formando uma imagem e uma forma dessa individuação. Conforme a vibração da superfície muda, muda-se também a individuação. Tais formas são provisórias e variadas e estão em relação com as ondulações e vibrações acústicas na superfície. A passagem de uma forma à outra, o momento em que os grãos se deformam e se informam novamente é o pré-individual.

O pré-individual ultrapassa a unidade e a identidade, a substância e a matéria, sendo definido pela teoria dos *quanta*, do *quantum*. O estável e o instável, o contínuo e o descontínuo, o indivíduo e o sujeito confrontam-se todos com a dimensão quântica do processo de individuação, essa dimensão de forças que é metaestável e impessoal. Para Simondon[502] a individuação é resolução desse sistema de forças metaestável, sendo essa resolução uma dobra que se dobra e se desdobra, que se "fasa" e se defasa. Aí está o passageiro, o permanente estado pré-individual ao qual todos têm que se deparar com isso: nesse sentido, o humano estaria sempre se relacionando às ordens de grandeza primitivamente maiores que seu ser por meio da mediação, isto é, da interação com os diferentes meios, a operação de dobradura dessas linhas de força presente nos meios; trata-se da operação em que o Ser se confronta com as forças e reencontra a via para uma nova individuação. Mediar o meio, mediar as forças, toda mediação é sempre parcial, há sempre um resto não individuado. Porém, as mediações são operações fundamentais na ontologia do Ser, pois elas remetem a uma operação no meio e faz da mediação gesto de fundação da subjetividade.

A partir dessa compreensão, apresento na próxima sessão a individuação do humano. Na perspectiva proposta por Simondon[503], a noção de indivíduo é sempre parcial, devém sempre desse estado pré-individual. As formas humanas não são originárias, não há uma essência humana, apenas individuações humanas espaçotemporais. O que efetivamente existe é uma operatória, uma pragmática, um devir humano de puro caráter transitório.

---

[502] *Ibidem.*
[503] *Ibidem.*

As noções de indivíduo adaptado e indivíduo normal são concepções insuficientes para compreender a relação do humano com o espaço, do humano com sua dimensão ontogenética. Não se pode estar totalmente adaptado a um meio, visto que o meio possui também uma variação nas forças que o constituem. A perspectiva adaptacionista só pode ser baseada na negação do estado pré-individual do Ser e na negação do espaço fora da linguagem. Para Simondon[504], a adaptação deve ser pensada não a partir do indivíduo – do corpo, da espécie, do orgânico, do político, histórico, social, psicológico, geográfico –, mas sim a partir dessa permanente tensão entre forças que se individuam provisoriamente e se defasam sistematicamente.

O Ser e suas formas vivas devem estar sempre em relação com seu caráter passageiro, circunstancial e relacional. Portanto, as formas humanas devem ser abertas ao seu caráter de dobradura. Pode-se brincar dizendo: *somos todos origamis*, mas o que de fato se defende aqui é que os humanos são todos resultados de uma operação de dobra de um plano aberto que, por ser metaestável e transindividual, abre-se novamente ao plano aberto das formas para depois vir informar-se novamente a partir de um novo processo de dobra.

Para Simondon[505], o estudo da ontogênese designa devires e não formas estáveis, são processos e operações, não resoluções ou adaptações completas. A noção de forma, assim como a noção de substância, é insuficiente para compreender a metaestabilidade do Ser, pois trata-se de noções elaboradas a partir do próprio indivíduo empobrecido e esvaziado de seu potencial genético. Para substituir tal noção, o autor propõe o conceito de "informação": diferentemente da forma, que é ligada à estabilidade, a informação conserva o caráter variável. O Ser devém não em direção a formas preexistentes, mas devém pelo processo de informação que não se reduz aos sinais, aos suportes e aos veículos de informação – "*existem diversos tipos de individuação, deveriam existir diversas lógicas, cada uma correspondendo a um tipo definido de individuação*"[506].

A vida é então sinônimo de devir: a ontogênese amplia-se para além da gênese do indivíduo e passa a designar "*o caráter de devir do ser, aquilo por que o ser devém enquanto é, como ser*"[507]. O devir é, por sua vez,

---
[504] Ibidem.
[505] Ibidem.
[506] Ibidem, p. 34.
[507] Ibidem, p. 16.

uma "dimensão do ser" que corresponde a uma capacidade do ser em *"se defasar relativamente a si mesmo, de se resolver enquanto se defasa [...] o devir não é um quadro no qual o ser existe; ele é dimensão do ser, modo de resolução de uma incompatibilidade inicial, rica em potenciais"*[508]. O Ser é o lugar no qual o indivíduo devém, o Ser pré-individual é fonte imanente da existência do indivíduo físico, do vivente e do psicossocial.

4.5 A TOPOLOGIA DINÂMICA E A ONTOGÊNESE

Para pensar a ontogênese e pensar o caráter processual do Ser, a maneira pela qual ele se individua em diferentes modos, é preciso pensar o princípio de individuação como sendo o processo cuja origem é essa dimensão pré-individual.

> Para pensar a individuação, é necessário considerar o ser não como substância, ou matéria, ou forma, mas como sistema tenso, supersaturado, acima do nível da unidade, que não consiste unicamente em si mesmo e não pode ser adequadamente pensado mediante o princípio do terceiro excluído; o ser concreto, ou ser completo, isto é, o ser pré--individual, é um ser que é mais que uma unidade.[509]

Para Simondon[510], os indivíduos físicos e o indivíduo vivente, assim como a individuação humana (psíquica e social), possuem o mesmo primado. O espaço e o humano devêm de um mesmo plano designado pré-individual e fazem isso por meio da relação com as formas espaciais do meio interior e do meio exterior. Tal problema foi designado como sendo o da topologia dinâmica e sua relação com ontogênese, fato que apresenta o primado do espaço na constituição da subjetividade, dimensão topológica em que os indivíduos se constituem através de meios exteriores e meios interiores. No caso do indivíduo físico, a exterioridade são as superfícies físico-químicas e no caso do vivente, a exterioridade é o meio ambiente, a natureza e os processos fisiológicos, seu meio interior. No caso do indivíduo humano, sua interioridade e sua exterioridade se manifestam na forma da vida orgânica e psíquica (interioridade) e pela vida social e grupal (exterioridade).

---

[508] *Ibidem*, p. 17.
[509] *Ibidem*, p. 17.
[510] *Ibidem*.

No entanto, o problema da topologia e da ontogênese é ainda mais inquietante, quando o sonho "se mandar" coloca o interior da vida psíquica em relação com o fora da representação, com o espaço nebuloso e as forças ontogenéticas. É o problema da transitoriedade entre o espaço e a ontogênese que situa a relação do espaço fora da linguagem com o inconsciente e a vida psicossocial. Para isso, postulo que no processo de individuação do humano há isso que designo como o primado do espaço: é o espaço o ponto em que ocorrem as individuações e não somente no tempo e na linguagem. É no espaço que o humano encontra os potenciais ontogenéticos.

O espaço age sobre os indivíduos como veículo de forças, ele transporta as qualidades disruptivas e criativas sendo ele tanto a fonte imanente de toda superfície como também a superfície de inscrição das individuações. Nesse sentido, o problema do interior e do exterior se remonta diante do caráter transindividual do Ser:

> [...] mas diferenças entre a individuação física e a individuação vital são objeto de uma profunda exposição. O regime de ressonância interna aparece como diferente nos dois casos; o indivíduo físico contenta-se em receber informação de uma só vez e reitera uma singularidade inicial, ao passo que o vivente recebe, sucessivamente, vários aportes de informação e contabiliza várias singularidades; e, sobretudo, a individuação física se faz e se prolonga no limite do corpo, por exemplo, do cristal, ao passo que o vivente cresce no interior e no exterior, sendo que o conteúdo todo do seu espaço interior mantém-se "topologicamente" em contato com o conteúdo do espaço exterior.[511]

Portanto, é na transitoriedade que o humano entra em contato com as forças do espaço, com o fora da linguagem e o fora da representação. No espaço, o humano mantém uma relação problemática com seu próprio Ser, e aí, afirma Deleuze[512], o problemático substitui o negativo.

> No pensamento de Simondon, a categoria do "problemático" ganha uma grande importância, justamente na medida em que ela está provida de um sentido objetivo: com efeito, ela já não mais designa um estado provisório do nosso conhecimento, um conceito subjetivo indeterminado, mas um momento do ser, o primeiro momento pré-individual. E, na dialética de Simondon, o proble-

---
[511] Deleuze, 2003, p. 123.
[512] Idem, 1993.

mático substitui o negativo. A individuação, portanto, é a organização de uma solução, de uma "resolução" para um sistema objetivamente problemático.[513]

Assim, o espaço que dá lugar ao humano não é tanto sua interioridade psíquica, mas essa transitoriedade permanente problemática entre dentro e fora da subjetividade.

4.6 O PRIMADO DO ESPAÇO

O primado do espaço situa o ponto em que o processo de subjetivação medeia, passa entre e habita o limiar entre o humano e o não humano, o subjetivo e o fora da subjetividade. É nessa dimensão problemática que o humano devém como tal. Nas palavras de Deligny[514], o humano não cai do céu. Nessa perspectiva, o humano é a espécie cuja existência encontra permanentemente sua dimensão intensiva e sua face indissociável do espaço, reencontrando às cegas a dimensão fora da linguagem em que ele próprio é a superfície de inscrição de toda e qualquer individuação/subjetivação. Essa dimensão estranhamente íntima e inquietante é o fora da subjetividade.

No sonho, aquilo que alimenta e imanta o devir do sonhador é o espaço não individuado, a poeira nebulosa de onde devém o indivíduo e o espaço. O primado do espaço fora da linguagem para o humano indica o ponto em que o espaço é primeiro em relação ao processo de individuação, pois é veículo das individuações e, paradoxalmente, o ponto em que o pré-individual é anterior à própria individuação. O que há de comum entre as estrelas e o inconsciente é que ambas são veículos de forças inquietantes, ambas forças derivam desse mesmo plano pré-individual. É de fora que nos chegam as informações e o sonho demonstra isso num estado bruto de experiência.

Embora inovadora, a crítica de Simondon é indigesta para a cultura ocidental, pois atinge pontos fundamentais do pensamento e da cultura. Para a cultura hilemórfica (da matéria e forma) e atomista (das mônadas), o pré-individual é inconcebível, pois já fora criado uma norma do pensamento que favoreça o primado do tempo em detrimento do espaço, o primado do indivíduo constituído em detrimento do processo. Portanto, é na interioridade da consciência e no efeito da reflexão do sujeito que se torna

---

[513] *Ibidem*, p. 122.
[514] Deligny, 2017a.

possível distinguir as coisas não humanas e dos humanos. Contudo, o que chamo atenção é que, do ponto de vista do espaço, o humano e o meio não se distinguem, pois ambos derivam de um mesmo plano genético. Sendo assim, não há forma preconcebida a qual o humano se encaixa, pois seu processo é uma permanente transitoriedade entre formas. O espaço fora da linguagem é o lugar em que se dão as individuações, sendo o tempo apenas o registro dos deslocamentos das informações:

> Simondon se nega a pensar a temporalização como sedimentação ou síntese passiva e marca o caráter descontinuo que baliza a individuação do ser. Ou seja, estamos lidando com uma filosofia da natureza que se desdobra como um processo ilimitado de autocriação por saltos bruscos [...][515].

O humano está, portanto, num permanente processo de passagem do interior ao exterior e do exterior ao interior, sendo que essa fenda invisível, essa passagem indecomponível, é o espaço não individuado, ponto emaranhado de forças. O caráter transitório do Ser impede a possibilidade de definir o espaço segundo a linguagem. É preciso criar ferramentas e modos de experimentação daquilo que escapa.

Simondon[516] recoloca o problema do espaço e da ontogênese. Heredia[517] postula que o autor inaugura um "sistema trifásico" da subjetividade que é composto pelas seguintes etapas: a fase pré-individual – dimensão intensiva e energética; a fase individual – estrutura de cada indivíduo, do sujeito, do vivente e dos meios correspondentes; e a fase transindividual – que recoloca as tensões entre interior e exterior como passagens descontínuas de uma à outra.

> O ser sujeito pode ser concebido como sistema de coerência mais ou menos perfeita das três fases sucessivas do ser: pré-individual, individuada, transindividual, correspondendo parcialmente, mas não completamente, ao que designam os conceitos de natureza, indivíduo, espiritualidade. O sujeito não é uma fase do ser oposta à do objeto, mas a unidade condensada e sistematizada das três fases do ser.[518]

---

[515] HEREDIA, J. M. Simondon com índice de uma problemática epocal. *In*: NOVAES, T; VILALTA, L; SMARIERI, E. (org.). **Máquina aberta**: a mentalidade técnica de Gilbert Simondon. São Paulo: Editora Dialética, 2022, p. 151. v. 1.
[516] Simondon, 2020.
[517] Heredia, 2022.
[518] Simondon, 2020, p. 462.

Para o sujeito da modernidade, esse sujeito todo urdido de linguagem é o primado do tempo que determina sua existência. A cultura ocidental está habituada ao par forma-matéria e ao ideário monista, e é na era clássica da Filosofia que se criou tal norma do pensamento que favorece o tempo em relação à subjetividade. Primeiramente foi Descartes[519] que desenvolveu a concepção de que o homem e o mundo são dois domínios opostos: o do espírito, *recogitans* – a coisa pensante, consciente de si, livre e sem dimensão espacial – e o domínio da matéria, *res extensa* – tido como coisas mensuráveis, sem consciência e mecanicamente mensurável. Por meio da dúvida metódica, o autor concebe como pensante e consciente o Ser que se distingue e se separa das coisas extensas. Como coisa extensa está situado o espaço, e sobre ele Descartes[520] atribuiu uma imagem aversiva exatamente para impedir essa mistura entre o conhecimento do espírito e o conhecimento sobre o que não é espírito – trata-se de uma imagem horripilante, que possui a forma de mecanicismo. Ele torna possível distinguir, opor e separar o Ser consciente do mundo circundante, separa o "si mesmo" do outro, que é a coisa extensa e externa à consciência.

O espaço estaria para a ciência cartesiana fora, exatamente pelo fato de não se localizar no espaço íntimo da reflexividade da consciência. Kant[521], posteriormente, reafirma essa distinção entre o conhecimento de ser e as coisas a serem conhecidas. Em sua filosofia, ele postulou que a forma do sentido interno e íntimo é o tempo e não o espaço. Este é, por sua vez, a forma do sentido externo à subjetividade. É assim que está colocado na primeira crítica da razão, primeira tese da obra *Crítica da razão pura*. Somente a partir do pensamento contemporâneo, após Blanchot[522], que se passou a positivar o fora como componente do processo de subjetivação e individuação. É por meio dele que Freud, Simondon, Deligny, Foucault, Deleuze e Guattari afirmam que o fora, o horrível, o aberrante, o monstro, a monstruosidade, o desvio, a inadaptação e o problemático tornaram-se a via de escape para pensar o humano fora de si, fora da intimidade, da linguagem, da representação e, portanto, do tempo. É aí que a filosofia contemporânea, o neomecanicismo, a filosofia da diferença e o maquinismo propõem uma nova concepção sobre o humano e seus processos. O humano deixa de ser uma natureza dada, natural, estável, para se ver aberto a um

---

[519] Descartes, 1983.
[520] *Ibidem*.
[521] Kant, 1987.
[522] BLANCHOT, M. **O espaço literário**. Rio de Janeiro: Ed Rocco, 2011.

processo permanente de produção de subjetividade. O humano deixa de ser um indivíduo, cai do céu da verdade, e se vê no mundo emaranhado às coisas e aos objetos. Vive um devir que transborda o mapa celeste e o mapa terrestre.

É nesse sentido que investigar o processo de individuação e subjetivação na relação com o espaço desvia do humano do grande relógio da vida e o localiza na grande espiral cósmica do espaço. Fora do centro do mundo e junto às forças pré-individuais, o primado do espaço situa a individuação humana ao lado das coisas terrenas, celestes e moleculares. A filosofia contemporânea, assim como a clínica, valoriza o que então era tido como negativo – o louco, o delinquente, o autista, o inadaptado, o espaço, a obscuridade, são todos elementos que se desviam das premissas do tempo do humano em relação ao mundo e se abrem para pensar individuações parciais – adaptações cambiantes, provisórias, transitórias, devires. Pensar o desvio positivamente é uma tarefa nova, assim como valorizar positivamente a inadaptação. Isso implica colocar luz sobre a maquinação com o espaço: que processos de subjetivação se inauguram com o espaço enquanto ele é, para nós, força e multiplicidade?

Nesse esforço de pensar positivamente o negativo, o desvio e as subjetivações tidas como estáveis não são tomadas como identidades estáticas, mas individuações parciais, passagens. Portanto, o louco, o delinquente, o autista e o inadaptado são devires. Não se trata somente de situar e afirmar sua forma e o lugar de sua existência, mas de afirmar seu caráter transitório, seu devir. O devir humano tem como primado o espaço, sendo a consciência, o rosto humano e a linguagem apenas uma subjetivação parcial situada no tempo. É no espaço, nesse emaranhado cósmico, biológico, psíquico e social, que nascem e fenecem as formas humanas, tendo o tempo como valor secundário. Do ponto de ver do espaço pré-individual fora do sujeito, a consciência e a linguagem são apenas um acidente contemporâneo; o humano, assim como o espaço, resta fora da linguagem e é preciso desenvolver modos de rastreio e manejo desses desvios, devires e maquinações do humano fora da linguagem.

O processo de individuação implica o devir do ser. Segundo Simondon[523], ele ocorre por diferentes modos: por mediação, na individuação física; por relação, na individuação dos seres vivos e por participação, na individuação dos seres psíquicos e sociais. Para entender como as forças de

---

[523] Simondon, 2020.

individuação presentes no espaço são as mesmas envolvidas no processo de subjetivação, para entender o devir humano é preciso compreender os diferentes modos de individuação.

A começar pela individuação física, ela resulta na gênese dos cristais e possui valor paradigmático. Permite apreender o fenômeno no domínio molecular de maneira circunstancial, por *mediação* de forças preexistentes no sistema metaestável que é o pré-individual. Este está em permanente processo de defasagem, visto que os potenciais inerentes à sua realidade e à realidade do entorno nunca se esgotam – o resultado dessa defasagem é a produção de um par indivíduo-meio que, para o autor, devém do pré-individual.

> Compreender-se-ia então o valor paradigmático do estudo da gênese dos cristais como processos de individuação: ela permitiria a apreensão a uma escala macroscópica de um fenômeno que repousa sobre estados de sistema pertencentes à dimensão microfísica, molecular e não molar; ela apreenderia a atividade que está no limite do cristal em via de formação. Tal individuação não é o encontro de uma forma e de uma matéria que existem previamente como termos separados e anteriormente constituídos, mas uma resolução surgindo no interior de um sistema metaestável rico em potenciais: forma, matéria e energia preexistem no sistema.[524]

A mediação aparece aí como a operação na qual o indivíduo físico se defasa e se diferencia do meio, produzindo por efeito um meio empobrecido e o próprio indivíduo físico. Meio e indivíduo restam como materiais empobrecidos nessa operação de defasagem, pois a individuação é a operação de mediação dessas ordens de grandeza que estão no pré-individual. Os indivíduos desenvolvem-se então por "processo mediato de amplificação"[525].

A individuação física dos cristais refere-se então ao processo pelo qual o cristal se forma e se desenvolve a partir de um estado inicial, passando por um processo de diferenciação e crescimento estrutural no qual os átomos se organizam em um padrão cristalino[526]. Tal individuação

---

[524] *Ibidem*, p. 20.
[525] *Ibidem*, p. 20.
[526] Durante a individuação dos cristais, ocorre uma série de eventos que levam à formação dessa estrutura como: as circunstâncias interferem na forma, de modo que o aquecimento ou o resfriamento levam à modificação na organização dos átomos. Os primeiros núcleos cristalinos são formados, seguidos pelo crescimento no qual esses núcleos aumentam de tamanho e se tornam cristais maiores.

sofre a influência das condições espaciais – de temperatura, pressão e composição química do ambiente – e demonstra como na sua gênese o espaço tem primado, é dele que vêm as forças que o individuam e o informam, portanto:

> Nem a forma nem a matéria são suficientes. O verdadeiro princípio de individuação é *mediação*, geralmente supondo dualidade original de ordens de grandeza e ausência inicial de comunicação interativa entre elas e, depois, comunicação entre ordens de grandeza e estabilização.[527]

Simondon[528] toma a individuação dos cristais como paradigma. Ele usa o exemplo dos cristais para ilustrar como os indivíduos emergem e se desenvolvem a partir de um estado pré-individual se estendendo a outras formas e estando suscetíveis a variações, de modo que o processo está sempre aberto. O Ser individua-se inicialmente por mediação e essa operação permanece como possibilidade para os seres vivos e psicossociais. A mediação é, portanto, a operação de criação por contraste, mediando ordens de grandeza que são levadas a interagir, se comunicar e se produzir. Assim, a mediação é a interação e a comunicação entre meios e o indivíduo é o ponto de mediação dessas forças.

Ao acompanhar, por exemplo, a reação da água saturada (meio fluido) em temperaturas muito frias, acontece a reação que, se vista por lentes microscópicas, revela a individuação dos cristais. Eles se formam na exterioridade de seu meio, dobrando-se para fora, estruturando-se sobre sua superfície. O cristal de gelo assume uma forma singular a partir da mediação da temperatura e da substância água. Nesse caso, não há no indivíduo físico interioridade, ele está perpetuamente ex-centrado e periférico em relação a si mesmo. Seu domínio é na exterioridade absoluta, sem constituição do meio interior e sem capacidade de modificar-se fora das circunstâncias que o meio lhe oferece – por exemplo, o gelo não pode dissolver-se exceto se uma outra força de grandeza maior altere o meio exterior no qual os cristais estão compostos: "*o indivíduo físico, perpetuamente descentrado, perpetuamente periférico a si mesmo, ativo no limite de seu campo, não possui verdadeira interioridade*"[529].

---

[527] *Ibidem*, p. 20.
[528] *Ibidem*.
[529] *Ibidem*, p. 21.

No caso do indivíduo físico, a individuação acontece por *mediação* e se resolve na exterioridade. Já no caso do indivíduo vivente, a individuação inicia-se por mediação na exterioridade e se completa dentro, pois o interior é também um meio constituinte no ser vivo. O vivente é o ser que interiorizou parte de seu meio exterior e faz dele parte integrante de seu funcionamento interno. Sua estruturação se dá não apenas por mediação, mas também por *relação* com seu meio interior. Em seu meio interior, o vivente se resolve por ressonância interna, na qual dentro ele se alimenta e opera das propriedades externas que ele absorveu[530]. Trata-se de individuação por *relação*. Em vez de se limitarem apenas à mediação, como fazem os indivíduos físicos, as células possuem uma superfície externa em sua extremidade periférica em que o vivente se torna mediador de um meio interno que se relaciona com outro meio externo – exemplo disso são as membranas celulares que permitem a comunicação e a troca de informações.

Diferentemente do ser físico, que resolve sua tensão por meio da mediação externa, o ser vivente possui interioridade que lhe confere individuação por mediação e por relação entre o interior e o exterior:

> No vivente, há uma individuação pelo indivíduo, e não apenas um funcionamento resultante de uma individuação já completa, comparável a uma fabricação; o vivente resolve problemas não só adaptando-se, isto é, modificando sua relação ao meio (como uma máquina pode fazer), mas modificando a si mesmo, inventando novas estruturas internas, introduzindo-se completamente na axiomática dos problemas vitais. O indivíduo vivo é sistema de individuação, sistema individuante e sistema se individuando; a ressonância interna e a tradução do nexo a si em informação estão nesse sistema do vivente.[531]

A individuação psíquica do humano acontece por mediação, relação e participação: mediação do exterior físico e mediação dos fatos biológicos e corporais; relação do interior biológico e psicológico com o meio exterior físico e social; relação (interpessoal) com os outros indivíduos; relação do indivíduo consigo mesmo (interioridade psíquica) e, por fim, participação num meio social e grupal. A participação consiste numa individuação mais ampla, que lhe ocorre por intermédio dessa energia

---

[530] Exemplo disso são as células que por metabolismo fisiológico resultam na integração individual de outras moléculas, formando uma comunicação entre seu interior e seu meio exterior.

[531] *Ibidem*, p. 21.

pré-individual que lhe atravessa. É graças a esses potenciais que comporta, que o indivíduo pode individuar-se numa exterioridade mais complexa, como o grupo e a sociedade:

> Torna-se possível, então, pensar a relação interior e exterior ao indivíduo como participação, sem apelar para novas substâncias. O psiquismo e o coletivo são constituídos por individuações que vêm depois da individuação vital. O psiquismo é prosseguimento da individuação vital num ser que, para resolver sua própria problemática, é ele próprio obrigado a intervir como elemento do problema pela sua ação, como sujeito [...][532].

Contudo, o ser psíquico não pode se resolver sozinho, pois o pré-individual ultrapassa sua própria individuação humana e os limites do vivente. Ele se remete então ao coletivo e à forma com ele uma relação complexa entre o indivíduo humano e a sociedade do homem. Tal problema coloca em jogo a investigação sobre os limites da individualidade na coletividade e o exercício da coletividade sobre a individualidade. A operação de participação, que é própria do humano, vem a ser a operatória mais determinante de seu devir. Se ele não participa, nem que seja de sua própria necessidade interior, isto é, se não sente sequer fome, sua existência definha. Nesse caso, se o mal-estar não intervém nem que seja para negar ser alimentado, a vida cessa. É preciso que no ser psíquico um sujeito intervenha em seu próprio estado para que possa representar para si seu próprio estado. Se ele é capaz de representar para si e para outro, ele também poderá experimentar a possibilidade de "se dizer" pertencente ou não a um grupo. Nesse caso, a individuação psíquica e social depende sempre de um sujeito.

Para Simondon

> O psiquismo é prosseguimento da individuação vital num ser que, para resolver sua própria problemática, é ele próprio obrigado a intervir como elemento do problema pela sua ação, como sujeito; o sujeito pode ser concebido como unidade do ser enquanto vivente individuado e enquanto ser que representa para si sua ação através do mundo, como elemento e dimensão do mundo; os problemas vitais não estão fechados sobre si mesmo; sua axiomática aberta só pode ser saturada por uma sequência indefinida de individuações sucessivas, que engajam cada vez mais a realidade

---
[532] *Ibidem*, p. 23.

pré-individual e a incorporam na relação ao meio; afetividade e percepção se integram em emoção e em ciência, que supõe um recurso a novas dimensões.[533]

O ser psicossocial é um ser problemático – ele não pode se resolver nem em si mesmo, em sua interioridade problemática, nem na exterioridade complexa do social e na natureza. Essa metaestabilidade se deve tanto ao caráter transindividual – das permanentes passagens e mudanças – e a essa dimensão pré-individual – sua dimensão de devir. Isso se deve à sua carga energética de pré-individual que ele comporta em si. A conjunção dessas duas fases da individuação (coletiva e psíquica) é recíproca uma à outra e lança o indivíduo na experiência transindividual.

Diferentemente da ideologia dominante na sociedade contemporânea, que pensa o indivíduo indivisível e pleno em si mesmo, razão essa que leva ao horror da diferença, os postulados teóricos e filosóficos de Simondon[534] levam à conclusão de que é a categoria do transindividual do humano que tende a dar conta da metaestabilidade do ser psicossocial e sua permanente oscilação entre a individuação interior (psíquica) e a exterior (social/coletiva):

> O mundo psicossocial do transindividual não é o social bruto nem o interindividual; ele supõe uma verdadeira operação de individuação a partir de uma realidade pré-individual, associada aos indivíduos e capaz de constituir uma nova problemática, que tem sua própria metaestabilidade; ele exprime uma condição quântica, correlativa de uma pluralidade de ordens de grandeza.[535]

Essa oscilação conjuga o interior do vivente e o exterior social, mas não só, conjuga também o exterior físico e todas as qualidades externas do ambiente, experimentando assim uma ecologia psicossocial. Vê-se nisso como fazem para sobreviver aqueles que vivem em territórios afetados por catástrofes ambientais e como se multiplicam as formas de morrer por essas mesmas catástrofes, seja por enchentes ou inundações, seja por desabamentos e rompimentos de barragem. A individuação psicossocial engloba então uma exterioridade que não é apenas social, cultural, política, mas também uma certa geografia, ecológica, geológica, geopolítica das condições de vida e morte na atualidade.

---

[533] Ibidem, p. 23.
[534] Ibidem.
[535] Ibidem, p. 23-24.

A individuação no coletivo não resolve em definitivo as questões do indivíduo psíquico, ao contrário, amplia sua metaestabilidade e aumenta potenciais tensões. Vive-se, portanto, em permanentemente estado de defasagem cada vez mais veloz e isso se demonstra numa experiência urbana, mas não só, também tecnológica e tecnocrática. Nem dentro e nem fora: o indivíduo humano enfrenta uma ressonância espacial que lhe é inquietante, as respostas e certezas estão sempre lhe escapando e, a todo momento, encontra-se a obscuridade e a falta de razão que lhe assegura um lugar, uma topologia existencial.

4.7 O HUMANO, O MEIO E O PSÍQUICO

O ser psicossocial vive um permanente estado de defasagem e devir. É preciso lidar com as infidelidades do meio para então variar as ações, os modos de lidar com os problemas: atualiza-se para permitir transformar a si e ao mundo. O devir torna-se então a atividade pulsação da vida: "*Para compreender o que é a atividade psíquica no interior da teoria da individuação, enquanto resolução de caráter conflitante de um estado metaestável, é preciso descobrir as verdadeiras vias de instituição dos sistemas metaestáveis na vida*"[536].

Para Simondon[537] o humano vive mergulhado nesse estado pré-individual, numa topologia dinâmica de sua gênese – passa-se de um lado a outro, do exterior ao interior, do interior ao exterior e, dessa maneira, experimenta uma afetividade que reorganiza os limites das individuações. O conceito de transindividualidade oferece aqui uma contribuição importante ao relacionar o indivíduo psicossocial à instância que os antecede e os origina, mas ainda assim não se encerra nem como origem, pátria ou mãe. Trata-se antes de uma *matriz motriz*, uma máquina aberta que equaliza as saturações desses potenciais.

Do ponto de vista formal, o desenvolvimento do humano começa no bebê, passa pela criança, pelo adolescente, pelo jovem, pelo adulto e depois pela terceira idade. Aí se dão os desenvolvimentos por complexos, isto é, que contorna as experiências que incluem o passado na forma e na informação. Porém, do ponto de vista do espaço, o desenvolvimento se dá por implexo, ou seja, um emaranhado aberto, entrelaçamento, nebulosidade enredada. Nessa via, o humano emerge da individuação vital, passa pela individuação

---

[536] *Ibidem*, p. 24.
[537] *Ibidem*.

psíquica e social, mas transindividua-se não apenas nas formas humanas, mas também inumanas, inacabadas, provisórias, informais:

> Essa força não é vital; ela é pré-vital; a vida é uma especificação, uma primeira solução, completa em si mesma, mas deixando um resíduo fora de seu sistema. Não é como ser vivo que o homem carrega consigo aquilo com o que individuar-se espiritualmente, mas como ser que contém pré-individual e pré-vital em si. Essa realidade pode ser nomeada transindividual. Ela não é de origem social, nem de origem individual; ela é depositada no indivíduo, carregada por ele, mas não lhe pertence e não faz parte de seu sistema de ser como indivíduo. [...] O ser que precede o indivíduo não foi individuado sem resto; ele não foi totalmente resolvido em indivíduo e meio; o indivíduo conservou pré-individual consigo, e todos os indivíduos juntos têm, assim, um tipo de fundo não estruturado a partir do qual uma nova individuação pode se produzir.[538]

O humano, em sua realidade pré-individual, guarda em si um sem--fundo ou um fundo não estruturado que lhe resta como carga potencial. Ele não é propriamente um indivíduo, mas uma transindividuação

> A experiência transindividual é a experiência desse excesso; não o lugar de um próprio do homem, de uma distância com relação às formas não humanas da vida, mas o lugar onde aparece a insuficiência da vida individual do ponto de vista da potência mais do que individual com relação à qual um indivíduo percebe-se como sujeito. Insuficiência da vida individual, isto é, também, insuficiência da vida social: a sociedade ou a comunidade, como agrupamento de indivíduos, não nos faz sair do plano da vida individual. É interindividual, mas não é transindividual.[539]

É nesse sentido que o não individuado é mais determinante que as formas individuais, pois dele emergem os impulsos e os devires. A mediação é a ação subjetivante do humano, sendo que esse humano está em constante mediação, relação e participação com as forças pré-individuais do espaço fora da linguagem. O devir lhe aparece, portanto, do espaço. Quando se trata do humano, está em jogo não somente a mediação das forças oriundas do meio físico e geográfico, da inquietação interna e

---

[538] *Ibidem*, p. 451.
[539] Combes, 2022, p. 193.

psíquica, da exterioridade social e política, mas também mediação das forças que vêm do fora, do pré-individual e do espaço fora da linguagem. Trata-se, no limite, de mediar essas forças de grandeza maior que emergem dessa dimensão sem fundo e não estruturada.

O devir humano passa então pela relação e participação em regimes afetivos com outros humanos, mas sobretudo pela mediação dessas forças que vêm do fora. Devir e mediação tornam-se então operatórias permanentes da subjetivação do humano. Trata-se então de uma realidade paradoxal, está no humano como algo que está para além do humano. Esse excesso que transpassa as formas individuais humanas é a afetividade, a própria relação de forças com o mundo transindividual – nem interior, nem exterior, mas fora do sentido formal. É o ponto em que o humano não é em si mesmo, nos seus contornos biopsicossociais, mas sim é nas bordas, ou melhor, no transbordamento e na passagem de uma forma à outra.

O humano é mais que um e, paradoxalmente, menos que o todo. Ele não é a própria vida, há nele uma necessidade genética de se relacionar com aquilo que não é ele. Nesse caso, melhor seria evocar aqui a fórmula do devir minoritário, o humano é n-1[540]. O sonho "se mandar" é então um testemunho dessa zona indeterminada entre o ser humano e as outras individuações, é uma espécie de testemunho dessa realidade nebulosa do pré-individual, um presságio violeta dos devires do qual o humano pode ser assaltado, arrastado, tragado em direções desconhecidas.

Ainda sobre esse ponto emaranhado entre a vida humana e as individuações do espaço, convém destacar o caráter de difícil definição: o "lugar" do ser. Qual o espaço da individuação humana? De que maneira o problema da topologia e da ontogênese se resolvem no humano? Aparentemente, uma resolução adequada seria a não resolução, o caráter metaestável e problemático do ser. Porém Novo[541] destaca que o caráter "atópico" do transindividual é essa realidade que está ao mesmo tempo dentro e fora do indivíduo.

Adjetivar essa topologia dinâmica como sendo "atópica" parece problemático, pois pressupõe a ausência de uma superfície de inscrição para a vida. Diferentemente, proponho que esse aspecto dinâmico do transindi-

---

[540] Deleuze; Guattari, 2014.

[541] NOVO, M. F. Transindividual e autodeterminação numa investigação sobre raça e identidade. *In:* NOVAES, T; VILALTA, L; SMARIERI, E. (org.) **Máquina aberta**: a mentalidade técnica de Gilbert Simondon. São Paulo: Dialética, 2022. v. 1.

vidual aponta justamente para o espaço não individuado, esse espaço que não é nem totalmente dentro, nem totalmente fora, mas topologicamente dinâmico. O fato de o ser humano não ter uma realidade topológica em si não o exime de experimentar superfícies de inscrição. Essas superfícies não são o lugar do ser, pois seu lugar é o pré-individual, o campo de flutuações de forças metaestáveis. Em vez da teoria atópica para a subjetivação, prefiro denominar esse problema como sendo o da topologia dinâmica do ser, sendo que o "lugar" do ser, o ponto onde ele se inscreve como ser é o "espaço não individuado", "espaço pré-individual" ou mesmo "espaço fora da linguagem". É de fora que devêm as informações, sendo o humano uma dobra desse fora não individuado. A delicadeza nessa articulação terminológica se faz necessária a fim de manter em aberto o caráter transindividual e topológico, a relação dinâmica do ser com os outros espaços.

Proponho então *topos* como sendo o espaço fora da linguagem, superfície flexível e adaptável, que resiste à simbolização e às individuações sucessivas. Espaço dinâmico e não estruturado que serve de superfície para inscrição dos processos informacionais do humano. O primado do espaço em relação à subjetividade não devém do espaço físico, mas de *topos*. Nos termos de Deligny[542], *topos* é o "lugar do resto" que, numa certa confluência com Simondon[543], é lugar do pré-individual, do resto não individuado; é o lugar do transindividual, das passagens e modulações, o espaço que há como base para a normatividade e a criação de si.

Portanto, *topos* é o espaço das forças que atravessam as formas de vida – psíquica e social, mas também orgânica e não orgânica. A experiência da cartografia e o uso dos mapas revelam não os traços da vida individuada, o cada um de cada criança, mas sim o "*resto, refratário a toda compreensão*":

> Um pouco cansados desses excessos de compreensão – que, como era flagrante, a criança já não suportava, não suportava ser compreendida, e então era o intolerável que vinha à tona –, pusemo-nos a pensar que *topos* podia ser o lugar do resto, isto é, do que parece refratário à compreensão que, não esqueçamos, sob manto do abraço, nos fala daquelas ideias que um signo representa. [...] Pusemo-nos a transcrever, em folhas transparentes, os trajetos de umas e outras [crianças], linhas de errância, e, depois,

---

[542] Deligny, 2015a.
[543] Simondon, 2020.

> essas linhas, esses traços, nós os guardamos, nós o fitamos e continuamos a fitá-los, por transparência; alguns datam de dez anos, e outros, da semana passada. Quanto à maioria desses traços, faz tempo que esquecemos de quem são. Esse esquecimento nos permite ver "outra coisa": o resto, refratário a toda compreensão.[544]

O que se vê então são as marcas do humano no espaço, marcas que se registram a despeito do tempo. É o espaço marcado pelo humano, mas não só, é também o espaço que o humano marca, pois ele é essa superfície na qual a vida humana inscreve sua subjetividade impessoal – não o traço de um indivíduo, mas o traçar da espécie. O esquecimento da origem, da individualidade a quem pertence cada linha, indica que a prática cartográfica se orienta numa relação secundária com o tempo, sendo seu primado o do espaço. Toda subjetividade é marcada por uma certa temporalidade espacializada na qual o tempo é a dimensão processual da realidade; é no espaço "ao longo do tempo" que é possível ver o espaço fora da linguagem. *Topos* é então o espaço em que o tempo se desloca impessoalmente, sem memória individual, mas apenas memória da espécie – é o fóssil, o tácito, o agir através do tempo-espaço.

Mais uma vez intervém aí a problemática da topologia e da ontogênese. Há um ponto em que o humano não se distingue nem como espécie, nem como coletivo. Trata-se apenas do comum – daquilo que há de comum entre o humano e o espaço que ele habita. E é nesse fora-dentro que a subjetivação surge como dobra e o humano deixa de ser uma entidade no tempo, para viver um devir ao longo do tempo-espaço.

4.8 A ESPACIALIDADE DA SUBJETIVIDADE

O humano não possui uma essência que o unifique, pois ele existe por diferentes modos que escapam sempre à definição total. Seja numa vertente humanista ou nas teses psicanalíticas, o "sentido" daquilo que se entende por humano deve ser confrontado com o problema do primado do espaço. De fato, a atualidade vive uma era pós-humana, numa distopia em que o humano perdeu seu lugar para a imagem do homem. Perde-se cada vez mais o espaço e o humano afirmando uma humanidade tecnológica, tecnocrática que separa grupos superiores de grupos inferiores. O racismo, a colonização, a normalização, o genocídio e o extermínio são expressões desse projeto.

---
[544] Deligny, 2015a, p. 160.

A ética da clínica do espaço está comprometida em afirmar um lugar – *topos* – para esse devir humano da espécie. Não à toa Deligny[545] tomou *topos* como um dos principais interlocutores de sua prática de cuidado, porque ele extraiu desse espaço uma ética do cuidado chamado comum. *Topos* é o lugar do humano, desses humanos que se desviam de um projeto universal. É o lugar da coabitação da diferença e da multiplicidade, uma habitação que resulta em processos de diferenciação. Ao fazer esse desvio, o autor leva a conjecturar o primado do espaço em relação à subjetividade – o humano não devém da linguagem, mas do espaço, pois é nele que existem as tensões, as diferenças, as dissonâncias e ressonâncias que antecedem as individuações.

É no comum da espécie, sobre um espaço flexível e não "institucionalizado", que se encontra a possibilidade de se afirmar a premissa: há modos de existência que só se constituem na relação com o espaço, nos modos de existência que se subjetivam no espaço e que, por conta do primado do tempo, da razão e da consciência, são ameaçados, perseguidos, normalizados, quiçá, extintos. O humano, o aracniano, o autista, o gamino, as crianças ditas inadaptadas são alguns exemplos de subjetivações que se fundam no primado do espaço, mais do que na subjetivação pela linguagem e pelo tempo.

É rompendo com a dicotomia interior e exterior que se vê o modo de espacialização da subjetividade aberto ao fora da linguagem. Como é possível se "referenciar" por meio desse primado do espaço, por meio desse fora da linguagem? Como é possível deixar de ser um sujeito arraigado em si mesmo para tornar-se um ambiente? Será que se pode "aprender" isso?

O sonho *Se mandar* ilustra essa situação e aproxima a experiência onírica da mediação do espaço aberto fora da linguagem. Isso denota que a espacialidade da subjetividade não diz respeito apenas à experiência autista e sua relação com os espaços – a água, o vago, os objetos autísticos. Nesse sonho o sonhador se orienta por uma coordenada exterior a ele, pela nebulosidade, por uma relação de atração que encontra as pistas para a subjetivação. É a nebulosa aquilo que o guia e seu processo de subjetivação. Estranho berço de estrelas em que a espécie iria se encontrar dissolvida numa espacialidade, matriz motriz que é apenas forças não individuadas, máquina aberta.

---

[545] *Ibidem.*

Num desvio do sonho à arte, no filme *Eu sou o Rio*, produzido por Gabraz Sanna e Anne Santos[546], em 2017, é apresentada a trajetória de Tantão, artista plástico, músico e poeta carioca, integrante da banda punk carioca Black Future, que estava prestes a subir novamente no palco depois de décadas. Considerado marginal desde o início da carreira, Tantão chegou a Berlim por intermédio desse filme. Nessa viagem à Europa, a trupe Gabraz-Anne-Tantão se uniu novamente para gravar outro filme, agora em Berlim. Por meio de financiamento coletivo, exposições e venda de obras do artista, conseguiram passar 20 dias na cidade onde gravaram outro filme, chamado *Diários de uma paisagem*[547]. Nesse novo filme o retrato da intimidade de Tantão é atravessado pela estranheza de Berlim, uma cidade e uma língua desconhecida; ele vive um denso inverno europeu e sofre com o frio e o impasse com a língua, além de toda intensidade que lhe acompanha enquanto artista e ser humano. Em alguns momentos do filme é possível ver exemplos disso que chamo aqui de espacialidade da subjetividade e sua relação com o espaço fora do sujeito.

Em dado momento, Tantão sai de casa confuso sem que o grupo soubesse de sua saída. Os companheiros notam sua ausência pela manhã e ao observar uma cerveja aberta na mesa, notam também a ausência da chave do apartamento, o que os deixa com raiva e preocupados. Na manhã seguinte, sentem-se aliviados que Tantão volta e, entre justificativas e confusões, ele diz com sua voz rouca: *"pelo menos a chave voltou e eu voltei"*. Ele se senta no sofá e fala pressionando as mãos e os lábios, demonstrando angústia e aflição: *"Tô estranho... uma ausência... tô sentindo uma porra foda, foda"*. Alguém intervém dizendo: *"é esse frio, essa cidade imensa... Eu acho difícil..."* e Tantão responde: *"eu sei cara, puta que pariu... Doido pra ficar feliz, devagar, mas piora... não consigo..."*[548].

O filme apresenta uma dificuldade com a linguagem que está além da fala. A ausência de roteiro e cenários, a voz se distribuindo espacialmente, faz com que o filme seja narrado no elã dos acontecimentos. Com isso, a câmera capta as imagens e frequências sonoras do ambiente e não tanto a voz ou a fala específica de Tantão. Em dado momento, o artista fala a alguém: *"Cara, você sabe responder como uma pessoa... Eu não sou uma*

---

[546] SANNA; G; SANTOS; A. **Eu sou o Rio**. Embaúba Filmes. Brasil, 2017.
[547] Este filme foi exibido na mostra intimista realizada na Formação Livre em Esquizoanálise, no dispositivo Oficina do Sensível (2023), contando com a presença de Tantão e Gabraz (*Ibidem*).
[548] *Ibidem*.

pessoa, eu sou um ambiente"[549]. Com essa frase vital, Tantão torna-se um dos principais argumentadores nesta tese, sendo ele a prova viva e a voz intempestiva dessa espacialidade da subjetividade.

A narrativa permite acompanhar a trajetória errante do artista. Dos becos da Lapa aos bares turcos de Berlim, Tantão é demais, é excesso, *endless*, sem fim. Seu nome, sua língua, estão em sua carne. Segundo o senso comum, "tantão" é uma grande quantidade indefinida. No contexto dessa investigação sobre o espaço, Tantão carrega seu lugar junto ao seu ser, sua existência não cabe na palavra – a linguagem é insuficiente para dar contorno ao seu ser, é preciso algo maior e mais intenso. Nele se vê o humano no infinitivo numa mediação permanente do espaço e dos meios que percorre.

Será preciso então ajustar a cartografia para acompanhar esse rastro intensivo, esses modos de existência intensivos e fora da linguagem, modos de ser que se ancoram no espaço fora do sujeito. O trabalho clínico-político que é exigido é esvaziar o espaço de linguagem, esvaziar a clínica de interpretação e depois desfrutar do espaço como superfície. Trata-se, como defende Araujo[550], da "clínica do habitar".

Tantão demonstra a espacialidade da subjetividade em sua arte. Entre a violência e a doçura, o artista faz retomar a discussão sobre a relação dos autistas com o espaço de um outro ponto de ver: na articulação da clínica do espaço, o autismo deixa de ser visto como psicopatologia e o espectro deixa de ser um nome que designa Transtorno do Neurodesenvolvimento; nessa nova perspectiva ele passa a designar essa espacialidade da subjetividade, essa espacialidade fora do sujeito, a presença do humano em devir, entre a habitação e os limiares, em cada passagem a criação de si. Como diz o artista: "*Além do alcance / Formando paisagens / Ondas de força formando paisagem / Investigação*"[551].

A cartografia acompanha esses trajetos errantes, as linhas intensivas que mostram a individuação humana que se subjetiva no espaço fora do sujeito. Nesse sentido, o caminho da cura passa a ser o próprio deslocamento da clínica e dos sujeitos que nela habitam, sendo a fórmula proposta por Tantão o "rolê". Ele diz: "*Vamos dar um rolê? É a única coisa que pode nos salvar*"[552].

---

[549] *Ibidem.*
[550] Araújo, 2025.
[551] Tantão e os Fita, 2017.
[552] Sanna; Santos, 2017.

Em se tratando de clínica, a elaboração interna de um estímulo externo se faz necessária. Isso leva à pressuposição de que a interioridade é traço dominante da espécie e, por conseguinte, índice de superioridade. Os estímulos externos, tal como o "rolê", são vistos como menos importantes em razão de a linguagem estar situada como plano primário da clínica. No desvio proposto pela clínica do espaço, o que acontece fora da linguagem, fora do setting terapêutico clássico, no espaço cotidiano, não é trivial. Ao contrário, é no primado da multiplicidade de espaços que a saúde, assim como o tratamento, adquire valor espacial. São percursos, passagens, rolês que não cessam de se fazerem necessários.

A interioridade só é tida como superior porque, nessa perspectiva dominante, a linguagem está aliada a uma certa imagem de humano que é imposta como universal. Tal imagem faz acreditar que a espécie é superior às outras por ser ela pensante e elaborar internamente os acontecimentos no filtro interno da linguagem. Os humanos que não fazem essa elaboração são tidos como inferiores, anormais, inadaptados. Por esse motivo, pensar um modelo espacial para subjetividade equivaleria não só destituir a lógica, a razão e a linguagem do centro do pensamento clínico, como também restituir à relação do corpo e espaço o seu valor.

O primado do espaço busca mostrar como o fora é constitutivo da subjetividade, portanto, é numa relação de afetação com o espaço fora que o humano se constitui como outro. Se perdermos isso de vista, afastamo-nos do humano e do primado do espaço, universalizamo-lo como uma figura do tempo e da interioridade e, por efeito, desaparecem esses outros modos de existência que se orientam no espaço fora da linguagem. Trata-se então de uma ética dos espaços: nem tudo precisa ser resolvido dentro, numa elaboração interna – seja lógica, simbólica ou fisiológica –, pois há uma parte importante da vida que está fora, na exterioridade, dimensão espacial da subjetividade.

A importância do modelo espacial da subjetividade está em mostrar tipos de respostas externas a estímulos externos, sem que seja preciso passar pela linguagem. Para Agamben[553], é no traçado do humano no mundo, isto é, o modo com sua subjetividade marca o espaço, que é possível ver aquilo que se perde nesse esquecimento: a disputa pelas formas de vida e os processos de resistência à dominação operada pelo capitalismo. Ele observa que os mapas de Cévennes revelam a tentativa de assinalar

---

[553] AGAMBEN, G. **O uso dos corpos**. São Paulo: Boitempo, 2017.

a importância do espaço e sua relação com os modos de vida. Seja nas áreas de estar ou na cidade, seja para os autistas ou para nós, homens que somos, o trajeto, os itinerários urbanos revelam-se tenazes e constantes e há nisso um movimento pré-linguístico, pré-subjetivo, pré-individual e transindividual – uma vitalidade não orgânica dos trajetos:

> Fernand Deligny nunca procurou narrar a vida das crianças autistas com que vivia. Antes de tudo, tentou transcrever escrupulosamente, sobre folhas transparentes em uma forma que chamava de "linhas errantes" (lignes d'erre) os trajetos dos deslocamentos e dos encontros delas. Colocadas umas sobre as outras, as folhas transparentes deixavam aparecer, além do intricado das linhas, uma espécie de contorno (cerne) circular ou elíptico, que fechava dentro de si não só as linhas de errância, mas também os pontos (clinamen, que vem de *enchevêtrement*, "emaranhado"), singularmente constantes, em que os trajetos se entrecruzavam.[554]

Para pensar a espacialidade da subjetividade é preciso apostar na invenção do mundo e das maneiras de viver. Kant[555] concebe espaço e tempo como formas *a priori* da subjetividade que são posteriormente preenchidas de sentido interno pela lógica e a razão. Simondon[556], diferentemente, propõe que o espaço-tempo possui uma exterioridade e uma anterioridade ao indivíduo constituído e que essa experiência com o fora é experimentada ao longo de sua existência humana, sendo o espaço-tempo forças de grandeza maior que restam fora e atravessam as subjetivações. Nesse deslocamento do conceito de espaço-tempo, o humano não é – em absoluto – na interioridade. Há na sua experiência um traço exterior e anterior no qual se pode situar esse outro espaço-tempo. Assim, essa instância topológica-cronológica é mais do que apenas individuação, é antes a permanente transindividualidade, passagens, o que faria do humano operação permanente de espacialização no tempo-espaço, isto é, devir. O humano não é forma da espécie humana, mas o devir da espécie ao longo do espaço-tempo. Sua condição de possibilidade não é a capacidade de mediação interna (lógica e racional), mas a orientação espacial e a mediação das forças.

---

[554] *Ibidem*, p. 256.
[555] Kant, 1987.
[556] Simondon, 2020.

É comum que na psicologia da criança se investigue as condições ambientais favoráveis ou desfavoráveis para o seu crescimento. Winnicott[557] demonstra que a provisão ambiental é fundamental para o desenvolvimento da criança e que existe uma saúde proveniente desse manejo do espaço e que é importante, sobretudo no cuidado com crianças delinquentes. Segundo o psicanalista inglês, a provisão espacial tem mais efeito do que sessões de Psicanálise cinco vezes por semana.

No fim da sua vida, em 1970, no texto *Assistência residencial como terapia*, Winnicott escreve sobre as visitas que ele fazia à instituição de alojamento de crianças em tempos de guerra. Lidando com crianças vulnerabilizadas ou inadaptadas, sendo supervisor dos terapeutas, pouco a pouco o psicanalista foi percebendo que a Psicanálise clássica, feita cinco vezes por semana, importava menos que uma cama, um banho quente, comida entre outras provisões. Ele escreve:

> Há muito crescimento que é para baixo. [...] não preciso ir longe para encontrar um psicoterapeuta cheio de empáfia. Sou eu. Na década trinta, estava aprendendo a ser psicanalista e sentia que, com pouco mais de treinamento, um pouco mais de habilidade e um pouco mais de sorte, poderia mover montanhas se fizesse as intepretações certas no momento certo [...]. Mas, mais cedo ou mais tarde começa o processo de crescer para menor, e isso é doloroso no princípio, até nos habituamos. No meu caso, acho que comecei a crescer para menor na época do meu primeiro contato com David Wills. David não se permitia orgulhar-se de seu trabalho numa antiga instituição de assistência social em Bicester. Era uma obra notável, e orgulho-me por ele.[558]

A urgência desse texto está em mostrar a importância das condições espaciais, das provisões ambientais e das circunstâncias e dos acontecimentos que se materializam no espaço. Tudo isso situa a importância do espaço, mais do que propriamente a efetivação de uma prática de saber institucional. Contudo, pode-se dizer que a espacialidade da subjetividade não é apenas estímulo pelo exterior (o mundo das formas individuadas, o ambiente, o meio familiar), mas sim que é o espaço fora da linguagem que exerce força de atração, de afetar e atrair. Isso explica por que uma criança autista busca a água em vez de "nós".

---

[557] WINNICOTT, D. W. **Privação e delinquência**. São Paulo: Ed. Martins Fontes, 1999.
[558] *Ibidem*, p. 249/250.

Deligny, ao longo das páginas de *O aracniano*, afirma: "*Se uma criança "autista" tiver escolha entre a água e "nós", há fortes chances de que a escolha seja feita rapidamente; ela "faz", portanto, essa escolha? Rumar para a água é do âmbito do projeto pensado? Não creio*"[559]. Tudo se passa, nessa referida obra, como se a realidade humana fosse dividida em dois sentidos predominantes – o do projeto pensado e o do agir. A reflexão central do livro é pensar a diferença entre o homem-que-somos e o humano, instaurando aí uma certa desconfiança da ascensão da imagem universal do humano como ser pensante. A instância espacial da subjetividade – isso que o autor designou como "agir inato" – foi perdida durante o processo de individuação pela linguagem. Será mesmo que essa dimensão dos gestos, dos trajetos e da relação intensiva com o espaço se perdeu à medida que separamos "nós" das "coisas" do mundo? Não haveria um ponto em que "estamos" emaranhados ao espaço e ao mundo?

Se retomarmos os modos de existência apontados até aqui – a criança, o autista, os gaminos e, por fim, o sonhador –, todos medeiam o mundo numa tensão com as forças do espaço; são atraídos por ele de modo a experimentar o mundo através de um sentido espacial. Diante disso, pode-se afirmar com Simondon: "*o mundo figura unicamente como direção, como polaridade de um gradiente*[560] *que situa o ser individuado numa díade indefinida, a qual se alastra a partir dele e na qual ele ocupa o ponto mediado*"[561].

A espacialidade da subjetividade tem, entre muitos momentos, aquilo que Epicuro[562] designa como *clinamen*, inclinação que promove desvios e coloca em movimento, variação e alteração das formas de acolhimento dos dados exteriores e alteração das unidades formais interiores segundo a ressonância externa com as forças. Tal como o sujeito é unidade central do indivíduo psicossocial, a espacialidade da subjetividade é unidade geral do devir humano.

Há uma tendência no ser de ser atraído para o mundo e se situar como mediador entre o mundo – que figura unicamente como direção – e o ser pré-individual –, enquanto força necessita de resolução. É nesse sentido que a polaridade do ser, seu *clinamen*, situa-o num limiar, "díade

---

[559] Deligny, 2015a, p. 36.
[560] O gradiente é a medida da variação de uma grandeza física em relação a uma determinada coordenada espacial; vetor que indica sentido, que opera deslocamento, que altera a coordenada. Assim, ao conceber a subjetivação por estímulos externos e espaciais, resultando em soluções externas como referências, dá-se lugar ao par sensação tropismo nesse processo de subjetivação.
[561] Simonon, 2020, p. 25.
[562] Epicuro, 2009.

indefinida" que se alastra a partir dele e para além dele. O mundo figura como propriedade física e externa, como espaço pré-individual que está em estado primitivo e o vivente se localiza e se insere a partir dele, a partir de sua espacialidade: "*É preciso partir da individuação, do ser apreendido em seu centro segundo a espacialidade e o devir, e não um indivíduo substancializado diante de um mundo estranho a ele*"[563].

Assim, o espaço é superfície ontogenética e o meio é essa outra superfície em parte individuada e em parte transporte de intensidades pré-individuais. É preciso lembrar aqui a densidade e ambiguidade do termo "meio". O sentido corrente desse termo entende o meio como "o conjunto das ações que se exercem de fora sobre o vivente"[564] e em Psicologia o termo designa esse exterior empobrecido, quase sempre um simples meio social ou meio de comunicação, estes sendo menores em intensidade e importância em relação aos outros meios eminentemente pulsionais, como o meio familiar ou a interioridade psíquica. Entender o conceito de meio dessa maneira, como uma unidade à parte do sujeito e da experiência pode produzir confusões no âmbito da clínica. A clínica do espaço localiza o termo meio como sendo não totalmente individuado, ele guarda em si os potenciais ontogenéticos do pré-individual e por isso ele é metaestável, possui seu próprio devir. Sendo assim, um rolê nunca é somente a cartografia de mapas extensivos, mapas de trajetos pensados, mas sempre de mapas intensivos, desvios que são como intensidades, povoam, contagiam o sujeito ao mundo exterior. Seja por meio das palavras que levam o sujeito à sua interioridade, seja por meio de um trajeto no espaço, o manejo da clínica deve entender esses meios não como fins, finalidades, mas precisa tomar os meios como eles são – pré-individuais e metaestáveis. Dessa forma, o sujeito encontra em seu processo de subjetivação meios de devir, meios de desubjetivação que o deslocam da posição de assujeitamento e o permite devir na relação com esse fora da subjetividade, que é a instância intensiva dos meios.

A definição que melhor explica o meio dessa maneira é proposta por Simondon: o meio não é homogêneo, mas sim "sistema, agrupamento sintético de dois ou vários escalões de realidade, sem intercomunicação antes da individuação"[565]. A partir dessa definição é possível dizer que o agir como atividade no meio é, por sua vez, aquilo que media essas forças metaestáveis

---

[563] Simondon, 2020, p. 25.
[564] Canguilhem, 2012, p. 141.
[565] Simondon, 2020, p. 24.

que circulam entre o espaço e o corpo. Assim, a cartografia acolhe os traçados das crianças como pistas para invenção de novos mundos, produzindo a articulação entre a espacialidade do agir e os modos de espacialização da clínica e do cuidado. Dessa forma, a imagem que indica a posição da clínica do espaço é aquela do Minotauro cego guiado pela menina[566].

4.9 OS FANTASMAS E AS APARIÇÕES

Para pensar o humano minoritário é preciso então descer o "nível", destituir a razão e o projeto pensado, pensar a subjetividade sem sujeito. Tal gesto situa territórios desconhecidos, obscuros e nebulosos. Para habitar tal território, Guattari[567] aposta em três ecologias – a do meio ambiente, das relações sociais e da subjetividade humana. Todas essas são construídas numa relação crítica de si e com o mundo. Não apenas a Psicologia e a Educação devem ser confrontadas com o primado do espaço, mas toda política de globalização deve ser repensada segundo um questionamento sobre as maneiras de viver.

> A redefinição das relações entre o espaço construído, os territórios existenciais da humanidade (mas também da animalidade, das espécies vegetais, dos valores incorporais e dos sistemas maquínico) tornar-se-á uma das principais questões da repolarização política entre conservadores e progressistas. Não será apenas questão de qualidade de vida enquanto tal, em sua relação com a biosfera.[568]

Experimentar a subjetividade sem sujeito leva a restituir o valor dos afetos e do espaço, suas qualidades de força, sua capacidade de afetar e ser afetado. Desse modo, se é lançado num ponto em que "nós somos" apenas coisa no espaço, afetamos e somos afetados e vivemos nossa transigente passagem pelo mundo.

> Pois se é verdade que não temos escolha, é simplesmente porque a GENTE não a propõe a nós. Mas o que aconteceria se tivéssemos escolha? Trata-se – propõe o dicionário – de decidir-se; então, a escolha já foi feita, entre o SE e aquilo que seria o não/SE, que nos é inconcebível.[569]

---

[566] Picasso, 1934.
[567] GUATTARI, F. **As três ecologias** (1989). São Paulo: Editora Campinas, 2012a.
[568] *Idem*, 1992/2012b, p. 146.
[569] Deligny, 2015a, p. 36.

Como apresentarei mais adiante, Deligny[570] cria o termo *chevêtres* para designar o ponto em que se dá o encontro despropositural entre os trajetos das presenças próximas e as linhas de errância da criança. No mapa, os *chevêtres* formavam um ponto emaranhado que indicava esse cruzamento de linhas em que se entrevê o "nós" e sua relação com essas linhas de força no espaço fora dos sujeitos. O "comum" que advém desse emaranhado é impessoal, fora da linguagem e espacial, não corresponde à relação interpessoal. Portanto, esse comum do espaço e do corpo não é resultado da intenção da criança ou do adulto, da individualidade e da dimensão verbal, mas é resultado do modo de espacialização da espécie ao longo do tempo.

O emaranhamento é não apenas de trajetos, mas de forças. Se a partir dessa ausência de sujeito, abre-se uma fissura da qual o humano emerge no "comum da espécie", emerge também numa relação de mutualidade entre o humano e o espaço: os gestos e os trajetos dos humanos estão emaranhados nas flutuações do meio, seus afetos impessoais, suas linhas de força. Isso permite afirmar que é no espaço que o humano encontra as condições de possibilidade de tecitura de sua vida singular.

Deligny se preocupou materialmente com as condições espaciais da vida, para ele o comum não é uma natureza estável anterior encontrada como origem, mas uma instância viva que se produz nas tramas desse emaranhamento. O impessoal exige descer o nível e pensar o humano e o mundo numa relação espacial, de modo a deixar que o espaço exerça suas forças na individuação, exerça "sentido" como coordenada espaço-temporal. Trata-se então de orientar-se numa relação de atração na qual a subjetividade e o espaço vivem uma relação de (com)fluência. Trata-se de orientar-se por um "*espaço que tem lugar fora do registro do sujeito e consequentemente da vontade ou da propriedade*"[571], espaços heterogêneos nos quais as "coisas" e os meios exercem força de atração sobre os corpos e os corpos, eventualmente, investem intensivamente sobre os sujeitos, fazendo-os mover-se em direção às superfícies intensivas do espaço.

Guattari[572] narra uma cena em que foi surpreendido por uma sensação em relação ao espaço enquanto caminhava por São Paulo, em 1982, e sentiu-se interpelado por determinada ponte que ele designou como

---

[570] *Ibidem*.
[571] Resende, 2016, p. 277.
[572] Guattari, 2012b.

"*um interlocutor não localizável*". A cidade parecia estranha por ser constituída de uma arquitetura urbana marcada por várias pontes e ruas que procediam por níveis separados, por pontes e elevações. Folheando essa multiplicidade de superfícies, percorrendo o olhar de cima para baixo, sentiu-se transpassado por uma *"mancha cinzenta infinita, uma impressão intensa, fugaz e indefinível"* que o invadiu bruscamente. Pediu aos amigos que seguissem caminhando enquanto ficava imobilizado se esforçando para esclarecer aquilo que sentiu. Depois de certo tempo, lhe ocorre que algo da sua primeira infância lhe falava do "âmago dessa paisagem desolada", algo da ordem perceptiva primitiva que se rebatia naquele momento sobre uma percepção atual. Ele afirma que *"percepções atuais do espaço podem ser duplicadas por percepções anteriores, sem que se possa falar de recalque ou de conflito entre representações pré-estabelecidas"*; trata-se da *"semiotização da recordação de infância"*[573] que fora acompanhada por uma percepção poética do espaço. Afirma ainda que se trata da emergência de um *self* anterior à linguagem (pré-linguagem) que existe paralelamente à constituição de um *self* estruturado pela linguagem. A experiência entre a ponte de São Paulo e a infância do autor faz parecer uma coetaneidade entre *"a primeira descoberta do mundo"* e uma experiência atual de subjetivação com o espaço.

> Essa experiência de subjetivação do espaço só apresenta um caráter de exceção na medida em que revela uma falha psíquica deixando entrever, de modo quase pedagógico, as estratificações do self. Mas qualquer outro espaço vivido engajaria igualmente tais aglomerados sincrônicos da psique que apenas o trabalho poético, a experiência delirante ou a explosão passional podem atualizar.[574]

Não há então separação entre corpo e espaço. A imagem do espaço que aparece para Guattari não é da sua imaginação, mas uma lembrança sentida, lembrança da espacialidade infantil que se atualiza durante sua caminhada. Essa experiência é passível de ser vivida no cotidiano como capacidade de ser afetado pelas coordenadas espaço-temporais. A espacialidade da subjetividade dissolve a separação entre o "já passado" e o "ainda futuro". Tal sensibilidade permanece, portanto, vívida no humano, mesmo que esse sentido espacial (de ser atraído pelo espaço) esteja atrofiado e soterrado sob a linguagem e pelos *selfs* dominantes. Há

---
[573] *Ibidem*, p. 136-137.
[574] Guattari, 2012b, p. 139.

outras maneiras de ser tocado pelo espaço – seja no sonho ou no confronto com a arquitetura, na relação com a arte, com os delírios e alucinações. Seja num sonho ou numa memória nebulosa, espaço e subjetividade se confundem e o humano se vê emaranhado ao mundo.

Deligny[575] fala de uma atrofia, da perda da capacidade de agir em ressonância ao espaço. O espaço vem sendo cada vez mais estriado, codificado, estratificado e significado. É muito provável que o agir e a capacidade de ser afetado pelo espaço esteja desaparecendo e o fato de haver modos de existência que se orientam pelo espaço é de causar tamanho estranhamento que só a "cruzada do autismo" é capaz de mostrar como há um verdadeiro combate contra a relação do humano com o espaço. O autor diz: *"Humano é o nome de uma espécie, tendo a espécie desaparecido daquilo pelo que o homem se toma"* e o homem, ele insiste, *"considera inferior aquilo de que se crê desprovido, enquanto o que há é, provavelmente, apenas uma atrofia cuidadosamente cultivada, assim como, não faz muito tempo, a dos pés das meninas chinesas"*[576].

Assim, esse investimento no controle e na regulação da classificação internacional do autismo consiste numa estratégia de sedimentar esse "comum", fonte imanente das diferenças e constituir sobre ele uma política de controle e regulamentação dos autistas, das crianças e da juventude. Por outro lado, a apreensão fantasmagórica e espectral do mundo, os *chevêtres*, demonstram que essa sensibilidade pré-verbal e pré-individual como força libertária e criativa própria do *infans*. A clínica do espaço está implicada em mostrar, por meio do esforço ético, político e teórico que todo acolhimento é, no limite, do *infans*, sendo sua estratégia fazer com que os espectros possam circular livres sem serem reconduzidos à linguagem ou à psicopatologia. Adiante, mostra-se a importância do fantasma e sua relação com a espacialidade do processo de subjetivação.

---

[575] Deligny, 2015a.
[576] *Ibidem*, p. 28.

5
A CLÍNICA COM CRIANÇAS E AUTISTAS

5.1 O ESPAÇO-TEMPO DA INFÂNCIA

Da clínica do espaço ao espaço da clínica, quantos devires se operam? Quantas passagens de um espaço a outro? A efetivação da clínica do espaço é o investimento na passagem e não na instituição; na transindividuação e não no indivíduo. Entre tantos espaços – institucionais, residenciais, políticos, oníricos, nebulosos, de limiares complexos e fluidos –, trata-se de encontrar o espaço da clínica, o ponto onde se dão essas passagens. A clínica do espaço é operadora dessas passagens, dessas transindividuações – nem individual, nem somente coletivo, nem físico, nem psicológico.

Anteriormente, na seção "ponto de ver, referenciar", apresentei a percepção do espaço fora da linguagem mostrando como o "percebido" não consolida a construção de uma representação, mas coloca em movimento a atividade cartográfica. O que é percebido não é paralisado no tempo e na linguagem, mas põe em movimento o pensamento e a subjetivação. Para Deligny[577], tal forma de perceber não é consciente, mas constitui-se como disponibilidade espaço-temporal onde a consciência é suspensa em prol da sensibilidade ao que vem de fora. E o que vem de fora senão o acontecimento? Não se trata de procurar o que acontece, os fatos expressos, mas o próprio acontecimento que move o espaço-tempo.

Para situar essa disponibilidade e compreender, portanto, a espacialidade da infância e do autismo, é preciso situar o desenvolvimento da criança não sobre aquela forma representativa da psicologia do desenvolvimento. O espaço-tempo da infância não é *Cronos* e nem lógico, não se situa sobre o tempo metrificado e nem sobre a lógica da representação. Portanto, é preciso pensar em outro espaço-tempo para infância designado aqui como "do acontecimento".

Para Deleuze[578], o espaço que subtende todo acontecimento é este *"ponto móvel e preciso em que todos os acontecimentos se reúnem"*, mas nem por isso se situam no tempo-espaço de maneira cronológica. *Cronos* não é o tempo do acontecimento, o tempo que os homens captam conscientemente como passado e futuro, é a medida do tempo. *Cronos*, enquanto deus, é o presente absoluto, o círculo inteiro, é medida e ordem que situa as particularidades e as divide entre passado e futuro. O acontecimento,

---
[577] *Ibidem.*
[578] Deleuze, 2015.

por sua vez, não se restringe ao acontecido, ao cronológico; há no acontecimento algo para além acontecido, além das medidas lógicas que o tempo cronológico situa:

> Há sempre um mais vasto presente que absorve o passado e o futuro. A relatividade do passado e do futuro com relação ao presente provoca, pois, uma relatividade dos próprios presentes uns com relação aos outros. O deus vive como presente o que é futuro ou passado para mim, que vivo sobre presentes mais limitados. Um encaixamento, um enrolamento de presentes relativos, com deus por círculo extremo ou envelope exterior, tal é Cronos.[579]

Para Deleuze[580], *aion* é o tempo do acontecimento. O instante presente que, de maneira extemporânea, subdivide o passado e o presente infinitamente, nos dois sentidos, abrindo o tempo da profundidade e da altura para a espacialidade do instante. *Aion* é o tempo sem medida, sem particularidades, o instante presente, a pura singularidade do devir, o tempo desdobrado em superfície em que a ferida mais profunda se abre como fenda na superfície; é o tempo da passagem, o tempo clínico em que se opera e se é operado pelas transversalidades dos acontecimentos. O espaço-tempo da infância é *aion*, sendo este o ponto móvel não representável, ponto de "contra-efetuação", mais do que a efetivação de *cronos*.

> É o presente sem espessura, o presente do ator, do dançarino ou do mímico, puro "momento" perverso. É o presente da operação pura e não da incorporação. Não é o presente da subversão nem o da efetuação, mas da contra-efetuação, que impede aquele de derrubar este, que impede este de se confundir com aquele e que vem redobrar a dobra.[581]

Para Katz[582], a infância está para além do tempo cronológico e da própria ideia de "desenvolvimento infantil". A infância está, portanto, para além da própria criança, é o *infans* que atravessa o sujeito silenciosamente ao longo de toda vida. O infantil da infância ou a infância do humano é a dimensão criativa que atravessa as delimitações das fases da vida e que se manifesta como devir criança – força que atravessa a vida, mais do que propriamente a infância ou os autistas. Nas palavras do autor, essa dimensão infantil da infância é designada como "crianceria" ou devir criança.

---

[579] *Ibidem*, p. 168.
[580] *Ibidem*. 2015.
[581] *Ibidem*, p. 173.
[582] KATZ, C. Crianceria: O que é a criança. *In*: **Cadernos da subjetividade**, PUC-SP, 1993.

A clínica do espaço cria então instrumentos e estratégias terapêuticas para apreensão desse ponto móvel do espaço, apreender esse espaço indecomponível que resta sob todos os espaços, que está lá e não cessa de escapar e está fora da linguagem. Se Deligny é o principal interlocutor da clínica do espaço é porque há algo na infância e no autismo que interage com essa instância móvel do espaço.

No *Mapa + transparência*, traçado por Gisèle Durand, em julho de 1976, na área de estar de Graniers[583], pode-se acessar essa experiência extemporânea em que Janmari desdobra no espaço a linha de errância de um trajeto no qual o espaço-tempo é transpassado pelo acontecimento ligado a uma horta local.

O mapa indicado mostra o percurso costumeiro de Janmari que utiliza um escorredor para colher saladas na dispensa. Ao descer até lá, nota que o caixote que contém a colheita está vazio e com isso segue até a horta para colher mais saladas, e ao chegar lá nota que a horta não está mais lá, no tempo, fora colhida. Isso faz com que seu trajeto costumeiro sofra os acontecimentos e o tempo se desdobra não em passado-futuro, o que pressuporia um sentido constituído na linguagem – o passado, "havia uma horta"; o presente, "não há mais", e o futuro, "ela poderá ser replantada". Para Janmari, o que há é o intenso presente, espaço indecomponível, e isso faz com que, diante do acontecimento, ele trace uma linha de errância, uma linha impessoal que o leva até o fora da área de estar, fora desse anel, desse cerne que constitui as áreas de estar.

Diferentemente das instituições como o asilo, o hospital ou a escola, as áreas de estar não possuem muros, grades ou paredes que delimitam um lado de dentro e um lado de fora. Tudo se dá num espaço aberto e, mesmo que haja cômodos, quartos, banheiros, o que situa o contorno das áreas de estar é a presença e a atividade dos encarregados. Portanto, a borda não vem de cima ou de fora, mas é constituída nesse ponto em que se dão as linhas costumeiras. As crianças não fogem, o que deixa claro que o que determina a borda não é a norma exterior, mas o traçado em comum entre os corpos no espaço.

No mapa a seguir indicado, é possível ver quatro anéis entreabertos que constituem esse entorno, sendo o menor e mais denso o traçado de Gisele Durand: *"A menor envolve a situação inicial e inclui a presença de Gisèle Durand (homem sem cabeça); os três pequenos círculos indicam as voltas*

---

[583] Deligny, 2013, p. 290.

que Janmari faz em si mesmo. O esboço [cerne] a seguir descreve o perímetro do costumeiro; a barra vertical preta que conecta suas duas extremidades marca o cruzamento do costumeiro (o agir de Janmari o trouxe para fora do cerne)"[584].

Embora se possa ver nesse trajeto um outro modo de estar no tempo-espaço, um outro modo de ser nas margens da linguagem, o que está em jogo na clínica do autismo é o espaço da clínica e sua relação de interferência no trajeto dos sujeitos. A clínica do espaço, em sua abordagem da clínica da infância e do autismo, busca acessar um tempo-espaço que é movimento, lugar da mistura, do que há de comum entre o modo de ser na linguagem e esse outro modo de existência à margem da linguagem.

A espacialidade da subjetividade, o tempo-espaço difuso, é o ponto de "efetuação cósmica, física" de que fala Deleuze. O que as crianças e os autistas desempenham nunca é somente uma brincadeira, um faz de conta, um personagem, mas abertura de um instante em que o visível, o dizível, o deslocável se abrem como brechas para o impessoal, para o pré-individual que permite a reinvenção, o devir e, portanto, a possibilidade de uma modulação do sentido que os aprisionam.

A apreensão dessa brecha exige da clínica novos conceitos e ferramentas para situar os diferentes modos de subjetivação, sendo a cartografia o instrumento adotado pela clínica do espaço. A estratégia cartográfica consiste na espera e no acompanhamento dos rastros que essas linhas fazem no espaço, trata-se de um acompanhamento silencioso que capta não a intenção, a finalidade, a vontade ou o desejo, mas a manifestação do agir como indicativo de *aion* – um "ainda futuro" e um "já passado". Posteriormente, trata-se de não interpretar, interromper, modelar ou encaminhar essas linhas traçadas no espaço, mas desdobrá-las sem rompê-las, permanecendo no instante-presente para indicar a manifestação de algo que *"não para de se adiantar e de se atrasar, de esperar e de relembrar"*[585]. Do ponto de vista clínico, as linhas traçadas por Janmari indicam a manifestação de um outro modo de existência que não está regulado pela temporalidade de *cronos*, mas habita o espaço na superfície móvel de *aion*.

Se o espaço é o plano de deslocamento dos afetos e dos acontecimentos, a infância e o autismo não são objetos do cuidado da clínica do espaço. Ao contrário, são eles que cuidam da clínica e operam nela

---

[584] Durand *apud* Deligny, 2013, p. 290.
[585] Deleuze, 2015, p. 153.

reversões. Seus gestos manifestos são a contra-efetuação da instituição, a abertura ao instituinte, o limiar que põe a clínica na relação com o fora da linguagem. O interessante é que esse ato clínico de acompanhar se faz pelo esvaziamento das intenções que dá lugar a uma ampla superfície de registro que permite a percepção captar sem representar ou interpretar os acontecimentos, os agires, os gestos e os trajetos.

A clínica do espaço, a cartografia, os modos de espacialização e ampliação da clínica estão implicados na criação de condições para pensar novas estratégias clínicas, postulando uma política de acolhimento desses outros modos de existência que estão invisibilizados. Ao longo deste livro, tomou-se a infância e o autismo não como "indivíduos", mas como transindividuações que atravessam a vida operando nela rupturas e desvios, reversões que possibilitam o devir minoritário do humano. Está em jogo modificar a relação com o espaço-tempo e com a linguagem, indo além dos limites cronológicos e topológicos estabelecidos. A infância e o autismo não são naturezas dadas e universais, marcações cronológicas, mas são forças impessoais que derivam do pré-individual, singularidades que excedem ao humano tal como se conhece – como ser de linguagem, como rosto instituído pelas ciências humanas, dotadas de historicidade e pretensão à identidade universal. Devir criança e devir autista tornam-se então conceitos que operam passagens, é o excesso que sobressai à densa e fura a linguagem que soterra o humano. Para a clínica do espaço, tais devires são respiros, lufadas de ar em um mundo sobrecodificado.

Figura 1 – Une carte acompagnée d'um calque. Tracés par Gisèle Durand, 65 x 50 cm

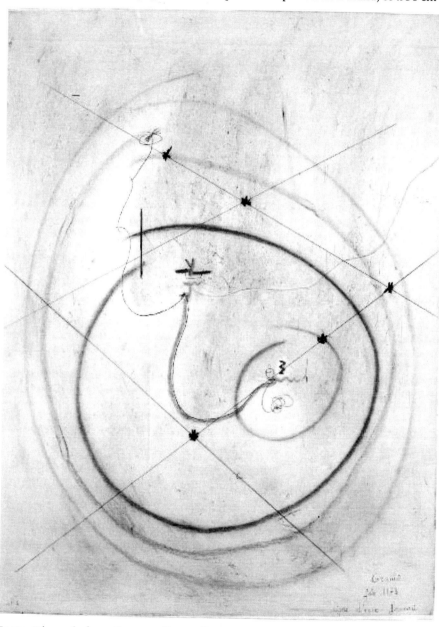

Fonte: Disponível em Cartes et lignes d'erre. Traces du réseau de Fernand Deligny, 1969 – 1979[586]

---

[586] Deligny, 2013, p. 290.

5.2 TRANSDISCIPLINARIDADE, INFÂNCIA E AUTISMO

Em vez de pensar a infância e o autismo do ponto de vista cronológico, busca-se ver o tempo espacializado, os acontecimentos que constituem as subjetivações. Trata-se então de fazer a clínica uma luneta tal como no conto de Fleutiaux[587], transformá-la num instrumento de inscrição de "pontos de ver" em que a infância e o autismo são vistos fora da trama de psiquiatrização contemporânea, a partir da perspectiva do espaço fora da linguagem. Assim é a clínica do espaço ao insistir na importância de fazer desses acontecimentos uma oportunidade de criação, efetivação de um novo arranjo psicossocial.

Para traçar uma direção de tratamento, busca-se, em primeiro lugar, desassociar o autismo da ideia de transtorno mental, doença mental ou síndrome genética. Essas abordagens são construções negativas que cercam crianças e adultos de dispositivos, de discursos e práticas que reafirmam o poder psiquiátrico sobre a vida. A abordagem negativa culmina na conversão de toda singularidade da infância e do autismo em sinais de patologias ou em processamento neuronal deficitário – os gestos e os agires são transformados em processamento neuronal, em estereotipia ou *stims*. Nessa perspectiva, o *nonsense* é capturado e representado pela discursividade psiquiátrica ou psicanalítica e sobre ele se põe normas e regulações. Se o espectro é necessariamente aquilo que escapa, a psiquiatrização é a redução e captura de sua potência. Sendo assim, de que modo é possível estar com os autistas sem "interpretá-los" segundo o vocabulário da Psiquiatria, Psicanálise e Neurociência?

Em segundo lugar, trata-se de estar com, de ser presente, durar na sua companhia e suportar o silêncio e a ausência de representação. Habitar o espaço fora da linguagem, aliar-se com o impessoal, ser presença-próxima é, muitas vezes, angustiante e a proliferação de palavras, a profusão de ideias, de nomes e de terminologias podem levar à construção enganosas que se distanciam dessa experiência. Habitar o espaço fora da linguagem é deixar-se enredar pelos trajetos errantes e habitar o plano das circunstâncias oportunas.

A clínica do espaço parte então do *nonsense* de modo a produzir uma experiência de acolhimento cuja iniciativa é acessar esse comum que é,

---

[587] FLEUTIAUX, P. A história do abismo e da luneta. *In:* **Quatro novelas e um conto**. As ficções do platô 8 de Mil platôs de Deleuze e Guattari. Tradução e organização Tomaz Tadeu. Belo Horizonte: Autêntica editora, 2014.

num só tempo, o desvio da psiquiatrização e a efetiva instalação de espaços flexíveis na clínica. Parte-se sempre da experiência infantil, do silêncio acolhedor, do acompanhamento dos trajetos costumeiros, das linhas de errância, dos gestos singulares como pistas para construção progressiva do território existencial.

Os acontecimentos não representam, são antes estados de arte. Para acompanhar a infância e o autismo na ordem do acontecimento, é preciso entender que a linguagem impede a emergência de certos devires e processos de criação que, por serem interpretados, perdem a possibilidade de transversalização. A estratégia é transversalizar a linha de errância com as normas institucionais e produzir focos de resistência positiva à medicalização e psiquiatrização. A linguagem técnica atrapalha o acolhimento, as palavras recobrem a angústia dos terapeutas e podem levar à cronificação dos sintomas e diagnósticos. Por outro lado, o agir normativo da criança traça no espaço linhas de força que inauguram brechas das quais o novo pode emergir. É por isso que o silêncio é condição de possibilidade da clínica do espaço.

Nessa clínica a saúde não é um bem externo à própria vida, ela não é uma norma a ser alcançada ou um comportamento a ser adaptado, mas é a própria produção da vida em sua dimensão inadaptada e aberrante. A saúde é tecida no cotidiano, no território, nas relações do entorno, no comum da espécie, com as qualidades positivas e negativas que um corpo possui, na permanente reversão e criação de valor. Assim, instaurar desconfiança em relação ao termo Transtorno do Espectro Autista é apostar no acolhimento e no acompanhamento dos trajetos costumeiros e das linhas de errância como estratégia de resistência e liberação.

O autismo hoje está em voga e a aderência e aceitabilidade ao termo "espectro" leva inúmeras pessoas a codificarem sua experiência segundo os termos do diagnóstico. Temo que a psiquiatrização codifique os movimentos sociais e as lutas por direitos das pessoas autistas partam essencialmente da terminologia neuropsiquiátrica. Temo ainda que a luta pela garantia de direitos à saúde seja a luta por uma saúde privada custeada pelos planos de saúde, por isso é importante reafirmar a competência da atenção psicossocial (RAPS) no tratamento das questões relacionadas às crianças e aos autistas. É justamente na defesa do trabalho territorial e relacional dos Centros de Atenção Psicossociais (CAPS) que está o valor da saúde pública. Em vez de apostar em tecnologias neurocientíficas sofisticadas, é preciso restituir o valor do território e os investimentos nesses equipamentos públicos.

A questão limite sobre a qual a clínica do espaço se debruça é: autismo é nome de quê? Esse termo teve origem nos saberes psiquiátricos do início do século XX e tornou-se motivo e causa de inúmeros desencontros e confusões entre clínicos teóricos da Psiquiatria e da Psicanálise. Autismo é uma palavra cujo termo "auto" indica a referência a si mesmo, enquanto "ismo" indica um sistema ou doutrina. Tal palavra designaria então sistema organizado em torno de autorreferências. Contudo, para Deligny[588], essa palavra não explica em nada os gestos e trajetos das crianças que, vistos por meio da cartografia, mostram que autismo é uma palavra insuficiente para explicar a singularidade daquilo que está em jogo. A cartografia mostra como as crianças ditas autistas possuem uma relação intensa com o espaço e, portanto, o autismo não é um fechamento em si.

A clínica do espaço, ao se orientar pelas coordenadas dos mapas de Cévennes, entende que "autismo" ou "autistas" são palavras desenraizadas da disciplina psiquiátrica. Elas informam algo a respeito não apenas de um grupo específico, mas algo da ordem do humano. Esse humano, por sua vez, em vez de nascer na linguagem, nasce antes de um marulho cósmico impessoal que antecede a espécie e atravessa a vida – os ruídos do espaço fora da linguagem.

O perigo da história única da infância e do autismo é o perigo de "se dizer" a partir do discurso do outro. Nesse ponto, é preciso aproximar o autismo das discussões políticas a respeito das minorias; é preciso tecer pontos em que essa história se diferencia desses enunciados da Psiquiatria e se multiplica em várias maneiras de ser. Assim como os negros, os deficientes, as mulheres, as crianças... os autistas precisam "se dizer" de um outro modo, uma micropolítica do autismo, que rompa a história do transtorno. Esse "se dizer" não necessariamente precisa ascender à universalidade, a grande contribuição da cartografia é instalar a possibilidade de "se dizer" numa linguagem menor, dotada de imagens, linhas, gestos e trajetos que estão aquém da linguagem e, nem por isso, precisam ser dissipados e ignorados e extirpados da história.

Esse é o desvio ético proposto pela clínica do espaço: desviar desse lugar em que se é impelido a dizer a verdade do autismo. A abordagem transdisciplinar da clínica da infância e do autismo é fazer furo ao discurso

---

[588] Deligny, 2015a.

da ciência e da Psicanálise, fazendo aparecer seus pontos cegos e o espaço fora da linguagem. Autismo é, portanto, o nome que se dá a essa impossibilidade de "se dizer" no mundo, é o nome de uma experiência subjetiva própria ao humano que está às voltas com o limite da representação e da linguagem. Autismo poderia ser o nome do limite da linguagem, mas não é disso que se trata.

5.3 DA METÁFORA AO USO DO ESPAÇO

O autismo mostrará como a clínica, às voltas com a não representação, recorreu a metáforas espaciais para explicar o indizível da experiência infantil e da experiência autista. Na história da Psicanálise, o uso do espaço foi metafórico, e na Psiquiatria, além do próprio hospício, fez-se do espectro a metáfora da tipologia clínica do autismo. No entanto, a partir de Deligny, pode-se pensar o espaço não como metáfora, mas como materialidade da experiência.

A criação de espaços como as áreas de estar leva à subversão do uso do espaço na clínica. Trata-se de tomá-lo como superfície de deslocamento de afetos e como superfície de processo de subjetivação. Portanto, para a clínica aqui evocada, o espaço implica não o tratamento, mas a criação de uma nova concepção do comum; implica o novo uso do espaço e não a criação de instituições especializadas. Por outro lado, o uso metafórico do espaço foi evocado para explicar a condição subjetiva do humano não apenas no caso do autismo, mas de maneira ampla, para explicar a própria condição subjetiva do homem em relação a si mesmo. Freud foi pioneiro ao fazer esse uso de figuras espaciais. Ele escreve, em 1917, a emblemática frase: *"o Eu não é nem mesmo o senhor em sua própria casa"*[589].

A teoria freudiana em seu estudo sobre o inconsciente problematiza a ideia de indivíduo e situa o psiquismo na divisão entre o Id, o Ego e o Superego, situando o inconsciente no centro da prática clínica. É questionando a autonomia e a liberdade do "eu" (Ego) em relação ao "isso" (Id) que a metáfora arquitetônica da casa veio a calhar. Dessa forma, a clínica psicanalítica promoveu na cultura uma terceira ferida narcísica, situando-se ao lado da Física – que propôs a mudança do modelo geocêntrico para o modelo heliocêntrico – e da Biologia – que propôs a Teoria da Evolução

---

[589] FREUD, S. Conferências Introdutórias à Psicanálise (1916-1917). Obras Completas. São Paulo: Companhia das Letras, 2014, p. 381. v. 13.

das Espécies. O homem não sendo senhor de sua própria casa, designa então o poder das pulsões em relação à consciência; a proximidade e o desvio do homem daquela natureza que o antecede.

Rivera[590] questiona o porquê Freud lança mão da figura arquitetônica para abordar essa questão. Para a autora, a indagação freudiana sobre o sujeito não deixa dúvidas a respeito da importância do lugar e do espaço para se conceber o aparelho psíquico. Para ela, Freud situa o Eu e o Isso em um lugar diferenciado que ganhou o termo de "tópica"; Lacan, do mesmo modo, aborda o "lugar" do inconsciente por meio do estudo dos objetos topológicos. Sendo assim, o tema do espaço na clínica psicanalítica freudiana situa o "lugar" do psíquico, localizando a emergência da subjetividade, o nascimento do sujeito e o lugar de seus complexos.

> Não é à toa que Lacan se interessa tanto pela anamorfose, que põe a perspectiva a serviço de certa torção e já coloca em jogo a posição do sujeito. Ao longo de seu ensino, porém, permanece latente a questão da verdadeira subversão do espaço que acompanharia a subversão do sujeito. Esta é a questão central, e, no entanto, pouco reconhecida pelos analistas, que nos parece fornecer o substrato fundamental à topologia lacaniana. De maneira explícita, ela será efetivamente trabalhada e levada às últimas consequências em outro campo de produção cultural ao longo do século XX: a arte moderna e contemporânea.[591]

O tema do espaço na clínica e o uso da topologia para pensar questões relativas ao humano são vastas. Freud assinala, em um fragmento tardio, que o psiquismo é extensível e nada se sabe sobre ele. Em 1938, ele escreveu: "*O espaço pode ser a projeção da extensão do aparelho psíquico. Nenhuma outra derivação é provável. Em vez dos determinantes a priori, de Kant, de nosso aparelho psíquico. A psique é estendida; nada sabemos a respeito*"[592]. Penso que mais do que "reformular" a técnica da clínica psicanalítica, trata-se de inventar estratégias para abrir brechas nas telas e nos pontos de vista contemporâneos, o que impele a invenção de "modos de espacialização" da clínica, seus saberes e suas técnicas, pois, afinal, a psique é estendida, como afirma Freud, e a subjetividade é uma dobra com o espaço-tempo.

---

[590] Rivera, 2008, p. 219-233.

[591] *Ibidem*, p. 221.

[592] FREUD, S. Conclusões, ideias, problemas (1938). *In:* **Moisés e o monoteísmo, Compêndio de psicanálise e outros textos** (1937-1939). Obras completas. São Paulo: Companhia das Letras, 2018. v. 19.

Outro fato impressionante no fragmento de pensamento de Freud é o *"nada sabemos a respeito"*. A que se deve essa afirmação? Esse "não saber" constituí a falha na linguagem e o aparecimento do espaço como ponto irrepresentável, isto é, fora da linguagem. O psiquismo é amplo e extensível, sendo simultaneamente aparelho de linguagem e modo de espacialização da subjetividade. É por essa via do espaço que as teorias psicanalíticas podem se aproximar dessa formulação aqui teorizada: a subjetividade é aberta e transindividual, são extensões, passagens, limiares, atravessamentos. Nesse sentido, a clínica do espaço, em sua inspiração deligniana, é uma inflexão da clínica psicanalítica, guardadas as diferenças éticas, estéticas e políticas.

Deligny não nega a existência do inconsciente e da tópica freudiana, mas situa o psiquismo na relação com o espaço – fato que, para o autor, não era evidente nas teorizações psicanalíticas. Sévérac[593] organiza o problema afirmando que Deligny não nega a vivacidade do espírito, mas vê na atividade das crianças autistas o agir que "está no próprio lugar do espírito" e que a atividade dessas linhas de errância são como "localizações de um verdadeiro aparelho psíquico", uma atividade do espírito que não é "significante", mas sim "maquinal"[594].

A indicação fundamental que deve ser posta para todo estudo topológico na clínica é que os espaços não estão apartados dos processos psíquicos. A vida psíquica deve se desdobrar nesse espaço extensível do inconsciente: para os autistas, assim como para as crianças, é vista a importância do deslocamento no espaço, do vagar, da livre circulação, dos gestos para nada. No entanto, essa aproximação Deligny-Freud é algo ainda pouco explorado e o próprio Deligny mostrou certa ressalva em aceitar as ideias da Psicanálise de bom grado.

Seja como for, a afirmação de Freud situa o limite do saber sobre o inconsciente. Há um limite na própria representação, um ponto em que o dizer só pode se desdobrar em uma extensão que é propriamente espacial. O conhecimento sobre o psiquismo se confronta com essa falha e ela não é apenas metafórica, mas sim constitutiva do saber psicanalítico. Se em dado momento os psicanalistas se viram detentores da verdade sobre o inconsciente, se tomaram o inconsciente como objeto do seu saber,

---

[593] SEVERAC, P. O agir no lugar do espírito. **Revista Trágica**: estudos de filosofia da imanência. Rio de Janeiro, 2017.
[594] *Ibidem*, p. 131.

pode ser que alguns deles tenham perdido o verdadeiro aspecto criativo do inconsciente: a causa de saber. O inconsciente não é objeto do saber, mas a causa do saber[595].

É buscando situar os limites da clínica psicanalítica que Lacan faz um retorno a Freud e restitui o sujeito ao seu lugar no saber psicanalítico para depois poder subvertê-lo em matemas. Para tal, o uso de objetos topológicos vai do espelho à fita de Möbius, passando pelo uso da lógica e da Matemática para dar uma dizibilidade ao inconsciente que não é propriamente o tomando como objeto-representado. Segundo Rivera, Lacan insiste no fato de que não se trata de metáforas quando ele se refere a figuras topológicas, mas sim de um "uso" desses objetos; seu ensino não estaria então apartado da reflexão sobre a relação do sujeito com o espaço. Para a autora, as reflexões de Lacan abrem o campo psicanalítico para o espaço não representável. Para ela, o "uso" que Lacan faz da fita de Möbius é fundamental para a transmissão da Psicanálise em seus Seminários, pois ele recupera a noção de sujeito desidentificado com o Eu e recoloca na clínica psicanalítica a questão da divisão do sujeito. Igualmente, esses objetos topológicos são "usados" para pensar a subversão do sujeito e sua dissolvência no espaço, situando a Psicanálise nessa falha do saber, nesse limite da representação, indicando um espaço não representável no psiquismo: "*Ao levar em consideração o espaço, a topologia põe o imaginário pelo avesso, realizando o que o objeto a promete no pensamento lacaniano*"[596].

5.4 O ESPAÇO FECHADO E O AUTISMO

A referência à casa, feita por Freud, e a referência aos nós borromeanos, feita por Lacan, remetem à necessidade de situar a subversão da lógica da representação pela ética do primado do espaço. Na clínica, trata-se não mais de representar a subjetividade por meio do uso de metáforas, mas de subverter o saber por meio do deslocamento que passa pelo espaço fora da representação. No entanto, quando se trata de abordar o sofrimento autista, o uso metafórico do espaço se coloca e, desde a primeira investida psicanalítica nessa direção, houve efeitos sobre a clínica e, consequentemente, a criação da representação de que o autismo é um sofrimento que se manifesta no "fechamento" ao entorno.

---

[595] HERZOG, R. Tyché e Aion no pensamento freudiano. **Psicologia: Reflexão e Crítica**, p. 627-646, 1999.
[596] Rivera, 2008, p. 221.

As imagens evocadas levam à compreensão empobrecida da singularidade dos autistas e formula teorias sobre os autistas como sendo sinônimo de experiências de fechamento. A história desse fechamento não pode deixar de ser analisada segundo a sua relação da clínica com os hospitais, os hospícios e os asilos médico-pedagógicos, espaços de tratamento fechados que reproduziram esse fechamento numa espécie de claustro. Foucault[597] demonstra que os saberes da Psiquiatria, a etiologia, a nosografia, os manuais e os compêndios são secundários, pois foi se apropriando da estrutura arquitetônica do hospital e dos corpos internados no interior desse mesmo espaço que a Psiquiatria pôde constituir um campo de estudo e saber sobre a loucura e as formas patológicas da doença mental.

As primeiras publicações a respeito do tema "autismo" são da década de 1940, fato que situa a história desse diagnóstico ao lado da história da Psiquiatria. A história do diagnóstico de autismo é marcada por dois tipos de fechamento: o arquitetônico-manicomial, próprio das instituições psiquiátricas; e o linguageiro-metafórico, próprio de algumas teses psicanalíticas. Portanto, o autismo enquanto termo é tributário desse duplo fechamento. A clínica do espaço, operando desvios nesse curso, aposta que o autismo não é fechado por si mesmo, compreendê-lo dessa forma é efeito desse fechamento operado pelos saberes da Psiquiatria e da Psicanálise. Diferentemente, a iniciativa visa contrapor o autismo a essas duas abordagens, mostrando como a subjetividade fechada num interior corresponde ao espaço fechado da manicomialização. É certo que hoje as práticas em torno do autismo se atualizam e o hospício não é mais o grande perigo que assola a vida dessas crianças. O problema no campo do autismo é a nova prisão feita de linguagem e discursos, trata-se da discursividade DSM e dos perigos da história única para o autismo. Algumas representações são, portanto, como prisões.

Abordagens como a de Fernand Deligny evocam o vetor micropolítico, a possibilidade de criar uma história menor e encontrar certo "uso" do espaço como modo de resistência e subjetivação. A busca por práticas libertárias encontra no primado do espaço um argumento consistente que permite restabelecer o valor de práticas como o acompanhamento terapêutico e a assistência residencial, as práticas itinerantes e cartográficas, a reabilitação psicossocial e a luta antimanicomial. Tal deslocamento são reversões clínico-políticas importantes para o contemporâneo que permitem pensar a subjetividade na relação com o espaço.

---

[597] Foucault, 2012.

Não é o objetivo aqui esgotar as análises possíveis nesse campo da clínica do autismo. Ao contrário, quero tomar o uso desses objetos topológicos como problemáticos, assim como problematizar a clínica do autismo na contemporaneidade. Trata-se então menos de tomar o autismo como problema e mais problematizar as categorias classificatórias do autismo.

5.5 DO TERMO AO QUADRO CLÍNICO AUTISMO

Para traçar a história do autismo e o uso do termo na clínica, é preciso diferenciar o termo "autismo" do "tipo" clínico específico. Como o termo "autismo" levou à formulação de um grupo específico de pessoas? O que é preciso evocar aqui é o perigo da história única do autismo, da história que parta do discurso e da prática psiquiátrica e somente retorne a ela. A intenção aqui é reconstruir um percurso histórico e remontar as tramas políticas nas quais esse "termo" e esse "tipo" clínico foram descritos.

O termo autismo foi criado por Eugen Bleuler, em 1907, para designar uma característica específica de certas esquizofrenias e os sintomas relacionados à perda do contato com a realidade por meio do isolamento com o mundo exterior. Segundo Roudinesco e Plon[598], o termo deriva do grego *autos* (si mesmo) e foi usado para apontar o ensimesmamento psicótico em seu mundo interno, além de apontar para a ausência de contato com o mundo exterior ou o mutismo completo.

O termo foi criado por Bleuler devido à sua recusa em adotar o conceito de "autoerotismo" para designar a atividade observada em pacientes. O termo autoerotismo é proposto por Havelock Ellis e recuperado por Freud para designar um tipo de comportamento sexual observado na criança. Para Freud[599], o autoerotismo compõe uma das fases do desenvolvimento da criança, quando ela é capaz de encontrar satisfação com seu próprio corpo, sem recorrer ao outro e a qualquer objeto externo. Constitui uma fase inaugural da evolução da libido e da escolha objetal. Por meio do autoerotismo, a criança passa para as fases sucessivas, do autoerotismo ao narcisismo e à organização das pulsões de autoconservação e das pulsões sexuais, por conseguinte, ao desenvolvimento de fantasmas e fantasias.

O "erotismo" foi suprimido da terminologia de Bleuler, formando então um segundo termo designado "autismo". Em 1911, ele publica

---

[598] ROUDINESCO, E; PLON, M. **Dicionário de psicanálise**. Rio de Janeiro: Zahar, 1998a.

[599] FREUD, S. **Três ensaios sobre a teoria da sexualidade**. Análise Fragmentária de uma histeria (1901-1905). Obras Completas. São Paulo: Companhia das Letras, 2016. v. 6.

Dementia praecox, onde designa o autismo como um dos sintomas da esquizofrenia. Somente em 1944, em Baltimore, nos Estados Unidos, que Léo Kanner utilizaria o termo para designar um tipo clínico específico. Em *Os distúrbios autísticos do contato afetivo,* ele identifica, nas crianças que ele examinou, o traço dominante de um desejo forte pela solidão e a imutabilidade, formulando o que designou como "autismo infantil precoce". E foi nesse intervalo de aproximadamente 40 anos que o autismo passou de termo a tipo clínico, formulado como quadro clínico distinto e próximo à esquizofrenia infantil e encarado como uma "'*afecção psicogênica' caracterizada pela 'incapacidade da criança, desde o nascimento, de estabelecer contato com seu meio*'"[600].

Kanner identificou cinco sinais para designar aquilo que chamou de "psicose autística": o precoce surgimento de distúrbios nos dois primeiros anos de vida, o isolamento, a necessidade de imobilidade dos objetos no espaço, estereotipias gestuais e distúrbios da linguagem. Os casos analisados pelo autor consistem em crianças que tardavam a falar ou apenas, quando crescidas, emitem jargões desprovidos de significado. Coetaneamente, em 1945, Hans Asperger identifica sintomas similares em crianças um pouco maiores do que aquelas analisadas por Kanner; ele salienta que nessas crianças a perturbação no contato é mais superficial, podendo ser identificada em crianças inteligentes e com interesse específico, por conta disso elas não aceitam os outros e se concentra em atividades estereotipadas. A solidão é, portanto, o denominador comum entre Kanner e Asperger, embora haja algumas diferenças entre as crianças observadas por eles: enquanto o primeiro não ultrapassou a faixa de onze crianças observadas e se deteve em crianças bem pequenas, o segundo observou crianças maiores, na faixa de onze e 17 anos. Os sintomas relacionados aos distúrbios de linguagem pertenceriam mais às crianças de Kanner, enquanto as crianças de Asperger falam sem se endereçar ao interlocutor e se expressam numa linguagem muito particular. O conceito de Síndrome de Asperger só seria construído como tipo clínico específico em 1981, pela psiquiatra britânica Lorna Wing[601]

Hans Asperger recentemente teve seu nome envolvido em escândalos ligados ao terceiro Reich, na Alemanha nazista. O médico austríaco teve

---

[600] Roudinesco; Plon, 1998a, p. 43.
[601] Lorna Wing foi pioneira no campo dos transtornos do desenvolvimento infantil e do transtorno do espectro autista. É conhecida por apresentar o tipo clínico síndrome de Asperger, em 1976. Suas ideias foram responsáveis para desenvolver o conceito de espectro do autismo e divulgá-lo no meio científico.

sua história revelada na investigação dos crimes cometidos por médicos durante o período da Segunda Guerra. Quando a Áustria foi dominada pela Alemanha, Asperger mudou sua orientação, cedendo ao discurso impregnante do nazismo e atualizando a prática permitindo que o higienismo e a eugenia penetrassem em sua prática e se aplicasse sobre crianças ditas especiais. Estima-se que o uso de terminologias como "psicopatia", "maldade", "crueldade" – termos clínicos usados na época para evocar um caráter potencialmente perigoso e anormal – tenha justificado a morte de crianças levadas ao campo de concentração.

Segundo Czech[602], Asperger, embora não fosse membro do partido nazista, permitiu que sua prática se acomodasse à política do Terceiro Reich. Em seu discurso de posse na Universidade de Viena, ele afirma ter sido procurado pela Gestapo por recusar-se a entregar crianças à polícia. Embora a defesa de Asperger se apoie na hipótese de que o autor protegia as crianças da higiene racial operada pelo regime nazifascista, essa hipótese não se sustenta em face à evidência histórica: sabe-se que durante o Terceiro Reich, inúmeros médicos realizaram experiências médicas com crianças ditas anormais. Experiências cruéis e mortais eram realizadas em crianças prisioneiras nos campos de concentração, sejam elas anormais ou crianças sãs. As experiências se dividiam em desenvolvimento de novas armas químicas e outras buscavam aprofundar a legitimidade biológica das teorias raciais próprias ao regime nazifascista.

A mais absurda das experiências foi realizada por Josef Mengele, em 1943, em Auschwitz, que operou em gêmeos, crianças e adultos a amputação de membros saudáveis, injeção de produtos químicos, tentativas de mudança da cor dos olhos, exposição a temperaturas extremas e a doenças contagiosas, privação de sono e outras violências. Embora Asperger e Mengele tenham vivido na mesma época e ocupado o mesmo território, seus papéis eram muito distintos. No entanto, Czech[603] afirma que Asperger colaborou ativamente com o nazismo ao ceder relatórios contendo análises de seus pacientes, principalmente o caso de pacientes judeus: das 46 crianças examinadas por Asperger em Heilpädagogik e em Spiegelgrund, seis morreram de "eutanásia". As 40 crianças que restaram foram posteriormente transferidas para outras instituições ou tiveram alta. Embora outras instituições estivessem envolvidas na determinação do que

---

[602] CZECH, H. Response to 'Non-complicit: Revisiting Hans Asperger's Career in Nazi-era Vienna' **Journal of Autism and Developmental Disorders**, v. 49, n. 9, p. 3883–3887, 2019. Publicado on-line em 13 de junho de 2019.

[603] *Ibidem*.

aconteceria nas enfermarias locais, Asperger foi o principal especialista envolvido, seus relatórios e diagnósticos, bem como suas recomendações decisivas, tiveram papel determinante nesse contexto.

Seria preciso analisar de que forma a ideologia capitalista e nazifascista, o higienismo e a eugenia penetraram na clínica do autismo e nas práticas médico-pedagógicas. Não sendo esse o objetivo, destaco apenas a possibilidade de que, de alguma forma, o desenvolvimento de tipos clínicos serviu para legitimar a violência e o genocídio contra essas crianças ditas anormais e que, de algum modo, o que Hans Asperger fazia estava em sintonia com a expansão do poder psiquiátrico e o aprimoramento das práticas biopolíticas.

Assim, envolto desde cedo em disputas políticas e conceituais, o autismo – enquanto tipo clínico específico – surgiu envolto de esperança e morte. Enquanto nos Estados Unidos as pesquisas de Kanner se aproximavam pouco a pouco da inserção desse novo grupo em sistemas de garantia de direitos que seriam, posteriormente, cooptados pelas empresas privadas de prestação de assistência médico-pedagógicas, na Europa a situação era diferente, pois expunha essas crianças ao risco da pena de morte e genocídio. De todo modo, entre esses dois polos da clínica do autismo – da esperança e da morte –, o que se vê é o surgimento de um campo problemático envolto de práticas biopolíticas. Pode-se afirmar que essa clínica é, como afirma Foucault[604], atualização da fórmula capitalística da biopolítica: na clínica do autismo encontrar-se-ia tanto práticas de fazer viver quanto práticas de fazer morrer. O uso dos conceitos pode levar tanto à esperança, à adaptação das formas de viver, à busca por certos tipos de tratamento como pode levar à exclusão social, ao uso excessivo ou indevido de medicações e à morte subjetiva.

Com a criação do tipo clínico do autismo e a superação do termo autista, nascia pouco a pouco um novo grupo social – os autistas – e nascia também uma nova categoria diagnóstica – os diferentes tipos de autismo. Esse debate acompanha a mudança do ponto de vista global de que não apenas a Psiquiatria e a Psicopatologia se modificaram, como toda a clínica era perspectivada pelas novas demandas e mudanças nos sistemas globais de circulação de informação e garantia de direitos. Dessa forma, o autismo será rodeado de novas práticas, teorias e técnicas que dizem respeito ao "tratamento do autismo". Com isso, perde-se de vista o "erotismo" dessas crianças ditas autistas, suprimido logo no começo

---

[604] Foucault, 1999.

da história desse diagnóstico. Tal erotismo pode ser entendido como a persistência de viver e de se ligar a pessoas e objetos. Como se está a tratar de crianças que vivem "na linguagem fissurada", pode se perder de vista o fato de essas crianças se conectarem ao espaço e a coisas fora da linguagem e que há todo um amor pelo mundo que é incompreensível ao homem-que-somos, seres que vivem ancorados na linguagem.

A história do autismo na Psiquiatria suprime essa outra maneira de ser e estar no mundo, erotismo que está situado na subjetividade fora do sujeito, mas que por isso não deixa de estar envolvido no processo de subjetivação do humano. Ao longo deste livro, busquei demonstrar como essa conexão com o espaço, os modos de espacialização e a espacialidade da subjetividade são determinantes para os processos de produção de saúde, sendo, portanto, atividade vital e erótica do humano.

O problema da globalização levou à confusão de línguas no campo psicopatológico, no qual clínicos convergem e divergem em torno de referências como Freud e Bleuler, as referências a Kanner e Asperger, entre outros. No entanto, apesar desse problema de ordem discursiva, havia outra questão que se impunha ao campo: a ausência de depoimento dos autistas. Enquanto prática, a clínica é um exercício que se faz, desde sempre, por meio e a partir do relato do doente em relação ao seu sofrimento que tenta explicar ao seu médico aquilo que sente. No caso dos autistas, sobretudo os casos não verbais, não é possível narrar o seu sofrimento – ou ao menos não o faz segundo uma linguagem formal –, o que faz com que o médico ou o terapeuta tenha que se ater ao exame por observação. Portanto, nesse início da clínica do autismo, não se partiu do depoimento e das experiências singulares, visto que muitas crianças estavam em estado de isolamento afetivo e comunicativo e, por isso, não diziam aos médicos aquilo que sentiam.

Somente na década de 1990 que uma narrativa autista sobre o autismo pôde aparecer. Foi com as publicações de Birger Selin que os primeiros livros sobre a experiência autista apareceram e o que aparece é a divergência entre a posição científica e a experiência singular. Em *Une âme prisionnière* (1992), Selin afirma que é um equívoco confundir "problemas importantes" com "problemas de raciocínio"; em *La solitude du déserteur* (1993) ele escreve: "*eu quero que nós mesmos tomemos a palavra do jeito que podemos / nosso mundo interior deve vir à tona*"[605].

---

[605] Selin, 1998, p. 19 *apud* Maleval, 2017, p. 17.

Autoras autistas como Temple Grandin, cientista e estudiosa do comportamento, Donna Williams, escritora e artista, e o jovem Naoki Higashida[606] organizaram publicações que constituem então um novo ponto na clínica do autismo: os autistas como sujeitos que se posicionam a partir de seus enunciados e elucidam importantes questões antes incompreendidas pelos clínicos. No entanto, como se pode ver, a linguagem é uma forma de domesticação e colonização da subjetividade e é provável que rapidamente o capitalismo integre essa voz em consonância com o discurso neurocientífico e a prática biopolítica. A questão que deve ser recolocada é como fazer que esses enunciados singulares permaneçam afiados e combatam as práticas de assujeitamento e expansão do poder psiquiátrico em vez de se tornar vozes assujeitadas aos discursos que restituem o poder sobre a vida?

O campo vem sendo iluminado pelo esforço desses autistas em "se dizer" desde sua experiência e continua sendo questão o fato de alguns desses autores representarem sua experiência e seu sofrimento segundo termos psiquiátricos. Segundo Maleval, Temple Grandin refere a si mesma a partir dessa nova clínica do autismo – a ideia de espectro do autismo e os diagnósticos formulados a partir da neurociência. Grandin incorpora o vocabulário de médicos e de testes psicológicos que foram preenchidos pelos seus pais quando ela era ainda criança.

> A pontuação obtida situava-a nitidamente no campo do autismo, mas um autismo concebido de maneira extensa, como um espectro – visto que esse teste leva a crer que os autistas de Kanner constituíram apenas 5 a 10% do conjunto dos autistas. Aliás, trabalhos indicando que a Síndrome de Asperger é mais frequente que a de Kanner confirmam que a clínica do autismo não para de ganhar uma extensão crescente.[607]

Isso enfatiza que a regulação do campo discursivo e das práticas médicas tem interesse em homogeneizar a experiência e que a regulação dos enunciados e da experiência trabalham no mesmo sentido. A regulação do campo do autismo segundo a discursividade DSM tem a intenção

---

[606] Respectivamente: Temple Grandin, autora do livro *Thinking in Pictures: Other Reports from My Life with Autism* (1996); Donna Williams autora dos livros *Nobody Nowhere: Somebody Somewhere* (1992) e *Like Colour to the Blind: Soul Searching and Soul Finding* (1996); Naoki Higashida escritor de *The Reason I Jump: One Boy's Voice from the Silence of Autism* (1992), traduzido como *O que me faz pular*, trabalho escrito utilizando uma prancha alfabética com ajuda de familiares.

[607] Maleval, 2017, p. 68-69.

não apenas de homogeneizar o diagnóstico, mas também a experiência daqueles que foram diagnosticados, absorvendo a narrativa singular e neutralizando a voz autista sob os termos científicos. Como restituir o caráter político dessas vozes? De que modo se poderia conceber outra verdade não discursiva sobre a experiência com o autismo?

Exceto as publicações que indico, o saber clínico sobre o autismo parte da observação clínica e não do relato dos pacientes. Devido à dificuldade de interação entre médico e paciente, em especial nos casos de autistas não verbais, a clínica do autismo se confronta então com um problema ético e epistemológico. Na abordagem transdisciplinar da clínica da infância e do autismo, aposta-se na possibilidade de ouvir o silêncio e a recusa à linguagem, buscando descarregar a clínica dessas verdades científicas e expandir o campo do autismo para além da discursividade DSM. O uso do conceito de "espectro" pela clínica do DSM vai na direção contrária, para eles o termo "espectro" opera o alargamento do diagnóstico para incluir aqueles que estão mais à margem do autismo típico descrito por Kanner, incluindo então aqueles que escapariam ao diagnóstico tradicional.

Por efeito, os diagnósticos incidem também sobre as instituições e os "especialistas", atualizando o sistema de representação. Embora a ideia de espectro penetre no campo e produza um alargamento de sua margem, esse diagnóstico desenvolve um novo tipo de exclusão marcado pela insígnia da identidade, das neuroidentidades. Quanto aos especialistas, a institucionalização da cegueira, do fechamento dos poros, da insensibilidade e da produção dessa perspectiva enviesada pelo conhecimento técnico e problemático leva à recusa das teses psicanalíticas e da impossibilidade de ver no espaço um amplo campo de relação e interlocução. Essa insensibilidade e a aderência cega ao diagnóstico DSM leva à ideia de que o autismo é uma patologia do fechamento. Para a clínica do espaço, o autista não verbal tem uma posição de recusa a certo modo de socialização; é denúncia à sociedade e seus modos de colonização da subjetividade; é um modo de ser que se situa no mundo a partir do primado do espaço e, portanto, ele é, por excelência, uma experiência de abertura.

Como pensar o autismo fora das designações psiquiátricas? Como acompanhar os autistas naquilo que lhes é mais singular? Como apostar na recusa e no desvio como manifestação da potência? Como respeitar a impossibilidade de "se dizer" e traçar no espaço lugares de vida?

5.6 DAS REPRESENTAÇÕES ESPACIAIS SOBRE O AUTISMO

A história do autismo na clínica psicanalítica encontra recorrentemente o uso metafórico das representações espaciais e um dos primeiros casos esteve nas mãos de Melanie Klein. Em 1929, o menino Dick chegou para a autora com quatro anos de idade, apresentando entre muitos sintomas graves a fala e o intelecto empobrecido. Inicialmente diagnosticado com demência precoce (diagnóstico utilizado na época), que indicava a possibilidade de psicose infantil. Klein conduz a análise sem concluir o diagnóstico, o que permite à autora apostar na ampliação desse estudo por meio de outros autores, fato que pode ser compreendido em suas palavras: "*o conceito de esquizofrenia em particular e de psicose em geral, tais como ocorrem na infância, deveria ser ampliado*"[608]. A impossibilidade de representar, fantasiar e brincar com a realidade foram alguns dos sintomas que levaram a compreensão de que Diks pudesse ser esquizofrênico, mas observa-se também o fato de que essa representação só foi possível visto que, naquela época, não havia ainda o quadro clínico típico de autismo, que apareceu anos depois com Kanner.

A situação do psicanalista austríaco Bruno Bettelheim é diferente, visto que sua abordagem decorre do tipo clínico formulado por Kanner. Em 1967, Bruno Bettelheim publica o livro *A fortaleza vazia*, sub intitulada *O autismo e o nascimento do si-mesmo*[609], no qual aborda o sintoma do isolamento social e emocional da criança autista. Essa foi a primeira obra psicanalítica dedicada especificamente ao tema e foi marcada pela figura da "fortaleza" para representar o sofrimento da criança autista. Segundo o autor, na primeira infância, a criança autista é, hipoteticamente, exposta a condições extremas de vulnerabilidade emocional, e por isso tenderiam ao fechamento e à tentativa de autossuficiência. Segundo Maleval[610], a figura do prisioneiro da fortaleza se deve, possivelmente, à experiência de claustro de Bettelheim[611]. Sua publicação levantou novos argumentos que situam não apenas o diagnóstico de crianças ditas autistas, como também

---

[608] KLEIN, M. **Contribuições à psicanálise**. São Paulo: Editora Mestre Jou, 1970, p. 311.
[609] Bettelheim, 1987.
[610] Maleval, 2017.
[611] Prisioneiro no campo de concentração em Dachau e Buchenwald, em 1938, ele foi libertado um ano depois após a intervenção de Eleonora Roosevelt e expatriado para os Estados Unidos. Lá ele dirigiu a Escola Ortogênica de Chicago por meio da terapia comunitária, na qual se propôs a trabalhar conceitos psicanalíticos e realizou o acompanhamento de crianças ditas "problemáticas". Após duras críticas recebidas pelos associação de familiares de autistas, com a idade já avançada, problemas de saúde e o peso da morte de sua companheira, Bettelheim se suicidou em 1990.

formulou a dinâmica dos sofrimentos e dos sintomas desse quadro. Segundo Bettelheim[612], as pessoas autistas vivem um intenso trabalho para atenuar a angústia, o mecanismo de defesa autista se expressaria na forma de uma fortaleza e de um prisioneiro. A publicação foi recebida com críticas, pois entre Kanner e Bettelheim criou-se uma ideia de que essa vulnerabilidade extrema sentida na primeiríssima infância viria do descuido ou do desamor de uma mãe supostamente fria. Assim, a associação de familiares engajados na luta política foi a principal acusadora do fracasso da obra.

A recusa às teses psicanalíticas e ao estudo da psicodinâmica fez com que o autismo fosse pouco a pouco desviado dos cuidados psicanalíticos e levados na direção da psicologia comportamental que, na ocasião, anda de mãos dadas com os planos de saúde e a educação privada. Posteriormente, em 1964, Virginia Axline[613] publica o caso de Dibs – criança que ela cogita ser autista devido ao seu recolhimento que toma forma de "concha". A autora aborda a história desse menino que apresenta dificuldades emocionais e comportamentais. Seu trabalho se desenvolveu numa abordagem humanista baseada nas ideias do psicólogo Carl Rogers. A abordagem designada não diretiva enfatiza a criação de um ambiente seguro, apoio para que a criança possa "se expressar" livremente, permitindo que ela desenvolva uma compreensão de si e encontre maneiras de lidar com suas angústias. A abordagem psicológica explora o sentimento, medo e trauma, tomando como foco principal a "expressão emocional" e a compreensão dos próprios sentimentos. A autora destaca ainda a importância do "ambiente seguro" e do relacionamento de confiança entre terapeuta e paciente, elementos que reforçam a capacidade de o indivíduo crescer e se transformar a partir do apoio adequado.

Em 1975, Donald Meltzer[614] pensa o autismo segundo uma identificação com a superfície de modo que a criança não teria o "espaço interno" da profundidade. A subjetividade autista funcionaria na "bidimensionalidade". O autor criou o conceito de "desmantelamento" como forma de descrever a maneira de essas crianças perceberem o mundo.

---

[612] Bettelheim, 1987.

[613] Virginia Axline, psicoterapeuta americana conhecida pela abordagem não diretiva e pelo livro *Dibs: Em Busca de Si Mesmo*, que descreve um caso de terapia com uma criança chamada Dibs. AXLINE, V. **Dibs**: em busca de si mesmo. São Paulo: Editora Círculo do Livro, 1982.

[614] Donald Meltzer ficou conhecido por suas contribuições na análise de crianças autistas, entre 1965 e 1974, reuniu um grupo de investigações psicanalíticas sobre o autismo. O livro *Explorations in Autism* é o resultado do esforço psicanalítico em enfatizar a importância da comunicação não verbal nos casos de autismo. Meltzer, D. **Explorations dans le monde de l'autisme**. Paris: Payot, 1975.

Nesse estado, cada objeto é percebido em relação a um todo integrado, situando o autismo na experiência primordial com o espaço. O autismo seria então uma estrutura mental "sem vida mental", isto é, com ausência de mentalização, sem profundidade do pensamento e da memória, tendo sua vida desdobrada numa superfície bidimensional. Isso faz com que a criança tenha dificuldade em representar os objetos, percebê-los como todo isolado da parte; estes teriam seus contornos dissolvidos no espaço, onde coisa e espaço não se distinguem. A criança aprenderia então os objetos não por meio de sua forma e significado, mas de sua textura, sua cor ou cheiro, de modo que se perderia em sensações e pode ter sensação de ser invadida pelo olhar, toque, fala ou som. O objeto seria então sentido e não significado e a atenção da criança estaria dirigida não para o objeto em si, mas para suas características visuais, olfativas e auditivas.

> A relação de objeto do autista, bidimensional, iria se estabelecer num mundo sem profundidade: seria uma relação de superfície com superfície, de colagem com um objeto não sentido como tendo um interior; ao passo que suas identificações adesivas resultariam da bidimensionalidade: o self se identificaria ao objeto com toda a superfície e – não mais que o objeto – ele não teria espaço interno, o que impediria a comunicação psíquica necessária ao desenvolvimento do pensamento.[615]

O psiquismo "desmantelado" (*dismanthing*) se constituiria como indissociação entre Ego-Id-Superego, fazendo com que a criança seja incapaz de separar acontecimentos do corpo materno de seus próprios acontecimentos corporais[616]. Igualmente, esse desmantelamento incorreria na percepção de que os acontecimentos espaciais são também acontecimentos corporais. Segundo o autor, o desmantelamento suspenderá o reconhecimento temporal do objeto em prol de uma presença excessiva da dimensão espacial do objeto. Dessa forma, o "acontecimento" seria sentido pela criança como indistinto dele próprio – espaço e corpo emaranhados numa mesma superfície.

Nessa concepção, o desmantelamento levaria à dificuldade de mentalização, em que a percepção do todo seria mais determinante do que a percepção de si; em que o espaço seria predominante ao tempo. Diante disso, a clínica do espaço postula que o desmantelamento do self seria

---

[615] Maleval, 2017, p. 54.
[616] Meltzer, 1975, p. 19.

substituído por uma relação espacial com os elementos afetivos e sensoriais, pulsionais e espaciais, o psiquismo então se espacializa no ambiente e toda uma gama de elementos espaciais passam a compor o corpo da criança de maneira erótica ou persecutória.

Para Meltzer[617], a direção do tratamento exige do analista a disponibilidade em manejar o tratamento por meio da transferência, que passe pelo próprio corpo do analista. Isso é observado também nos casos de Psicanálise relatados por Lefort[618], embora a transferência e a contratransferência ganhem direções diferentes para cada um desses autores. Nesse sentido, é possível cunhar um trabalho analítico – psicanalítico e esquizoanalítico – com crianças autistas tomando o espaço como elemento fundamental para o trabalho. Nessa inflexão é importante observar as implicações do analista ao tornar seu corpo presença e parte desse implexo espaço: está em jogo tanto as interpretações e construções clássicas da clínica psicanalítica como também o uso de elementos corporais como a voz (elemento sonoro), o corpo (como contingente espacial) e a presença (como elemento do entorno).

Nesse caso, o espaço inclui não somente o corpo do analista, mas toda uma gama de outras espacialidades e elementos dispersos no entorno. Seria preciso incluir não só o contato físico pelo toque, o olhar, o cheiro do analista, mas a luz, a temperatura, a variação dessas forças, assim como o cheiro do outono ou da primavera, dos livros do analista em seu consultório, dos sons no entorno desse *setting*, da presença e do toque do analista no corpo e nos objetos. Formam-se então as estratégias de espacialização da clínica e do cuidado instaurando o entorno feito pelo corpo do analista, esse entorno repleto da multiplicidade do espaço, capaz de dar contorno à experiência de desmantelamento. Com isso, observa-se a importância na análise da criança e no processo de subjetivação, a voz que sopra não somente a palavra, mas som que comunica intensidades e provoca sensações acústicas[619]. Nessa perspectiva a voz se torna elemento espacial-sensorial a ser incorporado na clínica[620].

---

[617] *Ibidem.*

[618] LEFORT, R. **Nascimento do outro**: duas psicanálises. Salvador: Ed. Fator Livraria, 1984.

[619] Essa questão foi discutida por Lacan a respeito do significante que, composto por um signo, um significado e uma sonoridade acústica da palavra, a palavra é composta não apenas por aquilo que ela diz, mas também de um sentido a outro.

[620] Atualmente a Psicanálise francesa avança na teoria das pulsões e já se fala sobre outras pulsões além daquelas indicadas por Freud (oral e anal) e Lacan (escópia, invocante). Já se pode falar da pulsão tátil que tem como referências primárias os estudos de Anzieu (1989) em sua obra Eu-pele.

As teses psicanalíticas se ancoram no uso da interpretação verbal e na cura pela palavra, em que a saída do autismo passa pela enunciação de um sujeito e sua relação de objeto[621]. A linguagem é indispensável ao trabalho da Psicanálise, de modo que o convite ao autista "falar" ou "se dizer" é condição da superação do mal-estar e da superação das defesas que protegem da ameaça da separação. Para Meltzer[622], o autismo possui um componente obsessivo acentuado diante dessa extrema vulnerabilidade emocional e a posse de objetos de maneira obsessiva correspondem ao representativo do seio materno. A etiologia criada pelo autor valoriza os sintomas obsessivos-compulsivos do autismo em detrimento de aspectos sensoriais, espaciais e ambientais.

Por outro lado, a clínica do espaço tem como referência a experiência de Cévennes, ela aponta para o fato de que esses objetos autísticos são criados na relação com o espaço e não é preciso representá-los como equivalente das figuras maternas, mas antes mantê-los no estado de arte e de permanente criação do sujeito. Os objetos se criam, mais do que apenas são criados intencionalmente – há uma certa inclinação da coisa ao gesto e do gesto à coisa criada, fato que demonstra a dimensão impessoal da subjetivação. Por conta disso, os objetos não são substitutos simbólicos, mas sim atos de criação de si.

As fotos do Caderno de imagens, de L'île d'en bas, verão de 1969[623], mostra os autistas presentes diante de certos objetos e, mais do que criá-los e moldá-los à sua subjetividade, esses objetos referenciam gestos, linhas costumeiras e linhas de errância, trajetos que são sem finalidade e que situam aquelas crianças naquele território existencial. Dessa maneira, em vez de um uso obsessivo dos objetos, a atividade criativa dos autistas consiste na atividade pré-objetal, isto é, manipulação de elementos espaciais-sensoriais sem fazer com que eles constituam necessariamente objetos autísticos. Essas fotografias revelam essa atividade que é anterior à constituição de objetos e permanecem por isso fora do uso simbólico, variando de um objeto a outro, sendo sua forma, na maioria dos casos, a água, o barro, coisas fora do uso.

---

[621] O objeto autístico é tema importante na clínica psicanalítica, pois indica o uso de elementos espaciais (bola, argila, brinquedo ou pedaços de coisas fora do uso) para neutralizar a ameaça e a sensação de desmantelamento do self. Tais objetos não constituem uma fantasia, pois eles são pobres de simbolismo; são usados de maneira repetitiva e dotados de sensualidade que enlaça o sujeito ao seu corpo por meio de costume e de sensações com esses objetos que passam a integrar seu corpo. Francis Tustin é pioneira nesta pesquisa e uma leitura introdutória pode ser encontrada em Maleval (2017) e Laurent (2014).

[622] Meltzer, 1975.

[623] Deligny, 2015a, p. 112.

A Psicanálise, diferentemente, pensa o uso metafórico e lógico da coisa e do espaço, observando o espaço como meio empobrecido. A articulação entre clínica e cartografia aponta para o espaço como elemento da subjetivação, carregado de forças e potenciais criativos. O manejo clínico iria na direção do manejo desses espaços e elementos sensoriais fora da linguagem, investindo nas referências como pontos de suporte existenciais – cabe lembrar aqui a sessão "ponto de ver, referenciar", na qual a referência constitui não um representante materno, mas sim uma referência no espaço.

A clínica do espaço apoia-se na análise topológica da subjetividade, por se tratar de uma experiência dinâmica, a subjetividade não se funda nem dentro e nem fora, tal posição permite escapar do familiarismo impregnante da Psicanálise e pensar o espaço como elemento dinâmico sobre o qual a vida psíquica se dobra e se desdobra, constituindo-se pelo espaço e se desmantelando nele. Assim o desmantelamento não seria negativo, patológico, mas efeito de um novo modo de existência. O perigo e o mal-estar presentes na posição de desmantelamento é fixa nessa subjetivação sem ter no entorno nenhuma presença que acolha a inclinação do corpo para esses elementos sensoriais. O que aliena a criança não é seu estado subjetivo, mas o fato de ao redor dela ninguém responder ao mundo da mesma maneira, ninguém ressoar sua posição e, ao contrário, exigir dela uma adaptação.

Nessa perspectiva, o espaço não seria o ambiente empobrecido, mas sim um espaço potencial rico em afetos que convidam o sujeito a estar no mundo, nas relações de objeto e, sobretudo, nos modos de espacialização da subjetividade. No entanto, esse espaço não está pronto, na perspectiva da linguagem ele é impossível e para experimentá-lo é preciso alterar os modos de acolhida do *nonsense*, destituir a linguagem de sua pretensa hegemonia e dar ao sensorial o primado do pré-individual. A partir disso, pode-se defender que o autista não está fechado em si, mas funciona de outro modo – aberto sensorial, corporal e psiquicamente ao plano não representacional, ao fora da linguagem. O que aliena é o fato de ninguém ao entorno da criança ressoar o mundo nessa frequência sensível.

5.7 O BURACO NEGRO

Posteriormente, em 1977, Frances Tustin[624] publica *Les états autistiques chez l'enfant*, estudo importante sobre a psicodinâmica do autismo em que aparecem os objetos autísticos. A autora considera que a criança autista estaria fechada numa cápsula protetora, num tipo de interioridade na qual viveria concentrado sob suas sensações autogeradas. Essa cápsula teria a forma de um "buraco negro" gerado pela sensação de perda ou ameaça da perda do seio materno, a angústia sentida tão duramente que causaria sensação de mutilação ou aniquilamento.

Tustin[625] levou adiante a ideia de que a criança autista estaria fechada em um tipo de inferioridade. Para ela, a criança estaria presa a um buraco negro e, por conseguinte, a figura espacial da interioridade e do claustro dominava o campo das representações do sofrimento no autismo. A autora afirma que a subjetivação autista é construída a partir da dificuldade de representar um sofrimento muito doloroso. Para ela, o autismo seria um mecanismo de defesa contra angústia que foi sentida muito precocemente, antes mesmo de haver a possibilidade de simbolizar a perda: "*Nos casos que estudei, o autismo protege contra os danos causados numa criança vulnerável por uma conscientização precoce do estado de separação que resulta numa perda ilusória da mãe que foi experimentada como parte de seu corpo*"[626].

Para Tustin[627], o bebê em risco de autismo é parte do corpo da mãe, ele não sente a "si mesmo", mas é parte do outro. A autora, que se formou como psicanalista na esteira da corrente kleiniana, elege o buraco como metáfora espacial. Em sua teoria sobre a psicogênese do autismo, localiza o traumatismo oral precoce durante as experiências de amamentação. A separação sentida consciente e muito precocemente ocasionaria na criança uma angústia primordial, visto que o par seio-boca ainda é sentido univocamente. Em seguida, a criança sentiria a ameaça da perda do objeto da satisfação oral antes de ser capaz de simbolizar o objeto à parte de seu corpo. Por efeito, a sensação de catástrofe e mutilação toma o lugar do objeto oral e no lugar da boca se encontraria a angústia diante do irrepresentável. A criança autista, tomando consciência da ameaça dessa perda antes mesmo de ser capaz de representar, vive a compreensão e a ameaça permanente e tem a impressão de que a ligação mãe-bebê/

---

[624] TUSTIN, F. *Les états autistiques chez l'enfant* (1977). França: Éditions du Seuil, 1982.
[625] *Ibidem*.
[626] *Idem*. Autismo. **Revista da Escola Letra Freudiana**, ano XXXVI, n. 50. Rio de Janeiro: Ed. 7 letras, 2017, p. 111.
[627] *Ibidem*.

seio-boca está ameaçada. No lugar da boca e do seio se abriria um buraco negro povoado de objetos persecutórios.

A autora afirma ter entendido essa experiência a partir dos casos de autismo nos quais sentia estar lidando não com uma criança de três anos, mas com "um bebê aterrorizado" com a possibilidade de "cair num abismo"[628]. O buraco negro da relação mãe-bebê ocasionaria no desenvolvimento do autismo algo como uma "cápsula protetora" no interior da qual toda sua vitalidade está concentrada em sensações autogeradas e funcionam como defesa primitiva da vida psíquica. Há aí a possibilidade de alguns casos desenvolverem sintomas secundários como a inibição do desenvolvimento ou regressão primitiva, além da falta de contato, de comunicação e mentalização já prevista por Meltzer.

> O autismo é uma reação protetora que se desenvolve para lidar com o estresse associado à ruptura traumática de um estado anormal perpetuado de unidade adesiva com a mãe – sendo o autismo uma reação que é específica do trauma. É uma doença de dois estágios. Primeiro, há uma perpetuação da unidade dual e depois a ruptura traumática disso e o estresse que ela desperta.[629]

Ao referir-se ao buraco negro, a autora mostra como a posição depressiva primitiva está intimamente ligada ao corpo materno e refere-se à obra *Mother and Child: Block Seat*, de Henry Moore, para mostrar como em alguns casos a mãe situa a criança para preencher o buraco da solidão e da depressão materna como tentativa de reestabelecer a separação mãe-bebê ligando-os firmemente entre si numa relação dolorosa constantemente ameaçada pela separação traumática[630].

A perda e a separação não possuem correspondente no simbólico, sendo então um buraco sem representação e causador de sensações persecutórias, fazendo com que Tustin[631] afirme que eles "não têm" representação verbal:

> Eles não têm [representação verbal]. Eles sentem que é doloroso demais. E o autismo é um amortecimento da

---

[628] *Ibidem*, p. 96.

[629] *Ibidem*, p. 98.

[630] "O seio esquerdo não enfaixado da mãe tem um buraco negro onde deveria estar o mamilo. A criança, embora sentada em seu colo, é impedida de tocar aqui pelas faixas que cobrem seu corpo. Em vez de boca apresenta uma saliência semelhante a uma cortiça. Esta saliência bloquearia o fluxo de leite do seio, em vez de ser um meio de sugá-lo" (TUSTIN, 1992, p. 16 *apud* Overton, 2015, s/p).

[631] Tustin, 2017.

experiência. É um blackout da experiência. É evitar a dor. O autismo serve para evitar a dor. Eles usam objetos autistas para evitar a dor e usam sensações autistas para amortecer a dor. O importante sobre todas as nossas ideias é que a sensação é o começo, as sensações são o começo. Você sabe que Freud chamou isso de ego corporal. Eu alteraria um pouco e chamaria de ego das sensações. Eles são a forma primitiva do eu mental. É importante perceber isso para entender o autismo, porque aí dominam as sensações de separação. Quando têm a sensação de que estão separados da mãe é extremamente doloroso.[632]

Tustin[633] designa o buraco como sendo a "depressão primitiva" efeito do "traumatismo oral precoce". O buraco negro seria propriamente essa ausência de representação que gravitacionalmente atrai e não deixa nada escapar. A autora cita o estudo sobre a "depressão primitiva" de Isca Wittenberg[634] e indica que a ideia de buraco negro lhe veio durante as sessões de Psicanálise com crianças autistas. Isso nos leva a entender um certo esforço das crianças em "dizer" algo sobre esse ponto não representável. A autora demonstra como Evan, uma criança autista muda que estava sendo ajudada a se comunicar com palavras por meio da "comunicação facilitada" apontou para algumas letras formando o seguinte poema: *"Buraco negro /Sozinho em mim / Amedrontando rasgando esticando / Por favor me deixe ficar livre do seu apertão / Morrer"*[635].

Nas palavras de Evan é compreensível o estado depressivo implícito na experiência, o buraco negro como aprofundamento depressivo. Uma das sensações sentidas na experiência do buraco negro seria a sensação de cair num buraco sem fim, sensação de perda do chão ou de ausência de contenção ou continente. A sensação de queda, por exemplo, é relatada por analisandos que não são autistas e psicóticos: eles descrevem a sensação de um cair sem fim e contam que antes de pegarem no sono essa experiência eventualmente ocorre quando estão entre o sono e a vigília, entre o sonho e a realidade. Outros relatam pesadelos nos quais sentem que irão cair e que a única solução é um súbito despertar que os salvarão da queda. Essa sensação é interpretada pelos analisandos como

---

[632] *Ibidem*, p. 117.
[633] *Ibidem*.
[634] Isca Salzberger-Wittenberg foi uma psicanalista alemã erradicada na Inglaterra após fugir do holocausto na Alemanha. Foi responsável pela Clínica Tavistock, instituição britânica que se dedica ao cuidado em saúde mental na relação com questões sociais como gênero e sexualidade.
[635] *Ibidem*, p. 97.

uma lembrança encobridora ou como ilusão de que, hipoteticamente, numa idade muito tenra, eles teriam caído ou quase caído do colo de suas mães. A autora indica a possibilidade de esses buracos aparecerem não apenas nos casos de autismo, mas também nas depressões. Deduz-se que a sensação do buraco negro diria respeito não apenas aos autistas, mas sim aos humanos. Esses fenômenos seriam mecanismo de defesa, uma experiência de proteção do psiquismo frente à ameaça de dissolução ou queda num espaço não representacional.

A partir disso não se pode dizer que a relação entre o autismo e o espaço se reduzam apenas a metáforas. Os conceitos de desmantelamento e de buraco negro reforçam a ideia de prisão sensorial e prisão psíquica, além de um permanente estado perturbado em relação à linguagem. No entanto, ambas permitem pensar o psiquismo como sendo extensível, como se fosse possível tocar o espaço fora da linguagem por meio dessas sensações intensivas. Contudo, as duas teorias tomariam o espaço como sendo representável e, por isso, o manejo do tratamento iria pela via da linguagem e da simbolização dos complexos relacionados aos objetos representacionais. A clínica do espaço, em específico o trabalho da cartografia, explora o não representativo com toda delicadeza que isso exige: trata-se então de referenciar esses pontos fora da representação; fazer do trajeto contorno sensível e poético para a ferida do ser.

Dizer que o autismo não é uma condição patológica é uma afirmação difícil de sustentar, pois essa afirmação suprimiu o sofrimento implícito nessa posição. Por isso opto por dizer que não se pretende reduzir o autismo ao problema diagnóstico, sobretudo quando este toma o autismo como um interlocutor da clínica e da arte na produção de espaços abertos em contrastes à espaços fechados. Por isso é importante pensar o acolhimento dessa singularidade a partir desse ponto não representável da subjetividade, esse fora da linguagem, para que se possa – pouco a pouco – construir um plano de referência e subjetivação. É preciso então propor espaços clínicos que sejam flexíveis, extensíveis à experiência subjetiva dos autistas, de modo que as normas sejam sempre locais, tecidas pelos trajetos ali impressos, normas locais, geográficas, traçadas territorialmente pelos pés e mãos daqueles que a clínica habita.

Assim, a arte de manejo do espaço na cartografia ganha então um caráter estético cuja função é ontogenética: fazer do agir um gesto sem finalidade, a arte de não representar e ainda assim produzir e acessar novas superfícies, inaugurar novos processos de subjetivação. A cartografia da espacialidade da subjetividade é um instrumento para habitar essas fissuras do humano, do mundo e da clínica.

5.8 O FORA DA LINGUAGEM

Embora Tustin[636] recorra à ideia de buraco negro, não posso concordar que para ela os autistas estão fechados em si mesmos e sim experimentam uma queda sem fim e realizam árduo trabalho subjetivo para desenvolver esses mecanismos de defesa designados por ela como cápsula que impede o horror. No entanto, se considerar as pesquisas contemporâneas sobre o tema, posso dizer que há um avanço na compreensão dessa experiência do buraco negro: é mais do que apenas metáfora, é antes objeto topológico que permite pensar a relação entre o fora da linguagem e os processos de subjetivação.

Os buracos negros (*dark hole*) são objetos cósmicos de grande interesse da ciência, fato que gerou a descoberta recente de que no centro da Via Láctea há um buraco negro adormecido. Em 2022, revelou-se o buraco negro (*Sagittarius A**) que residia no centro da Via Láctea, localizado entre a constelação de Escorpião e Sagitário, as cientistas envolvidas nessa descoberta foram Reinhard Genzel e Andrea Ghez, que receberam juntas, em 2002, o Prêmio Nobel de Física por seus trabalhos independentes na observação das órbitas das estrelas próximas ao centro da Via Láctea. Posteriormente, confirmaram a existência de Sgr A* como buraco negro supermassivo com massa estimada de cerca de 4 milhões de vezes maior do que a massa do Sol. Essa não é a primeira fotografia de buracos negros, em 2019 foi divulgada a imagem do M87*, localizado no centro da galáxia Messier 87, na constelação de Virgem. Está a 53.490.000 anos-luz da Terra e possui a massa de bilhões de vezes a massa solar. A imagem produzida contou com a tecnologia de oito telescópios terrestres e gerou a representação de uma figura embaçada e pouco nítida. Essa característica se deve ao fato de essa imagem ter sido feita com instrumentos de espectrografia das ondas de calor e radiação emitidas pela matéria em chamas ao redor do buraco – local chamado de horizonte de eventos (*event horizon*), região exterior ao centro escuro –, pois a superfície desses objetos não pode ser vista.

---

[636] Tustin, 2017.

Devido ao seu aspecto obscuro, só se pode vê-lo indiretamente e "perceber" os efeitos de sua presença alterando o campo gravitacional. Além disso, a luz que chega na Terra partiu a muitos anos-luz daquele local, estima-se que tenha percorrido cerca de 26 mil anos-luz de distância em relação à Terra, o que significa que se fotografou uma luz que partiu de lá no período em que a Terra estava ainda na Era Glacial. Os buracos negros situam então a importância de algo primitivo, ponto obscuro no centro da galáxia. Trata-se então de um fantasma cósmico que só pode ser visto através da análise do espectro de ondas de calor emitidas no disco de acreção (*accretion disk*). Ele não possui imagem senão a própria escuridão, um grande anel de fogo rodeando um buraco cujo centro é um abismo sem fundo.

Segundo Sagan[637], o buraco negro é como o "gato de Alice" que desaparece no espaço deixando suas marcas e despertando interesse dos pesquisadores em suas complexas e intrigantes estruturas.

> Quando a gravidade é muito alta, nada, nem mesmo a luz, pode emergir. Este local é chamado buraco negro. Enigmaticamente indiferente às suas vizinhanças, é um tipo de gato listrado cósmico. Quando a densidade e a gravidade se tornam suficientemente altas, o buraco negro vacila e desaparece do nosso universo. Por isto é chamado de buraco negro — nenhuma luz consegue escapar dele. A luz é aprisionada nele e tudo que brilha é apanhado. Mesmo sendo invisível em seu lado exterior, sua presença gravitacional é palpável. Se em uma viagem interestelar não houver atenção, poderemos nos descobrir apanhados irrevogavelmente, nossos corpos estirados em uma linha longa e fina. A matéria adicionada em um disco em torno do buraco negro poderá ser uma lembrança merecedora de crédito, no caso improvável de sobrevivermos à viagem.[638]

Ainda não há uma resposta definitiva sobre sua origem ou o que há "dentro" desses buracos, sabe-se desde já que aquilo que está dentro dele está "fora" da representação; sabe-se também que são constituídos a partir do colapso de uma estrela (de determinada quantidade de massa) e que após queimar toda sua massa, implode e comprime tudo que restou numa quantidade astronômica tão absurda que o que restou fica condensado em um único ponto onde a densidade é infinita.

---

[637] SAGAN, C. **Cosmos** (1980). New York: Ed. Ballantine Books, 1985.
[638] *Ibidem*, p. 240-241.

> Quando a gravidade se aproxima de 1 bilhão g, acontecerá algo ainda mais estranho. O facho de luz, que até então apontava diretamente para o céu, começa a inclinar. Sob acelerações gravitacionais extremamente fortes até a luz é afetada. Se aumentarmos ainda mais a gravidade, a luz é empurrada de volta para o chão. O gato listrado cósmico desapareceu, permanecendo somente seu riso sardônico.[639]

É segundo a Teoria da Relatividade Geral, de Albert Einstein, que o buraco negro pode ser pensado como uma região do espaço-tempo em que a gravidade é tão forte que nada, nem mesmo a luz, pode escapar dela. Tudo que passa ao redor dele é atraído, gira na velocidade da luz, formando um halo em torno desse ponto obscuro e depois comprimido até desaparecer na escuridão. Especialistas afirmam que o que há dentro deles é uma singularidade absoluta, algo que a ciência não consegue explicar, visto que as Leis da Física terrestre não correspondem.

> O que acontece dentro do horizonte não é conhecido e depende substancialmente da descrição da teoria que utilizamos. De fato, não temos dados observacionais sobre o que acontece dentro de um buraco negro. Se aplicarmos a teoria da relatividade geral até as últimas consequências, concluímos que o colapso gravitacional que produz os buracos negros condensa toda a matéria do remanescente em um único ponto produzindo uma singularidade no espaço-tempo.[640]

O buraco negro é paradoxal: é não representável, ao mesmo tempo que ilumina. Sua presença só pode ser inferida por meio da interação com outros corpos que passam em torno do seu campo gravitacional, alterando o trajeto de uma estrela ou objeto cósmico; sua luz deriva da decomposição da matéria. Mesmo obscuro, a fusão nuclear gerada em torno dele, no disco de acreção, produz uma intensa energia cujo brilho ilumina mais que milhares de estrelas como o Sol. Trata-se de um objeto estranho que, quando se está diante dele, o espaço-tempo é sem referência, passado e futuro se relativizam, assim como a representação interior e exterior, acima e abaixo. São objetos cósmicos que oferecem problemas topológicos que não se enquadram na lógica representativa: a lógica tridimensional (altura, largura e profundidade) é insuficiente para compreendê-los, assim como a visão cronológica (passado e futuro).

---

[639] *Ibidem*, p. 240.
[640] Falciano, 2023, p. 7.

Nos estudos contemporâneos sobre o buraco negro, o que está em jogo é pensar um espaço inumano e, portanto, fora de tudo que é humano (da Linguagem, da Biologia, da Física terrestre).

Lacerda[641] afirma que pesquisar e produzir imagens de buracos negros é como fotografar o passado na dimensão cronológica do tempo. Posso afirmar aqui uma diferença: os buracos negros são como fotografias de *aion*, o tempo-espaço sem medida, ruptura histórica da razão ocidental. Diante dos buracos negros se está frente ao furo do saber e da impossibilidade de representar. Mesmo que um dia o homem possa decodificar o que há nessa singularidade obscura, há ainda pontos no espaço que não possuem representação, como a matéria e a energia escura (*dark energy*).

O caráter não representativo da realidade do buraco negro é algo que nos leva a recolocar a hipótese de que não há propriamente uma "lógica" representativa do espaço, o que há é uma "dinâmica" do espaço que, no caso do humano, é sempre afetiva, pulsional e pré-verbal. A relação do humano com o espaço está situada no campo das sensações pré-verbais e na relação sensorial. Posteriormente, com a domesticação do humano e a colonização simbólica, a sensação culminaria em representação e a sensibilidade ao espaço não necessariamente acompanharia esse desenvolvimento cronológico e representativo. Acontece que essa relação com o espaço persiste com o humano a despeito da sua dependência da representação. Por isso mesmo, por ser potencialmente mais carregado de afetos e forças, ele atravessa a vida humana.

Seu caráter não representativo leva à premissa de que o fora da linguagem tem primado. Com a descoberta do buraco negro no centro da Via Láctea, mostrou-se a existência de um ponto de equilíbrio metaestável do cosmo, evidência da existência de pontos no espaço fora da representação. É esse ponto obscuro que equilibra gravitacionalmente os corpos celestes ao redor dele, de modo que eles possam planar no entorno desse caos constituinte. O buraco negro é então o ponto de equilíbrio metaestável da Via Láctea. Paradoxalmente ele é a morte e a vida simultaneamente. Dessa forma, nessa relação entre o buraco negro do saber e a vacância da linguagem, pode-se postular que o espaço fora da linguagem é o ponto onde o mundo se espacializa e se distribui – devir do espaço, devir do humano –, de modo que os infinitivos "planar", "orbitar", "referenciar",

---

[641] LACERDA, G. **Incendiar a tempestuosa noite, imagens da verdade, imagens da coragem.** Rio de Janeiro: 7 Letras, 2022.

"girar", "habitar" são todos gestos pré-verbais que agidos silenciosamente manifestam a relação do corpo com o fora da representação.

Retornando ao tema do autismo, não se pode afirmar o primado do espaço como experiência patológica. Esses garotos, como Evan, não falam de buraco negro como uma invenção pessoal, uma representação singular, um vocabulário próprio; esse termo – assim como todas as palavras da ciência – é invenção dos homens. O primado do espaço não é uma representação de falta, é antes a falta de representação, um excesso intensivo que transborda a linguagem e os corpos. Nesse sentido, o acolhimento do não verbal não vai na direção de ajudá-los a simbolizar, o que tem primado é dar-lhe um espaço para vagar como forma de livrá-los dos encargos e das obrigações de representar.

Trata-se não da psicopatologia do *déficit*, mas antes da psicopatologia do excesso intensivo[642]. A ausência de representação situa o sujeito autista sobre um sem-fundo da subjetividade, cuja ausência de anteparo – ou "suporte" – gera angústia. Contudo, esse "suporte" não consiste em fazer por ele algo, mas produzir com ele essa vacância que não é falta e nem queda, mas é um espaço vago livre de representações, lugar de viver.

5.9 ESPAÇO, AUTISMO E SUBJETIVIDADE

É preciso subverter a lógica binária que opõe aberto/fechado, interior/exterior, adaptado/inadaptado, normal/anormal. O uso metafórico do espaço incorre no perigo de reforçar identidades binárias que encurtam as margens e as bordas por onde a vida escapa. Esse encurtamento fixa a subjetividade num binarismo de oposição que, por efeito, reafirma lógicas excludentes e normalizadoras. Na clínica do autismo, essa máquina binária impossibilita a emergência de devires e o aparecimento de singularidades, impossibilita a compreensão do autismo como sendo um modo de existência à margem (ou fora) da linguagem, regulado pelo primado do espaço. Portanto, o autista não está fechado em si mesmo, mas desliza sobre um plano "sem-fundo" que a linguagem, em sua aliança com o poder, se esforça para recobrir.

---

[642] O tema da psicopatologia do excesso é abordado por Fabricio Martins Pinto (2024) em sua tese de doutorado. Para o autor, o excesso intensivo como mal-estar e sofrimento psíquico são expressões sintomáticas dessa dimensão psicossocial da experiência humana.

Lapoujade[643] utiliza o termo "sem-fundo" para se referir a uma dimensão intensiva do processo de subjetivação: se em Kant[644] o fundamento humano é o tempo, tudo nele é explicado segundo a compreensão temporal dos fatos no tempo, nesta outra perspectiva, diferentemente, é possível pensar o humano no primado do espaço em relação ao tempo, é possível afirmar que o ser não possui fundamento, mas permanente operação de fundação sobre esse espaço sem-fundo. O pré-individual é essa dimensão sem fundamento que lança o humano num constante devir, dessa maneira, o humano seria não indivíduo no tempo-espaço, mas as transindividuações ao longo do tempo-espaço. Isso permite pensar que a subjetividade não é apenas a dobra que constitui um dentro profundo (interioridade), mas é propriamente uma dobra sobre esse sem-fundo:

> Não se trata mais de reconduzir os modos para um fundamento - ou para um sem-fundo mais profundo do que qualquer fundamento, mas de estudar a maneira pela qual os modos se erguem desse fundo, pela qual saem do Ser, assim "como a ponta da espada sai da espada". Ora as maneiras são maneiras de ser e remetem a uma ontologia fundamental; ora as maneiras são maneiras de ser e remetem a uma ontologia modal ou maneirista.[645]

Os autistas não são seres à parte dos outros seres, mas modo de ser que emerge desse sem-fundo pré-individual. A subjetividade não é mais a busca por uma profundidade na qual o ser encontraria seu fundamento existencial, a árvore-raiz do *self*, trata-se antes de encontrar um fio de rizoma, experiência de subjetivação aberta ao plano dos devires: "O Ser não está fechado sobre si mesmo, encerrado em um em si inacessível; ele está incessantemente aberto pelas perspectivas que suscita. As perspectivas abrem o Ser e o desvelam explorando suas dimensões e seus planos, por direito numerosos"[646].

Na clínica do espaço acolhe-se os autistas não como uma subjetividade fechada dentro de si, propõe-se a eles experiências no espaço aberto onde há o aparecimento desse fora-dentro do psiquismo. Cria-se um espaço no qual o não verbal tenha lugar, a falha da linguagem possa ser acolhida e a atividade normativa possa ser manifesta sem o peso da interpretação. Aberta ao espaço, a clínica acolhe o corpo que habita esse

---

[643] LAPOUJADE, D. **As existências mínimas.** São Paulo: N-1 Edições, 2017.
[644] Kant, 1987.
[645] *Ibidem*, p. 17.
[646] *Ibidem*, p. 47.

sem-fundo – índice de diferenciação e devir. Com isso a saúde advém não da adaptação ou das construções simbólicas, mas da habitação e da criação do comum. O tratamento vai pouco a pouco construindo superfícies de contato afetivo, experiências sensoriais, jogos e gírias para lidar com o fora da representação. A linguagem é secundária, pois ela não assegura um fundamento, o que tem primado na relação é o espaço como plano de deslocamento dos afetos e devires.

Assim, o manejo busca criar espaços e possibilidades de reversões, passagens e câmbios entre as posições – baixo/alto, dentro/fora – e não tanto afirmar posições constituintes e identidades definitivas para os humanos. Assim, a profundidade depressiva – designada por Tustin[647] como buraco negro – deve se desdobrar em superfícies de deslocamento, fazendo com que o tratamento vá na direção da produção de contato com o mundo ao redor. Deleuze[648] mostra como as orientações psicanalíticas kleinianas, corrente da qual Tustin participou, tudo passa pela relação boca e seio, profundidade e objeto. Ele mostra como Klein descreve a posição paranóide-esquizóide como um afundamento ou aprofundamento:

> Ora, a história das profundidades começa pelo mais terrível: teatro do terror de que Mélanie Klein fez o inesquecível quadro em que o recém-nascido, desde o primeiro ano de vida é ao mesmo tempo cena, ator e drama. A oralidade, a boca e o seio, são primeiramente profundidades sem fundo. O seio e todo o corpo da mãe não são somente divididos em um bom e um mau objeto, mas esvaziados agressivamente, retalhados, esmigalhados, feitos em pedaços alimentares. [...] Todo o sistema da introjeção e da projeção é uma comunicação dos corpos em profundidade, pela profundidade. E a oralidade se prolonga naturalmente em um canibalismo e uma analidade em que os objetos parciais são excrementos capazes de fazer explodir tanto o corpo da mãe quanto o corpo da criança, os pedaços de um sendo sempre perseguidores do outro e o perseguidor sempre perseguido nesta mistura abominável que constitui a Paixão do recém-nascido. [...] Este mundo dos objetos parciais internos, introjetados e projetados, alimentares e excrementicais, nós o chamamos simulacros. Mélanie Klein o descreve como posição paranóide-esquizóide da criança.[649]

---

[647] Tustin, 2017.
[648] DELEUZE, G. **Lógica do sentido** (1969). São Paulo: Ed. Perspectiva, 2015.
[649] *Ibidem*, p. 192.

Para Klein, o superego começa com a introjeção dos primeiros objetos parciais, mas Deleuze não aposta que o superego comece por aí. Para ele o seio bom (objeto) está nas alturas e não se deixa cair sem mudar sua natureza, pois quando o faz é todo um jogo de punições e ameaças que aparece. Isso faz com que o seio bom se torne uma espécie de ideal do superego que, como tal, desaparece a cada vez que é requisitado. Isso instaura um "furtar-se" ou "retirar-se" na altura, fazendo deste um objeto perdido: *"O bom objeto é cruel (crueldade do superego) na medida em que reúne todos estes momentos em um amor e um ódio dados do alto, com uma instância que se desvia e que não apresenta seus dons senão como redistribuídos"*[650].

Para Deleuze[651], o superego "se mostra" como "já perdido" e, enquanto tal, ele dá seu amor-ódio como "reencontrado" vindo da altura como amor divino ou maldição dos céus, a verticalidade é o que marca a relação do superego em relação ao sujeito. O estado depressivo, por sua vez, seria o afundamento psíquico numa profundidade em que o sujeito experimenta o encapsulamento envolto de simulacros (ou objetos persecutórios); a posição esquizofrênica seria a experiência de altura em que não há mais o profundo, mas os "ídolos em altura" que orientam o destino do sujeito ou são verdadeiros perseguidores que orientam seu delírio.

A ideia da topologia inconsciente segundo a crítica descrita anteriormente permite pensar que talvez Meltzer[652] pudesse indicar o "desmantelamento" autista como sendo o espalhamento não hierárquico do Id, Ego e Superego, argumento que levaria à hipótese de um psiquismo dissolvido no espaço. No entanto, sabe-se que Meltzer não foi por esse caminho e que sua teoria localiza a posição autista como sendo espacializada numa superfície bidimensional empobrecida. Entretanto, a clínica do espaço, na esteira da esquizoanálise e da cartografia, propõe que esse desdobramento da subjetividade se dê não patologicamente, mas em modos de espacialização nos quais a subjetivação se dá por deslocamento e devir. Nesse sentido, a Psicanálise, esperando o deslocamento simbólico e estruturação desse *self* desmantelado, incorreria no risco das prisões e projeções operadas pela linguagem. Diferentemente, a aposta da clínica do espaço faria desse deslocamento um passeio esquizo, a exploração de superfícies e sensorialidades.

---

[650] *Ibidem*, p. 196.

[651] *Ibidem*.

[652] Meltzer, 1975.

A subjetividade não se localiza no modelo bidimensional ou binário, mas na abertura permanente ao sem-fundo. Por isso, a direção do tratamento é apostar num constante *(re)volver*: em vez da adaptação ao simbólico, propõe-se uma adaptação cambiante. Trata-se então de modificar os "dados de acolhida do superego" e instaurar novos modos de existência, novos espaços para a clínica:

> O objeto da terapêutica institucional não é justamente o de se propor a lograr um remanejamento dos dados de 'acolhida' do superego, transformando-os numa espécie de nova acolhida 'iniciática', esvaziando de seu sentido a exigência social cega de um certo procedimento castrativo exclusivo?[653]

O acolhimento se faz por modificação da clínica, alteração dos regimes sensíveis e morais dos saberes e pela produção da diferença – para os autistas e para os clínicos. O exercício crítico e clínico que orienta a clínica com autistas se faz na legitimação dos modos de existência fora da linguagem na criação – ou a tentativa – de criação de espaços onde o fora da linguagem tenha lugar, espaço onde se acolhe, no limite, a experiência com esse sem-fundo não estruturado da subjetividade.

É isso que Guattari[654] indica com a frase *"alterar os dados de acolhida do superego"* – escapar, num só gesto, da profundidade depressiva e da altura esquizoparanóide. A profundidade depressiva se desdobraria num espaço aberto aos acontecimentos, enquanto a altura psicótica pousaria numa superfície acolhedora. A fórmula que sintetiza essa iniciativa da subjetivação através do espaço é cunhada por Lula Wandeley: trata-se de "espaço aberto ao tempo"[655]. Nessa formulação, os devires encontram num só tempo o espaço de sua emergência e o espaço de acolhimento para suas singularidades, conduzindo assim um processo de subjetivação numa relação intensiva e afetiva com o mundo.

O buraco e o afundamento depressivo resultam da atividade psíquica restrita, traumatizada, erradicada na linguagem e no sequestro das pulsões. O buraco aberto e desdobrado na superfície permite a emer-

---

[653] Guattari, 1985, p. 91.
[654] *Ibidem.*
[655] O "Espaço Aberto ao Tempo" é uma iniciativa criada por Lula Wanderley, médico e artista brasileiro, pioneiro ao lado de Nise da Silveira na criação de espaços de acolhimento em saúde mental no Rio de Janeiro. Por meio da obra de Lygia Clark e da Estruturação do Self, o espaço oferece a possibilidade de acolhimento aos sujeitos em sofrimento psíquico e a possibilidade da expressão artística por meio de várias linguagens. O lugar hoje se organiza como um espaço de resistência e criação, funcionando no modelo da Atenção Psicossocial chamado de CAPs III Severino dos Santos.

gência não apenas do sujeito às voltas com a linguagem, mas também com o não representável, ponto de singularização. Sendo essa a direção, faz-se do furo a possibilidade de instaurar aberturas e devires: tal como o buraco negro é o abismo do céu que permite outros corpos planarem no espaço-tempo, o furo na linguagem é o ponto em que a clínica orbita esse fora da representação e permite que novos modos de subjetivação emerjam. A clínica é uma das poucas práticas habilitadas a lidar com o furo nas representações, visto que sua ética é do acompanhamento e não a ciência que diz a verdade sobre o outro. Não basta reduzir a clínica à emergência do sujeito da linguagem, é necessário ampliar os modos de espacialização da subjetividade fazendo o sujeito se abrir ao plano de inscrição de novas subjetivações.

Cabe pensar na alteração dos dados de acolhida do superego não apenas para os pacientes, mas também para a clínica, permitindo-nos pensar a questão: como é a linguagem do ponto de vista fora da linguagem? Como é a clínica diante do fora da representação? Uma direção possível é investir em iniciativas que no Brasil surgem como "clínica de borda", "consultório de rua", "clínica da margem", "clínica ampliada", "clínica do espaço", "jangada". Estas são todas tentativas de modificar o espaço da clínica e alterar os dados de acolhida do superego, implicando a ampliação da clínica e a modificação de suas bordas no enfrentamento com seus limites.

Com Deleuze[656], pode-se afirmar que a direção do tratamento é o desdobramento desse espaço psíquico da profundidade sobre uma superfície aberta aos acontecimentos e ao remanejamento das direções e coordenadas:

> As observações que propomos concernindo certos detalhes do esquema kleiniano tem somente como objetivo destacar 'orientações'. Pois todo o tema das posições implica bem a ideia de orientações da vida psíquica e de pontos cardeais, de organizações desta vida segundo coordenadas e dimensões variáveis ou cambiantes, toda uma geografia, toda uma geometria das dimensões vivas. Aparece primeiro que a posição paranoide-esquizoide confunde-se com o desenvolvimento de uma profundidade oral-anal, profundidade sem-fundo. Tudo começa pelo abismo.[657]

---

[656] Deleuze, 2015.
[657] *Ibidem*, p. 193.

Não se trata de opor profundidade e altura. O desdobramento seria o abrir-se ao devir, permanente deslocamento nas posições subjetivas, transindividuações que deslizam num espaço-tempo intensivo, bordas que cercam os abismos. Alterar os estados de sofrimento implica então a inauguração de novas posições subjetivas que escapem ao binarismo (apanhar-bater, amar-odiar, normal-anormal, louco-são, homem-mulher, adaptado-inadaptado).

Em se tratando dos casos de autismo, Tustin[658] propõe que a direção do tratamento intervenha na relação mãe-bebê, nesse translado da altura à profundidade. A autora propõe que a defesa autista estaria intimamente ligada à depressão materna. Em carta à Claude Allione, ela escreve:

> Sobre as pessoas mais velhas que um dia foram autistas, concordo que, quando o controle estreito exercido pelo autismo vai se quebrando, o distúrbio esquizofrênico se manifesta [...]. Descobri que a natureza estreita e restrita do autismo surgiu para lidar com o sentido desintegrador de perda corporal (expressa em termos de 'buraco negro'). Essas crianças não têm o sentido de um núcleo integrador que vem das boas experiências da amamentação no peito (ou mamadeira) – a boca suave rodeando o mamilo duro, os aspectos macho e fêmeo reunindo-se de forma funcional, de forma operante (o 'seio bom' da teoria kleiniana). Em vez de um 'seio bom', eles têm um 'buraco negro'.[659]

Com Deleuze[660], pode-se dizer que não se trata apenas de intervir nessa relação mãe-bebê, nem mesmo reduzir a tentativa de restaurar o par ferido-indene, nem mesmo reintroduzir o "seio bom" para extrair a criança desse estado primitivo da depressão. Trata-se da "mudança de orientação" que busca no espaço impessoal fora da subjetividade os acontecimentos que atraem o desvio e a mudança de posição:

> Freud insistiu frequentemente sobre a importância desta translação do profundo em alto, que marca entre o id e o superego toda uma mudança de orientação e uma reorganização fundamental da vida psíquica. Enquanto a profundidade tem uma tensão interna determinada pelas categorias dinâmicas de continente-conteúdo, vazio-pleno, gordo-

---

[658] Tustin, 2017.
[659] *Ibidem*, p. 109.
[660] Deleuze, 2015.

-magro, etc., a tensão própria à altura é a da verticalidade, da diferença dos tamanhos, do grande e do pequeno.[661]

Nessa releitura da tese de Tustin[662], a experiência do buraco negro deve ser desdobrada sobre um plano aberto ao devir, espaço de deslocamento de afetos e manifestação da atividade normativa. Deleuze[663] mostra como o menino Hans foi incompreendido por Freud e que, por meio da máquina binária psicanalítica, toda a atividade de espacialização da criança foi convertida numa interpretação edipianizante, em que toda linha possuía uma finalidade e um sentido previamente estabelecida no simbólico. O perigo do uso metafórico do espaço é justamente o de isolar a subjetividade na linguagem, fazendo com que a singularidade só possa emergir na posição do sujeito em relação a ela. O devir, por outro lado, não exclui o espaço como elemento do processo de subjetivação e aposta nele como superfície de deslocamento de afetos. A cartografia realizada por Hans mostra então que os trajetos, as linhas costumeiras e as linhas de errância são manifestação expressiva das normatividades, da territorialização e da desterritorialização. O processo de produção parte então não do simbólico, mas de modos de espacialização.

O que se toma como direção na clínica do espaço é a produção a partir do modo que a criança habita o espaço. As áreas de estar criadas por Deligny não são apenas o lugar físico, a instalação espacial, mas prática de espacialização do cuidado e modos de espacialização da subjetividade. O que ela acolhe é o que resta fora da representação, instância que para o humano constitui parte importante de seu ser. Estar no espaço é estar aberto ao devir. De maneira pragmática, trata-se de explorar o espaço e suas "coisas" sem necessariamente significá-las, fazendo com que cada elemento – uma bola, uma caneca, uma almofada, um torrão de barro, qualquer "coisa" que esteja no espaço – possa vir a compor e possa ser usado ou não, tornado parte do corpo ou não.

A reversão operada é justamente situar o primado do espaço em relação à linguagem. Os gestos e trajetos, os rodopios em torno do vago não precisam ter ou fazer sentido, ter vontade ou finalidade, pois são antes as circunstâncias. Assim, a linha de errância ou a linha de fuga tornam-se irrupções positivas da própria vida. Desviar é produzir novos

---

[661] *Ibidem*, p. 194.
[662] Tustin, 2017.
[663] Deleuze, 2013.

modos de singularização, espacialização que destitui a palavra e dá lugar a uma atividade fora do sujeito:

> A linha de fuga mudou completamente de valor: em vez de ser marcada com o signo negativo que marca o bode expiatório, a linha de fuga ganhou valor de signo positivo; ela se confunde com a gravidade ou a celeridade da máquina. Mas não deixa de ser quebrada, segmentarizada em uma sucessão de processos acabados que, a cada vez, caem em um buraco negro. Eis, portanto, outro regime de signos, como outra cartografia: regime passional ou subjetivo, muito diferente do regime significante.[664]

A partir da conclusão de que a Via Láctea não é o centro do Universo e que no seu centro há um buraco negro; a partir da compreensão de que esse buraco é fora da representação, é possível pensar uma reversão ontológica em que o mundo se organiza entorno desse fora da representação. Isso permite construir a ideia de que a vida se organiza e desorganiza em torno desses pontos não representáveis que são ontologicamente positivos. Assim o processo de subjetivação pelo fora da linguagem seria a própria criação de superfícies de contato com o mundo, modos de espacialização da subjetividade, devires que escapam às representações binárias e inauguram modos de ser fora da linguagem.

Tustin[665] aponta que essa sensação de buraco negro ocorre no período pré-verbal do bebê, e que por isso mesmo a apreensão do mundo ocorre de maneira puramente pulsional. Contudo, com o agravamento dessa relação tátil com o mundo – atrair e ser atraído pelo entorno – faz com que o bebê se feche a certas sensações ameaçadoras ou depressivas. Para a autora, *"tudo isso é pré-verbal e num nível de sensação sensual"*. As posições subjetivas derivam do que ela designa como *"preconcepções baseadas no conhecimento a priori"* que *"não provêm de experiências com o mundo exterior, apesar de serem estimuladas pelos conhecimentos do entorno, como por exemplo o ambiente no qual a experiência da amamentação acontece"*[666]. Nesse sentido, a apreensão pulsional do espaço pelo bebê é experimentada sem intermediação simbólica e a subjetivação com o espaço exterior é caracterizada como depressão ou paranoia. O espaço exterior compõe o processo de subjetivação de maneira vertical e suas experiências são

---

[664] Deleuze; Parnet, 1998, p. 87.
[665] Tustin, 2017.
[666] *Ibidem*, p. 109.

constituídas pelas palavras e afetos do outro familiar. Assim o sintoma e a fantasia são intermediados pelo espaço de maneira negativa.

Embora Tustin parta da compreensão negativa e empobrecida do meio exterior, a clínica do espaço afirma o meio – em sua dimensão implexa, em uma mistura entre interior e exterior – de modo que este seja a via para transposição/translação das alturas. É pelo espaço fora da linguagem e da representação que é possível escapar do buraco negro da depressão e da altura esquizoparanóide. Tendo o espaço como plano de deslocamento dos afetos, ocorrem oportunidades de reversão e criação de novos arranjos pulsionais entre o bebê, o ambiente e a família, sendo a capacidade de simbolizar esse arranjo uma experiência *a posteriori*. Primeiro é preciso restaurar a dimensão pulsional espacial do ambiente.

Em Psicanálise, o fantasma e a fantasia são a primeira forma da experiência subjetiva. O fantasma é a maneira como o sujeito lida com a experiência de desejo inconsciente, é a maneira como o sujeito se enlaça em seu sintoma e entra em relação com o mundo. Embora o tema do fantasma possa ser tomado como sinônimo da fantasia, prefiro situar aí uma particularidade: para mim, o fantasma é o ponto anterior à fantasia, pois enquanto a fantasia é constituída de palavras e imagens, localizada no imaginário-simbólico das formas e do sentido e assinalam a dimensão representativa do desejo e do sintoma, o fantasma é a própria criação da fantasia. Prefiro situá-lo como uma temporalidade anterior à aquisição da fala e das formas imaginárias, experiência que é percebida pelo bebê como ambiente fragmentado, em que as singularidades não estão ainda integradas no corpo e no sujeito. Nesse ponto, o bebê apreende somente fragmentos pulsionais, pedaços de sintomas, restos de trajetos e coisas fora do sentido.

Assim o fantasma localizaria a dimensão espacial da subjetivação que é anterior à linguagem, situando o fantasma como gênese dinâmica do psiquismo[667] e experiência espaço-temporal que constitui o momento daquilo que ainda está se formando, sendo o fantasma, portanto, o ponto de apreensão do mundo antes da aquisição da linguagem. Em Literatura, o fantasma aparece em cenas de medo e culpa, quase sempre ligado a um desejo recalcado; pode ocorrer também de o fantasma aparecer em cenas em que o sujeito se comunica com o passado, com o mundo dos mortos. Nesse caso, trata-se de fantasia. Quando situo o fantasma fora das formas imaginárias e simbólicas, é para não só diferenciá-lo da fantasia

---

[667] Laplanche; Pontalis, 2001.

como também para situá-lo não no passado, mas no futuro, com devir e subjetivações que estão porvir, como aquilo que ainda se está por fazer.

O fantasma é um exemplo dessa experiência com o fora da linguagem na gênese do processo de subjetivação. No caso dos bebês em risco de autismo, a angústia sentida muito precocemente localiza a ameaça sobre a constituição do psiquismo do bebê, é como ele sentisse a gravidade do furo no Outro materno, afeto que é sentido sensorialmente como perigo e ameaça à sua existência. Para se defender disso que ele não pode simbolizar, o bebê refrata a voz do Outro e rompe com o simbólico, habitando então as fissuras e brechas da linguagem.

Nesse caso o fantasma é a própria experiência de ilusão do buraco negro. O bebê, impossibilitado de representar, passa a alucinar esse fragmento pulsional (afeto) que lhe vem de fora verticalmente e traça sobre ele o lugar no qual ele deve ser e estar. Na literatura de Shakespeare, os fantasmas impõem condições pulsionais às personagens da obra – no caso de Hamlet, o fantasma comanda a vingança do pai morto e, no caso de Macbeth, o fantasma de Banquo aparece durante um banquete trazendo-lhe o sentimento de culpa e paranoia. Para Deleuze[668], o fantasma não corresponde exatamente à fantasia, mas é antes como um fragmento metapsicológico que está fora da linguagem, elemento este que se sobressalta, se move a despeito do sujeito. O fantasma não é apenas o encapsulamento do sujeito numa posição sintomática com o desejo, mas fragmento fora da linguagem e da subjetividade que está no espaço e, ao se mover, move consigo os afetos e as afetações, o desejo e as formas de padecimento.

Com isso, o fantasma não seria puramente um efeito psicológico, ele possuiria elementos espaciais, ambientais, geográficos, físicos, sociais, políticos, coletivos e incluiriam não só o corpo materno, mas também outros elementos impessoais que se encontram fora da representação. Deleuze afirma: *"O que aparece no fantasma é o movimento pelo qual o eu se abre à superfície e libera as singularidades acósmicas, impessoais e pré-individuais que aprisionava"*[669]. Posteriormente, junto à Guattari, escreve que *"todo os fantasmas são fantasmas de grupo"*, pois eles não são individuais e pessoais, mas investem no campo social e político, expandindo-se para além do polo repressivo-familiar:

---

[668] Deleuze, 2015.
[669] *Ibidem*, p. 220.

> O fantasma de grupo inclui as disjunções, no sentido de que cada um, destituído da sua identidade pessoal, mas não das suas singularidades, entra em relação com o outro ao modo da comunicação própria aos objetos parciais; sobre o corpo sem órgãos, cada um passa ao corpo do outro.[670]

Ao assinalar a singularidade do fantasma e sua anterioridade genética em relação à fantasia, destaca-se do fantasma o verbo infinitivo: não se trata de fantasiar, mas de "fantasmar". Sendo assim, ele é a dimensão genética, ponto de diferenciação em que o *infans* é a força revolucionária que vai sendo assujeitada pelos fragmentos dos outros. Pode-se dizer então que o buraco negro é a explicação etiológica dos modos de subjetivação no autismo, mas também a indicação desse ponto em que a subjetivação e o espaço são indistintos: fantasmar o mundo é estar no mundo, ainda que de maneira fragmentada. Para o bebê – os saudáveis e os em risco de autismo –, esse tateio é a oportunidade de ser no mundo, ser a partir dessas singularidades acósmicas e impessoais. Os bebês não são "do papai" e "da mamãe" somente, mas são, desde já, corpos pulsantes e conectivos. Não é preciso que o bebê cresça para poder ir para o mundo, ele está no mundo desde já – no simbólico, ao ser falado pelo outro, mas também nesse mundo tátil e sensorial que se abre para ele a todo instante. A subjetivação é a abertura do ser à linguagem e ao fora.

Nesse sentido, o fantasma e a criação da fantasia indicam a importância do espaço para a subjetividade: o que está dentro está fora e o que está fora está dentro. Esse ponto indiscernível entre o corpo e o psíquico, o espaço e o fora, talvez seja aquilo que Freud[671] apontou como a parte inconsciente extensível a outros domínios que não apenas a linguagem. Se o buraco negro é o encapsulamento do sujeito na linguagem e na representação patológica, a espacialidade fora do sujeito é essa abertura na qual o sujeito se vê no espaço fora de si. Se os casos mais graves de autismo são marcados pela impossibilidade de falar a partir de si, é possível afirmar essa dimensão espacial externa na qual a subjetividade se constitui a partir do espaço fora do sujeito. Diante disso, trata-se de pensar a vida a partir dessa ausência de centralidade: o que seria a subjetividade fora do sujeito? O que seria a subjetividade fora da linguagem? Ou ainda, pensar a vida a partir da centralidade da ausência de representação: o que é a vida fora das formas simbólicas-imaginárias?

---

[670] Deleuze; Guattari, 2011.
[671] Freud, 2018.

A subjetivação por modos de espacialização não é exclusiva ao autismo ou à psicose, mas diz respeito ao humano. Deligny[672] não criou áreas de estar para os autistas, mas teceu com eles um outro modo de ser e estar no mundo, fazendo com que os processos autistas sejam o prisma por onde se olha o devir espectral da humanidade. Sendo assim, o autor opera uma reversão clínico-política em que a humanidade não é mais vista sob a ótica do Homem, mas toda a humanidade é dissolvida em modos de espacialização nos quais as crianças e os autistas são guias nesse processo. As áreas de estar consistiam num plano de deslizamento de afetos, abertura que livra as crianças da regulação psiquiátrica e da interpretação psicanalítica e dá ao homem-que-somos a possibilidade de ser presença, dissolver suas identidades marcadas pela linguagem e experimentar um modo de ser e estar no espaço fora da linguagem.

A direção clínica e epistemológica traçada faz do terapeuta uma presença próxima e impessoal. Em vez de, como diziam os humanistas, "tornar-se pessoa", é preciso "tornar-se presença", esvaziar-se dessas máquinas binárias e desses projetos pensados; desidentificar-se em relação a si mesmo, aos vetores maiúsculos da cultura e se liberar da consciência e do olhar sobre os autistas para poder experimentar com a infância e o autismo um "ponto de ver" fora da perspectiva instituída. Trata-se de encontrar o humano dissolvido no comum do espaço para, a partir dessa espacialidade, retornar a si construindo novas margens, novos contornos.

Deleuze afirma, citando Henry Miller, em *Trópico de capricórnio*, que a posição do amante frente à multiplicidade do amado transpõe a imagem do par *olhar-ser olhado*, para transfigurar-se numa espacialidade onde seu eu "se vê" dissolvido no espaço e inaugura não uma posição pessoal original, mas a dissolvência do eu numa subjetividade espacializada:

> Já não olho nos olhos da mulher que tenho em meus braços, mas os atravesso a nado, cabeça, braços e pernas por inteiro, e vejo que por detrás das órbitas desses olhos se estende um mundo inexplorado, mundo das coisas futuras, e desse mundo qualquer lógica está ausente... O olho, liberado de si, não revela nem ilumina mais, ele corre ao longo da linha do horizonte, viajante eterno e privado de informações... Eu quebrei o muro que o nascimento cria, e o traçado de minha viagem é curvo e fechado, sem ruptura... Meu corpo inteiro deve tornar-se raio perpétuo

---

[672] Deligny, 2015a.

> de luz cada vez maior. Selo, então, meus ouvidos, meus
> olhos, meus lábios. Antes de me tornar novamente homem,
> é provável que existirei como parque...[673]

É dessa forma que a abordagem transdisciplinar da clínica, na transversal espaço, infância e autismo, não segue a direção de "se dizer" autista, mas experimenta modos de ser na relação com a multiplicidade. Nesse caso, interessa não só aquilo que a Psiquiatria, a Psicanálise ou a Neurociência designam como autismo, mas também aquilo que a arte pode dizer sobre os processos autísticos e sua relação com o espaço; sobretudo, aquilo que a arte reserva como sendo o não representável da vida e dos processos humanos. Trata-se então de desdobrar a máquina binária numa máquina de espacialização em que o espectro não é mais do autista, mas da própria subjetividade. Somos todos, no fim das contas, espectros, fantasmas, fragmentos do tempo-espaço.

---

[673] Miller, 1939 *apud* Deleuze; Parnet, 1998, p. 38.

6

DO ESPECTRO
AO FANTASMA

O conceito de Transtorno do Espectro Autista esconde as tramas biopolíticas em relação a esse grupo. A expansão desse diagnóstico se dá por meio de uma difração negativa do sujeito operada pela discursividade DSM com o objetivo de expandir o poder psiquiátrico por meio da dispersão dos sujeitos e suas diferenças. Com isso, as lutas libertárias e os processos de produção de saúde foram codificados segundo esse termo e é preciso produzir uma série de outras narrativas para aumentar o grau de multiplicidade e restabelecer o plano criativo da luta política e da luta pela saúde e educação libertária.

Diante da difração negativa operada pela discursividade DSM, há o que se designa como difração positiva que seria a própria espacialidade da subjetividade, seus desvios e recusas a aderir ao discurso e às estratégias biopolíticas. A difração positiva seria então tornar-se imperceptível e se desviar daquilo que se diz sobre o espectro do autismo. Porém essa questão nos leva a postular que essa estratégia de resistência pode ser a própria singularidade dos modos de subjetivação dos autistas, sendo então a difração positiva do sujeito um modo de experimentar a espacialidade fora do sujeito. Portanto, a resistência autista seria essa difração positiva do sujeito, a dissolvência dos lugares de sujeição em modos de espacialização em que o sujeito não está aí, modos de espacialização fora da subjetividade. Para compreender melhor essa tese, é apresentada a seguir a confrontação entre a ideia de espectro, fantasma e espacialidade, demonstrando com um breve debate essa importante questão da qual se pode extrair direções ético-estético-política para a clínica do espaço.

O conceito de Transtorno do Espectro Autista tomou o lugar das experiências e passou a modelá-las mais do que entrar em seu universo singular. Em vez de formular um discurso que guia a clínica do autismo, aposta-se então numa reversão clínico-política: deixar ser guiado pelos fantasmas e fazer da clínica um pequeno telescópio que segue o resto dos trajetos daquilo que não compreende e, ainda assim, sustenta o não saber diante do incompreensível.

Sem conseguir nomear o real dos diferentes tipos de sintomas no autismo, o DSM evoca o espectro para recobrir o problema da origem dos sintomas e da etiologia do autismo, desenvolvendo uma origem "espectral" para explicar aquilo que se entende como autismo. No entanto, uma abordagem ético-estético-política não visaria tomar o autismo como problema, mas problematizar a clínica do autismo por meio disso que as crianças e os autistas "dizem" e cartografam no espaço. Para nós, trata-se de ver o espectro a partir do ponto de vista positivo, isto é, como fantasma, como ponto de engendramento de novas maneiras de estar no mundo e operação de reversões clínico-políticas. Não somos nós – clínicos – uma espécie de caça fantasmas, somos antes como Minotauro cego guiados pelos passos vagarosos dos *enfantômes* – para fazer aqui uma brincadeira entre "enfant" e "Phantom", crianças e fantasmas.

Sendo assim, o fantasma contrasta com o espectro do autismo proposto pelo DSM e ganha aqui uma conotação positiva: ele passa a ser o último véu luminoso frente ao obscuro espaço fora da linguagem. Portanto, esse é o aspecto positivo do fantasma: fazer ver a multiplicidade à qual o humano pertence. A imagem que melhor designa o fantasma é aquela tão presente na brincadeira de criança: consiste numa forma humana recoberta por um lençol branco que, no lugar dos olhos e da boca, possui buracos negros intransponíveis. O herói, na brincadeira, ao superar o medo diante desse mistério, puxa o lençol e revela o mais temido dos terrores: a presença do vazio ali onde deveria haver um rosto humano. O terror seria descobrir que, sob o manto da humanidade, há um vazio de representações. No entanto, esse vazio não designa ausência de humanidade, mas antes que a própria humanidade é um conjunto de forças que constituem uma metaestabilidade; as individuações seriam apenas um véu, um contorno para esse maleável e inquietante conjunto de forças.

Esse espaço fora da linguagem constitutiva dos processos de subjetivação do humano é, portanto, como a noite – aquela tão terrível e ameaçadora que assombra o sono e gera terrores noturnos. A noite que, enquanto se dorme, ameaça desaparecer e dissolver os contornos do corpo e do psíquico, fazendo desaparecer o mundo tal como se conhece, fazendo desaparecer nós mesmos:

> Mas quando tudo desapareceu na noite, "tudo desapareceu" aparece. É a outra noite. A noite é o aparecimento de "tudo desapareceu". É o que se pressente quando os sonhos substituem o sono, quando os mortos passam ao fundo da noite quando o fundo da noite aparece naqueles que desaparecem. As aparições, os fantasmas e os sonhos são uma alusão a essa noite vazia. [...] O que aparece na noite é a noite que aparece, e a estranheza não provém somente de algo invisível que se faria ver ao abrigo e a pedido das trevas: o invisível é então o que não se pode deixar de ver, o

> incessante que se faz ver. O "fantasma" está lá para desviar e apaziguar o fantasma da noite. Os que creem ver fantasmas são aqueles que não querem ver a noite, que a preenche pelo pavor de pequenas imagens, a ocupam e a distraem fixando-a, detendo a oscilação do recomeço eterno.[674]

Nesse sentido, o fantasma é o véu ante ao nada que é propriamente a face não representativa do humano. Diante desse ponto pré-individual em que as formas humanas se dissolvem e se constituem, diante desse fora, Blanchot[675] afirma: vê fantasma aquele que não consegue olhar para o fora. Se posso formular uma diretriz ética-estética-política que se situa como eixo de resistência positiva na clínica do autismo, trata-se então de seguir os fantasmas, pois é deles que virão as pistas para a criação de um novo modo de existência. É, portanto, fora da linguagem que se dão as passagens, as transindividuações que modificam num só tempo os modos de ser e os modelos sociais.

A abordagem transdisciplinar da clínica com autistas não se contenta somente em acolher os autistas, em incluí-los em sistemas multidisciplinares de cuidado, mas insiste na necessidade de modificar a relação da sociedade com a loucura e com a diferença. Não basta pensar os loucos e os autistas, é preciso agir, pensar e sentir de maneira louca e de maneira autista.

6.1 O FANTASMA E A FANTASIA NA PSICANÁLISE

Por sorte, muitos clínicos e psicanalistas suportaram olhar para os fantasmas deixando-os ruminar, no silêncio das palavras e no murmúrio dos acontecimentos, uma verdade que escapa. O tema do fantasma, assim como o da fantasia, é, em Psicanálise, tema amplo e longamente explorado: Laplanche e Pontalis[676] situam o problema indicando que não é opondo a fantasia à realidade que se pode chegar a uma compreensão do fantasma. Esta não é simplesmente a criação da imaginação frente à realidade, ao contrário, a experiência fantasmática está no cerne da subjetivação e faz com que o sujeito apreenda a realidade a partir da fantasia. Se o desejo inconsciente pode chegar à consciência, é por intermédio da fantasia.

---

[674] Blanchot, 2011, p. 177.
[675] *Ibidem*.
[676] LAPLANCHE, J.; PONTALIS, J. **Vocabulário da psicanálise**. São Paulo: Martins Fontes, 2001.

Freud[677] se esquiva da hipótese reducionista a respeito dos fantasmas e da fantasia, a saber, que estes seriam apenas construções individuais e subjetivas. Ele afirma a existência de esquemas inconscientes que escapam à realidade individual e apontam para o caráter transindividual da subjetivação. Os fantasmas não são apenas construções individuais, mas apreensão de elementos fortuitos reais e, por conta disso, passam de um a outro, de modo que a criança carrega consigo elementos fantasmáticos de seus pais, mas também históricos. A isso ele deu o nome de protofantasias ou fantasmas originários:

> Recusa-se a deixar-se encerrar na oposição entre uma concepção que faria do fantasma (fantasia) uma derivação deformada da recordação de acontecimentos reais fortuitos, e outra concepção que não concederia qualquer realidade própria aos fantasmas, e não haveria nele mais do que uma expressão imaginária destinada a mascarar a realidade da dinâmica pulsional. Os fantasmas (fantasias) típicos encontrados pela psicanálise levaram Freud a postular a existência de esquemas inconscientes que transcendem a vivência individual e que seriam hereditariamente transmitidos: as "protofantasias".[678]

Com isso, soa completamente inquietante o fato de Laplanche e Pontalis situarem o fantasma e a fantasia como sinônimos. A seguir, será problematizada essa compreensão reducionista do fantasma e da fantasia. A hipótese inicial que nos guia é que o fantasma é primeiro em relação à fantasia e, por isso mesmo, ele é a conjunção entre afeto, corpo e espaço, de modo que os acontecimentos espaçotemporais são determinantes na subjetivação que ocorre na primeiríssima infância. Os fantasmas se dão então no momento anterior à aquisição da linguagem falada e demonstram o primado do espaço em relação à linguagem. A fantasia, tema recorrente em Psicanálise, é posterior a esse momento e constitui-se por meio desse primeiro estágio fantasmático-espacial. Ela está atrelada à tentativa de o sujeito narrar sua origem e a origem dos seus sofrimentos, sendo ela, portanto, uma experiência secundária, pois tem como superfície a linguagem falada. O fantasma, por sua vez, é inapreensível à linguagem, visto que ele é anterior a ela e só aparece para

---

[677] FREUD, S. História de uma neurose infantil ("O homem dos lobos" 1918 [1914]). *In:* **História de uma neurose infantil** ("O homem dos lobos" Além do princípio do prazer e outros textos (1917/1920). Obras Completas. São Paulo: Companhia das Letras, 2010. v. 14.
[678] Laplanche; Pontalis, 2001, p. 229.

o sujeito como ponto irrepresentável, portanto o fantasma é o momento em que a subjetivação está indissociada do espaço e isso marca o ponto em que o dentro da subjetividade (o sujeito, sua história) se abre para o fora (o sem sentido, o devir).

Ao longo de sua obra, Freud usa a expressão fantasia ou fantasma sem implicar uma metapsicologia ou a concepção da subjetividade como mônada fechada. Ao contrário, ao longo de sua obra ele amplia a noção e a expande em direção à coletividade do sujeito em relação a essa construção: em específico, o termo alemão *Urphantasien* (protofantasias ou fantasmas originários) apresenta a ideia da dimensão fantasmática por trás das representações sobre a história da vida do paciente. Os chamados "fantasmas originários" são a dimensão transindividual na qual os elementos fortuitos são transmitidos filogeneticamente de um indivíduo a outro, sendo transmitidos, à princípio, entre os familiares. Em dado momento, Freud[679] se permite pensar a predominância do pré-subjetivo sobre a experiência individual[680], tal hipótese levaria a reconhecer a importância dos acontecimentos fortuitos apreendidos em torno da criança de maneira fantasmagórica contribuindo para construção de fantasias infantis e apontando para um fundamento espacial dos sintomas. Na base dos sintomas estariam acontecimentos espacializados – gestos, presenças, afetos e acontecimentos sentidos pela criança de maneira parcial.

No primeiro momento da subjetivação, o que há são elementos fortuitos apreendidos pela criança. A fantasia só viria posteriormente, por efeito de um retorno da cena originária na relação do sujeito com a atividade pulsional. As fantasias são construídas a partir de um acontecimento e não propriamente derivam da linguagem falada. Portanto, o fantasma originário só poderia ser narrado do ponto de vista mítico, isto é, como linguagem que tangencia o acontecimento, pois o fantasma não pode ser dito inteiramente pela linguagem, visto que ele é parcial e se produz entre os acontecimentos, o espaço e a vida pulsional e, portanto, resta como acontecimento inapreensível ao qual a linguagem só pode tangenciar.

Nesse sentido, cabe estabelecer essa distinção entre fantasma e fantasia: o primeiro é situado na experiência arcaica do corpo, do espaço e dos acontecimentos, enquanto o segundo deriva da experiência com a fala. A fantasia dependeria então da capacidade de articulação desses

---

[679] Freud, 2010.
[680] Laplanche; Pontalis, 2001, p. 488.

acontecimentos segundo uma linguagem verbal, portanto, ela é secundária em relação ao espaço e ao fantasma. A fantasia é posterior aos acontecimentos espaçotemporais, dada a partir da constituição de um sujeito em sua relação de objeto; constitui a tentativa do paciente em narrar esse momento mítico de seu sofrimento e sua origem; é o momento da manifestação da fantasia em ato, a constituição de posições subjetivas, hábitos e situações em que o sujeito é agido pela fantasia. A partir de Lacan e sua releitura de Freud no pós-guerra, a fantasia foi situada ao lado de outras etapas importantes da análise: nos sonhos, na transferência, nos atos falhos, no *acting out*, na passagem ao ato e no fim da análise. A fantasia ganha então o estatuto fundamental, tornando-se o mapa pelo qual o analista explora as vias de constituição de um sujeito em relação ao seu desejo. Dessa maneira, o fantasma, tendo seu primado estabelecido na articulação com o espaço e os acontecimentos, passaria a ser guia na possibilidade de atravessamento da fantasia, visto que ele tem primado em relação à linguagem.

A travessia da fantasia possibilita ao paciente se liberar desse aprisionamento no campo do Outro, no qual a fantasia comanda suas ações e o fantasma aparece aí como ponto irrepresentável, que abre ao devir e ao fora do sentido, experiência que pode ser angustiante se vista do ponto de vista da linguagem. No entanto, o fantasma é também a criação de coordenadas espaçotemporais, abertura e passagem de limiares. Embora grande parte dos estudos sobre o fantasma passem pela contribuição de Freud e Lacan, a retomada desse tema implica fazer ver que proponho aqui uma compreensão mais arcaica do fantasma: enquanto a Psicanálise vê o humano a partir da constituição de um fantasma pessoal, singular e próprio – tal como o fantasma do pai de Hamlet, que ao retornar para ele, diz o que Hamlet deve fazer – a clínica do espaço não visaria somente retornar à cena originária para elaborar a fantasia pela via da linguagem. Trata-se antes de reconstituir a possibilidade heterogenética do fantasma, isto é, a possibilidade de geração de superfícies, de criação de um novo modo de se relacionar com o desejo e com o mundo. Não se trata, portanto, de rememorar a cena originária e restaurar a posição do sujeito em relação ao seu desejo, mas antes inaugurar pontos de subjetivação, criação de novas superfícies e ampliação do campo de relação do desejo com o mundo. Dessa forma, está em jogo não a elaboração do fantasma na linguagem, mas a exploração fantasmática do espaço impessoal fora do sujeito.

É nesse sentido que proponho o fantasma como anterior à fantasia, isto é, anterior à linguagem e à constituição de um sujeito. Ao articular o fantasma ao espaço e, portanto, ao fora da linguagem, o que se está a fazer é apontar para a exploração sensível do espaço fora do sujeito. Assim, em vez de olhar a posição do sujeito em relação à fantasia, busca-se mapear a experiência do sujeito na relação com o espaço, isto é, com os elementos pré-subjetivos e pré-verbais que compõem o espaço e o entorno. Assim, em vez de olhar para o sujeito, olha-se para o espaço e os acontecimentos ao redor dele.

O leitor pode estar aqui se perguntando a relevância da distinção entre fantasma e fantasia. Cabe lembrar então da questão central da clínica do autismo e da clínica do espaço: e quando o sujeito não fala? Como atravessar a fantasia que o prende na posição de sujeição e sofrimento? Na impossibilidade de analisar a fantasia de um sujeito não verbal, aceitaríamos reduzir a gênese dos sintomas autistas à formulação genética e neurológica para se esquivar dessa impossibilidade de simbolização? Creio que o embate entre uma gênese neurológica e uma gênese verbal dos sintomas leve a esse impasse. Assim, o fantasma opera como um furo no discurso que demonstra a dimensão espacial dos sintomas e da subjetivação, situando então o primado do espaço em relação à linguagem.

6.2 O FANTASMA NA ESQUIZOANÁLISE

Para Deleuze[681], o fantasma não pode ser totalmente representado, pois ele é heterogêneo e composto por múltiplos elementos. O fantasma não é inteiramente dizível ou significável, mas sim exprimível. Ele é efeito de superfície e ganha sua condição de exprimível num jogo de transformações gramaticais que implica a dissolução do eu (Ego), mais do que na construção desse eu. Embora para a Psicanálise o fantasma encontre seu ponto de partida na autoria de um sujeito falante e na constituição do padecimento, o fantasma está justamente fora do sujeito, atraindo o sujeito a exprimir-se diante de forças não representáveis que lhe provocam desde fora. O fantasma seria então um modo de apreensão dessa espacialidade fora do sujeito e anterior a ele.

---

[681] Deleuze, 2015.

Ao comentar o caso Hans, Deleuze e Guattari[682] mostram como o menino, mais do que representar o mundo numa relação papai e mamãe, explorava os elementos espaciais de maneira constitutiva, construindo seu mundo não apenas a partir de seus pais, mas também dos elementos fortuitos no espaço. Compõem sua fantasia o cavalo, a casa da vizinha, a vizinha, mas também a rua, o bar, as carruagens e, sobretudo, o circuito de afetos entre uma coisa e outra. Isso demonstra como na construção da fantasia há agenciamentos sensíveis e sensoriais nos quais o espaço é elemento imprescindível:

> Então, o que é o devir-cavalo do pequeno Hans? Também Hans está tomado num agenciamento, a cama de mamãe, o elemento paterno, a casa, o bar em frente, o entreposto vizinho, a rua, o direito à rua, a conquista desse direito, o orgulho, mas também os riscos dessa conquista, a queda, a vergonha... Não são fantasmas ou devaneios subjetivos: não se trata de imitar o cavalo, de se "fazer" de cavalo, de identificar-se com ele, nem mesmo de experimentar sentimentos de piedade ou simpatia. Não se trata tampouco de analogia objetiva entre os agenciamentos. Trata-se de saber se o pequeno Hans pode dar a seus próprios elementos, relações de movimento e de repouso, afectos que o fazem devir cavalo, independentemente das formas e dos sujeitos.[683]

A direção do tratamento seria a própria dissolução do caráter pronominal do eu e sua pretensa vontade de poder – nem eu, nem outro; nem ativo nem passivo, mas sim a dissolução/difração do sujeito que dá lugar a uma subjetividade infinita e irrefletida. O aparecimento do fantasma dissolve o eu em superfícies, desmontando o caráter pronominal da fantasia e lançando o sujeito numa superfície impessoal e intensiva. Trata-se então da subjetividade infinita e irrefletida, subjetividade sem sujeito, dimensão impessoal da subjetividade ou fora da linguagem.

Como indicado no fim do capítulo anterior, para Deleuze[684] o fantasma é a "gênese dinâmica do sentido" e se manifesta como "movimento" de abertura à superfície de maneira impessoal e pré-individual[685]. Portanto, ao indicar o fantasma como sendo a dimensão positiva da subjetivação, aproxima-se a subjetividade do limite da linguagem, do infinitivo verbal

---

[682] Deleuze; Guattari, 2017.
[683] *Ibidem*, p. 45.
[684] Deleuze, 2015.
[685] *Ibidem*, p. 220.

que reinaugura a possibilidade de permanente começo – fantasmar. É aí que o sujeito reencontra o tempo infinitivo, sempre aberto ao espaço e ao agir. Deleuze afirma[686] que o fantasma "*é inseparável do verbo infinitivo*" e demonstra essa implexa relação entre o verbo e o fora da linguagem.

O fantasma conecta o corpo ao espaço, mas não apenas o espaço físico individuado, mas ao espaço pré-individual do qual toda subjetividade emerge. Nele o sujeito vive um agenciamento impessoal cuja relação do seu corpo com o espaço é ação subjetivante, relação aberta e ainda não encerrada. Trata-se do momento de passagem, janela em que a subjetivação está aberta aos elementos pré-individuais que permitem ao sujeito experimentar a produção de singularidade na relação impessoal com o mundo. O fantasma deixa de ser o elemento secundário, sinônimo de fantasia, e passa a ser a dimensão heterogenética, apreensão fantasmática, espectral e sensível desses elementos pré-individuais, pré-subjetivos que circulam fora da subjetividade, fora da linguagem. O fantasma é ação ontogenética, ponto de criação, de passagem e devir.

O regime temporal do fantasma é *aion*, isto é, o tempo do acontecimento. Não é o tempo cronológico, nem somente diz respeito a uma etapa do desenvolvimento do bebê, é antes a persistência dessa passagem, dessas janelas, ao longo da vida. *Aion* é a distribuição dessas singularidades sobre o espaço que abre a subjetividade à infinita variação. O *"perspectivismo gramatical generalizado"* que designa Deleuze[687] é, portanto, o jogo da criança com os infinitivos verbais, a alegria de manipular o verbo fora da linguagem e assim entrar na vida parcialmente, habitando dois ou mais mundos simultaneamente – aquele constituído pelo simbólico e o outro mundo onde toda criação emana. Assim o fantasma é a ação implexa de infinitivos verbais, tais como correr, bater, dançar, morrer, viver. Tais infinitivos não se flexionam, não se particulariza neles a pessoa, o tempo e o número; é o verbo se exprimindo na dimensão pré-individual e impessoal. Em se tratando do manejo clínico, é importante manipular esses verbos sem ceder ao empuxo do tempo cronológico, da realidade e da finalidade. Estar é um verbo que carrega consigo sua própria espacialidade, não se pode falar dele sem tocar e ser tocado por essa espacialidade que lhe é própria.

É preciso então lembrar da alegria de manipular o verbo e o espaço, gesto tão comum entre crianças. A relação ontogenética com o mundo

---

[686] *Ibidem*, p. 221.
[687] *Ibidem*.

não está apenas no desejo restrito ao pai e à mãe, trata-se de "um" cavalo, "uma" carruagem, o que indica a manipulação do verbo e do mundo deflagrando a presença do impessoal no seio da narrativa do sujeito. Segundo Deleuze e Guattari[688], o erro da interpretação psicanalítica é deslocar o impessoal para a unidade individual, convertendo "um cavalo" ao elemento pessoal "o pai":

> Notamos muitas vezes a que ponto as crianças manejam o indefinido não como um indeterminado, mas, ao contrário, como um individuante em um coletivo. É por isso que nos espantamos diante dos esforços da psicanálise, que quer a todo preço que, atrás dos indefinidos, haja um definido escondido, um possessivo, um pessoal: quando a criança diz "um ventre", "um cavalo", "como as pessoas crescem?", "bate-se numa criança", o psicanalista ouve "meu ventre", "o pai", "ficarei grande como meu papai?". O psicanalista pergunta: quem está sendo batido, e por quem?[689]

Para Deleuze[690], trata-se então de encontrar a dimensão pré-individual e pré-subjetiva, esse ponto em que a indefinição eu-outro, eu-mundo possui caráter genético e criativo. Em vez de interpretar os fantasmas, sigamo-los!

> Portamos o espaço diretamente na carne. Espaço que não é uma categoria ideal do entendimento, mas o elemento despercebido, fundamental, de todas as nossas experiências sensoriais ou fantasmáticas. [...] As imagens — as coisas visuais — são sempre já lugares: elas só aparecem como paradoxos em ato nos quais as coordenadas espaciais se rompem, se abrem a nós e acabam por se abrir em nós, para nos abrir e com isso nos incorporar.[691]

Quando se vê os autistas explorando o mundo sensorialmente com o tato, o olfato, o olhar e as outras superfícies erógenas, é geralmente aí que se intervém a interpretação que é, nesse caso, domesticação simbólica, adaptação e normalização que impede a criança de explorar o mundo e, a partir disso, construir superfícies de contato. Muito frequentemente as crianças e os autistas são privados dessa exploração em prol da adaptação às normas sociais e higiênicas evocadas na domesticação simbólica. Con-

---

[688] Deleuze; Guattari, 2017.
[689] *Ibidem*, p. 55.
[690] Deleuze, 2015.
[691] DIDI-HUBERMAN, G. **O que vemos, o que nos olha**. São Paulo: Ed. 34, 1998, p. 246-247.

375

tudo, passa totalmente despercebido o fato de haver nessa interrupção a supressão de um contato e experimentação do mundo pela sensorialidade. O que está em jogo para criança é propriamente a experimentação do mundo. Será que não se está perdendo de vista a aparição dessa "janela" de criação heterogenética em prol de normas sociais?

A angústia dos clínicos e educadores em proteger a criança de algum risco incorre em práticas de adaptação e normalização que visam corrigir, modelar ou adaptar o gesto ao contexto, suprimindo a exploração erótica do mundo. Para a criança e os autistas, a possibilidade de aumentar o grau de abertura do sujeito em relação ao mundo que lhe excede é uma condição indispensável para a produção de sua saúde. Assim, toda clínica adaptacionista ergue-se na supressão do erotismo do autismo, reduzindo assim a possibilidade do desejo substituindo as normas vitais por normas sociais. A abordagem transdisciplinar da clínica do autismo visaria restituir o valor do vital e do psíquico a essas superfícies erógenas, restabelecendo o primado da pulsão em relação ao neurológico e ao social. A criança explora o mundo tateando-o erótica e sensorialmente, sua posição se constitui a partir da criação e não por um déficit ou uma (neuro) deficiência. O corpo é dotado de buracos nos quais a vida se abre e se fecha ao espaço, é nesses buracos que reside o contato afetivo-criativo com o mundo e contrapor as teses de que o autismo é um fechamento. Ao contrário, esse fechamento se constitui em parte devido ao fato de, logo cedo, o erotismo ter sido suprimido na história da clínica e o autismo ser um termo constituído a partir dessa supressão.

A clínica do espaço tece a tentativa de produção do cuidado tecido por gestos que vão na direção da ampliação de superfícies e na multiplicação dos canais pulsionais para além do seio e do colo materno. Tal perspectiva situaria o autismo não como sistema organizado em torno da autorreferência, mas um corpo sensível ao que acontece no espaço e no mundo. Parte-se do mundo para chegar a si: isso permitiria que a exploração erógena do mundo se convertesse na constituição da borda para o corpo, borda essa que não é tecida na linguagem, mas tecida por mapas e cartografias que vão, pouco a pouco, constituindo o contorno a partir do entorno.

"Nós", homem-que-somos, diferentemente, partimos de nós e retornamos a nós. Nesse ponto, o autista nos ensinaria a como nos livrar dessa colonização insidiosa e ensimesmada. Contudo, o que efetivamente ocorre na prática clínica do autismo é a conversão da dimensão espectral e fantasmática do autismo em um (neuro)assujeitamento, no qual tudo que é desse mundo indomesticável pelo simbólico e pelo imaginário é convertido em processamento neuronal ou sensorial deficitário. Nesse ponto, o homem-que-somos, ao pressupor a universalidade do processo, acaba por violar os autistas e atrapalhá-los na constituição de seu corpo e de sua subjetividade.

Não se trata de negligenciar a criança num risco – de contaminação ou ferimento com os objetos no espaço –, mas de acompanhar essa construção de zonas erógenas inabituais que permitem à criança construir um senso corporal, uma borda e um contorno de si e do mundo. O desenvolvimento de superfícies (erógenas) é propriamente a atividade de criação de um corpo-no-espaço, um espaço que não é apenas físico, mas o espaço fora da linguagem. Se há então uma clínica do espaço, trata-se desse acompanhamento da criação de superfícies que são, num só gesto, tempo-espaço, corpo-subjetividade.

Destaco aqui o caráter infinitivo do fantasma, como se sua atividade pudesse apenas ser tangenciada pela linguagem, sem conseguir falá-la ou representá-la completamente, restando sempre um fora, aquilo que lhe escapa. Aquilo que escapa é justamente as forças desse espaço fora da linguagem, o contingente de forças pré-individual. O caráter infinitivo da vida é então a parte intensiva e rica em potencial, é dela que deriva a criação e a saúde. O fantasma indica o ponto em que a vida simultaneamente se cria e escapa ao domínio simbólico, escapa às vozes personalíssimas do eu. O fantasma não é um efeito de linguagem, mas o próprio engendramento de vozes e enunciados que abrem a vida subjetiva para nova distribuição de coordenadas para além da identificação do sujeito com o eu (Ego).

O que está em jogo no fantasma não é apenas a relação do sujeito com o mundo, do sujeito com os outros, mas a relação ontogenética de criação de si e do mundo. Sendo assim, é no fantasma que se encontra o atravessamento do pré-individual, do espaço fora da linguagem e da atividade permanente de criação. Nesse ponto, o infinitivo vagar, designado em Cévennes como um dos nortes da atividade cartográfica, é verbo rico em potenciais heterogenéticos. O agir é a atividade da criança em torno de pontos no espaço, é o ponto em que sua atividade normativa se manifesta. É ali que se encontra a operatória criativa e heterogenética da criança e, por isso mesmo, não deve ser interpretada, pois a linguagem é justamente isso que interrompe sua liberdade de agir.

6.3 O AGIR E A SUBJETIVIDADE FORA DO SUJEITO

Para pensar a dimensão espacial da subjetividade, é preciso evocar o conceito de agir. Para Deligny[692], o agir é o ponto em que o "homenzinho não está (aí)". Esse lugar deixado vago é onde se pode ver a subjetividade fora do sujeito, ausência que dá lugar a um aparelho arcaico de tecer, traçar, reparar, referenciar, rastrear e localizar. É a capacidade de SE situar no espaço de outro modo. O autor designa o autista como "refratário", aquele que tendo reconhecido o modelo social ao qual ele está convidado, recusa-o e faz desaparecer o sujeito numa espacialidade difusa.

Em *A voz faltante*, de 1982, Deligny[693] designa o autista como estrangeiro em relação à linguagem – cabe lembrar aqui que, em 1969, quando começou efetivamente a receber crianças autistas, muitas daquelas crianças não falavam e, portanto, é essa singularidade dos autistas que o autor toma como interlocução. Em sua crítica à Psiquiatria e à Psicanálise, ele afirma que tais saberes naturalizaram a possibilidade de ver os autistas do ponto de vista da linguagem falada, revelando uma patologia da fala e da comunicação:

> Tudo indica que, se ao ser autista, a voz falta, é porque em sua condição de ser, a voz o perdeu – ou ele perdeu a voz –, como se diria de um jogador que não estivesse em sua posição para receber a bola e reenviá-la. Ele perdeu a voz ou a voz o perdeu. Mas como se pode dizer então que o ser autista se cala? Seria como dizer que o jogador que não está presente quando a bola chega não quer repassá-la; como poderia repassar uma coisa que ele não recebeu?[694]

Vê-se então que Deligny[695] distingue o termo autismo daquilo que ele designa como humano ou mesmo com a expressão "esse moleque aí" (*Ce gamin, lá*). Essa distinção consiste num primeiro momento, numa esquiva a situar o autista conforme o saber da Psiquiatria e da Psicanálise para, em seguida, fazer ver essas crianças segundo o primado do espaço e do "comum da espécie". Essa posição teórico-prática permite situar a subjetivação no ponto anterior à linguagem, por isso o autor não se fixa ao termo autismo, mas explora a criação de um vocabulário poético-espacial que mostra o movimento das crianças no espaço:

---

[692] Deligny, 2015a.
[693] *Ibidem*.
[694] *Ibidem*, p. 213.
[695] *Ibidem*.

> O que percebemos, quando a voz falta, é que o órgão persiste e que seus sons modulados são prova de que as cordas vocais estão realmente presentes, e vibram. Mas também percebemos outra coisa: que, no lugar do instrumento abandonado pelo uso, brota outro, que, curiosamente, não se destina a substituir o que se encontra fora de uso. [...] E o uso desse instrumento faz do ser autista um ser ao qual nada falta. Para ele, a realidade é perfeita; satisfeito, ele já não pede nada, nem pergunta nada; e é justamente porque ele nada pede e nada pergunta que ele não percebe a resposta.[696]

O autor denuncia a opressão implícita na ideia de "somos todos iguais". A sociedade convoca os autistas ao assujeitamento, como se eles, sendo estrangeiros, tivessem que se adaptar ao uso da linguagem, visto que esse é o destino do Homem Civilizado. Isso desumaniza e obriga crianças e autistas a se adaptarem e serem normalizados por técnicas cada vez mais "eficazes" segundo os princípios dessa "humanidade" universal fundada sobre a premissa do "tudo é linguagem".

O autor aponta para a importância de outro instrumento: o "aparelho de referenciar" que consiste em SE referir ao espaço como suporte da existência, sem, contudo, significar ou nomear os pontos no espaço no qual o sujeito se ancra. Tal aparelho constitui uma subjetivação que nada falta, que se constitui a partir do espaço, por modos de espacialização.

Ao questionar se "Nós", homem-que-somos, perdemos essa qualidade quando nos tornamos seres de linguagem, o autor pergunta se esse aparelho de referenciar persiste ou se esse agir se perdeu nos escombros da linguagem e da domesticação. Trata-se de uma pergunta retórica, pois como escritor ele compreende bem o uso da linguagem. Embora seja determinante na experiência social, a linguagem possui seus furos e pode ser esburacada pelos buracos que os autistas fazem nela. A própria escrita do autor incorpora essas marcas.

O humano, mais do que resistir, persiste fora da linguagem. É no traçado das crianças no espaço que o conceito de espectro deve ser desdobrado e extraído de sua concepção negativa e deficitária para ser tomado de maneira positiva: trata-se de ver os autistas não por meio do espectro designado pela Psiquiatria, mas ver o espectro como uma expressão desse modo de ser fora da linguagem que se espacializa por meio do uso desse "aparelho de referenciar".

---

[696] *Ibidem*, p. 213-214.

O aparelho de referenciar indica que as crianças são atraídas por pontos, coisas ou elementos que no espaço emergem como inúteis – espaços vagos e objetos fora de uso, coisas fora do uso, a presença da água ou de alguém. Tais pontos tornavam-se importantes referências para as crianças, embora sejam elementos quase imperceptíveis do costumeiro. A apropriação de coisas fora do uso e as linhas de errância revelam a dimensão intensiva do processo de subjetivação pelo espaço fora da linguagem.

Tais pontos emergem como desvios, fantasmas, aparições. Do ponto de vista da linguagem, são imperceptíveis, mas do ponto de ver fora da linguagem revelam janelas para fora do instituído. Tais pontos imprimem sobre o espaço e a presença forças que estão fora da compreensão e que por isso torcem o espaço-tempo e fazem nele furos que liberam a singularidade contida na linguagem. Dessa forma, a difração e a fantasmagoria não são sinais de formação patológica, mas indicam a posição subjetiva dos autistas em relação ao espaço e aos acontecimentos. É um outro universo presente aqui neste mundo regulado pela linguagem, mas repleto de furos e brechas.

Esse aparelho chama atenção para os elementos espaciais: a ideia de fantasma, de espectro, de subjetividade fora do sujeito e espacialidade da subjetividade são dimensões positivas da vida. Após séculos de domesticação simbólica, o aparelho de referenciar tornou-se fóssil vivo e demonstra a existência do humano fora da linguagem, agindo e sendo atraído (agido) por outro registro que não o simbólico. O agir resiste e persiste a despeito das identificações e intenções e a cartografia, em sua ética do silêncio, é tentativa de restaurar o acesso a esse outro uso do espaço, esse outro aparelho que é o agir:

> Nada a fazer com o agir. Não tenho nada contra o fato de que pessoas se amem; o problema é que, quando se quer transformar isso em panaceia – "fórmula pela qual se pretende resolver tudo" –, o comum que tento evocar foi eliminado, de saída, como SE deve; um SE que só existe por ser recortado do real que o *perorar* elimina, entregue então a suas fantasias.[697]

Se a memória, o reconhecimento e a linguagem se situam no lugar do espírito (psíquico), qual o lugar do agir frente a isso? Segundo Sévérac[698], o

---
[697] *Ibidem*, p. 245.
[698] Severac, 2017.

agir é mais arcaico que o espírito – entendendo o espírito como a atividade psíquica constituída de consciência e linguagem. O espírito, assim como o psiquismo, possuiria um "lugar" – o que levou muitos psicanalistas a fazerem da topologia o estudo do surgimento desse lugar psíquico e das formas espaciais do espírito. O lugar do espírito seria o ponto da atividade significante do ser, a atividade da linguagem e da representação:

> Se um lugar do espírito não é necessariamente um lugar fabricado por um espírito, um lugar onde tenha se encarnado, se materializado, se naturalizado um espírito, ao menos é um lugar onde o espírito se sente em casa, ali onde ele pode, mesmo que imaginariamente, 'achar-se entre os seus'[699].

O lugar do espírito é o lugar do sentido – escondido, pronunciado, transmitido, falado, recebido, velado –, é, portanto, o lugar da palavra e da linguagem. O espírito é localizado pelo uso de signos articulados, de significantes, da linguagem e, embora aqueles que não falem não sejam entendidos como necessariamente sem espírito, seu espírito só é aceito à medida que lhe falta algo. Tudo que tem espírito fala e deve falar e essa premissa levou inúmeros autistas à modelação de seu comportamento por métodos de adaptação ortopédicos que os forçam e os fazem falar mecanicamente, a despeito de sua vontade e intenção.

Na ausência do espírito e da linguagem, o que tem lugar são infinitivos verbais: outro modo de subjetivação e outra maneira de estar no mundo. Muitas teses psicanalíticas assinalam a ausência de lugar psíquico unificado nos casos de autismo, assinalam ainda a manifestação da subjetividade como fragmentada. Nessas teses, a ausência de centralidade psíquica é apreendida como patológica, mas para Deligny[700] essa vacância indica a manifestação de outro modo de ser que, por ser incompreendido e violado pela domesticação simbólica, acabou por chocar-se contra o muro da linguagem. Portanto, essa posição não é propriamente patológica, mas refratária – a criança bate a cabeça contra a parede não por déficits neurológicos, mas pela presença excessiva desse grande muro branco que é a linguagem.

O agir só tem lugar fora. Ele não deve ser interpretado, o que SE deve fazer é declinar do lugar de saber e SE situar no lugar de traçar. Para

---

[699] *Ibidem*, p. 119.
[700] Deligny, 2015a.

demonstrar como esse outro modo de ser vem a aparecer para as presenças próximas, segue um exemplo dado pelo autor.

Em *O agir e o agido*, de 1978, Deligny[701] narra a situação de um gesto da criança autista, gesto que lhe é constrangedor. Durante a visita de pessoas que vieram até Cévennes para saber um pouco mais sobre o trabalho, o autor se encontrava sentado em sua mesa, preparando-se para receber visitas. Com tapinhas aqui e ali, ele limpa a superfície atulhada da mesa enquanto o menino vagava naquele mesmo ambiente. Com a chegada das visitas, o menino sai da sala, voltando algum tempo depois, ainda durante a conversa, e num gesto disruptivo, atira sobre a mesa um monte de lama naquela superfície que antes havia sido tapeada pelo autor. Surpreendentemente, no meio da lama se encontravam os pedaços do cinzeiro de argila que quatro anos antes ocupava aquele mesmo lugar onde a mesa havia sido tapeada e onde agora se encontrava a lama.

O constrangimento é tamanho que não há outra coisa a se fazer senão recolher a lama e reparar na surpresa trazida pela linha de errância. As linhas de errância podem ser trajetos ou gestos sem finalidade, que são de outra ordem, que responde a outras leis que não a lei simbólica e a norma social. São sem finalidade e não comunicam nada, embora seu sentido indiquem a lógica na qual funcionam essas crianças: a lógica do fora do sentido. Essas não podem sofrer o *"labor daquilo que a gente se diz"*[702], primeiro porque elas não significam, não fazem sentido; segundo porque é uma direção ética respeitar esse modo de reparar no espaço.

> Ora, havia ali na ganga úmida de terra e cinza, o que em arqueologia se chama achado: todos os pedaços de um cinzeiro de argila que, quatro anos antes, ocupara o lugar de honra lá onde meus dedos haviam batido na mesa. [...] O cinzeiro fora quebrado, e os cacos jogados num cesto onde se amontoavam os papéis que aqui servem para acender o forno em que assamos o pão. Feito o assado, é preciso entrar no forno resfriado e raspar as cinzas, juntá-las num balde, para então espalhá-las lá embaixo, nos socalcos onde se preparam os jardins.[703]

A pergunta é: como a criança pode capturar algo que estava fora do tempo e do espaço e foi capaz, após tantas etapas de defasagem, restituir os

---

[701] *Ibidem*.
[702] *Ibidem*, p. 139.
[703] *Ibidem*, p. 138-139.

cacos do cinzeiro na mesa? Por que esse gesto veio a se colocar justamente quando um pacto simbólico – uma conversa – codifica o ambiente? Só se pode crer que tal gesto veio a fazer furo no discurso e restituir a coisa no lugar da coisa. Como se sabe, os gestos são para nada, sem finalidade e não significam nem possuem significado, mas isso não os isenta de uma função política.

Trata-se então de restituir a importância das leis do real em detrimento daquelas leis que funcionam fora do simbólico; trata-se de restabelecer o primado do espaço e do *nonsense*. A convivência com essas crianças revela uma maneira de ser e uma maneira de SE referenciar no espaço. Na ausência do costumeiro – aquilo que deveriam estar ali –, elas restituam a coisa em seu lugar, visto que a coisa e o espaço são da mesma natureza e não foram ainda desenraizadas do real. Portanto, as crianças de Cévennes captam a presença daquilo que está fora, mas ainda aqui. Fantasmas. Resta a aprender a ver, ouvir e sentir isso que não está (mais) lá.

6.4 O FANTASMA PARA A CARTOGRAFIA

O espaço fora da linguagem é sem referência e não reflexivo, é o lugar onde o sujeito não está. É nele que se encontra o maior coeficiente de transversalidade, abertura que permite transversalizar o fora da linguagem no cerne da subjetividade humana, restituindo assim uma humanidade que escapa ao sujeito. O espaço é então o operador dessa reversão que vê o humano a partir desse ponto em que ele escapa a si próprio, escapa à identificação e resta como ser que se faz e se desfaz, se dobra e se desdobra numa superfície movente.

A cartografia é o meio que se encontrou de acessar o agir, permitindo rastrear esses pontos no espaço que são como janelas para o fora. Talvez seja justamente isso que aparece no autismo: o aparelho de referenciar e a persistência de um modo de subjetivação fora da linguagem. É isso que o torna tão indecifrável para o saber. A cartografia seria então não um modo de "compreender" a espacialidade da infância e do autismo, mas de acompanhar e experimentar – sem violar ou interpretar simbolicamente – os trajetos costumeiros e as linhas de errância, o agir. Ela se torna então ferramenta que permite apreender esses pequenos fantasmas fulgurantes que cintilam tremeluzindo no espaço fora da linguagem.

Deligny[704] aponta o fogo-fátuo como sendo esse ponto em que emerge o espaço fora do sujeito. O fogo-fátuo é um fenômeno que ocorre sobre a superfície de ambientes como lagos, pântanos e cemitérios, indica a atividade da matéria orgânica em decomposição que entra em combustão e libera gases que incendeiam ao entrar em contato com o ar. A narrativa mítica sobre a serpente de fogo é uma alusão a essa aparição, no folclore brasileiro, essa aparição leva o nome de boitatá. O fogo-fátuo é a manifestação disso que não está mais lá, os suspiros incandescentes do humano soterrado que resta como fóssil, o agir fora da linguagem. No trabalho das áreas de estar, o aparecimento do fogo-fátuo indica o manejo da presença no espaço. O cartógrafo desenvolveria a sensibilidade para ver, agir e sentir diferentemente segundo a influência dessa manifestação.

O fogo-fátuo, assim como o fantasma, indica a manifestação disso que não está mais lá. Em ambos os casos, o que se mostra ausente é o sujeito e, por conta disso, cabe perguntar: na ausência do sujeito, o que fica no lugar senão o espaço vago? O espaço fora do sujeito é então esse elemento paradoxal, aquém da definição cronológica (antes ou depois) e aquém da definição cartesiana de espaço (acima, abaixo, à frente, atrás, dentro, fora, aqui ou lá). Ele é antes isso que nos escapa e aquilo que dá lugar a esse modo de ver.

Em *Quando o homenzinho não está (aí)*[705], texto que remonta a proximidade e a divergência entre Deligny e Lacan, o autor situa a ética da ruptura com a domesticação simbólica do espaço e do corpo. Ele afirma que os mapas são como coordenadas que levarão à descoberta de um novo mundo, vazio de linguagem. Pensando no mapa terrestre e no mapa celeste, Deligny toma as estrelas numa interlocução que o permite pensar que a cartografia celeste foi um dos primeiros mapas da humanidade e orientou o homem no mar e no deserto. Portanto, são um dos primeiros modos de SE referenciar no espaço: *"Que o homem use as estrelas para seus próprios fins, para situar-se no espaço e no tempo, não tem nada de surpreendente. É uma velha história. Quando a descobrir o que acontece com o real, isso é outro procedimento"*[706].

---

[704] *Ibidem.*
[705] *Ibidem.*
[706] *Ibidem*, p. 220.

É retomando um trecho do *Seminário 2 – O eu na teoria de Freud e na técnica da psicanálise*[707] – que Deligny encontra uma concepção de real limitado pelo simbólico. Nomeado e situado no tempo, o real passa a ser aquilo que "se encontra na hora certa". Citando e modificando pontualmente o texto de Lacan, o autor parafraseia o psicanalista:

> O homem de antes das ciências exatas pensava efetivamente, como nós, que o real é o que se encontra na hora certa; sempre na mesma hora da noite tal estrela em tal meridiano, ela tornará a voltar lá, ela está sempre justamente lá, é sempre a mesma. Não é a troco de nada que tomo o marco celestes antes do marco terrestre, pois na verdade fez-se a carta celeste antes de se fazer a carta geográfica do globo...[708]

Deligny flagra Lacan[709] quando o psicanalista concebe o real situado no tempo e o sujeito submetido ao primado do tempo e da linguagem. Com isso, Lacan perde de vista o real do espaço e sua extemporânea qualidade. Na cartografia celeste, a linguagem nomeia o ponto meridiano onde a estrela reaparece e o espaço é cifrado pelo simbólico. No entanto, Deligny busca ver o real fora da linguagem e, embora ambos coincidam na premissa de que o real é inominável, o autor mostra que o "ponto de ver" situa o real como aquilo que se manifesta no espaço, mas fora do tempo. Diferente da estrela, o fogo-fátuo não reaparece no mesmo lugar, mas aparece nesse ponto em que algo não está mais lá e é o vago que determina a aparição do real: "*Lendo Lacan, somos pegos num jogo que se poderia dizer o labirinto. Uma vertigem se apodera de nós. Sabemos que não sairemos. Seguimos mesmo assim. Eu aí me arrisco: a presença de Janmari me impede de perder o fio da meada*"[710].

Para Deligny[711], as crianças se constituem como guias para descoberta do real e, em vez de pontos que retornam no mesmo lugar – tal como as estrelas –, o que há são irrupções que nos escapam, fogo-fátuo. A cada vez que SE nomeia esses pontos no espaço que, para as crianças constituíam referências, o real desaparecia e as referências se perdiam:

---

[707] LACAN, J. **O Seminário**, Livro 2: O eu na teoria de Freud na técnica da psicanálise. Rio de Janeiro: Zahar, 1985.

[708] Lacan, 1985 *apud* Deligny, 2015a, p. 218. Mantive a citação modificada pelo autor, mas não sem notar a importância do texto de Lacan. Sabe-se que para Lacan a psique é constituída por três instâncias: imaginário, simbólico e real, e que ao longo de seu ensino o psicanalista modificou o primado desta amarração. Após a década de 1970 o real deixa de ser perspectivado pelo simbólico e passa a ter primado em relação à linguagem.

[709] Lacan, 1985.

[710] Deligny, 2015a, p. 224.

[711] *Ibidem*.

> Foi preciso longo tempo, meses, anos, para que nos déssemos conta de que, ao fixar as referências, os pontos nomeados, perdíamos o infinitivo reparar, sem sujeito e sem objeto, sem nada que seja nomeável. Pois, para nomear, é preciso tê-lo sido, o que ocorreu conosco, enquanto essas crianças aí, esse nome que é o de cada uma, embora elas o escutem, permanecem refratárias a ele e não o proferem, ao menos no que diz respeito a grande número delas.[712]

Contudo, ainda assim, Deligny[713] não conseguia livrar-se totalmente do simbólico. Sobre o espaço se constituíram "referências" e, embora eventualmente esses pontos ganhem nome, eventualmente o referido escapava deles. No trabalho cartográfico em Cévennes era preciso livrar o espaço da linguagem de modo a permitir que a criança trace um mapa não representativo, mapa cujo primado é o espaço fora da linguagem. Deligny afirma então que os mapas são aquilo que os levarão "à *descoberta do real*", pois tais crianças "*estão dentro do real, em pleno real, até o* último *fio de cabelo*"[714]. Essas crianças, assim como o real, estão "fora" do simbólico, deslizam no espaço sem representação. Para Deligny o real não está sempre no mesmo lugar, ele se move e com ele move as referências, os nomes e os significados:

> Sucede que temos guias que nos aguardam.
>
> Mas o procedimento se torna particularmente difícil, pois em vez de estarem lá, fora, em seu lugar, na hora certa, como o estariam as estrelas, caso se tratasse de não sei que périplo, eis que os guias nos seguem, fogos-fátuos em vez de estrelas, e vá você se encontrar nessa dança de pequenos seres que eventualmente não nos precedem senão retomando nossos trajetos de antes de ontem ou de três anos atrás.[715]

Em se tratando de estrelas, diz Deligny, o real está fora, no entanto, em se tratando de crianças que não falam, onde está o real? Como é o real percebido por uma criança que não fala? Indaga o autor: "*o real percebido por um ser humano que não tem consciência de ser é também real. Será possível dizer que esse real está dentro?*"[716]. Contudo, a posição refratária de Deligny

---

[712] *Ibidem*, p. 219.
[713] *Ibidem*.
[714] *Ibidem*, p. 221.
[715] *Ibidem*, p. 223.
[716] *Ibidem*, p. 222.

ao lado de Janmari afirma: "*É fora, portanto, que tem lugar o que, do humano, seria refratário ao que funciona 'no simbólico'*"[717]. No entanto, esse impasse entre Deligny e Lacan pode ser assinalado pela implexa relação entre dentro e fora, de modo que o fora permeia o dentro e o dentro seja uma dobra desse fora. À medida que as crianças de Cévennes se subjetivam nas áreas de estar, parte desse espaço vago passa a compor sua "interioridade" e tanto dentro quanto fora passa a existir um espaço vago. Sendo assim, o real está fora e ele é justamente essa superfície movente que consegue arrastar seu movimento. O real é – entre outras coisas – o espaço fora do simbólico.

A cartografia torna-se então um instrumento que permite mapear as linhas traçadas pelo humano no real fora da linguagem. As crianças das áreas de estar se tornaram operadores clínico-políticos, operadores de transversalidade que, com seu modo de habitar a linguagem interrompida, mostravam um modo de ser fora da linguagem. A aposta ética da cartografia consiste em suspender a linguagem e a projeção de imagem da semelhança e dar a ver modos de espacialização próprios da espécie humana. A cartografia dá lugar ao fantasma, ao fogo-fátuo, àquilo que não está mais lá e àquilo que está fora do sujeito. O que ela mostra é a atividade pulsante fora do sujeito, a relação de atração que o mundo exerce sobre o corpo, restituindo assim a retomada de um erotismo que (re)encanta o concreto e multiplica a ressonância com o mundo exterior para além do mundo individuado, que amplia a ressonância com o pré-individual.

Em se tratando de referências no real, o fogo-fátuo substitui a estrela e a cartografia terrestre substitui a cartografia celeste. A estrela teria seu lugar marcado no simbólico e por isso, do ponto de vista da linguagem, constitui referência para o homem das navegações (e das colonizações). Para a cartografia de Cévennes, o fogo-fátuo substitui a estrela e o mapa não captura forma ou signo, mas antes explora superfícies onde as linhas traçadas pelo humano se tecem. O fogo-fátuo é a manifestação dessa atividade fantasmática de criação de superfície, atividade fora do sujeito. Ele é a manifestação de algo que passa de um lado a outro, que transpassa o espaço-tempo e se dá a ver como acontecimento, instante presente. Para a cartografia de Cévennes, isso se constitui como sinal daquilo que não está mais lá, como pista para escapar à domesticação simbólica.

---

[717] *Ibidem*, p. 222.

Em Cévennes, pode-se dizer que o fogo-fátuo seria um dos nomes do fantasma. O fantasma, do mesmo modo, é sinal daquilo que não está lá: na obra de Deligny o tema do fantasma aparece de maneira pouco específica, é possível encontrar duas abordagens distintas. Nas obras *Pavillon 3* e *Vagabundos eficazes*, que datam da primeira fase do autor, a palavra "fantasma" é usada para indicar a forma de uma presença esguia, o contorno esfarrapado dos meninos; adjetivo que caracteriza algo estranho à sociedade burguesa e católica[718]. Já na segunda metade de sua obra, isto é, quando se cerca da companhia de crianças que não falam, o fantasma se torna substantivo. Em *Cahiers de L'Immuable/3*, Deligny (2007) escreve:

> Portanto, os "mapas" são o "momento" de torcer o pescoço da linguagem. Não se preocupe muito com o "depois". Ela ainda está respirando. Embora me pareça compreender - em Althusser - que o marxismo "torce o pescoço" do homem, dos humanismos, torcemos, com o mesmo impulso, o pescoço da Pessoa [*Personne*]. Designamos como perigosamente ilusória este ELE da pessoa em *personne* que, principalmente quando se trata de uma criança autista, evoca um fantasma.[719]

Nesse período, o fantasma passa a designar a presença da subjetividade fora do sujeito. Janmari é o nome dado por "Nós" a "esse moleque aí", sendo que "Ele" é uma pessoa verbal que criamos para prendê-lo neste mundo ao qual estamos fixados.

Diz-se que após a morte de Deligny, Janmari continuou a visitá-lo todos os dias, no mesmo horário, como de costume. Seu rosto não demonstrava surpresa ou emoção. No texto *À propos d'un film à faire*, em parceria com Renaud Victor, em 1989, transcreve-se um trecho de carta datada em 1987, na qual Deligny escreve: "*Janmari é um fantasma. Há uma pressão de nossa parte que o mantém no estado em que o vemos. Janmari não existe. Ele não suporta ser forçado a ser o outro*"[720].

Em outro texto, *Le Croire et le Craindre*, o fantasma é propriamente essa sombra por trás de todo corpo que se ergue como voz do outro (Ele), essa grande voz impessoal da cultura, de "Nós" e da "GENTE", que se impõe como universal e que "Nós" sempre evocamos e projetamos sobre

---

[718] "Vê-se a que ponto esse pobre Centro era para as matronas da benevolência e para as metidas militantes sociais como um barco-fantasma, onde estupros e bebedeiras eram ocupações corriqueiras" (Deligny, 2018, p. 58).
[719] *Idem*, 2007, p. 1020.
[720] *Ibidem*, p. 1755.

o autista não falante. Deligny designou essa voz como sendo o *"fantôme du il"*: *"O que estou dizendo agora é que se trata de nos livrarmos do fantasma do "ele" se quisermos permitir que qualquer pessoa exista quando parece precisar de ajuda"*[721].

Em sua obra, o fantasma é carregado de ambiguidade. As observações feitas aqui não buscam encontrar um sentido conceitual defendido pelo autor. O que busco formular com a ideia de "fantasmas de Cévennes" é que o fantasma é a manifestação da espacialidade fora do sujeito, uma maneira de se subjetivar no espaço. O que Deligny[722] designa como "fantasma do 'Ele'" talvez hoje possa ser entendido com a ideia de espectro autista: quando uma criança autista se recusa a falar ou mesmo quando uma criança autista fala, o que se espera dela não é uma linguagem fissurada, esburacada, repleta de acidentes. Ao contrário, o que a assombra, a sombra que se põe por detrás de sua voz, é "Ele", o "homenzinho" e o "homem-que-somos". O discurso que faz sombra aos autistas é essa semelhança evocada como universal da língua.

Deligny[723] aponta então para dois tipos de fantasmas: aquele que é Janmari, subjetividade fora do sujeito; e o "fantasma do 'Ele'", a impressão permanente do espectro do homem sobre os diferentes sujeitos; a assombração do Ele, por de trás de toda e qualquer voz falante. Cabe a abordagem transdisciplinar pensar a subjetividade fora do sujeito como sendo essa dimensão criativa do fantasma. A questão atual: é como encontrar os fantasmas da criação num contexto em que o espectro da semelhança é pressuposto?

Por fim, é no destino derradeiro da Jangada onde o fantasma reaparece como indício do fora, de ruptura que lança a tentativa, Deligny e Janmari, no abismo do sujeito fora da vida, a morte. Após mais uma crise econômica e hospitalizações em decorrência da grave úlcera que o acometia, Deligny transcreve no texto *Singulière ethnie*, de 1980, um trecho de carta enviada à Émile Copfermann:

> A pobre e velha jangada aqui está afundando mês após mês abaixo da superfície do mar, encharcada como está pelo custo de vida; a água sobe e a jangada teimosamente permanece no seu nível. Estamos prestes a nos tornar uma

---

[721] *Ibidem*, p. 1127.
[722] *Ibidem*.
[723] *Ibidem*.

> jangada fantasma. Parece que o dinheiro é sensível e não se deixa desprezar.[724]

Após esse texto, 13 anos depois, Deligny veio a falecer. Janmari, por sua vez, morreu em 2002, pouco depois de Deligny. A jangada persiste ainda hoje, seja em Cévennes, nos filmes ou na persistência estética deste modo de vida fora da linguagem.

Os fantasmas em Cévennes dão lugar àquilo que Scherer[725] designou como política do impessoal:

> Uma 'política do impessoal' é a que dá consistência e impulso a esses devires. Para além, também do quadro personalista ou personalizante da Pólis, ela se dirige às 'etnias' e, mais ainda, àquele 'quinto mundo nacionalitário' de que falava Félix Guattari, o dos sem-pátria, dos sem-moradia, dos sem existência cidadã. Uma política que vem reforçar – ou que vem animar – o sonho revolucionário' de fraternidade e camaradagem à Whitman, "essa camaradagem que implica em um encontro com o Fora, um caminhar das almas ao ar livre, pela estrada aberta".[726]

Essa política do impessoal leva à descoberta das qualidades e singularidades do humano fora da pessoa, fora dessa identidade universal cunhada por milênios de domesticação simbólica. Os efeitos políticos desse impessoal sobre a vida é a compreensão de um coletivo desidentificado com o grupo, dimensão humana que Deligny chamou de "comum da espécie". A política do comum impessoal e fora do simbólico é mais do que a reunião de indivíduos; é a dimensão ontogenética e transindividual do humano, parte intensiva da vida que resiste à domesticação simbólica e que, por isso mesmo, se constitui em rede em vez de coletivo, grupo ou instituição. Portanto, não é mais o "demasiado humano" de Nietzsche que acumula sobre si todas as qualidades e singularidades daquilo que pressupomos como humano, mas sim uma proliferação e multiplicação de modos de ser – criança, autista, mulher, animal, vegetal, mineral... A política da impessoalidade implica então essa dimensão minoritária do comum da espécie humana, um devir comum.

O fantasma não reflete a face narcísica, humanista, nacionalista e patriótica da sociedade. Os fantasmas abrem a vida para o fora de tudo

---

[724] *Ibidem*, p. 1367.
[725] Scherer, 2000.
[726] *Ibidem*, p. 37.

isso que nos institui como "humanidade" – seres falantes, seres de identidade, indivíduos, sujeitos... Na companhia das crianças autistas, Deligny se deixou guiar pelo traçado do humano no real e, dessa forma, teceu fora da sociedade um outro modo de humanização. Ao lado desses pequenos fantasmas, Deligny atravessou o espaço-tempo e fez da cartografia a resistência ao capitalismo global e universalizante. Em vez de se adaptar à semelhança e incluir essas crianças na sociedade, o autor cria uma rede que permitiu a "sociedade" primitiva de Cévennes se fazer a partir da singularidade dessas crianças. Como ele escreve, a cartografia, os gestos e trajetos dessas crianças são *"indícios suficientemente numerosos para convidar a prosseguir nosso procedimento 'fora', fora do que funciona no simbólico, mesmo perdidamente"*[727].

O humano fora da linguagem perde sua forma, seu rosto, sua língua e sua pátria. Vive um devir nômade e imperceptível que, em vez de ceder ao peso dos escombros da linguagem, irrompe como pequenas erupções cintilantes, fogo-fátuo, e faz aparecer a espacialidade da vida. Deligny divergiu fortemente do humanismo e do comunismo, postulando um comum que é resultado da ausência de sujeito: *"Faz um bom tempo que a linguagem cortou pela raiz o comum propriamente dito desde sempre, ou quase"*[728].

A criança aprende a linguagem como coisa no real, o muro intransponível que ela bate a cabeça contra os objetos persecutórios que lhe infringem angústia. A partir do momento em que o cartógrafo deixa de ser presença pensante e se torna presença próxima, quando ele permite que seu corpo e sua consciência se dissolvam no espaço, surge uma saúde que deriva da difração do sujeito, que deriva do desvio e das linhas de errância – a subjetividade fora do sujeito.

Eis-nos de novo diante dos infinitivos, dos fantasmas e das fantasmagorias de Cévennes. As crianças, guias de presença breve e intensa, levam à descoberta do real – o outro lado, mas ainda aqui, neste mundo, o comum:

---

[727] Deligny, 2015a, p. 223.
[728] *Ibidem*, p. 242.

Escrevi que, se o inconsciente é o que insiste, o comum é o que persiste[729]. Hoje escreveria que o comum é o que prelimina, embora esse verbo não esteja lá, no dicionário; isso quereria dizer que reparar/agir precedem, não no tempo, como se poderia acreditar, mas no menor dos momentos, estando o 'lugar' já e sempre cedido ao homenzinho, que nada pode fazer senão fazer-se crer naquilo que ele crê, incluindo que, a partir do um, o comum poderia surgir, o que jamais acontece.[730]

Pode-se dizer então que o comum emerge não na intenção, da finalidade, do projeto-pensado, mas sim da difração do eu (Ego) e do sujeito nessa espacialidade do ser que "prelimina". A cartografia de Cévennes atualiza a prática clínica com o autismo mostrando como a tese da bidimensionalidade, do buraco e do afundamento psíquico podem ser revertidas e desdobradas na prática de exploração do espaço, tendo o manejo do gesto e do trajeto como via de abertura ao devir.

O aparecimento do fantasma não seria então uma linha reta entre o acontecimento, o trauma e a fantasia; haveria uma temporalidade no fantasma que é *aion*, o instante-presente não apartado do espaço. A operatória do fantasma se situaria antes da criação de um sujeito em sua relação de objeto, ela é antes esse estado preliminar, o comum indissociável entre corpo-espaço.

As posições subjetivas se desdobrariam desde esse estado preliminar, e esse estado não cessaria de se reinscrever na vida como acontecimento. Sendo assim, a posição subjetiva não é a definição estática do ser, mas modos de existência cambiáveis que podem modificar sua maneira de ser. A depender de como se monta o dispositivo de cuidado e como se aborda o autismo na clínica, e se me fixo no ponto de vista da linguagem, as posições subjetivas se tornam estruturas definitivas do ser; mas se me fio nesse ponto de ver fora da linguagem, sou impelido a criar espaços para a vida proliferar fora do sentido, em diferenciação, desdobrando as posições subjetivas em outros modos de estar no espaço-tempo.

Na abordagem transdisciplinar, o autismo não é de natureza psíquica, mas a criação de espaços, tentativa de ser fora do instituído. Trata-se de

---

[729] Em *O aracniano*, Deligny (2015a) escreve: "Foi preciso, portanto, imaginarmos uma prática que permitisse ao aracniano não apenas existir, mas persistir – o que é muito mais incerto, pois se o aracniano eventualmente afora, vai saber o que ele precisará suportar; será, no mínimo, incorporado ao projeto pensado" (p. 39).

[730] *Ibidem*, p. 245.

uma tentativa de explorar a plasticidade do ser que luta para ser de outro modo, diferente do que somos na linguagem. A espacialidade da infância e do autismo não indica as diferentes maneiras de ser e estar no mundo – na relação com o espaço que se move e junto dele move o humano. O que se pode observar na cartografia de Cévennes é que aquelas crianças ditas incuráveis, quando lhes fora oferecido o espaço descarregado de linguagem e instituição, é o traçar que aparece inaugurando outras possibilidades de ser no mundo, de se situar no espaço-tempo, de escapar da virtualidade da semelhantização, desdobrando-se e transpassando o limite imposto por essa prática de normalização.

Quando a criança se desdobra em novos modos de espacialização, ela ganha contato com o mundo. No exercício cartográfico de acompanhamento, o real aparece então no "menor dos momentos", no instante do acontecimento que fulgura na indissociabilidade entre o processo de subjetivação e a criação de espaço-tempo singulares. É justamente aí que o fantasma deixa de ser "Fantasma do ELE" e passa a ser fogo-fátuo, a janela que se abre para fora do simbólico, do tempo cronológico e da consciência.

6.5 EMARANHADO: JANELAS PARA O FORA

A função criativa do fantasma opera passagens e diz respeito ao comum. Não se trata então de esperar desse processo uma saúde individual, mas sim uma saúde coletiva – ou, para ser justo com os conceitos de Deligny, uma saúde do "comum da espécie". O fantasma demonstra a capacidade criativa da subjetividade fora do sujeito: no caso da cartografia de Cévennes, o surgimento de fogo-fátuos indica a possibilidade de SE criar janelas no espaço-tempo, transversalizar o universo fora da representação nesse mundo domesticado pelo simbólico.

Deleuze afirma que a capacidade do fantasma é ligar dois lados fundamentalmente opostos, franqueando *"distância entre sistemas psíquicos, indo da consciência ao inconsciente e inversamente, do sonho noturno ao devaneio diurno, do interior ao exterior e inversamente"*[731]. O fantasma é limiar, não pertence a uma única superfície (oral, anal, escópica, tátil), mas antes "articula" superfícies conscientes e inconscientes e redistribui as diferentes intensidades em faces das dimensões interior-exterior, psíquico-social, simbólico-imaginário.

---

[731] Deleuze, 2015, p. 225.

Os fantasmas são ponto no espaço em que a subjetividade se abre ao espaço-tempo infinito, ao fora da linguagem e, portanto, constituem o ponto de liberação das singularidades presas, liberando aquilo que estava contido por efeito da domesticação simbólica. O fantasma é então pista para o real e a transposição da linguagem, é o limiar que nos lança na dimensão pré-individual e ontogenética do ser. Dessa forma, os fantasmas de Cévennes são, propriamente, um desvio em tudo aquilo que se produziu na clínica e na educação de crianças ditas autistas.

A partir da década de 1970 se ergueu na clínica do autismo uma discursividade hegemônica que contrapunha em muitos aspectos a língua menor. Contra os autistas, o DSM transformou a fantasmagoria em "espectro", os gestos em "estereotipia", o refratário em "*meltdown*" ou "*shutdown*". Sendo assim, a nova grade, o novo hospício, é propriamente o discurso que seduz, reduz e aprisiona a subjetividade fora do sujeito a uma categoria diagnóstica.

A cartografia, diferentemente, prefere fazer tal como o poeta Manoel de Barros[732] e iluminar a vida pela escuridão, pela obscuridade do desconhecido:

> Porque se a gente fala a partir de ser criança, a gente faz comunhão: de um orvalho e sua aranha, de uma tarde e suas garças, de um pássaro e sua árvore. Então eu trago das minhas raízes cranceiras a visão comungante e oblíqua das coisas. Eu sei dizer sem pudor que o escuro me ilumina. É um paradoxo que ajuda a poesia e que eu falo sem pudor. Eu tenho que essa visão oblíqua vem de eu ter sido criança em algum lugar perdido onde havia transfusão da natureza e comunhão com ela. Era o menino e os bichinhos. Era o menino e o sol. O menino e o rio. Era o menino e as árvores.[733]

Em face à Psicologia cognitivista e à Psiquiatria biológica, a experiência cartográfica demonstrou que a criação conjunta com crianças ditas autistas é a superfície ético-estético-política que se deve percorrer quando se trata de reverter o curso dessa nova psiquiatrização operada pelo espectro.

A clínica do espaço é aposta no espaço como plano de deslocamento dos afetos e das singularidades aprisionadas nessa discursividade atual sobre o autismo. Nas áreas de estar de Cévennes os fantasmas apareciam

---

[732] BARROS, M. **Memórias Inventadas**: A terceira infância. São Paulo: Editora Planeta do Brasil, 2008.
[733] *Ibidem*, p. 7.

como a presença daquilo que não está (mais) lá, mas que ainda assim se faziam presente mesmo em sua ausência física, imaginária e simbólica. É a partir desse fogo-fátuo que se instaura o novo regime de sensibilidade. O manejo do espaço e da linguagem deriva deste acompanhamento do trajeto da criança.

Nos mapas, o aparecimento do fogo-fátuos era identificado como *chevêtres*. Os mapas elaboravam códigos estéticos que apresentam certas características específicas da vida local: por exemplo, as linhas de errância eram traçadas no mapa em tinta nanquim, já a presença dos adultos é identificada nos mapas na forma de um pequeno homenzinho – às vezes sem cabeça ou verde.

Para Séguin[734], os *chevêtres* apareciam no entorno de coisas que atraem e imantam as crianças e se faziam ver pelo traçado da linha de errância que desviam seu trajeto costumeiro até esse ponto no espaço. Os *chevêtres* aparecem quase sempre no cruzamento entre o trajeto costumeiro das presenças próximas e a linha de errância da criança; podiam às vezes ser encontrados na ausência das presenças próximas, no rastro dos trajetos mais densos dos adultos que, de maneira imperceptível, marcavam o espaço em sua ausência física. Os *chevêtres* não são uma forma ou tentativa de comunicação intersubjetiva entre as crianças e os adultos, as linhas de errância nada querem, nem mesmo interpelação ou provocação. Trata-se antes da manifestação do sujeito, algo que nasce dessa brecha e dessa encruzilhada entre a linha de errância da criança e o trajeto dos adultos.

Os *chevêtres* inauguram a efetiva reversão de perspectiva, revelando como a linguagem constitui para criança um ponto de perturbação no espaço. Quando isso acontece, a cartografia mapeia a cena demonstrando como o "mínimo gesto" da presença próxima – tocar uma pedra, mover um objeto ou deslocar-se no espaço – constitui uma interferência. A cartografia viria revelar como a presença pode ser invasiva e com isso possibilitaria a presença próxima SE ver no espaço, modular sua presença, ornar com os desvios das crianças e assim constituir um espaço perspectivado por essa experiência fora da linguagem.

Para Deligny[735], as linhas de errância são encontradas, quase sempre, em um ponto emaranhado entre os trajetos dos adultos e o traçado da criança. Esse entrecruzamento de linhas, esse emaranhado é, na gíria

---

[734] Séguin, 2018.
[735] Deligny, 2015a.

de Cévennes, um *chevêtres* – palavra pouco usual na língua francesa que torna a tradução difícil. Para Lara de Malimpensa, tradutora da obra *O aracniano*, publicada no Brasil, em 2015, essa palavra significou no francês antigo "cabresto, ligadura, atadura" e no francês atual significa "dormente (soalho)". Em marcenaria indica uma peça fixa, espécie de trave em que assenta o soalho, isto é, um pavimento, um platô.

Em *Le croire et le craindre,* Deligny deriva uma segunda palavra – de *chevetres* à *enchevêtrement*, que permite Malimpensa traduzir o termo como "emaranhado" e "emaranhamento". No entanto, essa tradução é insuficiente para dar conta da complexidade do conceito. Quanto a isso, vale a pena ler o trecho do texto em questão:

> Vocês sabem como é um bauzinho de madeira. Ele desliza sozinho para dentro dos costumes da unidade que o utiliza. Ora, verifica-se que tal *coisa* atrai as crianças autistas, como que naturalmente. Essas *coisas* que influenciam visivelmente as linhas de errância das crianças, e tão seguramente quanto o imã atraia a limalha de ferro, nós as chamamos *chevêtres*. Vocês verão o porquê dessa palavra, que evoca o emaranhamento [ou encabrestamento], a propósito de algo tão simples como um baú. Os outros *chevêtres* em que pudemos reparar são, eles também, muito simples. Trata-se da água, dos nós mais densos de nossos próprios trajetos, cuja atração persiste mesmo quando nós não estamos, lá. Existem lás que são *chevêtres*. Numa área de estar de cinco ou seis anos de idade, existe sempre algum lá onde as crianças vêm se fixar, e isso apenas alguns dias depois de sua chegada para uma primeira estadia. Nunca viram ninguém se pôr, lá. Não é um imitar, não é um identificar-se, não é um pôr-se no lugar de... Não se trata de Se nem de S'. Esses poucos lás são, portanto, *chevêtres*.[736]

Chevêtre é então uma "gíria" que deriva de uma palavra esvaziada de sentido, palavra desenraizada do simbólico. Ela é coordenada espaço-temporal que baliza o trabalho de manejo do espaço na rede Cévennes e serve, sobretudo, para descarregar o espaço de sentido, preservando assim a fissura que dá lugar à vacância da linguagem:

> Alguns vocábulos que constituem palavras, porém extirpadas do vocábulo, desenraizadas. Palavras que arrumamos para escorar: anel, *chevêtre*, ruptura de anel, inadvertência,

---

[736] *Idem*, 2007, p. 1109. A tradução encontra-se publicada na Nota da tradutora (Deligny, 2015a, p. 131).

iniciativa. Palavras postas na folha como seixos, num dia de verão, o seriam. O vento, no caso, é a linguagem que nos advém, "catastrófica" – de onde quer que sopre, o que quer que diga –, cegante.[737]

Para Deligny, tal palavra é *"gíria que evoca as coisas que, com toda evidência, atraem, imantam, quem vive a linguagem inter-rompida"*[738]. E se tomarmos a indicação do autor sobre o movimento do bauzinho deslizando para dentro dos costumes das crianças, ou mesmo a atração que a água exerce sobre a criança, o que está em jogo nesses *chevêtres*? Está em jogo reparar na espacialidade da vida: o emaranhamento do corpo com o espaço, a atração que o mundo exerce sobre os corpos numa relação de tropismo e até mesmo o próprio devir do espaço que, molecularmente e de maneira imperceptível, se move e se manifesta. *Chevêtrês* é então um termo importante para compreender a dimensão ontogenética do espaço e a retomada de um erotismo com o mundo que não é autoerótico, mas transindividual. *Chevêtres* são antes como passagens, transposição da linguagem e abertura do sujeito ao fora da linguagem. Para Deligny, trata-se de pontos – porção do espaço – nos quais *"espaço e tempo se confundem, são a mesma coisa"*[739].

Rivera[740] aponta o modo como esses pontos são identificados nos mapas de Cévennes, em especial aqueles que datam do período entre 1973 e 1976. Podem ser encontrados com a grafia de letra Y que, em francês, indica um lugar preciso tal como o "aí" em português; pode também ser referido como desenho de um adulto (traço mais longo) no qual brota uma criança (traço mais curto) retomando então a imagem da letra Y ou a bifurcação de um caule de árvore. A autora indica que os *chevêtres* demarcam no mapa o *"lugar que as crianças de repente reencontram, como se fossem atraídas por ele, como quem abre uma janela no tempo: antigas fogueiras, riachos que já não correm ali, fontes de* água *que secaram"*[741].

Chevêtres indica a atividade da criança que gravita, rodeia, se endereça à presença de algo que não está mais aí. A estranheza desse conceito indica a manifestação de outro modo de ser distinto do modo de ser na

---

[737] *Idem*, 2015a, p. 131-132.
[738] *Ibidem*, p. 139.
[739] *Ibidem*, p. 143.
[740] RIVERA, T. Fechar portas, abrir janelas (estratagemas políticos para sair de si). In: **Pandemia crítica –** outono 2020. São Paulo: N-1 edições, 2021, p. 464.
[741] *Ibidem*, p. 464.

linguagem. É a espacialidade do ser manifesta, o horror da presença da ausência. Tal conceito nos lançam no fora do sentido e nos permite experimentar o *nonsense*, fora da linguagem e fora do sujeito. *Chevêtres* é então a janela para o fora, o assoalho que abre no espaço uma brecha entre o humano, o espaço e a linguagem.

Resende aponta para os *chevêtres* como sendo aquilo que permite o "*comum que só pode ter lugar fora do* âmbito *da linguagem*"[742]. Nas áreas de estar, o comum aparece por inadvertência, isto é, como ruptura com os pactos simbólicos, como eventuais acontecimentos que rompem o mundo tal como se conhece e situa o fora do sentido no centro das relações, como aparecimento de fogo-fátuos que fulguram como imagens que atravessam mundos. Assim, o comum não é apaziguamento ou pacificação, mas vibração de discordância entre o mundo do sentido e o mundo fora do sentido. O comum é propriamente uma tensão de variação, relação de inadaptação entre aquilo que está posto (a linguagem, a instituição) e aquilo que está fora (o espaço, o agir). É a ruptura do projeto pensado que inaugura a brecha e a transposição destes dois mundos: "*O comum para Deligny é sempre de espécie, o Nós tendo lugar apenas quando se abre uma brecha na dominação do sujeito, instante no qual uma camada primordial, humana, sem consciência de ser pode aparecer, por inadvertência*"[743].

Rivera[744] propõe que o termo seja traduzido como "maranhado" ao invés de emaranhado, mantendo com isso a estranheza que a palavra evoca. A autora indica que *chevêtre* significa "*uma engenhosa peça de construção civil que reforça a estrutura para permitir que se introduza em uma superfície um vão livre, um buraco, sem que sua sustentação seja atingida*"[745]. O termo evocava então a possibilidade de "*abrir uma janela no telhado*" que permitiria pensar uma nova topologia política: a possibilidade de inaugurar uma resistência política e estética que ocorre por criação de novos espaços que transpõem a dicotomia dentro-fora/sujeito-objeto e dá lugar a "estratagemas políticos" que nos orientam a sair de si.

Trata-se então de evocar a "*potência da suspensão de fronteiras em prol da solidariedade e da construção de um novo comum*"[746] deflagrando a sufocante arquitetura política da atualidade e abrindo nela janelas que

---

[742] Resende, 2016, p. 277.
[743] *Ibidem*, p. 277/278.
[744] Rivera, 2021.
[745] *Ibidem*, p. 465.
[746] *Ibidem*, p. 455.

incitam o movimento no espaço e o *"descompasso em relação a si mesmo"*[747]. *Chevêtres* compõe então o arsenal de conceitos, ferramentas e *"artefatos poéticos, artimanhas teóricas, estratagemas políticos"*[748]:

> O maranhado é um acontecimento, um desvio no traçado habitual, nos trajetos corriqueiros, uma brecha aberta graças ao reforço fortuito dos cruzamentos de caminhos, entra nós. Ele parece assim pôr em questão o que é a própria estrutura – a estrutura que propusemos chamar de arquitetura política – ao mesmo tempo que a altera, engenhosamente, multiplicando sua unidade básica que é o encontro entre dois elementos. Ele pode ser tomado como um modelo de janela que a caracteriza como lugar comum – nem de um nem de outro – do qual emergem um e outro. E lança a questão de como se poderia retomar tal lugar, voltar a habitá-lo, reativá-lo.[749]

Os *chevêtres* permitem pensar a topologia dinâmica, topologia do encontro ou do esbarrão[750], que produz uma brecha na subjetividade e dá lugar a reversões clínico-políticas; indissociabilidade entre dentro-fora. Tal estudo permite tomar o espaço-tempo a partir do esbarrão, do enlace que não faz laço social, mas constitui modos de resistência fora da linguagem. A partir das brechas e janelas criadas no espaço-tempo, torna-se possível uma espécie de clínica da clínica que destitui a obrigação de tudo significar e torna a palavra um projeto, um projétil.

É no enlace com aquilo que não está mais lá, no espaço que resta no lugar da ausência, que os *chevêtres* fazem um buraco não só no discurso, como no espaço-tempo, com isso fazem ver pontos fulgurantes, fogo-fátuo, fantasmagorias, janelas para o fora. A publicação de *O aracniano e outros textos* reúne o material no qual Deligny[751] responde contundentemente a uma clínica da falta-a-ser, defendendo que o objeto ausente deixa um espaço vazio que não é menos lugar, mas sim é espaço do real – um espaço fora da linguagem, do sujeito e das representações, que insiste por meio de pistas, trajetos, percursos, traçados e trilhas que indicam que este

---

[747] *Ibidem*, p. 459.
[748] *Ibidem*, p. 462.
[749] *Ibidem*, p. 466.
[750] O termo "esbarrão" é desenvolvido como conceito na dissertação de Bruna Pinna Souza, intitulada "E entre esbarrões: experiências clínico-políticas e a Casa Jangada", trabalho orientado por Danichi Hausen Mizoguchi, em 2023, no Programa de Pós-graduação em Psicologia da Universidade Federal Fluminense.
[751] Deligny, 2015a.

espaço existe. Os fantasmas de Cévennes são então a criação de limiares para fora do sentido instituído, permitindo pensar uma nova topologia do humano no encontro com o fora da linguagem.

Trata-se de ver então fora aquilo que nos antecede e nos atrai até os caminhos desconhecidos:

> Nós passamos aí com frequência onde o traço cinza se escurece pela frequência das passagens * o rastro de tinta segue o trajeto de uma dessas crianças que vivem (n)a vacância da linguagem * ele segue, este rastro, um de nossos trajetos costumeiros, se alongando, e se inclina para este lugar maranhado, assim como acontece, a este rastro de trajeto, de se dirigir a um curso de águas, para nada * dir-se-ia que está em jogo uma atração, o que se pode escrever: emerge este atrair de antes de todos os verbos, estejam eles no infinitivo * nós não estamos aí, neste lugar maranhado, nem um nem outro * eis que aparece este que, neste nós que não pode ser mais comum, é prelúdio do um e do outro sem contudo aí se perder ou se ordenar * a água data de antes da sede, e o homem de antes do nome[752].

Rivera aponta para *"a violência e o perigo implicados no ato de romper uma estrutura para nela abrir uma janela"*[753], fato que fez Deligny pagar o preço por essa aguda percepção e pela posição refratária que constitui as áreas de estar.

A margem implica o eventual sofrimento, ninguém está a salvo do mal-estar: a linguagem não nos salva da "GENTE", ao contrário, ela instrumentaliza a violência e o genocídio de existência que destoam do projeto pensado de civilização. Se Foucault[754] diz que a política é uma nova forma de fazer guerra, a linguagem é uma arma sutil. Por outro lado, a instauração de modos de vida comum àqueles que vivem (n)a vacância de linguagem é gesto ético-político que dá lugar à defesa dos direitos daqueles que estariam relegados ao exílio, à exclusão, ao asilo e ao hospício.

Contudo, o risco implícito nesse gesto deve ser acolhido: é, como aponta Rivera[755], o risco do desabamento que uma janela no teto pode ocasionar. Outros perigos ainda são reais – a institucionalização de um

---

[752] *Idem*, 2007, p. 815.
[753] Rivera, 2021, p. 464.
[754] Foucault, 1999.
[755] Rivera, 2021.

único modo de existência, a sobrecodificação do espaço pela linguagem e o fechamento de todas as brechas que fazem que os *chevêtres* desapareçam no interior das instituições. Este seria, diferente do desabamento, o perigo do fechamento.

Eis os perigos de se viver uma vida à margem: incorrer no risco da institucionalização ou incorrer no risco de desabamento. Nesse sentido, a clínica do espaço, no enfrentamento desse risco, aposta na transformação das estruturas espaço-arquitetônicas de modo a criar portas no lugar de grades, janelas no lugar das celas, espaços abertos no lugar de normas, tentativa no lugar da eficiência e, por fim, transversalidade no lugar da instituição.

O risco encarado por Deligny foi o de combater tudo isso com uma flexível jangada. A jangada é o manejo da superfície espaço-temporal das áreas de estar. Enquanto conceito espaço-arquitetônico, ela diverge em absoluto das outras arquiteturas evocadas – o hospital, o asilo, o centro de detenção, o ambulatório. Para Rivera[756], a arquitetura das áreas de estar é a jangada, espécie de superfície aberta na qual a tentativa se lança ao mar. Para ela, a jangada possui uma *"arquitetura fenestral, na medida em que são as passagens, as frestas que determinam seu modo particular de funcionar, ou seja, navegar"*[757]. Para Miguel[758], o "Nós" e a jangada são a mesma coisa, constituem um modo de estar no espaço, o comum constituído a partir do espaço. A jangada passa a ser a própria instalação das áreas de estar e com isso o ornado desse espaço aberto. O que dá contorno ao fora é a maneira de SE fazer presença próxima e estar no espaço[759].

"Nós" ganha então uma dupla acepção: é a primeira pessoa do plural e designa a posição dessas presenças próximas em relação à tentativa de constituir áreas de estar; e, do mesmo modo, constituir esses pontos de amarração que se encontram suficientemente soltos e flexíveis para suportar as marés, a ressaca e as ondas que não cessam de chegar. A jangada se constitui então nesse fora do sujeito é a materialização da espacialidade sem sujeito tomada então como processualidade. A espacialização seria o movimento permanente do humano no espaço, o nomadismo; o modo de produzir instalações espaciais.

---

[756] *Ibidem*.
[757] *Ibidem*, p. 466.
[758] Miguel, 2016.
[759] *Ibidem*, p. 227.

6.6 JANGADA: LIBERDADE SEM NOME

A jangada é, portanto, mais do que apenas a composição entre casas, abrigos, pedras, objetos, é a própria produção permanente de novos modos de habitar o espaço-tempo. A jangada faz das áreas de estar uma maneira de atravessar o contemporâneo, de furá-lo e constituir fora esse arranjo cuja presença não está apartada nem do espaço nem do tempo. "Nós" é mais do que apenas o conjunto de pessoas, é antes marcas no espaço-tempo, maneiras de SE fazer presente, de estar presente mais do que apenas existir.

Em *Au défaut du langage, no Cahiers de L'Immuable/3*[760], de 1976, Deligny escreve:

> Esse lugar entre nós se chamava Île d'en bas; o 'sujeito', a 'pessoa' já era - e sem que nós soubéssemos - a área, o lugar, o território, a ilha, nó de existências, e eu hesito em colocar nessa palavra o *s* de plural. Nós lá estávamos, aí, esse nós-aí não era mais pensado como uma reunião de 'particulares'. Tratava-se de um lugar. Havia outros. Foi à vista desse *cerne d'aire* que nos veio o projeto de persistir a transcrever tudo que era simplesmente visível, na espera de ver aparecer algum traço disso que nós escrevíamos N, gravado em nós a partir da existência dessa espécie nossa, Nós primordial e que persiste a preceder fora de todo querer e todo poder, para NADA, imutável, como, no outro polo, a Ideologia.[761]

A jangada, tal como os mapas, é o operador clínico-estético que produz num só tempo a arte e a vida, as instalações espaciais e os modos de espacialização. É o comum que se faz pelo acolhimento da espacialidade fora do sujeito. Mas por que se trataria de clínica, visto que Deligny recusou fortemente essa abordagem? Aposta-se na jangada como clínica, pois ela modifica as maneiras de ser, pensar, sentir e agir ao lado dos diferentes sujeitos[762]. A jangada é então a conjunção corpo-espaço-presença, operador que produz um comum desidentificado com os sujeitos, um coletivo impessoal. Entorno e por meio dela os *chevêtres* aparecem e as linhas de errância se traçam como janelas para fora.

---

[760] Deligny, 2013b.
[761] *Idem*, 2007, p. 958.
[762] "Por fim, de jangada, Deligny volta a insistir no fato de que se trata de uma coisa: o Nós é algo instalado, materialmente existente, que configuramos, mudamos, transformamos constantemente e de forma artesanal" (Miguel, 2016, p. 229).

Para Deligny, os *chevêtres* indicam um *"fragmento de real quase imaginário"*[763], desvio da identidade do sujeito. Os "Nós" da jangada constituem brechas e rupturas, dando lugar à espacialidade do comum – um e outro, apartados da semelhança, lançados num mesmo espaço que os antecede. São os mapas aquilo que leva ao real, sendo esse real o encontro entre a materialidade do mundo e a atividade pulsante da subjetivação. O encontro com o fora da linguagem suspende aquelas identidades dadas *a priori* tal como as identidades binárias homem-mulher, louco-são, normal-anormal, adaptado-inadaptado. Os *chevêtres*, assim como os fantasmas, exprimem o acontecimento que difrata o tempo do sujeito no espaço exterior a ele, constituindo a espacialidade do humano – a inseparabilidade entre o corpo e o espaço, a linguagem e o fora dela. Sendo assim, *chevêtres* é indicação do comum referenciado não no discurso ou na identidade, mas no real.

A referência no real, o que é? Pontos fantasmáticos e espaços moventes que dão brechas para reversão e criação, é a operatória da vida se fazendo desde fora. É a indicação dessas janelas no tempo-espaço onde as formas dentro-fora, subjetivo-objetivo, pessoal-impessoal, passado-futuro têm suas fronteiras borradas. A referência no real é então o maranhado, a nebulosa, o espaço sem referência no qual a queda não é apenas do colo da mãe – como dizem os analisandos sobre a experiência do buraco negro. A referência no real é a queda do sentido e da própria referência imaginária-simbólica; é a reconstituição da individuação, um começar de novo.

Para a clínica do espaço, a saúde passa a ser não apenas a individualidade biopsicossocial, mas o emaranhamento do corpo ao espaço, comum da espécie, da subjetividade fora do sujeito, distribuídos no espaço-tempo. É então uma nebulosa onde o humano não possui fundamento nem no céu nem na terra, nem no mar nem no espaço. O humano é então um fragmento do espaço-tempo que, cedo ou tarde, cederá aos acasos constituintes do Universo.

> Que lástima que o homem, ao elaborar suas mitologias, não tenha situado o céu no centro da terra. Na condição de recém-chegado, teria sido discreto, tímido, respeitoso, vendo em toda parte, em todo vegetal, em todo animal, um predecessor. Sucedeu, aliás, que pensasse assim, mas quase furtivamente, carregado pela voga do projeto pensado, cuja utilidade parecia inegável. Eis que ele hesita, dá meia volta, mas agora seu andar é incerto, cambaleante. E como

---

[763] Deligny, 2015a, p. 142.

poderia ser diferente? O inato se esgotou, se atrofiou. Só lhe restam pulmões, ao passo que seriam necessário ouvidos. Ouvir. Ele já não é capaz. Ele entende. Entende-se pensar; mas ouvir é outra coisa, não o que se pode dizer.[764]

Chevêtres é o ponto indicativo da atração e da influência visível das forças do fora, a disponibilidade de o humano agir no espaço – algo que para o autor se atrofiou por efeito da domesticação simbólica.

As linhas de errância, quando fulguram atraída pela água ou ornam com a argila[765], são propriamente esse ponto de emaranhamento com o mundo. Nessa aliança da cartografia com as linhas de errância, os *chevêtres* constituem um cuidado da criança para com o homem-que-somos; é a criança operando reversões clínico-políticas, abrindo janelas e deslocando a clínica de sua obrigação de representar. A criança nos lança a tarefa de instaurar novos modos de existência a partir dessa abertura no espaço, nos impele a ser suporte para criação de novas maneiras de ser e estar no mundo:

> Dez ou doze aranhas, à espreita, na mesma teia – isso nos diferencia da aranha, cada um de nós estando provido, como devido, de seu projeto pensado; seria mais correto dizer de seus projetos pensados.
>
> Tais projetos se apoiam na rede, ou então esses projetos suportam a rede, como aquelas tantas boias, se a rede for de pesca.
>
> Essa palavra – apoiar-se – ilustra muito bem uma das coisas em relação às quais precisamos ficar à espreita. Falar de boia é fazer uma analogia muito aproximativa, pois a rede não é algo inerte como uma rede de pesca o seria, e nós não somos boias.
>
> O que se pode tramar entre uns e outros é, rigorosamente falando, inimaginável.[766]

A partir destes conceitos – *topos*, *chevêtres*, rede, linha de errância, jangada, agir –, a clínica do espaço sustenta as brechas e os limiares que permitem passagens a outro modo de existir desidentificado com

---

[764] *Ibidem*, p. 44.
[765] Vide a fotografia no Caderno de imagens, Verão de 1969, L'île d'em bas (*Ibidem*, p. 112)
[766] *Ibidem*, p. 39.

a Linguagem e com o Homem. Trata-se então de atravessar as forças inquietantes e disruptivas que vêm de fora e deslocam as identidades e os saberes instituídos para, a partir desse gesto, constituir novas maneiras de estar no mundo.

Sendo assim, autismo passa a ser o nome dessa brecha na qual o humano SE vê outro, atravessado pelo fora do sentido e destituído do instituído (desinstitucionalizado). É um dos nomes para a experiência limiar com o fora da linguagem, é a espacialidade do ser atravessando as práticas e os saberes da clínica e da educação. A inclusão do autismo passa a ser então a inclusão desse ponto disruptivo e criativo; caos e cosmo no cerne da subjetivação.

Cartografar o real é então encontrar os pontos de passagem, limiares que nos levarão ao outro modo de ser e habitar. O que seria o real para Deligny? Seria *topos*, espaço intensivo que antecede todos os outros espaços. Na obra do autor há uma série de termos que indicam o espaço, "aí" é um dos mais recorrentes e indica a superfície em que o agir e o fazer se entrecruzam. *Topos* é o lugar desse resto, o espaço que permite que o agir surja no fazer e um fazer seja descarregado do projeto-pensado, o simbólico (a intenção, a finalidade e o sentido). *Topos* é o espaço que permite e dá suporte ao trajeto e, ao mesmo tempo, é o que suplanta todos os espaços; é a dimensão intensiva e pré-individual do espaço que é soterrado junto com o humano nos escombros dos edifícios do homem e da linguagem; é o espaço do devir, fora da pressuposição da identidade, do signo e da compreensão.

Topos é então o espaço fora da linguagem, espaço que constitui para cada indivíduo um meio primordial que liga o processo de individuação ao mundo que o cerca e o excede. É o espaço em que se apoia a linguagem e a imagem e, por isso mesmo, sem ele, nem o humano nem o homem têm lugar. Assim, *topos* é aquilo que está lá, desde antes do traço, do traçar e do traçado. É o espaço que subtende o tempo, espaço do devir e o devir próprio do espaço; é a superfície que antecede a criação de todas as superfícies. A arte bruta do mundo.

Sendo assim, o que subentende a criação das áreas de estar e o aparecimento dos *chevêtres* é o *aí* ontológico, afirma Scherer[767], espaço que subtende a utopia e que designa um lugar não atualizado, inatual,

---

[767] "O aí de Deligny não diz respeito a uma 'diferença ontológica', é o aí das coisas, do meio das coisas. Se ele implica um 'ser-com, não é à maneira de *Mit-sein* heideggeriano, seria antes como alusão àquele plano de fundo de um 'nós' primordial, uma *Wirheit* que Binswanger introduziu em sua análise existencial" (Scherer, 2000, p. 33)

que está sempre se atualizando no aqui-agora, no espaço-tempo e que, paradoxalmente, está fora. A apreensão cartográfica desse lugar deve fazer ver sua manifestação presente-ausente, atual-virtual, dentro-fora. *Topos* é aquilo que não cessa de chegar e, ao mesmo tempo, não cessa de se perder; espaço que está ausente, mas se faz presente enquanto acontecimento.

Para Deligny[768], *topos* é uma entidade particularmente suscetível, é o espaço que escapa à linguagem. Quando se embriaga de intelectualidade, é *topos* que se perde de vista. Para situar-se nesse *topos* é preciso então algum quê de tentativa, viver segundo as leis do real, ainda que elas sejam desconhecidas e assim permaneçam. A pergunta sobre qual o lugar do comum, é certo que *topos* venha interessar, pois esse é o lugar de todos os lugares. Todo lugar é, afirma Deligny, do âmbito de *topos*, sua superfície é fora do tempo.

> É flagrante que o tempo, nas áreas de estar, não se conjuga. É o infinitivo que reina, estando "o tempo" fora do tempo; a memória reage sempre ao *agora aí – topos –*, e o que pode ter advindo "noutros tempos" a cada indivíduo tem apenas uma importância secundária em relação ao que aflora, como que por reflexo, manifesto.[769]

Não se trata então de compreender ou agrupar particularidades para então, depois, no tempo, traçar o comum; trata-se antes de apreender de maneira sensível esse espaço-aí que se manifesta aquém da intenção e da compreensão:

> Se nós nos fiarmos um pouco no que se pode ver daquilo que permite essas iniciativas – prefiro esse termo ao que as desencadeia ou provoca –, verifica-se que o reparável de onde o agir se articula nos diz respeito realmente, mas de maneira tal que revela aspectos desses nós-mesmos que nos escapam.[770]

Topos é então o espaço fora da linguagem e do que excede a representação; lugar do pré-individual e das transindividuações. É o lugar movente, aspecto real que se move e com ele move os movimentos: "*Estranho topos o que, dentro daquele que sou obrigado a dizer que é esse Janmari aí, se presta a perceber; um dentro aí que não está incluído no universo em que o símbolo opera – que é, porém, humano, digam o que disserem*"[771].

---

[768] Deligny, 2015a.
[769] *Ibidem*, p. 163.
[770] *Ibidem*, p. 138.
[771] *Ibidem*, p. 247.

Se há então um lugar ontológico e topológico para o humano, esse lugar é fora daquilo que o humano representa para si. Seu lugar é infinitivo, aí-agora, tempo espacializado:

> *Topos?* Eis-nos diante de um infinitivo, o lugar do humano.
>
> E se é verdade dizer, como eu li, que o inconsciente não tem (um) lugar, o humano específico tampouco o tem, mas o que acontece, contanto que haja ali ao menos uma poça propícia, prova que ele poderia ter lugar noutro universo fora aquele onde reina o fazer como, enquanto o agir é de iniciativa.[772]

Para mais, lembremos da situação do patinho que, quando filhote, foi privado de nadar. Cabe citar ainda o gesto da garotinha autista que deposita galhos nas cinzas da fogueira que já se apagou:

> Se a garotinha autista A. se obstina em depositar galhinhos sobre as cinzas escurecidas de uma fogueira que não arde há dois anos, pouco lhe importa a finalidade do agir, se ele era de um querer, nem que fosse alimentar as chamas; e se alguém quer que o fogo arda, é para se aquecer ou cozinhar seus alimentos. Os gestos de A., que, bem se vê, são inoportunos e surpreendentes em sua obstinada abnegação, não nos parecem, ainda assim, radicalmente estranhos; não é a primeira vez que vemos um gesto de mesma natureza.[773]

Assim como na situação do patinho, caso essa garotinha fosse impedida, é o agir que perde o lugar e ela será ensinada a ser como os outros são. Privada de seu agir, o que desaparece é o espaço que dá suporte ao seu ser no mundo. Por isso, pode-se dizer que o que está em jogo no sofrimento do autismo não é uma falta, uma falha ou um déficit, mas esse lugar de todos os lugares, *topos*, espaço que subtende o gesto.

Qual lugar falta ao autista se não o lugar de traçar e ser em seu silêncio? O que as crianças autistas precisam é, entre muitas coisas, espaço descarregado de linguagem. Se o sofrimento autista é tão insuportável, para ele e para aqueles à sua volta, é porque uma parte intensiva de sua vida lhe foi privada, *topos* é então constantemente amputado pela civilização. Ao autista não é dado o espaço para agir, pois todo o espaço está codificado e sobrecarregado de signos.

---

[772] *Ibidem*, p. 233.
[773] *Ibidem*, p. 47.

É preciso então restituir o lugar de todos os lugares: *topos*, espaço fora da linguagem, espaço em que se deslizam o agir, o tecer, o cartografar e todos os infinitivos primordiais que são indispensáveis para a vida, o comum, a espécie. A perspectiva política e libertária que se extrai disso é então uma "liberdade sem nome", sem bandeira e sem partido, comum sem -ismo, esquivando assim da palavra comunismo. Trata-se antes da produção permanente do comum:

> Assim se manifesta que não escrevo desejar/recear, nem desejo/receio, afinal como poderia, se "liberdar" não existe.
>
> Refratar existe, e aquilo que o seria – refratado – seria também a menor palavra, e/ou, entre outras. [...] Eis-nos ali, no ponto de junção, Janmari e eu, mão palpitada e sobrecarregada de querer dizer, e penso que a mão atravessa esse ponto e que é realmente das leis da natureza que se tratava, mão refratária a tal ponto que a liberdade nela se perde, e perde seu nome, mas aí, talvez, que achados...[774]

"Liberdar" é um neologismo criado pelo autor para falar da liberação ou da liberdade de agir. Sendo fora da linguagem que o agir encontra lugar, ele não espera altar para violar o instituído, ao passo que sua violência é distante de tudo aquilo que o homem produz. As crianças autistas de Cévennes não faziam guerra como fizeram os homens, mas nem por isso eram dóceis, assujeitadas, adaptadas. Sua potência ia em direção ao fora, uma liberdade sem nome que, na esquiva daquela outra liberdade nomeada, politizada, capitalizada, o agir atravessa o tempo sem partido e sem bandeira.

"Liberdar" é então a liberação do agir de espécie, mão palpitada que não quer; fluxo e passagem de um lado a outro, de um mundo a outro. Se a mão atravessa um limiar, esse limiar é a própria brecha pela qual se deve permitir viver o comum da espécie na companhia de crianças e autistas.

---

[774] *Ibidem*, p. 187-188.

UMA ÚLTIMA CONSIDERAÇÃO

Entre pontos e contrapontos, a atitude crítica deste livro busca mobilizar e ampliar o debate sobre a infância e o autismo para além de um único discurso. Adichie[775] aponta para o perigo da história única: ao se ouvir apenas uma única história sobre um povo ou sobre um território, incorre-se no risco de ser colonizado pelo discurso. Quais os riscos de uma história única para o autismo? Se hoje o que domina o campo das representações é a teoria cognitivo-comportamental e a denominação contraditória entre os autistas deficientes – aqueles com grau de suporte maior – e os autistas com superdotação – aqueles com algum grau de autonomia e com funções cognitivas preservadas – o que regula o campo é essa história única de que o autismo é uma experiência puramente neurológica.

Diante desse cenário, a intensificação do trabalho crítico e territorial é tentativa de ampliação das narrativas para além apenas das teses neurológicas e genéticas. O problema do nosso tempo é mais o sentimento de divergência e de inadaptação do que propriamente do autismo e da superdotação. Hoje, jovens e adultos passam por esse problema sem se dar conta da apropriação científica da vida como um dos fatores causais de sua angústia. Diante da falta de pertencimento, adere-se a qualquer história ou discurso como a verdade de si: "eu sou isso" ou "eu sou aquilo". Essas neuro identidades são a nova fórmula do neocolonialismo que passa sob a linguagem científica e penetra em grupos e instituições de modo que a experiência subjetiva seja representada pelas palavras do capitalismo.

A história única do autismo recobre esse problema da falta de pertencimento a si e ao mundo. Esse "se dizer" autista não me parece ser da ordem da singularidade, mas da regulação sistemática operada pelo DSM. Na experiência humana, pertence-se a grupos, claro, mas os grupos pertencem a quê? Aos indivíduos? Mas se os indivíduos pertencem ao grupo e o grupo pertence aos indivíduos, há um vazio enorme entre eles e esse vazio pode ser facilmente preenchido pelas palavras do capitalismo. Esse espaço vazio é o alvo da intervenção clínica e cartográfica. Guattari, ao investigar a situação de grupos subalternizados, dizia que os grupos que falam por si devem aceitar sua dissolução. No cenário atual, o grande

---

[775] ADICHIE, C. N. **O perigo de uma história única**. Tradução: Julia Romeu. São Paulo: Companhia das Letras, 2019.

medo é da dissolução e da morte. Somos constantemente ameaçados por governos e grupos com intenção totalitaristas, guerras e outras ameaças invisíveis, como vírus e ideologias liberais que minam o potencial criativo dos grupos. Diante desse medo de "se perder", agarra-se a qualquer significante e, pouco a pouco, perde-se o poder de contratar, contrair, valorizar, constituir e pertencer a territórios existenciais partilhados coletivamente.

Entre muitas questões que escapam a este livro, talvez a mais atual seja a micropolítica em torno das disputas narrativas sobre o autismo: como dizem e o que dizem os autistas sobre si? Como é possível desdobrar esses novos enunciados colocando-os em relação com o traçado daqueles autistas que não falam? A posição de Deligny não é pessoal, no sentido de que seus argumentos saíram da sua cabeça não autista. Ele toma emprestado os traçados de Janmari para compor com eles a crítica à linguagem e a maneira de estar no espaço-tempo. É no silêncio desse moleque aí, em sua recusa à linguagem e em sua ausência de identificação primária que se pode propor dispositivos que fazem reverberar essa falha, esse furo, essa ruptura. Como então fazer ressoar essa posição de Janmari no campo da luta pelos direitos da pessoa autista hoje?

A crítica de Deligny incide sobre a suposta identidade psiquiátrica do autismo. Em sua época vigorava a Psicanálise e a Psiquiatria clássica, ao passo que hoje vigora o Transtorno do Espectro Autista associado ao movimento político da neurodiversidade – termo complexo que habita tanto o campo da luta por direitos como também o da discursividade DSM. A neurodiversidade e a neuro divergência se tornaram rosto para os autistas, identidades apoiadas na nosografia psiquiátrica e capturadas pelo discurso psiquiátrico capitalista. Como então apoiar e dar suporte aos movimentos sociais e inserir nesse campo contrapontos e rupturas? Como desviar dessa neuro narrativa e dar visibilidade a outros processos de produção de saúde e garantia de direitos? Como fazer da espacialidade do autista não verbal uma maneira de resistir a esses discursos insidiosos da Psiquiatria e da Neurologia contemporânea?

A discursividade-DSM fez da inclusão uma estratégia de controle e regulamentação dos modos de existência e das maneiras de viver. Com isso, um regime de visibilidade se instalou e quem passou a ficar visível são os autistas verbais, enquanto os outros autistas, os divergentes e os inadaptáveis, seguem sendo marginalizados sem ter um lugar garantido. Não é certo que a visibilidade de autistas falantes assegure um lugar sem manicômio para os autistas não verbais, pois entre "se dizer" autista e o modo de ser refratário, a resposta da sociedade é absolutamente diferente para cada caso.

A identidade e a semelhança se fazem necessárias quando são tomadas como estratégias locais, circunstanciais e históricas, quando fazem uso dos significantes para operar reversões clínico-políticas ou operam a subversão do sujeito. A ética, frente ao cuidado e à luta pelos direitos da pessoa autista, estaria situada não na identificação dos sujeitos com suas marcas, mas no uso que se pode fazer desses significantes para abrir portas e janelas. No limite, o que é preciso constituir é um lugar, um território, um espaço de pertencimento que escapa da manutenção do sofrimento operado pelo capitalismo. É justamente a essa manutenção do sofrimento que a história única do autismo serve.

Termos como neuro divergente ou neurodiversidade devem ser desgastados como pedras que rolam no rio, para que assim seja possível dar lugar a uma micropolítica na qual SE vai do diferenciado ao comum. Com o desgaste dessas palavras, restaria apenas vetores políticos como divergente e diversidade, o que aproxima os autistas de outras lutas coletivas, mais do que isolá-los do comum das lutas sociais.

Assim, este livro consiste no esforço teórico e clínico de restituir o valor do silêncio e compõe um amplo quadro de criação de estratégias de cuidado frente aos novos problemas da clínica. A identificação com o autismo faz aparecer sujeitos capazes de se reconhecer como tal – como hoje pode ser observado nos "chás de revelação dos transtornos mentais", fenômeno que aparece nas redes sociais, como Instagram e TikTok –, mas existem também aqueles outros autistas que não reconhecem a si mesmos e pouco se importam com as denominações aplicadas a eles. Frente a esse problema, não se pode sobrepor a experiência dos autistas falantes sobre a dos autistas não falantes. É preciso guardar um lugar para o silêncio e a política da impessoalidade.

Para lidar com esse problema, existem duas estratégias clínicas diferentes: para os primeiros, é preciso criar com eles um lugar de pertencimento que contraste com o vazio e a ilusão que a rede social oferece; para os outros, é preciso resguardar o direito ao silêncio e à livre circulação. Em ambos os casos o espaço aparece como elemento interlocutor da prática e é tomado como ponto de ruptura, fissurando a linguagem e os discursos que se pretendem universais e, em paralelo, criando territórios de cuidado e acolhimento que dão suporte ao mal-estar.

O lugar do vigor, da paixão pela existência, se situaria aí, na alegria de partilhar um comum fora do universal, no território constituído a partir de si e não das palavras do capitalismo. Para esses tantos jovens perdidos entre normas e discursos, é preciso propor a ética dos espaços e assegurar que seja possível se encontrar no mundo, suportar a dificuldade de pertencimento e a ausência de identificação.

A clínica do espaço, ao articular clínica e cartografia, mais do que inventar uma nova prática de cuidado, busca formular estratégias para traçar com os autistas uma abertura, produzir furos no discurso psiquiátrico e restituir ao campo uma verdade que vem do território. Trata-se então de multiplicar os caminhos, criar portas e abrir janelas ali onde se tem muros e grades. Essa estratégia toma o espaço como meio para fissurar a linguagem e colocá-la na relação com o fora do sentido, o nonsense. A ética que orienta esse trabalho é a de colocar a subjetividade na relação com aquilo que está fora dela, instaurando um permanente processo crítico e de produção de saúde. Portanto, a clínica do espaço insiste na importância da criação de lugares à margem da sociedade, lugares de vida para aqueles que se recusam a participar desse mundo tão cheio de palavras, discursos, identidades e instituições.

Em vez de pensar o autismo como patologia, é preciso vê-lo como etnia singular, um povo à margem. É preciso então criar uma política de acolhimento que não seja baseada na imagem universal e na semelhança. A intenção não é desmerecer a construção das narrativas pessoais ou identidade cunhada sob a premissa da neurodiversidade ou da neuro divergência, mas apontar para o fato de que a luta pelos direitos da pessoa autista deve ir na direção da reversão clínico-política. Mais do que apenas "SE dizer", SE identificar, SE inserir na sociedade, é preciso criar na sociedade espaços para que essa diferença tenha lugar.

Trata-se então da luta para reverter na sociedade a obrigatoriedade da adaptação, resguardando esse direito à recusa à sociedade e à linguagem. A posição política defendida aqui busca dar visibilidade e legitimidade à posição refratária para, a partir disso, criar espaços nos quais o silêncio e a inadaptação tenham lugar. Lembrando que os efeitos a longo prazo dos métodos TEACH e ABA são ainda pouco estudados e, embora alguns riscos tenham sido apontados, a necessidade de multiplicar ferramentas terapêuticas é igualmente acompanhada pela necessidade de multiplicação de espaços de existência. Portanto, criar espaços e atualizar práticas terapêuticas é um gesto ético que deve ser acompanhado disso que as crianças dizem, mesmo que esse dizer seja uma espacialidade fora do sentido.

Traçamos, ao lado de Deligny e Janmari, uma outra identidade, aquela que é antes fantasmagórica, nebulosa, que cria brechas entre mundos para desaparecer frente a extrema visibilidade do capitalismo. Espectros ou fantasmas que atravessam o espaço-tempo e se descolam como desertores dessa sociedade em ruína. No fim, este livro consistiu num tímido elogio à inadaptação, à refração e aos vagabundos eficazes. Se há então uma unidade mínima da identidade autista, trata-se antes da legitimidade do impessoal, da espacialidade do agir, do silêncio das palavras que faz dessas existências não imagens reflexivas, mas existências mínimas que persistem a despeito da homogeneização operada pelo capitalismo.

Mais do que se desviar da identidade ou dos movimentos sociais em torno dos autistas, busca-se demonstrar como a identidade está intrinsecamente ligada aos processos de domesticação e semelhantização. A clínica, em vez de um instrumento de adaptação, é, na realidade, processo de diferenciação permanente. Busquei demonstrar então como a luta pode ser cooptada pela linguagem e como a clínica e a educação incorrem no perigo de recusar a ver a brecha, o furo, a fissura e o buraco na existência humana. Sobretudo, busquei demonstrar como a sociedade busca preencher esse furo com palavras vazias que só fortalecem a expansão do capitalismo e da Psiquiatria e retificam a infância e a juventude nesse lugar de não pertencimento. Portanto, se há hoje uma luta pela garantia dos direitos das pessoas autistas, trata-se de um respeito profundo ao silêncio e à recusa do humano a se tornar homem.

É no espaço que se encontram as perguntas certas, é nele que está a trincheira para essa luta invisível e territorial: é no espaço que o humano encontra o plano genético de criação de si. Resta então esse outro espaço, topos, lugar comum, sobre o qual o tempo passa, as identidades e os nomes passam e a vida persiste a despeito de quem somos.

REFERÊNCIAS

ADICHIE, C. N. **O perigo de uma história** única. Tradução: Julia Romeu. São Paulo: Companhia das Letras, 2019.

AGAMBEN, G. **O uso dos corpos**. São Paulo: Boitempo, 2017.

ALMEIDA, P. **A pró-cura do "médico de cabeça"**: análise da demanda para neurologia infantil. Orientador: LOBO, L. F. 144 p. Dissertação (Mestrado em Psicologia) – Universidade Federal Fluminense, Niterói, 2017.

AMARANTE, P; ROTTELI, F. Reformas psiquiátricas na Itália e no Brasil: aspectos históricos e metodológicos. *In:* BEZERRA JR., B.; AMARANTE, P. (org.). **Psiquiatria sem hospício**: contribuições ao Estudo da Reforma Psiquiátrica. Rio de Janeiro: Relume-Dumará, 1992, p. 41 - 55.

AMARANTE, P. (org.). **Psiquiatria social e reforma psiquiátrica**. Rio de Janeiro: Editora Fiocruz, 1994.

APA – American Psychiatric Association. **DSM-III**: Diagnostic and statistical manual of mental disorder. 3. ed. Washington DC: APA, 1980.

APA – American Psychiatric Association. **DSM-V**: Manual diagnóstico e estatístico de transtornos mentais. Tradução de Maria Inês Corrêa Nascimento *et al.*; Revisão técnica de Aristides Volpato Cordioli *et al.* 5. ed. Dados eletrônicos. Porto Alegre: Artmed, 2014.

ANZIEU, D. **O Eu-pele**. São Paulo: Casa do Psicólogo, 1989.

ARAGON, L. E. P. Deligny Clínico. **Cadernos Deligny**, [S. l.], v. 1, n. 1, p. 175-182, 2018. Disponível em: https://cadernosdeligny.jur.puc-rio.br/index.php/CadernosDeligny/article/view/23. Acesso em: 6 nov. 2023.

ARAÚJO, F. **Clínica do habitar**: residência terapêutica caSa. Curitiba: Appris, 2025.

AXLINE, V. **Dibs**: em busca de si mesmo. São Paulo: Editora Círculo do Livro, 1982.

BAPTISTA, L. A. **A fábrica de interiores** – a formação psi em questão. Niterói: EdUFF, 2000.

BARTHES, R. **Mitologias**. 11. ed. Rio de Janeiro: Bertrand Brasil, 2001.

BARROS, M. **Memórias Inventadas**: A infância. São Paulo: Planeta, 2003.

BARROS, M. **Memórias Inventadas**: A terceira infância. São Paulo: Editora Planeta do Brasil, 2008.

BETTELHEIM, B. **A fortaleza vazia** (1967). São Paulo: Martins Fontes, 1987.

BLANCHOT, M. **O espaço literário**. Rio de Janeiro: Rocco, 2011.

CANGUILHEM, G. **O normal e o patológico**. Rio de Janeiro: Forense-universitária, 1982.

CANGUILHEM, G. O vivente e seu meio. *In:* CANGUILHEN, G. **O conhecimento da vida**. Rio de Janeiro: Forense Universitária, 2012, p. 139-167.

COMBES, M. Do transindividual, do inseparável. *In:* NOVAES, T; VILALTA, L; SMARIERI, E. (org.). **Máquina aberta**: a mentalidade técnica de Gilbert Simondon. São Paulo: Editora Dialética, 2022, p. 189-208. v. 1.

COPFERMANN, É. Prefácio (1970). *In*: DELIGNY, F. **Vagabundos Eficazes**. Ed. N-1, São Paulo, 2018.

CRUVEILLER, V. Efeitos, a longo prazo, dos tratamentos comportamentais intensivos e precoces dos Transtornos do Espectro Autísticos: revisão de literatura. *In*: WANDERLEY, D.; CATÃO, I.; PARLATO-OLIVEIRA, E. (org.). **Autismo**: Perspectivas atuais de detecção e intervenção clínica. São Paulo: Instituto Langage, 2018. p. 39-58.

CZECH, H. Response to 'Non-complicit: Revisiting Hans Asperger's Career in Nazi-era Vienna'. **Journal of Autism and Developmental Disorders**, v. 49, n. 9, 2019, p. 3883–3887, 2019. Publicado on-line em 13 de junho de 2019. Disponível em: https://link.springer.com/article/10.1007/s10803-019-04106-w. Acesso em: 7 nov. 2024.

DARWIN, C. **A origem das espécies** (1959). Rio de Janeiro: Ediouro, 2004.

DELEUZE, G. **Foucault** (1986). São Paulo: Editora Brasiliense, 1988.

DELEUZE, G. A propósito de Simondon. **Cadernos de Subjetividade**: O reencantamento do concreto. Núcleo de Estudos e Pesquisas da Subjetividade do Programa de Estudos Pós-Graduados em Psicologia Clínica da PUC-SP. Saúde Loucura – direção de Antônio Lancetti. v. 1, n. 1, p. 119-124, 1993.

DELEUZE, G. O que é um dispositivo? *In*: DELEUZE, Gilles. **O mistério de Ariana**. Lisboa: Vega, 1996. p. 83-96.

DELEUZE, G. **Francis Bacon**: lógica da sensação (1981). Tradução de Roberto Machado *et al.* (coord.). Rio de Janeiro: Jorge Zahar Ed., 2007.

DELEUZE, G. **Crítica e Clínica** (1993). São Paulo: Editora 34, 2013.

DELEUZE, G. **Lógica do sentido** (1969). São Paulo: Ed. Perspectiva, 2015.

DELEUZE, G. **Dois Regimes de louco**: textos e entrevistas. São Paulo: Editora 34, 2016.

DELEUZE, G; PARNET, C. **Diálogos**. (1977). São Paulo: Ed. Escuta, 1998.

DELEUZE, G; GUATTARI, F. **O Anti-Édipo**: Capitalismo e Esquizofrenia 1, (1972/1973). São Paulo: Editora 34, 2011.

DELEUZE, G; GUATTARI, F. **Mil platôs**: Capitalismo e Esquizofrenia 2 (1980), Vol. 1. Tradução Ana Lúcia de Oliveira, Aurélio Guerra Neto e Celia Pinto Costa. 2. ed. (2011), 1. reimpressão. Coleção Trans. São Paulo: Editora 34, 2014. v. 1.

DELEUZE, G; GUATTARI, F. **Mil platôs**: Capitalismo e Esquizofrenia 2 (1980). Tradução Aurélio Guerra Neto, Ana Lúcia de Oliveira, Lúcia Cláudia Leão e Sueli Rolnik. 2. ed. (2012), 1ª Reimpressão. Coleção Trans. São Paulo: Editora 34, 2015. v. 3.

DELEUZE, G; GUATTARI, F. **Mil platôs**: Capitalismo e Esquizofrenia 2 (1980). Tradução Sueli Rolnik. 2. ed. (2012), 1ª Reimpressão. Coleção Trans. São Paulo: Editora 34, 2017. v. 4.

DELEUZE, G; GUATTARI, F. **Mil platôs**: Capitalismo e Esquizofrenia 2 (1980). Tradução Peter Pál Pelbart e Janice Caiafa. 2. ed. (2012) 2ª Reimpressão. v. 5.

DELIGNY, F. **Fernand Deligny œvers**. Paris: L'Arachnéen, 2007.

DELIGNY, F.; TOLEDO, S. A. de (org.) **Carte de linha d'erre, traces du réseau de Fernand Deligny** (1969 – 1979). Paris: L'Arachnéen, 2013a.

DELIGNY, F. Jangada (1978). **Cadernos de Subjetividade.** Núcleo de Estudos e Pesquisas da Subjetividade do Programa de Estudos Pós–Graduados em Psicologia Clínica da Pontifícia Universidade Católica de São Paulo (PUC-SP), v. 1, n. 15, São Paulo, 2013b. (p. 89-90). Disponível em: https://revistas.pucsp.br/index.php/cadernossubjetividade/issue/view/1976. Acesso em: 7 nov. 2024.

DELIGNY, F. **O aracniano e outros textos**. São Paulo: Ed. N-1, 2015a.

DELIGNY, F. Diário de um educador (1966). **Mnemosine**, Campina Grande, v.11, n. 1, p. 309-319, 2015b.

DELIGNY, F. Fernand Deligny: o humano não cai do céu... (1996). **Mnemosine**, Campina Grande, v. 13, n. 1, p. 285-292, 2017a.

DELIGNY, F. O homem sem convicções (1996). **Revista Ao Largo**, Rio de Janeiro, Ano 2017, n. 2, Ed. 5, 2017b.

DELIGNY, F. **Vagabundos Eficazes**. São Paulo: Ed. N-1, 2018.

DELIGNY, F. **Semente de crápula**. Conselhos aos educadores que gostaria de cultivá-la. São Paulo: Ed N-1, 2020.

DESCARTES, R. **Discurso do método**. Coleção os pensadores. São Paulo: Abril Cultural, 1983.

DIDI-HUBERMAN, G. **O que vemos, o que nos olha**. São Paulo: Ed. 34, 1998.

DOSSE, F. **Gilles Deleuze & Félix Guattari**: Biografia cruzada. Porto Alegre: Editora Artmed, 2010.

DUNKER, C. I. L. Questões entre a psicanálise e o DSM. **Jornal de Psicanálise**, São Paulo, v. 47, n. 87, p. 79-107, 2014.

DURAND, G. **Journal de Janmari**. Paris: Éditions L'Arachnéen, 2016.

ENGELS, F; MARX, K. **O manifesto comunista**. Tradução de Álvaro Pina e Ivana Jinkings. São Paulo: Boitempo, 2010, p. 39.

EPICURO. **Cartas & máximas principais**: "como um deus entre os homens". Rio de Janeiro: Editora Companhia das Letras, 2009.

EYAL, G; HART, B. How parents of autistic children became experts on their own children: notes towards a sociology of expertise. **Journal of Sociology**, 54, p. 3-17, 2010.

FALCIANO, F. T. Sobre buracos negros. **Cadernos de Astronomia**, v. 4, n. 1, Núcleo de Astrofísica e Cosmologia, Universidade Federal do Espírito Santo. Vitória, 2023, p. 6-15.

FRANCES, A. **Voltando ao normal**: Como o excesso de diagnósticos e a medicalização da vida estão acabando com a nossa sanidade e o que pode ser feito para retomarmos o controle. Rio de Janeiro: Versal Editores, 2016.

FLEUTIAUX, P. A história do abismo e da luneta. *In:* **Quatro novelas e um conto.** As ficções do platô 8 de Mil platôs de Deleuze e Guattari. Tradução e organização de Tomaz Tadeu. Belo Horizonte: Autêntica, 2014.

FOUCAULT, M. **O nascimento da clínica.** Tradução de Roberto Machado. Rio de Janeiro: Editora Forense-Universitária, 1977.

FOUCAULT, M. **Sur la sellette. Les Nouvelles Littéraires.** n. 2477, 17 mars 1975. Entrevista conduzida por J-L.Ezine. (An interview with Michel Foucault. History of the Present, n. 1, p. 2-3, 14 fev. 1985.

FOUCAULT, M. **O pensamento do Exterior.** São Paulo: Ed. Princípio, 1990.

FOUCAULT, M. **Em Defesa da Sociedade:** Curso no Collège de France (1975-1976). São Paulo: Ed. Martins Fontes, 1999.

FOUCAULT, M. **História da loucura na idade clássica.** São Paulo: Ed. Perspectiva, 2010.

FOUCAULT, M. **O poder psiquiátrico**: Curso Collège de France (1973-1974). São Paulo: Ed. Martins Fontes, 2012.

FOUCAULT, M. **O corpo utópico, as heterotopias.** (1968). Posfácio de Daniel Defert, tradução de Salma Tannus Muchail. São Paulo: N-1 Edições, 2013.

FOUCAULT, M. **Os Anormais**: Curso no Collège de France (1974-1975). São Paulo: Ed. Martins Fontes, 2014a.

FOUCAULT, M. **Vigiar e Punir**: nascimento da prisão (1975). 42ª. ed. Petrópolis: Editora Vozes, 2014b.

FOUCAULT, M. **História da sexualidade I**: A vontade de saber. Rio de Janeiro: Ed. Graal, 2015.

FOUCAULT, M. **História da sexualidade II**: O uso dos prazeres. Rio de Janeiro. Ed. Graal, 2017a.

FOUCAULT, M. **História da sexualidade III**: O cuidado de si. Rio de Janeiro. Ed. Graal, 2017b.

FOUCAULT, M. **Microfísica do poder** (1926-1984). Organização, introdução e revisão técnica de Roberto Machado. 7. ed. Rio de Janeiro/São Paulo: Paz e Terra, 2018a.

FOUCAULT, M. **O governo de si e dos outros**: Curso no Collège de France (1982-1983). São Paulo: Ed. Martins Fontes, 2018b.

FRANT, A. Janmari: mãos férteis em linhas. **Cadernos de Deligny**, Rio de Janeiro, v. 1, n. 1. p. 44- 8, 2018.

FREUD, S. História de uma neurose infantil ("O homem dos lobos" 1918 [1914]). *In:* **História de uma neurose infantil ("O homem dos lobos" Além do princípio do prazer e outros textos** (1917/1920). São Paulo: Companhia das Letras, 2010. Obras Completas. v. 14.

FREUD, S. Nota sobre o "bloco mágico" (1925). *In:* FREUD, Sigmund. **O Eu e o ID, "Autobiografia" e Outros Textos** (1923-1925). São Paulo: Companhia das Letras, 2011. Obras Completas. v. 16.

FREUD, S. **Conferências Introdutórias à Psicanálise** (1916-1917). São Paulo: Companhia das Letras, 2014. Obras Completas. v. 13.

FREUD, S. **O delírio e os sonhos da gradiva, Análise da fobia de um garoto de cincos anos e outros textos** (1906-1909). São Paulo: Companhia das Letras, 2015. Obras Completas. v. 8.

FREUD, S. **Três ensaios sobre a teoria da sexualidade, Análise Fragmentária de uma histeria** (1901-1905). São Paulo: Companhia das Letras, 2016. Obras Completas. v. 6.

FREUD, S. Conclusões, ideias, problemas (1938). *In:* FREUD, Sigmund. **Moisés e o monoteísmo, Compêndio de psicanálise e outros textos** (1937-1939). São Paulo: Companhia das Letras, 2018. Obras completas. v. 19.

FUKUSHIRO, L. F. P. **Prelúdios para música e formação**. Orientador: Marcos Ferreira Santos. 96 fls. Dissertação (Mestrado em Educação) – Universidade de São Paulo (USP), São Paulo, 2014.

GUATTARI, F. **Revolução Molecular**: pulsações políticas do desejo (1977). São Paulo: Ed. Brasileirense, 1985.

GUATTARI, F. **As três ecologias** (1989). São Paulo: ed. Campinas, 2012a.

GUATTARI, F. **Caosmose**. Um novo paradigma estético (1992). São Paulo: Ed. 34, 2012b.

GHEROVICI, P. A infância não é coisa de crianças. **Estilos da Clínica**, [S. l.], v. 4, n. 6, p. 18-27, 1999. Disponível em: https://www.revistas.usp.br/estic/article/view/60782. Acesso em: 7 nov. 2023.

HACKING, I. **Historical Onthology**. London: Harper University Press, 2002.

HERZOG, R. Tyché e Aion no pensamento freudiano. **Psicologia**: Reflexão e Crítica. v. 12, n. 3, p. 627-646, 1999.

HEREDIA, J. M. Simondon com índice de uma problemática epocal. *In:* NOVAES, T; VILALTA, P; SMARIERI, E (org.). **Máquina aberta**: a mentalidade técnica de Gilbert Simondon. São Paulo: Dialética, 2022. v. 1.

HILL, A. Not just a boy Thing. How doctors are letting down girl with autism. **The Guardian**, [S. l.], (on-line), 13 jul. 2012. Disponível em: https://www.theguardian.com/society/2012/jul/13/girls-autism-sex-bias-children. Acesso em: 5 nov. 2023.

KASTRUP, V. O funcionamento da atenção no trabalho do cartógrafo. *In:* PASSOS, E; KASTRUP, V; ESCÓSSIA, L. (org.). **Pistas para método da cartografia**. Porto Alegre: Sulina, p. 17-31, 2015.

KANT, I. **Crítica da razão pura**. São Paulo: Ed. Nova cultura, 1987. (Os pensadores).

KATZ, C. S. Crianceria: O que é a criança. **Cadernos da subjetividade do Programa de Estudos da Subjetividade em Psicologia Clínica da PUC-SP**, v. 1, n. 1, 1993.

KLEIN, M. **Contribuições à psicanálise**. São Paulo: Editora Mestre Jou, 1970.

LACAN, J. **O Seminário, Livro 2**: O eu na teoria de Freud na técnica da psicanálise. Rio de Janeiro: Zahar, 1985.

LACERDA, G. **Incendiar a tempestuosa noite, imagens da verdade, imagens da coragem**. Rio de Janeiro: 7 Letras, 2022.

LAPLANCHE, J; PONTALIS, J. **Vocabulário da psicanálise**. São Paulo: Martins Fontes, 2001.

LAPOUJADE, D. **As existências mínimas**. São Paulo: N-1 Edições, 2017.

LAPOUJADE, D. **Deleuze, os movimentos aberrantes**. São Paulo: N-1 edições, 2015.

LAURENT, E. **A batalha do autismo**: da clínica à política. Rio de Janeiro: Ed. Zahar, 2014.

LEFORT, R. **Nascimento do outro**: duas psicanálises. Salvador: Ed. Fator Livraria, 1984.

LOPES, B. A. Autismo, Narrativas Maternas e Ativismo dos Anos 1970 a 2008. **Revisão de Literatura**. Rev. Bras. Ed. Esp., Bauru, v. 26, n. 3, jul./set., 2020. p. 511-526.

LOURAU, R. **Análise Institucional e Práticas de Pesquisa**. Rio de Janeiro: Ed. UERJ, 1993.

LUCCHESI, F. O novo mundo amoroso para outras invenções no presente. *In:* **VERVE**: Revista Semestral do NU-SOL – Núcleo de Sociabilidade Libertária. Programa de Estudos Pós-Graduados em Ciências Sociais, PUC-SP, São Paulo, n. 43, maio 2023, p. 67-74, 2023.

MACIEL JR., A. Resistência e prática de si em Foucault. **Trivium** [on-line], v. 6, n. 1, p. 1-08, 2014. ISSN 2176-4891.

MACHEREY, P. **De Canguilhem a Foucault**: la fuerza de las normas. Buenos Aires: Amorrortu, 2011.

MALEVAL, J. **O autista e a sua voz** (2009). São Paulo: Ed. Blucher, 2017.

MATOS, S. R. L.; MIGUEL, M. Conversação sobre Fernand Deligny e o aracniano. **ETD - Educação Temática Digital**, Campinas, v. 22, n. 2, abr./jun. 2020. p. 498-516

MELO, T. C. L. A escrita-desvio em Fernand Deligny. **Cadernos de Deligny**, Rio de Janeiro, v. 1, n. 1, p. 34-43, 2018.

MELTZER, D. **Explorations dans le monde de l'autisme**. Paris: Payot, 1975.

MEUNIER, J. **Os moleques de Bogotá**. Rio de Janeiro: Difel/Difusão, 1978.

MIGUEL, M. Guerrilha e resistência em Cévennes. A cartografia de Fernand Deligny e a busca por novas semióticas deleuzo-guattarianas. **Revista Trágica**: estudos de filosofia da imanência, Rio de Janeiro, v. 8, n. 1, p. 57-71, 2015.

MIGUEL, M. **À la Marge et Hors-champ. L'humain dans la pensée de Fernand Deligny**. Programme d'Études Supérieures en Arts Plastiques et de Philosophie. Université Paris 8, Paris, 2016.

MIGUEL, M. O materialismo deligniano – Introdução ao Encontro. **Cadernos de Deligny**, Rio de Janeiro, v. 1, n. 1, p. 4-10, 2018a.

MIGUEL, M. Nota do tradutor. *In:* DELIGNY, F. **Os vagabundos Eficazes**. São Paulo: N-1 edições, 2018b.

NASCIMENTO, M. L. **Proteção & Negligência**: pacificando a vida de crianças e adolescentes. Rio de Janeiro: Nova Aliança Editora e Papéis, 2016.

NEVES, C. A. B.; JOSEPHSON, S. C. A Crítica como Clínica *In:* Org: MACHADO, L. D., LAVRADOR, M. C. C., BARROS, M. E. B. **Texturas da Psicologia-Subjetividade e Política no Contemporâneo**. 1. ed. São Paulo: Casa do Psicólogo, 2002. p. 99-108.

NOVELLO, M. **O universo inacabado**: a nova face da ciência. São Paulo: N-1 edições, 2018.

NOVO, M. F. Transindividual e autodeterminação numa investigação sobre raça e identidade. *In:* NOVAES, T; VILALTA, P; SMARIERI, E. (org.). **Máquina aberta**: a mentalidade técnica de Gilbert Simondon. São Paulo: Editora Dialética, 2022. v. 1.

OLIVIERMARTIN, R. Em torno do DSMIII. *In:* LACAN, J. *et al.* **A Querela dos Diagnósticos**. Rio de Janeiro: Jorge Zahar Editor, 1989.

HERÁCLITO, de É. Fragmentos. *In:* SOUZA, J. C. (org.). **Os Pré Socráticos Coleção Os Pensadores**. Tradução dos fragmentos de Heráclito por José Cavalcante de Souza. São Paulo: Nova Cultural, 1996.

ORTEGA, F. O sujeito cerebral e o movimento da neurodiversidade. **Mana**, Rio de Janeiro, v. 14, n. 2, p. 477-509, 2008.

OURY, J. **O Coletivo**. São Paulo: Editora HICITEC, 2009.

OVERTON, T. I tried to push him down the stairs: John Berger and Henry Moore. *In:* **Tate Research publications**, 2015. Disponível em: https://www.tate.org.uk/art/research-publications/henry-moore/tom-overton-i-tried-to-push-him--down-the-stairs-john-berger-and-henry-moore-in-parallel-r1151306. Acesso em: 9 nov. 2023.

PALOMBINI, A. L. Acompanhamento terapêutico: dispositivo clínico-político. **Psychê**, São Paulo, Ano X, n. 18, p. 115-127, set. 2006.

PASSOS, E. Inadaptação e Normatividade. **Cadernos de Deligny**, Rio de Janeiro, v. 1, n. 1. p. 145-175, 2018.

PASSOS, E; BARROS, R. B. A cartografia como método de pesquisa-intervenção. *In:* PASSOS, E; KASTRUP, V; ESCÓSSIA, L. (org.). **Pistas para método da cartografia**. Porto Alegre: Sulina, 2015. p. 17-31.

PASSOS, E; BENEVIDES, R. Passagens da clínica. *In:* MACIEL, Auterives; KUPERMANN, D; TEDESCO, S (org.). **Polifonias**: Clínica, Política e Criação. Rio de Janeiro: Conreacapa, 2006. p. 89-100.

PASSOS, E; BENEVIDES, R. Clínica e biopolítica na experiência do contemporâneo. **Psicologia Clínica Pós-graduação e Pesquisa**, Rio de Janeiro, v. 13, n. 1, p. 89-99, 2001.

PASSOS, E; MIZOGUCHI, D. H. **Antifascismo tropical**. São Paulo: N-1 edições, 2019.

PASSOS, E; MIZOGUCHI, D. H. **Transversais da Subjetividade, arte, clínica e política**. Rio de Janeiro: Editora UFRJ, 2021.

PELBART, P. P. Manicômio mental – a outra face da clausura (1989). *In:* LANCETTI, A. (org.). **Saúde e Loucura**, n. 2. 3. ed. São Paulo: HUCITEC, 1990.

PELBART, Petter Pál. **O avesso do niilismo**: cartografias do esgotamento. São Paulo: N-1 edições, 2013.

PELBART, P. P. Contra os limites da linguagem, a ética da imagem. **Princípios**: Revista de Filosofia. Universidade Federal do Rio Grande do Norte. Centro de Ciências Humanas, Letras e Artes. Programa de Pós-Graduação em Filosofia, Natal, v. 27, n. 53, maio/ago., 2020.

PINNA, B. **E entre esbarrões**: experiências clínico-políticas e a Casa Jangada. Dissertação (Mestrado em Psicologia) – Programa de Pós-Graduação em Psicologia da Universidade Federal Fluminense, 2023. Disponível em: http://slab.uff.br/wp-content/uploads/sites/101/2023/09/2023_d_Bruna_Pinna.pdf. Acesso em: 8 nov. 2024.

PINTO, F. M. **Sobre a experiência do excesso intensivo**: implicações para o plano do inconsciente e da clínica. Orientador: Eduardo Passos. Tese (Doutorado em Psicologia) – Universidade Federal Fluminense, Instituto de Psicologia, Niterói, 2024.

POZZANA, L.B.; KASTRUP, V. Cartografar é acompanhar processos. *In:* PASSOS, E; KASTRUP, V; ESCÓSSIA, L. (org.). **Pistas para um método cartográfico**, n. 1, p. 5276. Porto Alegre: Ed. Sulinas, 2009.

POLACK, J; SIVADON, D. **A intima utopia**: trabalho analítico e processos psicóticos. São Paulo: Ed. N-1, 2013.

RABINOW, P. Artificiality and enlightenment: from sociobiology to biosociality. *In:* CRARY, J.; KWINTER, S. (org.). **Incorporations**. New York: Zone Books, 1992. p. 234-252.

RAMOS, G. **Infância** (1946). Rio de Janeiro: São Paulo: Editora Record, 1981.

REIS, M. C. G. Apresentação. *In:* **Cartas & máximas principais**, "como um deus entre os homens". Rio de Janeiro: Companhia das Letras, 2009.

ROCHA, M.; MICHEL, M. Fernand Deligny, Spinoza e "o homem-que-nós-somos". **Cadernos de Deligny**, Rio de Janeiro, v. 1, n. 1, p. 183-193, 2018.

REVEL, J. **Michel Foucault**: conceitos essenciais. São Paulo: Clara Luz, 2005.

RESENDE, N. C. **Do Asilo ao Asilo, as existências de Fernand Deligny**: trajetos de esquiva à instituição, à Lei e ao Sujeito. Tese (Doutorado em Direito) – Pontifícia Universidade Católica do Rio de Janeiro, 2016.

RIVERA, T. Ensaio sobre o Espaço e o sujeito. Lygia Clark e a psicanálise. **Revista Ágora**, Rio de Janeiro, v. XI, n. 2, p. 219-233, jul./dez., 2008.

RIVERA, T. A favor da identidade (e contra a enunciação "neutra" da teoria). **Psicanálise antropofágica (identidade, gênero, arte)**. Porto Alegre: Editora Artes & Ecos, 2020.

RIVERA, T. Fechar portas, abrir janelas (estratagemas políticos para sair de si). **Pandemia crítica** – outono 2020. Coordenado por Peter Pál Pelbart, Ricardo Muniz Fernandez. Edições SES. São Paulo: N-1 Edições, 2021.

ROUDINESCO, E; PLON, M. **Dicionário de psicanálise**. Tradução Vera Ribeiro, Lucy Magalhães; Supervisão da edição brasileira Marco Antonio Coutinho Jorge. Rio de Janeiro: Zahar, 1998a.

ROSSI, A. **Formação em Esquizoanálise?** Cartografia da formação Clínica do IBRAPSI como produtora de pistas para uma formação transinstitucional. Orientador: Eduardo Henrique Passos Pereira. p. 166. Tese (Doutorado em Psicologia) – Universidade Federal Fluminense, Niterói, 2019.

ROSSI, A; PASSOS, E. Análise Institucional: Revisão Conceitual e Nuances Da Pesquisa-Intervenção No Brasil. **Revista Epos**, Rio de Janeiro, v. 5, p. 1-21, 2014.

ROSSI, C. C; DUNKER, C. I. L. Confiabilidade diagnóstica e linguagem. **Revista Latino-americana de Psicopatologia Fundamental**, v. 25, n. 4, São Paulo, dez., p. 534-554, 2022.

SAGAN, C. **Cosmos**. New York: Ed. Ballantine Books, 1985.

SAGAN, C. **O mundo assombrado pelos demônios**. A ciência vista como uma vela no escuro. Rio de Janeiro: Companhia das Letras, 1995.

SCHERER, R. **Infantis**. Charles Fourier e a infância para além das crianças. Belo Horizonte: Ed. Autêntica, 2009.

SCHERER, R. Homo tantum. O impessoal: Uma política. *In:* ALLIEZ, Eric (org.). **Gilles Deleuze**: uma vida filosófica. São Paulo: Editora 34, 2000.

SCHERER, R.; HOCQUENGHEM, Guy. Co-ire, álbum systématique de l'enfance. **Recherches**, n. 22. Paris, França: Centre Institutionnelles – CERFI, 1976.

SÉGUIN, A. Donner lieu à «ce qui ne se voit pas». **Cadernos de Deligny**, Rio de Janeiro, v. 1, n.1. p. 239-274, 2018.

SEVERAC, P. O agir no lugar do espírito. **Revista Trágica**: estudos de filosofia da imanência, Rio de Janeiro, v. 10, n. 3, p. 118-135, 2017.

SILVA JR., E. A. e. **A cruzada das crianças**: constelações da infância à penumbra. Seguida da tradução para o português de Co-ire: lbum systématique de l enfance de René Schérer e Guy Hocquenghem, 1976. 2016. 301 f. Tese (Doutorado em Psicologia) – Universidade do Estado do Rio de Janeiro, Rio de Janeiro, 2016.

SILVA JR., N. Epistemologia psiquiátrica e marketing farmacêutico: novos modos de subjetivação. **Stylus**, Rio de Janeiro, n. 33, p. 227-239, nov. 2016. Disponível em http://pepsic.bvsalud.org/scielo.php?script=sci_arttext&pid=S1676-157X2016000200018&lng=pt&nrm=iso. Acesso: em 18 nov. 2023.

SIMONDON, G. **A individuação à luz das noções de forma e informação**. Rio de Janeiro: Ed. 34, 2020.

SINGER, J. Why can't you be normal for once in your life? From a 'problem with no name' to the emergence of a new category of difference. *In:* CORKER, M.; FRENCH, S. (org.). **Disability discourse**. Buckingham, Philadelphia: Open University Press, 1999. p. 59-67.

SOLIS, D. E; FUÃO, F. F. (org.). **Derrida e a arquitetura**. Rio de janeiro: EdUERJ, 2014.

SSRC. Working Paper Series: Comunidades Terapêuticas no Brasil. **Social Science Research Council**. Drugs, Security and Democracy Program, jun. 2021. Disponível em: https://www.ssrc.org/publications/working-paper-series-comunidades-terapeuticas-no-brasil/. Acesso em: 05 nov. 2023.

TIKANORI, R. Contratualidade e Reabilitação psicossocial. *In:* PITTA, Ana. (org.). **Reabilitação psicossocial no Brasil**. São Paulo: Hucitec, 1996.

TIMIMI, S. **Medicina insana**. Como a indústria da saúde mental cria armadilhas de tratamento prejudiciais e como você pode escapar delas. Tradução: Fernando Freitas. Disponibilizado pela Mad Brasil, outubro 2020. Disponível em: https://madinbrasil.org/2020/10/medicina-insana-como-a-industria-de-saude-mental-cria-armadilhas-de-tratamento-prejudiciais-e-como-voce-pode-escapar-delas/. Acesso em: 08 nov. 2023.

TOLEDO, S. A. L'inactualité de Fernand Deligny. *In:* **Fernand Deligny** œvers. Paris: L'Arachnéen, 2007. p. 22-37.

TOLEDO, S. A. Point de Vue / Point de Voir. **Cadernos de Deligny**, Rio de Janeiro, v. 1, n. 1. p. 88-98, 2018.

TRUFFAUT, F. **O cinema segundo Françoise Truffaut**. Anne Gillain (org.). Rio de Janeiro: Editora Nova Fronteira, 1990.

TUSTIN, F. **Les états autistiques chez l'enfant** (1977). França: Éditions du Seuil, 1982.

TUSTIN, F. Autismo. **Revista da Escola Letra Freudiana**, ano XXXVI, n. 50. Rio de janeiro: Ed. 7 letras, 2017.

VELÁSQUEZ, M. M; SERRANO, F. T. S. The last lesson of Michel Foucault: a vitalism for a future philosophy. **Athenea Digital**: Revista de Pensamiento e Investigacion Social, Barcelona, v. 19, n. 2, p. 2207, maio, 2019.

VICENTIN, M. C. G. Corpos em rebelião e o sofrimentoresistência: adolescentes em conflito com a lei. p. 97113. **Revista de sociologia da USP**, São Paulo, Tempo Social, v. 23, n. 1, jul., 2011.

WADE, S. **Foucault in the California**: A True Story – Where in the Great French Philosopher Drops Acid in the Valley of Death. Berkeley, CA HeyDay, 2019.

WINNICOTT, D. W. **O brincar e a realidade**. Rio de Janeiro: Ed. Imago, 1975.

WINNICOTT, D. W. **Privação e delinquência**. São Paulo: Ed. Martins Fontes, 1999.

DISCOGRAFIA

BLACK FUTURE. **Eu sou o Rio**. 1988. Escrito por Satanésio, Tantão, Lui, Olmar e Edinho. Produzido por Thomas Pappon (Felinni) Rio de Janeiro, BMG/Plug,

BORGES, M.; BORGES, L.; NASCIMENTO, M. **Clube da Esquina**. EMI Records Brasil Ltda., 1970

PINK FLOYD. **Dark side of the moon**. Roger Watters, David Gilmour, Richard Wright, Nick Mason. Inglaterra/Estados Unidos, CBS/Columbia, 1973.

TANTÃO E OS FITA. **Espectro**. Rio de Janeiro, QTV selo, 2017.

TANTÃO E OS FITA. **Drama**. Rio de Janeiro, QTV selo, 2019.

VELOSO, C. **Tropicália**. Philips Records, 1968.

FILMOGRAFIA

DELIGNY, F.; MANENTI, J.; DANIEL, J. P. **Le mondre geste**. França, 1971.

FORMAN, M. **Um Estranho no ninho**. United Artists, 1975.

SANNA, G; SANTOS, A. **Eu sou o Rio. Embaúba Filmes**. Brasil, 2017.

SANNA, G; SANTOS, A. **Diários de uma passagem**. Brasil, Alemanha, 2022.

TRUFFAUT, F. **Os incompreendidos** (Les 400 Coups). França, 1959.

VITOR, R. **Ce gamin, là**. França, 1976.

OBRAS DE ARTE:

PICASSO, Pablo. **Minotauro cego é dirigido pela garota**. Pintura. Museu Nacional Centro de Arte Reina Sofía, Madrid, 1934.

MOORE, Henri. **Mãe e filho**: assento em bloco. Escultura. Tate Modern, Londres, 1952-53.